法律人核心素养丛书

以物抵债

疑难法律问题精释

PAYING DEBT WITH PROPERTY

景光强 著

U0822706

中国法制出版社
CHINA LEGAL PUBLISHING HOUSE

序

近年来，以物抵债问题成为法学界和实务界热议的话题。学界对以物抵债协议的成立、性质、效力等基本问题聚讼纷纭、莫衷一是，司法实务界关于以物抵债案件的裁判观点也是多有更易、闪烁不定。这不仅表明经济生活中大量出现的以物抵债交易与法律制度供给不足之间的矛盾越来越突出，同时也表现出传统民法理论与制度在应对花样迭出、颇具中国特色的以物抵债问题时的力不从心。在市场经济条件下，以物抵债是债务清偿的重要方式之一，以物抵债法律制度的完善对于实现债权、弘扬诚信、促进交易、繁荣市场具有重要意义。因此，对以物抵债交易实践和以物抵债法律问题进行深入研究，构建起符合中国实际的以物抵债理论框架和法律制度，是当前我国民商事法律制度中重要而紧迫的命题。正是基于这样的考虑，在我的建议下，景光强博士对以物抵债法律问题进行了持续、全面和系统、深入的考察与研究。展现在读者面前的，就是他数年来思考、研究的成果与结晶。

以物抵债不仅仅是债的清偿的变态方式，还涉及要物合同与意思自治理论、债的成立与履行、债的变更与解除、债的担保、诉讼时效、物权变动、执行程序等诸多重要问题，融合物权与债权两大制度，横跨实体与程序两大领域，是法学研究的富矿，也具有较大的研究难度。景光强博士较好地完成了对这个问题的研究，展现出了深厚的法学理论素养和解决复杂实践问题的能力。

通读本书全文，我认为其有四个显著特点：一是研究较为全面系统。作者将以物抵债分为债务履行期届满前的以物抵债、债务履行期届满后的以物抵债与诉讼中的以物抵债三种类型，分别对其进行了研究，既探讨不同阶段以物抵债的个性特点，也对以物抵债的共性问题和共通规则进行了抽取与凝练，在研究范围方面基本上穷尽了以物抵债法律问题的基本理论、主要制度和关键争点。二是创新意识较强。作者没有人云亦云，而是在对传统民法上的代物清偿、新债清偿等理论与制度予以深入反思与剖析、对中国的以物抵债交易模式和司法裁判的实践进行实证研究的基础上，构建出了全新的以物抵债理论框架，并对以物抵债的成立、性质、效力、法律关系构造、债务不履行责任等提出了颇为精到的观点，诸多问题的观点和论述填补了学术研究上的空白。三是贴近司法实务。作者长期在最高人民法院工作，接触到大量的以物抵债案件，加上多年的案例收集和资料整理，对此类案件的裁判思路和观点流变了如指掌。本书立足中国实践、研究实际问题、提出具体建议，具有鲜明的问题导向、实践指向和司法实务面向，对一些问题的解决方案兼顾了理论与实践需求，体现出了求真务实的研究风格。这也是我一直鼓励和推崇的研究风格。四是写作风格上佳。本书文风朴实、行文流畅，直奔主题、几无赘语，逻辑严密、论证有力，表现出了深厚的文字功底和优良的表达技巧。总之，本书作为第一部系统研究以物抵债法律问题的著作，是以物抵债理论研究和司法实务必不可少的参考用书。

景光强博士是我近年来培养的优秀博士生之一。他给我的突出印象是踏实、勤奋，在工作、学习上有拼劲、韧劲，一旦确定了目标就咬定青山不放松、不达目的不罢休。他硕士研究生毕业后一直在法院工作，无论是在业务部门还是在综合部门，都始终对实践问题思考和法学理论研究保持着浓厚兴趣，作为对其多年来的勤奋学习和研究的回馈，不仅顺利完成了博士学业，还发表了一些颇有影响的研究成果。作为他的博士生导师，看到他的成长进步，我由衷地感到高兴。我希望他继续保持勇于进取的精神，认真学习、努力工作，勤于思考、笔耕不辍，为中国法治进步贡献更多的智识和力量。

在本书出版之际，我谨表示祝贺，并作此序推荐给读者。

中国政法大学教授、博士生导师　刘保玉

2020 年 3 月

目　录

Contents

绪论

一、背景与意义

以物抵债，一个社会公众耳熟能详的词汇，却是一个让法学界感到陌生的词汇；一个越来越为交易实践喜闻乐见的词汇，却也是一个越来越让司法实务界谈虎色变的词汇。

近年来，伴随着新发展理念的提出、大众创业万众创新战略的深入实施、供给侧结构性改革的深入推进、经济转型升级和新业态的不断涌现，企业融资频繁，民间借贷活跃，样态亦越来越多样化。在这个过程中，受复杂多变的国内经济形势和国际贸易环境影响，部分债权顺畅实现受阻，以物抵债现象遂日益增多。但是，由于我国法律对以物抵债问题缺少相应的规范，不能为当事人提供明确指引和法律预期，致使以物抵债纠纷呈高发多发态势。以以物抵债、代物清偿、以房抵债等作为关键词在中国裁判文书网搜索，均有大量的裁判文书，且各类案件数量均有逐年增加的趋势。考虑到有的以物抵债采取了买卖合同形式，再加上买卖型担保、让与担保等非典型以物抵债形式，实质意义上的以物抵债案件还要更多。

	以物抵债	以房抵债	代物清偿	让与担保
2014 年	4233 件	2102 件	70 件	91 件
2015 年	6164 件	2505 件	178 件	202 件
2016 年	12899 件	5431 件	446 件	690 件
2017 年	19936 件	8621 件	643 件	816 件
2018 年	27045 件	9742 件	790 件	958 件

面对大量的以物抵债案件，由于没有明确的法律规定可供裁判适用，司法实务界对以物抵债的性质、效力、法律关系构造、清偿效果等问题产生了激烈争议，以物抵债案件竟成了疑难案件，同案不同判成为困扰以物抵债案件裁判挥之

不去的难题。为统一裁判标准，最高人民法院试图有所作为，数年内作成若干指导案例或公报示范性案例,[①] 召开第八次全国法院民事商事审判工作会议,[②] 并出台司法解释予以规范,[③] 近年来针对以物抵债协议的性质与效力又专门作成法官会议纪要。[④] 但终因受传统理论羁绊，且由于牵涉问题过于复杂，最高人民法院在阐释立场时仍保持了小心翼翼的态度，提出的数个裁判思路均未有根本性突破，仅局限于解决一时一域的具体问题，且不无检讨余地，对交易实践起不到应有的引领作用。而由此导致的法理阐释上的晦暗不明、文字表述上的语焉不详乃至对相关问题立场上的游移不定的问题,[⑤] 不仅使得统一裁判标准的效果不容高估，而且导致相关问题的争论有愈演愈烈之势。

立法上的空白、理论上的争议和司法上的迟疑，使得理论研究与司法实务不仅没有起到反哺和引领交易实践的效果，反而引起了更大的交易混乱。由于司法态度不清，不能为当事人提供明确预期，使得本不该产生争议的问题以纠纷形式大量涌入法院，以物抵债纠纷案件数量进一步增加，且以物抵债案件大多经过一审、二审、再审等漫长的审判程序后仍不能服判息诉，致使大量的以物抵债案件直达最高国家审判机关。一些不诚信的债务人利用司法上的迟疑与彷徨，以以物抵债为名，行拖延履行债务之实，致使善良的债权人遭受不测之损害。有的当事人假借订立以物抵债协议，规避法律规定谋取不正当利益，严重损害第三人甚至社会公众利益。有的当事人为防止以物抵债协议被宣告无效的命运，大量采用买

① 债务履行期届满前的以物抵债如“朱某芳案”，参见最高人民法院（2011）民提字第344号民事判决书。债务履行期届满后的以物抵债如“汤某案”，参见最高人民法院第72号指导案例，另见最高人民法院（2015）民一终字第180号判决书；另有“通州建总案”，参见最高人民法院（2016）最高法民终字第484号判决书。诉讼中的以物抵债如“吴梅案”，参见最高人民法院第2号指导案例，另见四川省眉山市中级人民法院（2010）眉执督字第4号复函。

② 参见《最高人民法院第八次全国法院民事商事审判工作会议（民事部分）纪要》。

③ 参见《最高人民法院关于审理民间借贷案件适用法律若干问题的规定》（法释〔2015〕18号）第24条。

④ 参见最高人民法院民二庭2017年第四次法官会议纪要，载贺小荣主编：《最高人民法院民事审判第二庭法官会议纪要》，人民法院出版社2018年版，第1－11页。

⑤ 如关于以物抵债协议的诺成性抑或要物性问题，2016年第八次民事商事审判工作座谈会会议纪要开始承认诺成性以物抵债协议效力，但最高人民法院于2017年至少在三则案件的裁判文书中重申了以物抵债协议的要物性。又如，在“朱某芳案”中，最高人民法院明确承认买卖型担保的效力，并在《最高人民法院公报》予以刊登，而在随后的“嘉美案”判决中［参见最高人民法院（2013）民提字第135号民事判决书］，面对几乎相同的案情，最高人民法院却认为当事人间的买卖合同因违反禁止流押原则而无效。

卖合同、买卖型担保的形式达到以物抵债的效果，由此导致交易关系进一步复杂化。而这些乱象又以民事纠纷的形式，裹挟着虚假诉讼、债务欺诈，以排山倒海之势滚滚而来，导致以物抵债案件数量节节攀高，司法实务中的难题越积越多。以物抵债制度被异化的可能性越来越大。

司法实践的困惑源自法学理论研究的不足。检索文献发现，国内至今没有一部关于以物抵债法律问题的法学专著，研究以物抵债法律问题的论文也是寥若晨星，有限的研究也仅仅逡巡于对以物抵债概念、性质、效力等基本问题的阐释和争论，其中多数研究还停留在传统民法上的代物清偿层面，远远落后于交易实践和司法实务需求。对以物抵债问题进行系统研究，对实践中形成的交易制度和司法观点认真梳理总结和提炼升华，形成契合民法理论、适应时代要求、体现创新特色的理论研究成果，积极指导司法实践，并为我国民法典中的相关制度设计提供充足的理论准备，已是迫在眉睫。

二、国内外研究现状

以物抵债是我国交易实践中广为使用的概念，但关于以物抵债法律问题的研究远远落后于交易实践。从检索文献情况看，目前尚无专门研究以物抵债法律问题的博士生论文，近年来虽有相当数量的相关硕士学位论文面世，但与民商法学其他专题研究卷帙浩繁的繁荣状况依旧形成鲜明对比，且研究方向多局限于某一领域，特别是执行领域以物抵债，缺乏对以物抵债法律问题的系统研究与总体把握。为数不多的非执行领域以物抵债研究成果也多囿于传统民法理论框架，其中多数研究成果尚纠缠于代物清偿要物说理论而无法自拔，且多为对传统民法理论的修修补补，创新性和开拓性明显不足。

这种情况基本上反映了我国法学界关于以物抵债法律问题的研究现状。从目前的公开出版物与发表论文的情况看，王利明教授的《债法总则研究》、王家福教授主编的《民法债权》、陈华彬教授的《债法总论》、王洪亮教授的《债法总论》等著作均有关于以物抵债、代物清偿等相关制度的介绍，但多限于对传统民法理论的忠实引介与继受，对我国以物抵债交易实践回应不足。在学术论文方面，多数论文尚停留在概念辨析层面，且对以物抵债的内涵、外延认识不一、自说自话，对基本概念认识上的严重分歧导致了理论界有效对话不足，进而严重影响了研究的深入开展。

在以物抵债的性质与效力研究方面，多数观点亦简单照搬代物清偿要物说、有偿说等传统民法观点，这种研究现状对我国司法实务产生了深刻影响。从检索到的相关裁判文书看，以代物清偿要物说理论裁判以物抵债案件的裁判思路曾长期占据主导地位。值得注意的是，近几年来，代物清偿要物说理论开始受到质疑，崔建远教授的《以物抵债的理论与实践》、王洪亮教授的《代物清偿制度的发现与构建》、翟云岭教授、于靖文博士的《代物清偿理论剖析》、肖俊博士的《代物清偿中的合意基础与清偿效果研究》分别从实践效果、理论剖析和历史沿革等角度，对代物清偿要物说提出质疑，主张承认诺成性以物抵债协议的效力。司法实务观点亦逐渐发生转向，2016 年第八次民事商事审判工作座谈会会议纪要、2017 年最高人民法院民二庭第四次法官会议纪要等逐渐开始承认诺成性以物抵债协议的效力，但从其阐释的理由看，并无意突破传统民法理论框架，论证过程亦非无懈可击。

由于代物清偿要物说成了长期困扰我国学术界与司法实务界挥之不去的难题，多数研究均将火力集中于代物清偿要物说之争，这无疑成了阻碍以物抵债研究走向深入的又一道门槛。从现有研究成果看，多数研究均止步于此，对于以物抵债中复杂的法律关系构造、以物抵债中债务不履行之救济、以物抵债中法律行为效力瑕疵的法律后果等更深层次的问题，基本上无人问津。肖俊博士的《代物清偿中的合意基础与清偿效果研究》、司伟法官的《债务清偿期届满后以物抵债协议的性质与履行》、刘敏博士的《新债与旧债的关系：以物抵债适用规则研究》等对以物抵债中新旧给付关系构造问题进行了探讨，但多将以物抵债界定为任意之债或选择之债，没有关注到交易实践中新旧给付之复杂多样的构成，有复杂问题简单化之嫌，不符合多数情况下当事人的真实意思。

关于债务履行期届满前的以物抵债，不仅研究成果颇少，且多数研究亦简单照搬照抄传统民法之代物清偿预约、附停止条件代物清偿理论，仍然无法走出代物清偿要物说之迷局。近年来，有学者开始从担保的角度研究债务履行期届满前的以物抵债问题，如陈本寒教授的《新类型担保的法律定位》、刘琨法官的《以物抵债协议不宜认定为流质契约》、高治法官的《代物清偿预约研究——简论流担保制度的立法选择》等，但这些研究又陷入了以物抵债协议是否因触犯流担保禁止规则而无效的争论，观点相异，难分伯仲，更遑论对新旧给付关系、债务不履行救济等深层次问题的探讨。由于司法实务多对债务履行期届满前以物抵债协议的效力持否定性评价，交易实践中当事人多通过签订买卖合同的形式达到抵债与担保的效果，即所谓的买卖型担保，从而使得原本就争论不休的以物抵债问题变得愈加复杂。买卖型担保作为一种新型交易形式，迅速引起了学术界的研究兴趣，杨立新教授的《后让与担保——一个正在形成的习惯法担保物权》、董学立教授的《也论“后让与担保”——与杨立新教授商榷》、陈永强教授的《以买卖合同担保借贷的解释路径与法效果》、陆青博士的《以房抵债协议的法理分析——〈最高人民法院公报〉载“朱某芳案”评释》、庄加园博士的《“买卖型担保”与流押条款的效力——〈民间借贷规定〉第24条的解读》、张伟博士的《买卖合同担保民间借贷合同的解释论——以法释〔2015〕18号第24条为中心》等论文从不同角度对买卖型担保的性质和效力认定问题提出了颇有见地的观点，但多从解释论角度谋求买卖型担保案件的妥当裁判，对更为深层次的问题，如买卖型担保的成因、应对之策及立法论选择，缺乏应有的关注。特别值得关注的是，绝大多数学者均不愿将买卖型担保解释为以物抵债，而这与对根深蒂固的代物清偿要物说的恐惧具有密切联系。可见，对债务履行期届满后以物抵债问题的理论研究不足，在一定程度上也制约了期前以物抵债研究的深入开展。

关于诉讼中的以物抵债，也涌现出了一些优秀的研究成果，对解决司法实务中的困惑起到了一定的指引作用。但这方面的研究，也存在一些问题。第一，这些研究具有强烈的实用导向，往往是针对解决实务问题而展开的，理论升华不够，与诉讼外以物抵债贯通起来作为整体研究的成果少之又少。第二，研究多是针对普遍共性问题展开，专门研究诉讼中以物抵债的成果不多。江伟教授主编的《民事诉讼法》、张卫平教授的《民事诉讼法》、肖建国教授主编的《民事执行法》、董少谋教授的《民事强制执行法学》、谭秋桂教授的《民事执行法学》、我国台湾地区学者杨与龄教授的《强制执行法论》等有关章节均有提及，但单独论述以物抵债的篇幅不多。关于以物抵债和解协议，王亚新教授的《一审判决效力与二审中的诉讼外和解协议——最高人民法院公布的2号指导案例评析》、严仁群教授的《二审和解后的法理逻辑：评第一批指导案例之“吴梅案”》、吴泽勇教授的《"吴梅案"与判决后和解的处理机制——兼与王亚新教授商榷》、张永泉教授的《执行前和解协议法律效力研究》等论文虽然都提及以物抵债和解协议，但关注点均为诉讼中和解协议之共性问题，对以物抵债和解协议的个性问题着墨不多。关于以物抵债裁判文书的物权变动问题，房绍坤教授的《法院判决外之法律文书的物权变动效力问题研究》、程啸教授的《因法律文书导致的物权变动》等论文均有涉及，但往往一笔带过，论述不够充分。第三，诉讼中以物抵债问题横跨实体法与程序法两大领域，但民法学者与诉讼法学者的研究往往自说自话，欠缺有效对话。比如，关于以物抵债裁判文书物权变动问题，民法学者研究颇多，但往往简单套用诉讼法上的形成裁判形成力理论，对于其背后的法理及其能否适用于物权变动领域，一般不加深究，得出的结论也就失之于武断。再如，以物抵债执行和解协议既涉及民事诉讼程序问题，又属于实体法上的民事合同范畴，但现有的研究多着眼于诉讼法角度，对其民事实体法属性，关注明显有待加强。

以物抵债是我国交易实践和司法实务中特有的概念，但作为债务清偿的变态方式，以物抵债的历史源远流长，虽然名称不一，但广泛存在于各国、各地区交易实践、司法实践乃至立法文件中。我国台湾地区"民法"忠实继受了传统民法上的代物清偿、新债清偿等相关制度，在民法权威学者的著述中，如史尚宽先生的《债法总论》、郑玉波先生的《民法债编总论》、孙森焱先生的《民法债编总论》、邱聪智先生的《新订民法债编通则》、林诚二先生的《民法债编总论——体系化解说》、黄立先生的《民法债编总论》等著作中，均对相关制度作了详细介绍与论述，为研究以物抵债制度提供了丰富的素材。但这些研究偏重于对传统民法相关制度的介绍与阐释，少有突破传统民法框架的观点。值得关注的是，陈自强教授在《无因债权契约论》以及《债权法之现代化》等著作中，介绍了西方代物清偿理论的最新发展动向，对传统民法理论作了反思，为相关研究提供了崭新的视角。

在国外，英美法国家没有代物清偿及要物合同等相关理论与制度，与代物清偿相关的交易被当作普通的契约处理，相关研究也不发达。E. 艾伦·范斯沃思先生的《美国合同法》等英美合同法权威性著作对相关制度要么压根不提，要么寥寥数笔，并未将其作为一个值得研究的课题对待。代物清偿制度滥觞于罗马法，并被大陆法系各国各地区民法继承、发展，故大陆法系国家和地区的相关研究成果较为丰硕。意大利学者彼得罗·彭梵得的《罗马法教科书》、德国学者马克斯·卡泽尔、罗尔夫·克努特尔的《罗马私法》等对罗马法上的相关制度作了介绍与评述，对于了解以物抵债制度的历史渊源与发展脉络，深具启示意义。中世纪罗马法复兴直至法典化时期，代物清偿要物性理论逐渐风靡欧陆各国并占据统治地位，这种状况直至20世纪晚期并未有明显改观。晚近以来，传统民法代物清偿理论的迷信开始被打破，德国的Larenz教授、Harder教授、法国的Carbonnier教授、日本的我妻荣教授等从不同侧面对代物清偿理论提出质疑，并提出清偿契约说、变更契约说等理论，重新界定以物抵债法律关系。德国学者迪尔克·罗歇尔德斯教授的《德国债法总论》、莱因哈特·齐默曼教授的《德国新债法》等著作对相关最新研究和立法动态作了梳理。一些研究国外相关制度的著作，如尹田教授的《法国现代合同法》、李志刚博士的《法国担保法改革》、杜景林教授的《德国债法总则新论》等也对国外最新动向作了引介，为研究以物抵债制度提供了必不可少的比较法素材。但因各国各地区经济情势、交易实践、以物抵债表现形式各异，域外的相关理论与制度未必适应我国现实，尤其是对我国目前交易实践中花样不断翻新的各种以物抵债新形态，简单套用域外相关理论，无法作出妥适解释。在充分借鉴吸收各国、各地区最新研究成果基础上，立足中国实践、分析中国问题、提出中国方案，为我国以物抵债交易实践、司法实务和立法工作提供理论支撑，无疑更具现实意义。

三、本书的思路与结构

本书除绪论部分外，共分八个专题，可分为四个部分。

第一部分为专题一，阐释以物抵债的基本问题。对以物抵债的内涵、外延、要件、分类进行了界定，明确本书研究对象；对代物清偿、新债清偿、债的更改、债的变更等传统民法上与以物抵债相关的制度作了介绍，明确不同制度之间的区别与联系，进一步深化对以物抵债概念的理解；对以物抵债的制度功能进行了探究，作为下文展开研究的基础。

第二部分为专题二至专题六，对债务履行期届满后的以物抵债进行了重点研究。以物抵债为债的清偿之变态，而债的清偿以债务已届履行期为要件，故期后以物抵债为以物抵债的主要类型和典型样态，也是其他种类以物抵债得以繁衍的母本，为本书研究之重点。其中，专题二至专题五从民法基本理论与立法论的视角，对以物抵债协议的性质、效力、法律关系结构、债务不履行之救济、合同无效、撤销及其法律后果等进行了详细论述。关于以物抵债协议的效力问题，若以传统民法代物清偿要物说规格衡量，我国实务中大量的诺成性以物抵债协议将归于无效，故对代物清偿要物说的检讨是必须解决的先决性问题。专题二从要物合同诺成化发展趋势、代物清偿要物说发展史、代物清偿协议与要物合同之龃龉、代物清偿要物说有违意思自治之现代民法理念等角度，全面检讨代物清偿要物说理论，提出应明确承认以物抵债协议之诺成性。关于以物抵债的性质，学界认识不一，有债的更改说、清偿契约说、特殊债务变更说等多种观点。专题三对各种学说进行了梳理与检讨，认为以物抵债协议并不改变基础债权债务关系之同一性，应构成债务变更，并以变更说为基础，分别从宏观、微观两个视角，对以物抵债法律关系进行了立体审视与重新建构。专题四对以物抵债中的债务不履行及其救济问题进行了研究。传统民法认为代物清偿契约为有偿契约，并参照买卖合同相关规定解决新给付瑕疵时债务人责任问题。但有偿契约说无视以物抵债协议处分行为属性，违背当事人意思，不利于债权人保护，故应予否弃。专题四首先以变更契约说为基础，对有偿契约说进行了检讨，分析了新给付不履行、瑕疵履行时的法律救济措施及相应的请求权基础问题，接下来对债权人请求原定给付的条件、时机、诉讼时效及相关债务不履行责任进行了探讨。专题五以代物清偿契约的有因性与无因性探讨为切入点，对以物抵债中所涉法律行为效力瑕疵的法律后果进行了探究。专题六转换角度，从解释论视角，对我国司法实务关于债务清偿期届满后以物抵债案件的裁判现状进行实证考察分析，对现有裁判路径逐一检讨，在此基础上，基于我国现有实在法规定，对以物抵债案件的应然裁判思路提出意见建议。

第三部分为专题七，为债务履行期届满前以物抵债特殊问题之专题研究。期前以物抵债在缔约时机、法律性质、制度功能、法律关系构造等方面均与期后以物抵债不同，债的变更理论显然不能解释期前以物抵债中复杂的法律关系构造，故期前以物抵债问题不能简单套用期后以物抵债的制度规则，有单独规制之必要。第七专题中的前两部分为期前以物抵债协议的效力问题研究，指出期前以物抵债协议的效力除了面临代物清偿要物说的质疑外，尚须接受流担保禁止规则的检验。关于前者，在代物清偿要物说语境下，传统民法上的代物清偿预约和附停止条件代物清偿理论均面临无法逾越的逻辑障碍，故废除代物清偿要物说乃承认期前以物抵债协议效力的逻辑起点。关于后者，专题七在探讨流担保禁止规则适用边界、流担保禁止规则缓和及其实现路径基础上，指出期前以物抵债协议符合流担保条款之构成，但在解释上应对流担保禁止规则适用范围进行目的性限缩，在立法上应当缓和流担保禁止规则之严酷性，有限承认流担保条款的效力。于此，期前以物抵债协议的效力得以证成。第七专题中的第三部分和第四部分分别对让与担保和买卖型担保这两种特殊形态的期前以物抵债协议进行了专门讨论。第七专题中的第五部分对期前以物抵债协议中新旧给付关系构造以及债务不履行救济问题进行了简要探讨。

第四部分为专题八，为诉讼中以物抵债问题之专题研究。诉讼中以物抵债为期后以物抵债之一种，但因发生在诉讼程序中，有审判执行权之公权力参与，或受公权力影响，因此在性质与效力方面自与单纯当事人合意之以物抵债有所不同。另，诉讼中以物抵债有以物抵债调解书、以物抵债和解协议、以物抵债执行裁定书等不同表现形式，每种以物抵债形式均有其鲜明的个性特征。专题八第一部分对各种形式的诉讼中以物抵债的性质和效力逐一进行了分析研判。诉讼中以物抵债多以裁判文书形式作出，根据民法理论及实证法规定，特种类型的裁判文书可直接导致物权变动。专题八第二部分在对法律文书导致物权变动理论进行检讨的基础上，对各种以物抵债裁判文书能否引起物权变动问题分别进行了探究。同普通以物抵债一样，诉讼中以物抵债也可能发生拒绝履行、瑕疵履行等债务不履行问题，且以物抵债裁判文书可能损害第三人权益，需要为当事人和相关利害关系人提供相应的救济途径。对此，专题八第三部分提出了相关建议。

专题一

以物抵债的基本问题

一、以物抵债的内涵与外延

以物抵债是我国交易实践和司法实务中发展出来的概念，在传统民法上并无直接对应的概念，与此相关的内容被代物清偿、新债清偿等制度所囊括，但其内涵与外延又不尽相同。在理论研究与实务中，对以物抵债概念的理解也是众说纷纭、莫衷一是。概念界定上的偏差和认识上的分歧是各种争议之源。本专题首先对实践与理论研究中的不同观点进行梳理，并对交易实践中作为典型样态的以物抵债之主客观特征进行提炼，在此基础上试图对以物抵债的概念作出界定。

（一）实践中的以物抵债

以物抵债概念虽被广为使用，但在实在法上并没有给出清晰的概念。在规范性文件层面，首次对以物抵债作出定义的是中国银行1999年出台的《中国银行以物抵债管理办法（试行）》（以下简称《办法》）。该《办法》第2条第1款规定："本办法所称以物抵债，是指债务人将事先抵押、质押给债权银行的财产或者其他非货币财产折价归银行（指中国银行，下同）所有，用以偿还银行债务。"该《办法》是从银行债权和财会角度定义以物抵债，主要适用于抵押、质押领域，与我国交易实务中广泛使用的以物抵债概念不可同日而语，且该《办法》仅仅是中国银行内部规定，并无法律效力，对交易实践和司法实务并无普遍指导和借鉴意义。

在法律层面，《合同法》第286条、《物权法》第195条、第219条和第236条均涉及以物抵债制度，但没有明确使用以物抵债的概念。在司法解释层面，《最高人民法院关于适用〈中华人民共和国物权法〉若干问题的解释（一）》第7条，《最高人民法院关于适用〈中华人民共和国民事诉讼法〉若干问题的意见》[①] 第491 -493条，《最高人民法院关于人民法院民事执行中拍卖、变卖财产的规定》第19条、第23条、第25条、第26 -30条，《最高人民法院关于人民法院办理执行异议和复议案件若干问题的规定》第5条、第7条、第26条，《最高人民法院关于执行和解若干问题的规定》第6条等均使用了以物抵债或抵债的概念，但仍没有给出明确的概念，且主要适用于执行领域。

随着以物抵债案件数量的增多，如何准确界定以物抵债之轮廓、认清以物抵债之庐山真面目，司法实务也进行了探索。在一些司法裁判中，最高人民法院试着给出了以物抵债的概念。如在林某瑾与周某莉、陈某昌撤销权纠纷一案裁定中，最高人民法院指出，以物抵债是指债权人与债务人之间存在金钱债务时，双方约定在金钱方式清偿之外以特定物清偿债务。[②] 2016年，时任最高人民法院民二庭庭长杨临萍撰文指出，债权人与债务人之间存在金钱债务，有时双方约定以特定物代替原金钱债务的清偿，实务上将该种替代履行债务的方式称为以物抵债。[③] 这个概念将以物抵债之基础债权债务关系界定为金钱债务，将以物抵债之他种给付限定为特定物，概念把握的尺度失之于严，且对于以物抵债所囊括的类型及其与传统民法上相关制度的对应关系，也没有作出明确阐述。在随后的内蒙古兴华房地产有限责任公司与通州建总集团有限公司建设工程施工合同纠纷一案判决中，最高人民法院虽未明确给出以物抵债的定义，但就以物抵债的性质、效力作出了详细的论证，根据这篇裁判文书，以物抵债俨然成了债的更改、新债清偿、代物清偿的上位概念。[④] 2017年9月27日，最高人民法院民二庭第四次法官会议对以物抵债问题进行了专题研究和详细梳理，认为以物抵债本身并非严格法律术语，将传统民法上以他种给付代替原定给付的制度类型，如代物清偿、新债清偿、债务更新、新债担保、让与担保等，均纳入以物抵债家族，尤其是对债务履行期届满前的以物抵债给予了充分关注，全面展现了以物抵债交易的复杂多

---

① 该司法解释已失效。

② 参见最高人民法院（2015）民申字第2174号裁定书。

③ 杨临萍：《关于当前商事审判工作中的若干具体问题》，载最高人民法院民事审判第一庭编：《民事审判指导与参考》总第64辑，人民法院出版社2016年版，第83 -84页。

④ 参见最高人民法院（2016）最高法民终字第484号判决书。关于该裁判观点的详细阐释，参见司伟：《债务清偿期届满后以物抵债协议的性质与履行》，载《人民司法·案例》2018年第2期。

样性，大大拓展了以物抵债的外延。[①] 最高人民法院新近的系列举措表明，以物抵债案件的裁判越来越引起司法高层的重视，对以物抵债概念、类型的认识也在不断深化。

（二）理论研究中的以物抵债

何为以物抵债，法学界没有一个清晰的界定。一种观点把以物抵债局限在执行程序中的以物抵债，并与实体法上的代物清偿作严格的区分。[②] 这种观点没有看到执行程序中以物抵债与实体法上以物抵债的同质性，罔顾实践中大量存在的以物抵债协议，固守传统代物清偿概念，实不足取。实质上，以物抵债与代物清偿在概念文义上均表达了以他种给付代替原定给付以清偿债务的含义，很难作出实质区分。如果在立法技术上将二者作出泾渭分明的界分并赋予不同含义，只能造成实务和思维的混乱。沿着这种思路，学界更多的是将两者界定为一种包含关系。如有学者将以物抵债区分为强制的以物抵债和合意的以物抵债，强制的以物抵债主要是指执行程序中的以物抵债，而合意的以物抵债当然也包含了传统民法上的代物清偿。[③] 实质上，在司法实务中争议较大的恰恰是合意的以物抵债，故也成为研究的重点。崔建远教授给出了合意的以物抵债的概念，认为以物抵债在法律行为的层面，是指当事人双方达成以他种给付替代原定给付的协议。他认为，实务中的以物抵债，可分为两种情形，一种是当事人双方之间已就以物抵债达成了协议，且已经将该抵债之物现实地交付给了债权人，符合传统民法上代物清偿的构造；另一种是只有双方当事人就以物抵债达成了一致意见，却没有现实地交付该物的行为，表现为诺成性。[④] 对于合意的以物抵债，有学者又根据达成以物抵债协议的时间点进行了细分，一是以物抵债的合意以及债权人受领债务人的他种给付的事实都发生在原定给付履行期届满前，二是以物抵债的合意以及债权人受领债务人的他种给付的事实都发生在原定给付履行期届满后，三是以物抵

---

① 麻锦亮：《以物抵债协议的性质与效力》，载贺小荣主编：《最高人民法院民事审判第二庭法官会议纪要》，人民法院出版社 2018 年版，第 3 - 5 页。

② 严之：《代物清偿法律问题研究》，载《当代法学》2015 年第 1 期。

③ 冯永强：《论以物抵债行为的性质与效力》，载《新疆社会科学》2015 年第 3 期。

④ 崔建远：《以物抵债的理论与实践》，载《河北法学》2012 年第 3 期。

债的合意发生在原定给付履行期届满前、债权人受领债务人的他种给付的事实发生在原定给付履行期届满后，并分别赋予其不同的法律效力。[①] 对于债务履行期届满前达成的以物抵债协议，有学者更是提出了后让与担保的概念，从担保的角度进行分析研究，开启了研究的新视角。[②] 有的学者从更广的视域审视以物抵债，认为代物清偿、新债清偿乃至为了担保而给付等构造，这些清偿替代方式可统称为以物抵债。[③] 还有学者认为代物清偿、新债清偿、债之更改、让与担保、流质契约等均可能涉及以物抵债，进而将这些传统民法概念统摄到以物抵债项下进行研究。[④] 这可谓最广义上的以物抵债。

可见，学界关于以物抵债的概念并无统一认识。概念不清，容易造成自说自话和不必要的争议，进而很难达成共识，取得有价值的研究成果。因此，对于以物抵债的概念，有必要在理论上正本清源，进一步廓清与厘定。

（三）以物抵债的概念界定

从客观特征看，以物抵债最鲜明的特色即给付形态发生变化，即通常所谓的以他种给付代替原定给付。若以此种规格衡量，不仅传统民法上代物清偿、新债清偿、债的更改等制度均可纳入以物抵债概念，而且让与担保、我国交易实践中发展起来的买卖型担保等相关担保制度亦可纳入以物抵债范畴，甚至债的抵销、第三人替代履行、违约责任中的代物请求权（更换）等均符合以物抵债的客观构造。但是，由于上述各种制度价值不同，关注点各异，制度构成也各具特色，如果将上述各种制度都网罗于以物抵债概念之下，必然使以物抵债概念变得大而无当，打破原有制度体系之和谐，而且使得在上述制度基础上抽象出来的以物抵债之共同规则变得高度抽象，对实践几无指导意义。

本书认为，对以物抵债概念之把握，不仅要从以他种给付代替原定给付之客观方面把握，尚需从主观目的方面进行考察。从交易实践看，以物抵债之“抵

---

① 冯永强：《论以物抵债行为的性质与效力》，载《新疆社会科学》2015 年第 3 期。

② 杨立新：《后让与担保：一个正在形成的习惯法担保物权》，载《中国法学》2013 年第 3 期。

③ 王洪亮：《债法总论》，北京大学出版社 2016 年版，第 166 页。

④ 施建辉：《以物抵债契约研究》，载《南京大学学报》（哲学 · 人文科学 · 社会科学版）2014 年第 6 期。

债”含有清偿债务之目的，亦即以物抵债的主观目的在于清偿，是债务清偿之变态形式，或曰“替代履行债务的方式”。[①] 从这个角度讲，因担保制度主要目的在于担保债务履行，而非直接代替原定给付发生清偿效果，故担保制度原则上不能纳入以物抵债范畴。但让与担保、买卖型担保等制度在担保债务履行的同时，也对以担保物抵债作出了预先安排，同时兼具担保与清偿双重功能。为期周延，本书将让与担保、买卖型担保作为以物抵债的特殊形态，在相关章节作简要探讨。

从以物抵债之主观目的考察，债的更改制度亦将被排除在以物抵债概念之外。从客观方面看，债的更改与以物抵债之外在表现相类，但从制度目的看，代物清偿是为了清偿原债，但债的更改绝非清偿原债，而是为了消灭原债、建立新的债权债务关系，故债的更改实为以物抵债所不容。司法实务中有时并不区分以物抵债与债的更改，将债的更改作为以物抵债的一种形式，[②] 实为对以物抵债制度的误解。因制度目的不同，债的更改与以物抵债在新旧给付关系、债务不履行责任等方面有重大区别，故有予以区别之必要。

另，债的抵销、债务承担等制度虽与债的清偿密切相关，但因其有独立的社会观照，且已形成相对完善的制度体系，故本书亦将其排除在以物抵债研究范围之外。

综上，本书研究的以物抵债，是指以他种给付代替原定给付，以达到债务清偿目的的行为。在以物抵债中，存在着两种给付，相对于基础债权债务关系中的给付，变更后的给付可称为他种给付或新给付；相对于变更后的给付，基础关系中的给付可称为原定给付或旧给付。要说明的是，所谓“代替”，并不仅仅局限于“永久的代替”，即新给付成立、旧给付消灭，还包括“一时的代替”，即新给付成立后，旧给付退居幕后、隐而不彰，债权人首先从新给付寻求清偿，在新

---

① 杨临萍：《关于当前商事审判工作中的若干具体问题》，载最高人民法院民事审判第一庭编：《民事审判指导与参考》总第64辑，人民法院出版社2016年版，第83－84页。

② 最高人民法院在内蒙古兴华房地产有限责任公司与通州建总集团有限公司建设工程施工合同纠纷一案判决中认为：“当事人于债务清偿期届满后达成的以物抵债协议，可能构成债的更改，即成立新债务，同时消灭旧债务；亦可能属于新债清偿，即成立新债务，与旧债务并存。”参见最高人民法院（2016）最高法民终字第484号判决书。另参见司伟：《债务清偿期届满后以物抵债协议的性质与履行》，载《人民司法·案例》2018年第2期；麻锦亮：《以物抵债协议的性质与效力》，载贺小荣主编：《最高人民法院民事审判第二庭法官会议纪要》，人民法院出版社2018年版，第3－5页。

给付清偿未果时仍得请求原定给付，此亦为新给付代替旧给付之方式。以此规格衡量，传统民法上的代物清偿、新债清偿构成以物抵债的主要形态，也是本书研究的逻辑起点。又，以物抵债虽然以双方意思表示一致为常态，但执行程序中法院出具以物抵债执行裁定书并不以当事人达成协议为要件，为期周延，本书一并研究，故不将以物抵债界定为“协议”，而是笼统地称为“行为”。

（四）以物抵债的构成要件

一般认为，以物抵债的成立，须满足以下最低要求：

一是须有债权的存在。以物抵债是债务清偿的一种方式，故以物抵债须以债权的有效存在为前提。至于原债权的种类，不论是合同之债、侵权之债、无因管理之债、不当得利之债，还是金钱之债、物的给付、权利的移转、劳务的提供，抑或是特定物给付或非特定物给付，只要清偿人与债权人达成合意，都可以成立以物抵债。原债权因时效经过而成为自然债权时，仍可成立以物抵债，清偿人不得事后以时效经过为由请求确认以物抵债协议无效。若债权不存在，因错误而为清偿时，以物抵债不发生效力，清偿人得请求不当得利返还。[①] 相对于以物抵债协议，本书将原来的债权称为基础债权，将原来的债权债务关系称为基础债权债务关系或基础关系。

二是新给付与原定给付必须相异。以物抵债要求新给付必须异于原定给付，如果给付内容相同，只是债的其他构成要素如履行时间、地点、价格等发生变化，不构成以物抵债。新给付与原定给付必须在一般交易观念上构成不同的给付，如果新给付与原定给付仅存在些微差异，则一般认为仍是原债的清偿，不构成以物抵债。新给付与原定给付之间未必具有相同的价值，他种给付小于原定给付价值的，债权人无须另为抛弃相差部分债权的意思表示，债务人亦无须负担相差部分债务；他种给付价值大于原定给付价值的，债权人亦无须返还超出部分之价值。[②] 当事人另有约定的，从其约定。此外，在以担保物抵债和流担保中，若担保物价值大于债权额的，可能发生债权人的强制清算和返还义务。至于他种给

---

① 史尚宽：《债法总论》，中国政法大学出版社2000年版，第816页。

② 孙森焱：《民法债编总论》（下册），法律出版社2006年版，第855页。

付与原定给付是否必须异其种类，不能一概而论。在特定物之给付，用种类相同的 B 物代替 A 物，仍构成以物抵债。在种类物和金钱之债，相同种类的给付则不构成以物抵债。需注意的是，在传统民法上，代物清偿之他种给付不限于物的给付，权利的移转、劳务的提供均可构成代物清偿，[①] 以物抵债之他种给付亦应作相同的解释。

三是须有以他种给付代替原定给付的意思表示。合同必守原则要求当事人必须严格履行合同，不得单方变更给付种类。以他种给付代替原定给付，构成了基础债权债务关系的变更，必须双方当事人协商一致，订立以物抵债协议。没有达成以物抵债协议，债务人交付他种给付的，债权人有权拒绝受领且不构成受领迟延，债务人仍有为原定给付的义务。相反，债务人为原定给付而债权人请求他种给付的，债权人构成受领迟延，债务人可以将给付标的物提存从而达到清偿的效果。若债务人未与债权人协商，以代替原定给付的意思为他种给付，债权人接受他种给付而没有表示异议的，应当视为债权人以默示的方式作出了承诺，进而在当事人之间达成了以物抵债协议。但若债权人能证明并非以以物抵债的意思而为受领，而是以增加担保或其他意思而受领他种给付的，则构成意思表示错误，以物抵债不成立，原债权不因此而消灭。[②] 因为订立以物抵债协议构成法律行为，故当事人必须有相应的行为能力与处分权限。以物抵债也可以由代理人行使。第三人经债权人同意代为清偿，并以他种给付代替原定给付的，也成立以物抵债。当然，执行程序中法院出具以物抵债执行裁定书的，属于强制执行行为，无须双方当事人意思表示一致，但仍须以债权人同意为前提，从而维持了最低限度的意思自治。

另，传统民法上的代物清偿为要物行为，以新给付现实受领为成立要件。本书认为，从清偿目的角度讲，只有新给付现实受领才发生清偿效果，但作为法律行为的以物抵债协议无须以新给付现实受领为成立要件，代物清偿要物性须重新

---

① 史尚宽：《债法总论》，中国政法大学出版社 2000 年版，第 816 页；郑玉波：《民法债编总论》（修订二版），陈荣隆修订，中国政法大学出版社 2004 年版，第 484 页；王利明：《债法总则研究》，中国人民大学出版社 2015 年版，第 678 页。

② 郑玉波：《民法债编总论》（修订二版），陈荣隆修订，中国政法大学出版社 2004 年版，第 484 页；黄立：《民法债编总论》，中国政法大学出版社 2002 年版，第 671 页。

检讨，故本书不将新给付的交付与现实受领作为以物抵债的构成要件。

（五）以物抵债的分类

以物抵债作为类概念，从不同的角度可进行不同的分类。根据以物抵债协议订立时原债务是否已届履行期，可分为已届履行期的以物抵债与未届履行期的以物抵债；根据以物抵债是否以当事人合意为前提，可分为强制的以物抵债与合意的以物抵债；根据以物抵债与诉讼程序的关系，可分为诉讼中的以物抵债与诉讼外的以物抵债；根据以物抵债是否以抵债物现实受领为要件，可分为须受领的以物抵债与无须受领的以物抵债；根据抵债物是否为基础关系的标的物，可分为折价清偿与代物清偿；根据原债务是否因以物抵债的成立而消灭，可分为代物清偿与新债清偿；等等。

本书拟对以物抵债这种债务清偿方式展开全方位研究，为期周延，本书以以物抵债发生的时点为分类标准，从宏观上将以物抵债分为已届履行期的以物抵债、未届履行期的以物抵债与诉讼中的以物抵债。已届履行期的以物抵债又可称为已届清偿期的以物抵债、债务履行期届满后的以物抵债，或简称为期后以物抵债，是指原债务履行期届满后当事人达成的以物抵债协议。未届履行期的以物抵债又可称为未届清偿期的以物抵债、债务履行期届满前的以物抵债，或简称为期前以物抵债，是指当事人在基础债权债务关系成立之时或债务履行期届满前达成的以物抵债协议，在功能上兼具清偿与担保之功能，其性质、效力等与期后以物抵债大异其趣，故本书进行专题研究。诉讼中的以物抵债又可简称为诉讼以物抵债，是指当事人在诉讼程序中达成的以物抵债和解协议，以及法院依职权作出的以物抵债行为。从广义上讲，诉讼中的以物抵债为期后以物抵债所包括，且诉讼中的以物抵债和解协议从性质上讲也是私法上的契约，与普通的以物抵债协议并无本质不同，但因发生在诉讼程序中，横跨实体法与程序法两大领域，与公权力发生千丝万缕的联系，与普通以物抵债相比别具特色，故专章研究。

因以物抵债为债务清偿之方式，而债务清偿须以清偿期届至为要件，故期后以物抵债为以物抵债的典型形态。期前以物抵债与诉讼中的以物抵债除了自身特殊的规则之外，适用期后以物抵债之共同规则。故本书打破时间顺序，先用相当篇幅重点研究期后以物抵债，再对期前以物抵债与诉讼中的以物抵债之特殊规则进行研究。又因期后以物抵债为以物抵债之常态，故行文中若单独提到以物抵债，如无特别说明，专指期后以物抵债。

二、以物抵债相关制度简介

我国交易实践中的以物抵债，实为传统民法上代物清偿与新债清偿制度的变种，故欲研究以物抵债制度，必须首先寻根访源，对传统民法上的代物清偿与新债清偿制度一探究竟，弄清以物抵债制度的来龙去脉。以物抵债的重要特征为给付的变更，传统民法上涉及给付变更的还有债的更改、债的变更制度，二者与以物抵债制度并无清晰界限，实务中有时不易区分。故此，本部分就传统民法上相关制度作简要介绍，弄清相关概念之间的关系，以此作为开展研究的基础。

（一）代物清偿

在传统民法上，与以物抵债最相类似的制度为代物清偿，我国理论研究与审判实务中有时对二者并不刻意区分，甚至作为同义语使用。因此，研究以物抵债制度，必须首先了解传统民法上的代物清偿制度。

代物清偿是债权人受领他种给付以代原定给付，而使债之关系消灭之契约。代物清偿的成立，须满足以下要件：（1）须有原债权存在；（2）须有以他种给付代替原定给付的合意；（3）须他种给付与原定给付相异；（4）须债权人现实地受领他种给付。①

关于代物清偿的性质，从行为角度观察，存在清偿说与契约说之争。清偿说认为，代物清偿属于清偿的样态之一，在体系上与一般的清偿保持一致，仅是对清偿客体的变态，是清偿人用异于原定给付之他种给付为清偿，从而使当事人间的债权债务关系消灭，因此应该与清偿具有相同的法律性质。② 多数学者认为代

① 史尚宽：《债法总论》，中国政法大学出版社2000年版，第814页；邱聪智：《新订民法债编通则》（新订一版，下册），中国人民大学出版社2004年版，第452页；林诚二：《民法债编总论——体系化解说》，中国人民大学出版社2003年版，第538－539页。

② 翟云岭、于靖文：《代物清偿理论剖析》，载《大连海事大学学报》（社会科学版）2012年第1期。

物清偿在性质上属于契约。[①] 持契约说的学者进而认为，清偿是准法律行为，而代物清偿是契约，是法律行为，二者在性质上有所不同。[②] 实质上，两种观点是从不同角度观察得出的结论，清偿说侧重于代物清偿的效果，而契约说则是侧重于代物清偿过程的观察，二者没有本质的冲突。如果从代物清偿可以取得与原债清偿相同的效果，亦即可以使原债消灭的角度讲，代物清偿也是清偿的一种。但代物清偿与通常的清偿所不同的是，在代物清偿中还包含了以他种给付代替原定给付的合意，因此无疑又具有契约的性质和特征。可以说，代物清偿兼具清偿和契约的双重性质，具有一体两面的特征。[③]

关于代物清偿契约的性质，又可从以下角度把握：（1）代物清偿为有偿契约。[④] 至于为何为有偿契约，学界有不同的解释。有学者认为修正后的债务乃对于原债务的履行，亦即以代替给付交换原请求权，故此契约为有偿转让契约。[⑤] 郑玉波先生认为，代物清偿在清偿人方面系以他种给付代替原定给付，在债权人方面系抛弃原定给付而受领他种给付，原定给付之抛弃，亦属于一种给付，可见当事人互为给付而取得利益，故为有偿契约。[⑥] 林诚二先生认为，代物清偿从清偿人方面系以他种给付代替原定给付，而在债权人方面而言，这是免除债务人之原定给付，而受领他种给付，原定给付之免除，亦属于一种给付，债权人之给付与债务人之给付，二者即有对价关系，故属于有偿契约。[⑦]（2）代物清偿为要物

---

① ［日］我妻荣：《新订债权总论》，王燚译，中国法制出版社 2008 年版，第 265 页；史尚宽：《债法总论》，中国政法大学出版社 2000 年版，第 815 页；林诚二：《民法债编总论——体系化解说》，中国人民大学出版社 2003 年版，第 537 页；邱聪智：《新订民法债编通则》（新订一版，下册），中国人民大学出版社 2004 年版，第 452 页。

② 史尚宽：《债法总论》，中国政法大学出版社 2000 年版，第 815 页。有学者认为清偿属于事实行为，参见王利明：《债法总则研究》，中国人民大学出版社 2015 年版，第 681 页。也有学者认为清偿的法律性质应采折中说，即当债之目的在于财产利益之移转者，因履行行为兼具债权与物权的意思表示，则清偿必然是法律行为；若当事人间仅为行为之债，因此时的履行行为的性质是广义的准法律行为，故清偿的性质也是广义的准法律行为，参见翟云岭、于靖文：《代物清偿理论剖析》，载《大连海事大学学报》（社会科学版）2012 年第 1 期。

③ 房绍坤、王洪平：《债法要论》，华中科技大学出版社 2013 年版，第 213 页。

④ 也有学者认为，代物清偿本身应属于一种无色性之合同，为有偿契约或无偿契约之履行方法。参见陈自强：《无因契约债权论》，中国政法大学出版社 2002 年版，第 290 页；王家福主编：《民法债权》，中国社会科学出版社 2015 年版，第 183 页。

⑤ 黄立：《民法债编总论》，中国政法大学出版社 2002 年版，第 669 页。

⑥ 郑玉波：《民法债编总论》（修订二版），陈荣隆修订，中国政法大学出版社 2004 年版，第 485 页。

⑦ 林诚二：《民法债编总论——体系化解说》，中国人民大学出版社 2003 年版，第 537 - 538 页。

契约。代物清偿仅有清偿人与债权人的合意尚有不足，必须现实地为他种给付，代物清偿契约才能成立。[①] 如不为现实给付，仅负担将来为一定之给付，以使债务消灭之债务契约，为债之更改或债务标的之变更。[②] 所谓现实地为他种给付，在动产为交付，在不动产非经登记不成立代物清偿。[③] 以劳务代物清偿的，规定的劳务实施完毕，方构成代物清偿。（3）代物清偿契约为准物权契约。因代物清偿为要物契约，当事人不仅仅达成以他种给付代替原定给付的债权债务关系，而且须现实地为他种给付以消灭债权债务关系，故代物清偿具有准物权契约的性质。[④]

代物清偿虽然不同于通常意义上的清偿，然而仍然能够达成债权债务消灭的效力，因此在性质许可的范围内，可以准用清偿的有关规定。例如，代物清偿后，原债权以及附属于原债权的从权利，如担保权，因代物清偿而同归消灭；连带债务人、不可分债务人之一人所为之代物清偿，使其他债务人一同免责；代物清偿原则上可以由第三人为之，第三人代物清偿后，在代物清偿所需费用及债务人免责范围内，得向债务人求偿；对于债权准占有人之善意代物清偿为有效；对于无受领权限者所为之代物清偿，于债权人因而受利益之限度内，有清偿之效力；代物清偿所需费用除当事人另有约定外，由代物清偿人负担；代物清偿人得请求受领证书之给予及债权证书之返还；应就如何债务成立代物清偿，如当事人间无特别合意，应适用民法关于抵充之规定；等等。[⑤]

代物清偿虽然能达到与清偿相同的效力，但代物清偿为契约，因此民法上关于法律行为之规定，可以适用于代物清偿。比如，代物清偿协议可以撤销，亦可

---

① 史尚宽：《债法总论》，中国政法大学出版社 2000 年版，第 815 页；孙森焱：《民法债编总论》（下册），法律出版社 2006 年版，第 853 页；郑玉波：《民法债编总论》（修订二版），陈荣隆修订，中国政法大学出版社 2004 年版，第 484 页；林诚二：《民法债编总论——体系化解说》，中国人民大学出版社 2003 年版，第 538 页；邱聪智：《新订民法债编通则》（新订一版，下册），中国人民大学出版社 2004 年版，第 452 页；黄立：《民法债编总论》，中国政法大学出版社 2002 年版，第 670 页；王利明：《债法总则研究》，中国人民大学出版社 2015 年版，第 674 页；王家福主编：《民法债权》，中国社会科学出版社 2015 年版，第 184 页。

② 史尚宽：《债法总论》，中国政法大学出版社 2000 年版，第 815 页；黄立：《民法债编总论》，中国政法大学出版社 2002 年版，第 670 页。

③ 史尚宽：《债法总论》，中国政法大学出版社 2000 年版，第 817 页。

④ 史尚宽：《债法总论》，中国政法大学出版社 2000 年版，第 815 页。

⑤ 史尚宽：《债法总论》，中国政法大学出版社 2000 年版，第 817 页。

能因违反法律、行政法规的强制性规定以及公序良俗而无效。代物清偿为有偿契约，因此可以准用买卖合同的相关规定，代物清偿人对于债权人负有瑕疵担保责任。[①] 又由于债权人因受领他种给付而获得债权之满足，原定给付义务及原有债务之担保随同消灭，纵然他种给付具有瑕疵，原债权仍归于消灭，债权人仅得依代物清偿契约之有偿性主张瑕疵担保责任。[②] 故债权人仅得以瑕疵担保规定，请求损害赔偿，或补贴价额，或另行给付，或解除契约。解除契约，虽得使代物清偿契约消灭，于当事人间生回复原状及损害赔偿之效力，唯其性质上仅属债权效力，原定给付之债之关系，并不因之回复。[③] 但史尚宽先生认为，代物清偿协议解除后，债务人有回复原状（连同担保）的义务，债权人可以提起回复原状之诉，同时与请求回复原状后之债权之支付之诉相结合。[④] 也就是说，在这种情况下，旧债权并不自动复生，为了简便起见，债权人可径行请求为原给付。[⑤] 在这里，旧债权相当于起到了复活的效力。但是，于当事人间虽得以反对契约使与原债权复活发生同一效力，或成立与原债权有同一内容之新债权，然不得使原债权复活以对抗第三人。[⑥] 故较为一致的观点是，原债权中第三人提供的担保不因代物清偿契约解除而复活。第三人原来负担之担保，债权人已无从对之为任何主张。[⑦] 也就是说，债权人此时取得的是与原债权同一内容之无担保债权。《意大利民法典》第 1197 条第 3 款对此有明确规定。[⑧] 在物的瑕疵场合，如债权人选择解除代物清偿契约时，债务人负有回复原状义务如上所述。若为减少价金之请求时，则应负比例地回复原债权原状之义务。如债务非以代替物为标的者，则应负给付相当数额之金额的义务。代物清偿契约虽然得准用买卖合同之规定，但代

---

① 史尚宽：《债法总论》，中国政法大学出版社 2000 年版，第 815 页。亦有学者提出，在原债务由无偿合同而产生时，尤其是基于赠与合同而发生的情况下，赠与人代物清偿时，因其原本不负瑕疵担保责任，所以就代替给付也不应负瑕疵担保责任。参见郑玉波：《论代物清偿与瑕疵担保》，载《法律评论》第 40 卷第 10 期，转引自王利明：《债法总则研究》，中国人民大学出版社 2015 年版，第 680 页。

② 史尚宽：《债法总论》，中国政法大学出版社 2000 年版，第 815 页；林诚二：《民法债编总论——体系化解说》，中国人民大学出版社 2003 年版，第 539 页。

③ 邱聪智：《新订民法债编通则》（新订一版，下册），中国人民大学出版社 2004 年版，第 453 页。

④ 史尚宽：《债法总论》，中国政法大学出版社 2000 年版，第 819 页。

⑤ 黄立：《民法债编总论》，中国政法大学出版社 2002 年版，第 670 页。

⑥ 史尚宽：《债法总论》，中国政法大学出版社 2000 年版，第 819 页。

⑦ 孙森焱：《民法债编总论》（下册），法律出版社 2006 年版，第 855 页。

⑧ 陈国柱译：《意大利民法典》，中国人民大学出版社 2010 年版，第 227 页。

物清偿契约为要物契约，因受领给付标的物而成立，故买卖有关债权人受领标的物的义务、价金支付、危险负担等规定，于代物清偿原则上尚无准用。①

原债权不存在或无效而错误地代物清偿时，代物清偿效力如何，不无疑问。在承认物权行为独立性和无因性的立法中，多认为发生标的物所有权移转的效力，清偿人可以请求债权人返还不当得利。我国内地学者认为，代物清偿在性质上属于要物合同，在债务人按照代物清偿协议向债权人作出给付后，债务人事后发现不存在有效的债权，其可以以意思表示错误为由撤销该代物清偿合同，并请求相对人返还所受领的利益。在作出给付的一方当事人未撤销代物清偿合同的，则作出给付的一方有权依据非债清偿的规则请求受领人返还不当得利。② 但日本学者我妻荣先生认为，代物清偿与普通清偿不同，特殊之处在于是以消灭债权为其内容的契约，当债权不存在时，原则上不发生标的物移转的效力。③ 若交付票据代替原债构成代物清偿的，原债权无效或被撤销后，票据的发交仍然有效，但是在当事人之间得成立原因关系的抗辩，代物清偿人可以请求票据债权的废止，也可以根据原因关系主张拒绝履行的抗辩权。

（二）新债清偿

新债清偿又称间接给付、新债抵旧、为清偿之给付、半履行给付，是指债务人为清偿旧债务而负担新债务，并因新债务之履行，而使旧债务消灭的契约。④ 新债清偿的构成要件是：（1）须有既存的债务。（2）须因清偿原债务而负担新债务。负担新债务是履行旧债务的方法，新债务成立旧债务并不消灭，二者同时并存，新债务履行后，旧债务同归消灭，此与代物清偿契约成立时，旧债务即行消灭不同。（3）须因当事人订立契约而成立。⑤

须指出的是，根据主流传统民法学者之介绍，在为清偿方法之给付时，并不

---

① 邱聪智：《新订民法债编通则》（新订一版，下册），中国人民大学出版社 2004 年版，第 453 页。

② 王利明：《债法总则研究》，中国人民大学出版社 2015 年版，第 677－678 页。

③ ［日］我妻荣：《新订债权总论》，王燚译，中国法制出版社 2008 年版，第 268 页。

④ 郑玉波：《民法债编总论》（修订二版），陈荣隆修订，中国政法大学出版社 2004 年版，第 485 页。

⑤ 史尚宽：《债法总论》，中国政法大学出版社 2000 年版，第 820 页；郑玉波：《民法债编总论》（修订二版），陈荣隆修订，中国政法大学出版社 2004 年版，第 485－486 页；黄立：《民法债编总论》，中国政法大学出版社 2002 年版，第 672－673 页。

以债务人负担新债务为必要。比如，若债务人交付马匹作为清偿旧债务的方法，交付马匹并不导致原债务消灭，只有债权人以马匹变价受偿后，原债务才归于消灭。[①] 又如，为清偿旧债务而让与对第三人的债权，亦可成立为清偿方法之给付，只有债权人从第三人处受偿后，原债务才归于消灭。上述情况下，债务人亦没有负担新债务。故为清偿之给付、间接给付的外延大于新债清偿，对此不可不察。

新债清偿究竟为要物契约还是诺成契约，学界有不同认识，多数观点认为新债清偿为要物契约，[②] 亦有观点认为新债清偿为诺成契约。[③] 崔建远教授认为，从新债清偿合同成立旧债务并不因此而消灭，债务人不履行新债务时旧债务亦不消灭的法律效力方面考察，将新债清偿合同定为诺成合同更合逻辑。[④] 但应当看到，传统民法上的新债清偿主要限于交付票据情形，只有交付票据债务人才负担新债务，债务人不履行新债务并非指不履行票据交付义务，而是指不履行票据兑付义务，正是从这个意义上，传统民法多数观点将新债清偿界定为要物合同。但若将新债务扩及负担其他债务之情形，将新债清偿解释为诺成合同更具包容性。

关于代物清偿与新债清偿的区别，从概念上看，代物清偿是以新给付代替原定给付，而新债清偿为清偿旧债务之方法；从构造上看，代物清偿为新债成立、旧债消灭，而新债清偿中，新旧二债并存；从功能上看，代物清偿使旧债务即行消灭，有消灭力，而新债清偿之新债务成立时，旧债务不立即消灭，新债务履行后旧债务方告消灭，新债务的功能体现为确保力，[⑤] 二者之间似乎泾渭分明。然而实务中，债务人交付新给付究竟是代替原定给付还是作为履行旧债务的方法，并非一望而知。如上述债务人让与对第三人债权的，既可能构成代物清偿，亦可以解释为清偿旧债务的方法。特别是代替旧债务而交付票据时，究竟是构成债的更改、代物清偿还是新债清偿，素有争议。德国早期的学说认为票据的交发使得

---

① 史尚宽：《债法总论》，中国政法大学出版社 2000 年版，第 819 页。

② 史尚宽：《债法总论》，中国政法大学出版社 2000 年版，第 820 页；林诚二：《民法债编总论——体系化解说》，中国人民大学出版社 2003 年版，第 540 页；孙森焱：《民法债编总论》（下册），法律出版社 2006 年版，第 856 页。

③ 邱聪智：《新订民法债编通则》（新订一版，下册），中国人民大学出版社 2004 年版，第 453 页。

④ 崔建远：《以物抵债的理论与实践》，载《河北法学》2012 年第 3 期。

⑤ 史尚宽：《债法总论》，中国政法大学出版社 2000 年版，第 820 页。

原有因债务变为无因债务，故构成债的更改。在日本，修改前的民法及早期判例亦认为交付作为替代现存债务履行的汇票、支票构成债的更改。其后，又出现了依当事人的意思或视为代物清偿或视为更改的判例。而晚近的判例多将其视为代物清偿。[①] 但学说上认为，将票据的交付作为更改与理论有悖。因为在债的更改中，新债务的产生和旧债务的消灭是基于更改契约本身发生的，而票据债务是依据无因的票据行为发生，其与消灭旧债务明显系两个行为。不仅如此，债的更改为有因行为，旧债务无效则新债务不成立，这在票据理论中是不成立的。[②] 那么，交付票据是否构成代物清偿或新债清偿？我妻荣先生认为，作为现存债务的履行手段即“为清偿”而交付汇票或支票时，不视为代物清偿，债权人首先应当以票据得到清偿；在不获清偿时，债权人仍可以就原债权请求清偿。只有在例外的情况下，为消灭现有债务，即所谓的“替代清偿”而交付汇票、支票时才被视为代物清偿。[③] 史尚宽先生也认为，若代替原定给付而交付票据，构成代物清偿；若为清偿原债务而交付票据，则构成间接给付（新债清偿）。[④] 但是，交付票据究竟是代替原定给付还是清偿原债务的方法，现实中不易查明。因新债清偿对债权人较为有利，因此各国各地区民法一般规定，当事人意思不明时，推定为新债清偿。[⑤]

在新债清偿，虽然新旧二债并存，但依诚信原则，债权人应先请求履行新债务，如新债务无效、被撤销或因实行无结果时，才能请求履行旧债务。在债权人不能基于新债权以受满足确定前，原债权之效力停止，债务人得拒绝其原债务之给付。[⑥] 债务人履行了新债，等于同时履行了旧债，新债与旧债同归消灭。在代物清偿中，新给付交付原债即归消灭，标的物的变价风险由债权人承担；而在为

---

① ［日］我妻荣：《新订债权总论》，王燚译，中国法制出版社 2008 年版，第 270 页。

② ［日］我妻荣：《新订债权总论》，王燚译，中国法制出版社 2008 年版，第 271 页；史尚宽：《债法总论》，中国政法大学出版社 2000 年版，第 824－825 页。

③ ［日］我妻荣：《新订债权总论》，王燚译，中国法制出版社 2008 年版，第 265－271 页。

④ 史尚宽：《债法总论》，中国政法大学出版社 2000 年版，第 818 页。

⑤ 参见《德国民法典》第 364 条、《瑞士民法典》第 116 条、我国台湾地区“民法”第 320 条。

⑥ 史尚宽：《债法总论》，中国政法大学出版社 2000 年版，第 818 页、第 821 页；郑玉波：《民法债编总论》（修订二版），陈荣隆修订，中国政法大学出版社 2004 年版，第 486 页。

清偿之给付时，新给付的变现风险由债务人承担。[①] 与代物清偿不同，新债清偿并非有偿契约，因此债务人对新债务不负出卖人之担保责任。[②] 因新债清偿主要限于交付票据情形，因票据行为系无因行为，原债关系无效、被撤销的，票据行为仍然有效，若债权人获得付款的，应以不当得利之规定予以返还。但新债务为他种给付的，旧债务无效时，债权人亦丧失新债请求权。[③]

（三）债的更改

所谓债的更改，亦称债务更替、债务更新，谓因成立新债务，而使旧债务消灭之契约。[④] 债的更改制度发源于罗马法，因罗马法上无债权让与、债务承担制度，故债的主体的变更只得通过更改的方式进行，债的客体、清偿期、清偿地等的变更亦通过更改进行。《法国民法典》《日本民法典》等继承罗马法传统规定了更改制度，《德国民法典》有关于债务变更、债权让与、债务承担等规定，故没有规定债的更改制度。[⑤] 债的更改制度在德国法系民法上已无多大价值，但并非全无用途。如债的内容变更，在今日虽多依变更契约为之，但根据契约自由原则，依更改为之亦无不可，故更改制度并非毫无存在价值。[⑥]

债的更改的特征是因一个更改契约发生新债务成立、旧债务消灭之效力。根据传统民法观点，债的更改有如下性质：（1）债的更改为契约。债的更改虽然发生旧债务消灭、新债务成立两个效力，但只构成一个契约。因其为契约，关于成立要件，应适用关于契约及法律行为之一般规定。又因更改为法律行为，故更改得附条件、附期限。附停止条件的更改，于条件成就时发生新债务而消灭旧债务。有疑问的是，在条件成就前，更改对于旧债务的效力如何？第一种观点认

---

① ［德］迪尔克·罗歇尔德斯：《德国债法总论》（第七版），沈小军、张金海译，沈小军校，中国人民大学出版社 2014 年版，第 144 页。

② 黄立：《民法债编总论》，中国政法大学出版社 2002 年版，第 671 页；王洪亮：《债法总论》，北京大学出版社 2016 年版，第 171 页。

③ 郑玉波：《民法债编总论》（修订二版），陈荣隆修订，中国政法大学出版社 2004 年版，第 486－487 页。

④ 史尚宽：《债法总论》，中国政法大学出版社 2000 年版，第 822 页；郑玉波：《民法债编总论》（修订二版），陈荣隆修订，中国政法大学出版社 2004 年版，第 525 页。

⑤ 史尚宽：《债法总论》，中国政法大学出版社 2000 年版，第 821 页。

⑥ 郑玉波：《民法债编总论》（修订二版），陈荣隆修订，中国政法大学出版社 2004 年版，第 526 页。

为，附停止条件更改成立，旧债务即归消灭。第二种观点认为，附停止条件更改对旧债务不发生任何影响，债权人仍得行使旧债权。第三种观点认为，在条件成就前，旧债务虽然不消灭，但其效力应被停止。依史尚宽先生观点，当事人于条件成就未定之前，不得有损害相对人因条件成就所应得利益之行为，否则应负损害赔偿责任。[①]（2）债的更改为有因契约。更改为因新债务发生而使旧债务消灭之契约，新债务的产生与旧债务的消灭互为因果关系，即因旧债务消灭而发生新债务，或因新债务发生而消灭旧债务，从而如新债不发生，则旧债务不消灭。[②]关于新债务的发生与旧债务的消灭之间的关系，罗马法上有两种解释。一是变形说，即旧债务因变为新债务而消灭。新旧债务为同一债务，有同一材料、原因及内容，实质并无不同，不过发生形式上的变更。二是代位说，即新旧债务不独形式不同，实质上也不同。即于材料、原因及内容，新债务与旧债务完全无关。因新债务之发生而使旧债务消灭者，以有新旧之交替也。以今日更改之观念观之，自以代位说为当。[③]（3）债的更改为有偿契约。债的更改导致新债成立、旧债消灭，债权人获得新债权以放弃旧债权为代价，二者有对价关系，故为有偿契约。[④]

债的更改的要件：（1）须有应消灭债务的存在。因更改而应消灭之债务，须有效成立。自然债务得成立债的更改。可撤销的债务和附有解除权的债务，在未撤销和解除前，亦得成立更改。附条件、附期限之债务原则上得为更改，但附停止条件的债务因尚未发生债务，不得为更改。债务不成立或无效的，更改无效。如果当事人知道债务不存在而为更改时，通常应解释为当事人有赠与的意思表示。债务部分无效、部分有效的，就其无效部分不成立更改，就有效部分得因新债务的发生而成立更改。（2）须有新债务的发生。新债务的发生与旧债务的

---

① 史尚宽：《债法总论》，中国政法大学出版社2000年版，第828页。

② 史尚宽：《债法总论》，中国政法大学出版社2000年版，第823页；孙森焱：《民法债编总论》（下册），法律出版社2006年版，第858页；邱聪智：《新订民法债编通则》（新订一版，下册），中国人民大学出版社2004年版，第455页；林诚二：《民法债编总论——体系化解说》，中国人民大学出版社2003年版，第542页。

③ 史尚宽：《债法总论》，中国政法大学出版社2000年版，第823页。

④ 郑玉波：《民法债编总论》（修订二版），陈荣隆修订，中国政法大学出版社2004年版，第526页；林诚二：《民法债编总论——体系化解说》，中国人民大学出版社2003年版，第542页；崔建远：《合同法学》，法律出版社2015年版，第177页。

消灭之间有因果关系。新债务不成立的，旧债务仍然存在，更改不成立。更改因行为能力有欠缺或因欺诈、胁迫、错误等原因而被撤销时，则旧债务仍继续存在。但于行为时知其无效或得撤销或可得而知者，应负回复原状或损害赔偿之责。（3）须为要素的变更。所谓债的要素是对债的主体、客体而言，若仅变更清偿期、清偿地或给付数量，对于无担保无利息之债权，附加担保或者利息，或从给付之变更，均非要素之变更，不得成立更改。在债的客体变更，应发生重要部分之变更，依一般社会观念，因给付的变更使原债务丧失同一性的，方可构成更改。（4）当事人须有更改的意思。更改涉及当事人利益重大变化，故必须有更改之明确意思。罗马法上，查士丁尼对更新意愿提出明确要求，更新的发生必须当事人明白表示，否则原来债务依然有拘束力，而第二次债务则是一种附加。[①] 这种立场多被近世民法典所承袭。没有更改的意思，虽有要素的变更，在主体变更则成立债权让与或债务承担，或发生连带债权、连带债务；在内容变更则属于债的变更或间接给付，原债权债务关系不失去同一性。若没有更改的意思，新债务之负担构成新债清偿。[②]

债的更改使得新债务产生、旧债务消灭。新债务并非旧债务之继续，而是异于原债务之别个债务，故原债权所附担保，原债权的撤销权、解除权，原债权所附利息等均归于消灭，附着于旧债权的抗辩权不移转于新债权。[③] 若当事人约定原债务所附担保继续担保新债务的，应重新办理登记，新债务之担保自登记时设立，原担保物权之顺位不得保留。[④] 为原债担保的留置权，不得移转于新债，因为此种担保系因法律规定而发生，当事人不得自由移转。迟延利息是否因更改而消灭，应依当事人意思确定。于有疑义时，应解释为已发生之迟延利息不因更改而消灭，因为迟延利息债权为一项独立债权。但债的更改使得原债务迟延向将来消灭，从而终止迟延利息的继续发生。关于更改契约能否解除，颇有争议，日本

---

① ［古罗马］查士丁尼：《法学总论》，商务印书馆1989年版，第196页；［意］彼德罗·彭梵得：《罗马法教科书》（2005年修订版），黄风译，中国政法大学出版社2005年版，第246页。

② 史尚宽：《债法总论》，中国政法大学出版社2000年版，第825－832页；郑玉波：《民法债编总论》（修订二版），陈荣隆修订，中国政法大学出版社2004年版，第526－528页。

③ 史尚宽：《债法总论》，中国政法大学出版社2000年版，第832－834页；郑玉波：《民法债编总论》（修订二版），陈荣隆修订，中国政法大学出版社2004年版，第528－529页。

④ 孙森焱：《民法债编总论》（下册），法律出版社2006年版，第860－861页。

判例上曾支持解除更改契约，但学者多认为只要新债务成立，则更改的效果即已完结，不会发生更改契约履行问题。也就是说，新债务不履行，并非更改契约不履行，故不得以此为由解除更改契约。[①] 但亦有学者主张更改契约可得解除。新债务解除的，原债务并不自然复活，仅在当事人之间发生恢复原状的义务，或依新债关系请求损害赔偿。[②]

债的更改包括债权人变易之更改、债务人变易之更改、标的变易之更改，因前二者与本书关系不大，故此处不赘述。标的变易之更改与代物清偿、新债清偿类似，但实为不同的制度。债的更改与新债清偿的区别为：在债的更改，新债成立、旧债消灭同时发生，债权人只得请求新给付，不得请求原定给付；而在新债清偿，新旧二债并存，债务人履行新给付的，旧给付消灭；债务人不履行新给付的，债权人仍可以请求原定给付。

债的更改与代物清偿的区别是：（1）代物清偿的目的在于清偿原债务，并无更改意思；而债的更改在于废止原债务，成立新的债权债务关系。（2）代物清偿为要物契约，须现实受领给付。债的更改为诺成契约，新债权的成立无须以现实受领为必要。（3）代物清偿为不要因契约，原定给付无效不影响他种给付的效力，只发生不当得利返还。[③] 债的更改为要因契约，新债务与旧债务互为因果关系，无新债之发生则无旧债之消灭，无旧债之消灭新债也无由发生。

（四）债的变更

债的变更指债的主体不变，债的客体发生变更。给付种类的变更、标的物的增减，只要债的关系不失同一性，均属债的客体变更。[④]

---

① 郑玉波：《民法债编总论》（修订二版），陈荣隆修订，中国政法大学出版社 2004 年版，第 528－529 页。

② 史尚宽：《债法总论》，中国政法大学出版社 2000 年版，第 834 页；邱聪智：《新订民法债编通则》（新订一版，下册），中国人民大学出版社 2004 年版，第 455 页。

③ 史尚宽：《债法总论》，中国政法大学出版社 2000 年版，第 817 页；郑玉波：《民法债编总论》（修订二版），陈荣隆修订，中国政法大学出版社 2004 年版，第 530 页；林诚二：《民法债编总论——体系化解说》，中国人民大学出版社 2003 年版，第 538 页。也有观点认为债之更改可因当事人约定而无因或有因，参见黄立：《民法债编总论》，中国政法大学出版社 2002 年版，第 675 页。另，关于代物清偿的性质也有有因性与无因性之争论，关于此问题的详细论述参见本书专题五，此处不赘。

④ 邱聪智：《新订民法债编通则》（新订一版，下册），中国人民大学出版社 2004 年版，第 419 页。

债的变更的要件：（1）须原已存在有效的债权债务关系。如果根本没有债的关系存在，则仅为债的关系的发生问题而非债的变更问题。无效的合同自其成立时起即不具有法律效力，并不发生变更问题。德国法上的“无效行为转换”，本身是新的合同关系的发生问题，而非既存合同关系的变更问题。可撤销的合同在撤销前仍然有效，故可以成为变更的对象。效力未定的合同在追认前当事人对其内容进行变更亦属可能，只不过事后得不到追认，仍然不发生法律效力；如果追认后当事人对合同内容进行变更的，通常这一变更仍然需要取得追认，否则不发生变更效力。（2）须债的内容发生变更。主要包括以下类型：标的物的变更，包括标的物种类的更换、数量的增减、品质的改变、规格的更改等；履行条件的变更，包括履行期限、履行地点、履行方式以及结算方式的改变等；价金的变更，即合同价款或者酬金的增减，以及利息的变化等；所附条件或者期限的变更，如条件的除去或者增加，期限的延长或者提前等；担保的变更，如合同担保的消灭或者新设等；其他内容的变更，如违约金的变更、选择裁判机构协议的变更等。与以物抵债相关的内容变更主要是标的物变更。合同的变更应使变更后的合同关系与原合同关系保持同一性，如不具有此种同一性，则不属于债的变更，而是债的更改。（3）变更本身的有效性。合同变更有法定变更、裁判变更、合意变更等类型，与本书主题相关的合同变更类型主要是合意变更。合意变更本身是以新的合意来变更原来的债之关系，属于一个新的合同，应符合合同成立与生效的相关规定。（4）变更本身的明确性。债的变更会改变当事人之间的债权债务关系，直接关系到当事人切身利益，为避免日后发生争议，债的变更本身应当是明确的。我国《合同法》第78条明确规定，当事人对合同变更的内容约定不明确的，推定为未变更。在合同纠纷案件中，主张合同变更的一方当事人须对引起合同变动的事实承担举证责任。[①]

债的变更的效力，主要是在保持原债关系的基础上使债的内容发生变化，债的变更的实质是以变更后的债代替了原债，因此，债的内容发生变更后，当事人应当按照变更后的内容履行，任何一方违反变更后的内容都将构成违约。债的变

---

① 参见韩世远：《合同法总论》（第四版），法律出版社2018年版，第589－591页；崔建远：《合同法学》，法律出版社2015年版，第174－176页。

更仅向将来发生效力，对已经按照原债所为的给付无溯及力，已经履行的债务不因债的变更而失去法律依据。债的变更仅对已经变更的部分发生效力，未变更部分的权利义务关系继续有效。债的变更不影响当事人要求赔偿的权利。债的变更以原债关系的存在为前提，债的同一性不变，原债的关系为双务合同场合，给付与对待给付之间的牵连性依旧维持，双务合同的履行抗辩权原则上不受影响。变更后，原债权所有的利益和瑕疵仍然继续存在，但债的变更加重债务人负担的情况下，非征得保证人或物上保证人同意，保证不发生法律约束力，抵押等物的担保不及于扩张的债权价值额。①

债的变更与债的更改均有可能导致债的客体发生变化，二者的区别在于：（1）债的变更不导致原债关系消灭，原债关系不失同一性；债的更改导致新债成立、旧债消灭，原债关系丧失同一性。（2）债的更改包括主体的更改与客体的更改，而债的变更仅指债的客体的变更，不包括债的主体的变更。债的主体变易，若原债关系仍保持同一性，则可能成立债权让与和债务承担。（3）债的更改导致原债消灭，故原债关系中的抗辩权不得主张。而债的变更不导致原债关系消灭，因原债务产生的抗辩权可继续主张。② 债的更改导致原债务的担保消灭，而债的变更并不必然导致原担保物权消灭，但债的变更不对提供担保的第三人当然发生效力，担保人可以此对抗债权人。③

我国《合同法》规定了合同变更制度，没有规定债的更改制度。有学者认为，《合同法》上的变更包括了债的更改制度。故《合同法》上的债的变更与传统民法不同，无要素变更与非要素变更之别，也不必要求变更后的债须与原债具有同一性。债的变更的效力，在于使原已存在的债权债务关系变为新的债权债务关系，双方当事人应受新债的约束。原债是否消灭，在实践上并无多大意义。我国未来民法典无须规定债的更改制度。④ 也有学者认为，合同的变更未使合同关系失去同一性，合同债权所附着的利益和瑕疵原则上继续存在，而合同更改已使

---

① 参见崔建远：《合同法学》，法律出版社 2015 年版，第 177 页；韩世远：《合同法总论》（第四版），法律出版社 2018 年版，第 591 – 592 页。

② 王利明：《债法总则研究》，中国人民大学出版社 2015 年版，第 736 – 737 页。

③ 杨立新：《债法总论》，法律出版社 2011 年版，第 191 页。

④ 王家福主编：《民法债权》，中国社会科学出版社 2015 年版，第 77 页、第 79 页。

合同关系失去同一性，旧债权所附着的利益和瑕疵归于消灭，法律效果明显不同，区分合同变更与合同更改在理论上更为合理，① 我国《合同法》上的债的变更应限于非要素的变更，② 未来民法典应规定独立的债的更改制度。③

三、以物抵债的制度功能

法律不是逻辑的产物，而是社会实践的产物。一项法律制度的出台源于社会实践的现实需求，一项法律制度的兴衰也深深地打上了社会实践变迁的烙印。以物抵债制度作为一项古老的法律制度，自罗马法以降而经久不衰、历久弥新，在市场经济蓬勃发展的今天更是受到交易主体的垂青，充分证明了以物抵债是市场经济条件下不可或缺的制度安排。我国民商事立法应充分回应社会实践需求，深刻洞察以物抵债的制度功用，作出妥当的制度设计，使以物抵债制度的价值得以迸发。市场经济条件下，以物抵债的制度功能集中体现在以下三个方面：

（一）作为清偿行为的以物抵债

经济学上的一个基本假设是，自愿的市场交换必然使得资源趋于最有价值的利用。④ 在市场经济条件下，交易活动是市场活动的基本内容，无数的交易构成了完整的市场，而一切交易活动都是通过合同进行的，合同关系构成了市场经济社会最基本的法律关系。⑤ 这就决定了以调整交易关系为基本任务的合同法律，应以鼓励交易作为其基本价值目标。合同法本身虽不能创造社会财富，却可以通过鼓励交易而促进社会财富的增长。⑥ 市场主体进行交易的目的是寻求利益最大化，只有通过交易追求的利益顺利实现，市场主体才敢于大胆交易，市场交易才更趋繁荣。而交易利益的实现有赖于债务人履行其应为的给付义务，债务人债务

---

① 崔建远：《合同法学》，法律出版社 2015 年版，第 174 页；韩世远：《合同法总论》（第四版），法律出版社 2018 年版，第 586－587 页。

② 韩世远：《合同法总论》（第四版），法律出版社 2018 年版，第 587－588 页。

③ 王利明：《债法总则研究》，中国人民大学出版社 2015 年版，第 735 页。

④ ［美］理查德·A. 波斯纳：《法律的经济分析》（上册），蒋兆康译，林毅夫校，中国大百科全书出版社 1997 年版，第 12 页。

⑤ 梁慧星主编：《社会主义市场经济管理法律制度研究》，中国政法大学出版社 1993 年版，第 7 页。

⑥ 王利明：《合同法研究》（第三版，第一卷），中国人民大学出版社 2015 年版，第 204 页。

的履行是债权人利益的实现途径。[①] 故而，合同法欲发挥鼓励交易之制度功能，必须为债权顺利受偿作出周全的制度设计。

一般而言，债权不能顺利受偿，无非有两方面原因：一方面，是债务人企图逃避债务的机会主义行为，对此种行为，需要完善担保制度、强化违约责任、健全诚信体系，督促债务人履约，降低债权实现成本。另一方面，则是债务的履行出现了客观障碍，债务人确实不能履行债务。这种情况下，法律强制和违约责任虽然是保护债权的最后手段，但给当事人再次磋商的机会，允许当事人积极寻求替代给付的方式，在很多情况下无疑是更为温和、更有效率的债权实现方式。以物抵债就是这样的制度安排。

以物抵债是一种古老的债务清偿方式。虽然现代民法上的代物清偿概念在罗马法上还没有出现，但对非以原定给付清偿债务的做法一直持肯定态度。3 世纪的法学家保罗说，清偿不仅意味着金钱的清偿，而且也包括以任何方式满足债的实质内容而从债务中解脱出来的情形。[②] 古罗马查士丁尼《法学总论》第 29 篇“债务消灭的方式”部分开篇即申明，一切债务，由于以应给付的物清偿，或经债权人同意以他物代为清偿而消灭。[③] 受经济衰退和普遍性货币缺乏的影响，查士丁尼在 535 年和 544 年甚至引入了必要代物清偿制度，如果债务人不能搞到支付所必需的货币，但他有土地，债权人就必须将其作为对适当价格的支付而受领。[④] 关于代物清偿的法律效力，罗马法上存在激烈的争论。盖尤斯的《法学阶梯》中提到了两种对立的观点：“如果某人经债权人同意在清偿时用一物代替另一物，他是当然解脱呢，还是在法律上继续负债，但应当通过欺诈抗辩对抗提出请求者?”[⑤] 在帝政初期，两大法学派各执一词。普罗库鲁斯派主张并不消灭旧债权，债务人仅享有抗辩权，故在该物被原主追夺后，债权人仍可起诉求偿。萨比努斯派则认为债权即因此而消灭。后来萨比努斯派的学说占据了优势，并得到

---

① 王家福主编：《民法债权》，中国社会科学出版社 2015 年版，第 26 页。

② 肖俊：《代物清偿中的合意基础与清偿效果研究》，载《中外法学》2015 年第 1 期。

③ ［古罗马］查士丁尼：《法学总论》，张企泰译，商务印书馆 1989 年版，第 194 页。

④ ［德］马克斯·卡泽尔、［德］罗尔夫·克努特尔：《罗马私法》，田士永译，法律出版社 2018 年版，第 558 页；［意］彼德罗·彭梵得：《罗马法教科书》（2005 年修订版），黄风译，中国政法大学出版社 2005 年版，第 243 页。

⑤ ［古罗马］盖尤斯：《法学阶梯》，黄风译，中国政法大学出版社 2008 年版，第 188 页。

了著名法学家乌尔比安等的支持，在卡拉卡拉帝时被定为法律。[①] 查士丁尼接受萨宾派的意见，认为这属于当然消灭。[②]

罗马法以降，《德国民法典》第364条、第365条，《意大利民法典》第1197条、第1198条，《日本民法典》第482条，《西班牙民法典》第1175条，《葡萄牙民法典》第837－840条，《韩国民法典》第466条，我国台湾地区“民法”第319条、第320条等主要国家或地区民法均对代物清偿、新债清偿等替代给付方式作出明确规定。

我国《合同法》没有明确规定以物抵债制度，但根据意思自治原则，当事人当然可以协商一致变更债务履行方式。以物抵债作为清偿债务的替代方式，一直在交易实践中发挥着重要作用。近年来，由于种种原因，我国小微企业融资困难、企业负债率偏高、现金流不足、偿债压力较大等情况普遍存在，受此影响，交易实践中以物抵债现象大量增加。从近年来法院受理的以物抵债案件数量看，交易实践对以物抵债具有旺盛的制度需求，但因立法上并无关于以物抵债的相关规定，司法实务中对以物抵债协议的性质、效力等问题产生了激烈的争议，致使以物抵债的偿债功能不能充分发挥。立法上应及时回应实践需求，借民法典制定之机，建立完善的以物抵债制度，扩张债务履行方式，畅通债权受偿渠道，确保债权及时实现，提振投资者信心，同时降低债权强制实现对企业经营的负面影响，减轻债务人偿债压力，实现经济可持续发展。

（二）作为交易行为的以物抵债

作为债务清偿的一种方式，以物抵债须通过订立契约的方式进行，本身也是一种交易行为。传统民法将代物清偿定位为有偿契约，实质上就是将代物清偿当成了一桩新的交易。从这个角度讲，以物抵债不仅实现了原债权的受偿，还催生了新的交易，符合合同法鼓励交易的价值导向。比如，债务人因产品积压无法回笼资金，导致欠付债权人的金钱债务无法偿还，而债权人恰恰需要债务人的积压产品，双方当事人协商以积压产品抵债，既确保了原债权的受偿，又减轻了债务

---

① 周枏：《罗马法原论》（下册），商务印书馆2014年版，第912－913页。

② ［古罗马］查士丁尼：《法学总论》，张企泰译，商务印书馆1989年版，第194页；［意］彼德罗·彭梵得：《罗马法教科书》（2005年修订版），黄风译，中国政法大学出版社2005年版，第245页。

人资金压力；既减少了债权人寻找替代产品的磋商成本，又解决了债务人产品积压问题，不失为双赢的交易安排。

然而，这只是较为罕见和极端的例子。多数情况下，以物抵债是在原债务不能履行的情况下退而求其次的选择，实属无奈之举，当事人在以物抵债中往往均需作出妥协，很难达到如同原合同得到全面履行的效果。从债权人角度看，由于多数情况下债权人并不需要抵债物，在接受抵债后须处理抵债物以回笼资金，故要承担抵债物变现成本和不能变现的风险；从债务人角度看，以物抵债也存在以低于市场价格的估价抵债的可能。因此，如果不存在原债不能清偿的前提，在正常的交易环境下，双方当事人通常不会按照以物抵债的同等条件达成抵债物交易。因此，以物抵债制度多数情况下只是在确保债权受偿，从而激励债权人有勇气继续从事潜在的市场交易层面具有鼓励交易的功能，而绝非鼓励当事人以物抵债，达成双方均不需要的交易。

即便如此，以物抵债无论是从当事人层面还是社会整体层面讲，均非一定是没有效率的制度安排。作为理性人，当事人是自身利益的最佳判断者，既然同意以物抵债，意味着与采取其他救济措施相比，接受以物抵债仍然是较优的选择。对债权人来讲，如果不接受以物抵债，受偿的可能与比例或许更小，采取公力救济需要付出的成本可能更高；对债务人来讲，如果不接受以物抵债，抵债物拍卖的成交价格也许更低，债务人迟延履行的赔偿额可能会更高，甚至债务人企业的良好商誉也会因涉诉而受到影响。对当事人双方来讲，既然同意以物抵债，意味着债权人在抵债物变现方面比债务人更有效率、成本更低，而且变现的成本在当事人间进行了分摊。债权人承担抵债物价值保持和使用风险，但同时也享有价值超过原债权的利益，实现了当事人之间的利益平衡。① 从社会层面看，以物抵债避免了当事人的冲突与对抗，节约了司法成本，有利于减少社会内耗和社会资源的浪费。

当然，以上只是基于常规交易模型的分析。同其他交易一样，以物抵债也可能出现债务不履行的情况。与普通交易不同的是，以物抵债一般是在原债务已经陷于迟延的情况下达成的，以物抵债协议的不履行会进一步迁延债务履行的时

① 王洪亮：《代物清偿制度的发现与构建》，载《浙江工商大学学报》2018 年第 2 期。

目。也就是说，债权人的“好意”有被利用的危险。由此导致的后果是，债权人不再愿意接受以物抵债这种清偿模式，而是寻求增加担保、解除合同、主张违约责任等保护措施，鼓励交易的法律目的落空了。传统民法上强调代物清偿要物性，除了防止债务人因轻率而遭受损害外，还有促使以物抵债协议及时履行、防止债务进一步迟延的意图。但是，如果当事人达成了远期给付的以物抵债协议，在代物清偿要物说下，债务人不履行以物抵债协议反而获得了合法借口，如此一来，理性的债权人当然也不会选择订立远期的以物抵债协议。这样，以物抵债制度就只剩下作为替代履行模式的猛药去疴的功能，而作为软化当事人关系、实现新的授信或交易安排的慢药调理的功能被大大弱化了。可见，欲充分发挥作为交易方式的以物抵债的制度功能，人为地为以物抵债这种交易制度提高门槛、增加台阶往往难奏其效，更重要的应当是为其提供不同于普通交易的更加简便、快捷、强大的债务不履行救济途径，使得债权人不会因接受以物抵债遭受进一步损失。这是本书的重点关注所在。

（三）作为法律行为的以物抵债

交易行为在法律评价层面，即为法律行为；交易自由转化成法律术语，就是意思自治。

在古代，债务不履行多与刑罚联系在一起。古罗马的十二铜表法规定，债务人陷于债务不履行的，债权人可直接拘捕、拘留直至杀死债务人。我国古代也多将债务不履行与人身拘束挂钩。唐、宋律允许债权人对违契不偿采取“牵掣”和“役身折酬”的办法取得补偿，其中“役身折酬”指拘禁债务人本人及其户内男口，以劳务代偿债务。[①] 在此情况下，以当事人意志自由为前提的以物抵债契约也无从谈起。与此不同，现代债法制度已经彻底摒弃违契不偿即为犯罪的原始理念，任何人不因负债而遭受刑罚成了法治文明进步的标志，债务不履行责任也仅仅限定于财产责任。与此同时，随着私法自治与契约自由观念的普遍深入人心，当代民法上普遍将代物清偿定位为基于当事人双方意思自治的契约行为。这

---

① 陈盛清：《违契不偿》，载《中国大百科全书·法学》，中国大百科全书出版社1984年版，第618页。转引自韩世远：《合同法总论》（第四版），法律出版社2018年版，第742页。

对债务人而言无疑具有重要意义，因为根据契约自由原则，以物抵债不仅要征得债权人同意，同时也要征得债务人同意，债权人不得将单方意志强加于债务人。这是对债务人的巨大解放，意味着债务人基于合同的自主决定权开始受到法律的尊重，债务人的平等合同地位正式确立。

从法律行为角度看，以物抵债契约属当事人合同变更自由，是私法自治和契约自由原则的应有之义。[①] 通过达成以物抵债契约，当事人可根据情势变化对合同履行问题重新作出安排，这就极大地拓展了意思自治的空间。同时，私法自治意味着当事人在法秩序范围内有自主安排事务的权利，公权力不得横加干涉。"私法自治原则的适用意味着对个体在法律关系形成过程中自己意愿的认可。在私法自治领域内，应当适用意志高于理性这一定理。只要得到法律秩序认可，私法自治形成法律关系除基于当事人的自己意愿以外无须其他理由。"[②] 因此，只要以物抵债契约是双方当事人协商一致的结果，且不违反法律强制性规定与公序良俗，就应当承认其效力，法律上自无限制之必要。立法上只需要承认以物抵债的效力，为以物抵债交易提供公平的制度环境，并为交易中的债务不履行提供相应救济途径，即可达到保障当事人意思自治的效果，根本无须越俎代庖地代替当事人意志作出巨细靡遗的制度安排。准以此言，传统民法上的代物清偿要物说、期前以物抵债之流担保禁止及强制清算方案等，均有重新检讨之必要。

---

① 陈自强：《无因债权契约论》，中国政法大学出版社2002年版，第266－270页。

② ［德］维尔纳·弗卢梅：《法律行为论》，迟颖译，法律出版社2013年版，第7页。

专题二

以物抵债协议的成立与生效

以物抵债制度与传统民法上的代物清偿制度最相类似，我国学界对以物抵债制度的认识，也深深地打上了代物清偿的烙印。在代物清偿诸秉性中，要物性是传统理论赋予代物清偿契约的最本质特征。受此影响，以物抵债协议要物说也成为我国内地学界与司法实务界之主流观点。以物抵债协议的诺成性抑或要物性，不仅在解释论层面关系到对以物抵债协议效力的认识，也从根本上关系到以物抵债中新给付与原定给付的关系、债务不履行救济制度之立法论构建，是以物抵债研究中必须首先解决的基础性问题。

当前，代物清偿要物说越来越受到学说与实践的批判与质疑。专题二的主要任务是承袭学界最新研究成果，顺应理论研究发展趋势，对代物清偿要物说进行全方位检讨，去除学界与实务界对传统制度的路径依赖，还原以物抵债协议的诺成性秉性。

一、要物契约诺成化的发展趋势

根据合同成立是否以标的物的交付为条件，合同可分为诺成合同与要物合同。诺成合同是指当事人一方的意思表示一旦经对方同意即能产生法律效果，即“一诺即成”的合同。要物合同又称实践合同，是指除双方当事人意思表示一致外，还须交付标的物才能成立的合同。[①] 要物契约起源于罗马法，罗马法上规定了消费借贷、使用借贷、寄托、质权四种要物契约。[②] 其中，使用借贷、消费借

---

① 王利明：《合同法研究》（第三版），中国人民大学出版社 2015 年版，第 26－27 页。关于交付究竟是要物契约的成立要件还是生效要件，学说存在争议。我国台湾地区“民法”修正说明书明确规定交付为契约成立要件而非生效要件。王利明教授认为，如果法律对于交付标的物的效力没有作出特别规定，则应当将交付标的物视为生效要件。参见王利明：《合同法研究》（第三版），中国人民大学出版社 2015 年版，第 29 页。韩世远教授则认为，标的物交付乃实践合同成立要件。参见韩世远：《合同法总论》（第四版），法律出版社 2018 年版，第 83 页。王泽鉴先生认为，两种观点就法律效果而言并无不同，因为无论其为不成立还是不生效，于物之交付前，当事人均不能主张契约上的权利。参见王泽鉴：《债法原理》（第二版），北京大学出版社 2013 年版，第 149 页。

② 周枏：《罗马法原论》（下册），商务印书馆 2014 年版，第 730 页。

贷、寄托三种要物契约被多数大陆法系国家或地区民法所承继，如《法国民法典》第1875条、第1892条、第1919条，《德国民法典》第598条、第607条、第688条，《意大利民法典》第1803条、第1813条、第1766条，《奥地利普通民法典》第971条、第983条、第957条，《日本民法》第578条、第593条、第657条，我国台湾地区“民法”第465条、第475条、第589条等均对三种要物契约作出了规定。我国《合同法》第210条、第367条分别将自然人之间的借款合同与保管合同规定为要物契约。

但须注意的是，各国各地区民法在承继罗马法上要物契约的同时，也逐渐呈现出缓和要物性的倾向。如被认为是全面继受罗马法衣钵的《奥地利普通民法典》，在规定保管合同、使用借贷合同为要物合同的同时，规定对于尚未交付标的物，但允诺保管或借给别人使用的，该合同仍然有拘束力，但是不构成保管合同或借贷合同。奥地利学者认为在没有交付标的物前，构成保管或借贷之预约。[①] 不仅如此，《奥地利普通民法典》规定消费借贷合同为诺成合同，只不过在无偿借贷场合，只有贷与人书面地作出合同的表示，合同才有效。[②]《日本民法》第589条明确承认消费借贷预约的效力。1911年出台的《瑞士债务法》（民法典第五编）则直接废弃要物契约的规定，于第305条、第312条、第472条明确规定了诺成性的使用借贷、消费借贷和寄托契约。在瑞士民法中，物的交付和受领已经不是合同的成立要件，而是明明白白规定为合同的义务，从而开创了否弃要物契约之先河。

（一）大陆法

应当说，在罗马法时代，为缓和契约形式上的严酷性而发展出来的要物契约有其存在的合理性。非常强调形式主义的罗马法，无论是原来的口头契约还是书面契约，都对缔结契约的形式和程序有着严格的要求，合意的手续形式甚至比合意本身还要重要。[③] 如果当事人由于疏忽而没有遵循这些形式要求，他们的合意

---

① 参见《奥地利普通民法典》，周友军、杨垠红译，清华大学出版社2013年版，第158页、第161页。

② 参见《奥地利普通民法典》，周友军、杨垠红译，清华大学出版社2013年版，第163页。

③ ［英］梅因：《古代法》，沈景一译，商务印书馆2015年版，第217页。

将得不到法律的承认。但在要物契约中，一方的履行就允许使他方负担法律责任，凡是参加或同意一个定约的部分履行的人们，就不许由于形式上的缺陷而否认它。[①] 这是“第一次把道德上的考虑认为契约法中的一个要素”，是“在伦理概念上向前跨进了一大步”，因此构成了“对最古的有关契约观念的一个重大革新”。[②] 但是，在诺成契约产生后，合同一诺即成，无须任何手续。“诺成”带来了债，执行着在要式口约或要物契约中法定形式或物的交付同样的职能，且较要物契约更为方便快捷。这样，要物契约革新古代契约法的历史使命终结了。欧陆各国制定民法典时，虽由于历史传统因素继受了罗马法上的要物契约，但在立法之初反对的声音即不绝于耳，晚近以来，更因推崇意志自由，要物契约不仅日渐式微，而且日渐退化。[③]

在大陆法系国家，对要物合同契约的省思，首先发轫于对消费借贷要物说的彻底清算上。有学者比较了现代民法中消费借贷与罗马法上的消费借贷之不同，指出现代民法上之消费借贷是罗马传统错误发展的结果。罗马法上的消费借贷（mutuum）并不包括贷与人应交付借用物之约定（pactum de mutuo dando）、贷与人容忍借用人使用的义务以及利息之约定。消费借贷仅使借用人负有返还借用物之义务，因贷与人唯有交付借用物于借用人后，方有借用物之返还请求权，故mutuum具有要物性，易言之，mutuum之要物性之机能，仅在赋予贷与人返还借用物之诉权。[④] 从另外一个角度讲，在标的物交付前，因借贷契约不成立，借用人的返还义务当然无从产生，消费借贷的要物性赋予了借用人在贷与人交付标的物前对抗其返还借用物诉权的权利。但是，现代民法上的消费借贷概念已经涵盖罗马法上的mutuum与pactum de mutuo dando，以及关于利息的约定。民法现代化过程中没有认清要物性的本质功能，将罗马法消费借贷的要物性照搬到现代法的消费借贷概念中，想当然地把借用物的交付作为借贷契约成立要件，并本末倒置地将要物性视为消费借贷的本质。在罗马法上，贷与人返还借用物之诉权，容或有待消费借贷之要物性理论，在现代法上，返还义务之发生，根本无待要物契

---

① ［英］梅因：《古代法》，沈景一译，商务印书馆2015年版，第217页。
② ［英］梅因：《古代法》，沈景一译，商务印书馆2015年版，第213页。
③ 邱聪智：《新订民法债编通则》（上册），中国人民大学出版社2003年版，第26页。
④ 陈自强：《债权法之现代化》，北京大学出版社2013年版，第47页。

约说之助。在保护借用人方面，现代民法上也无须要物说之襄助。正如我妻荣先生指出的，如果贷与人未交付而请求返还时，解释为借用人对其有抗辩权，就不会产生问题。以交付的有无来保护借用人，不是正道，实效性也不高。① 因此，在德国普通法错误之发展下，扩张罗马法借贷之概念，将原本仅在处理返还义务时之要物性理论，扩及于单纯消费借贷约定（贷与人同意交付借用物之约定）与利息之约定，此显然已逾越要物契约概念建立之目的。②

在传统民法上，消费借贷为无偿契约，其扶贫济困的恩惠色彩较浓。但是在现代商品经济社会，消费借贷以金钱借贷为主要形式，以商业银行等金融机构为主体，通常以获取利息为主要目的，借贷的有偿性成了消费借贷的常态。在消费借贷特别是金钱借贷中，通常涉及人保、物的担保，并且随着借贷的专业化和担保的常态化，借贷合同与担保合同的主附关系大有转化之趋势，现实中根据担保的提供情况而决定借贷种类和借贷关系结构的情况比比皆是。况且，贷与人所贷与之资金也并非自由资金，往往是通过贷入的形式获取资金再贷出，而很多借用人也并非借入资金自用，而是通过贷入再贷出的形式获取利息。这样，围绕消费借贷往往会构成一个合同群。根据传统的要物说，消费借贷在标的物交付前合同不成立，这就会使围绕该消费借贷成立的系列交易的效力处于不确定状态，严重影响当事人交易预期和交易信心。于是，学界纷纷呼吁，消费借贷要物性的要求，有碍交易安全，应经由解释或立法缓和其要物性。③ 如同时贯彻消费借贷之要物性与抵押权或保证契约之从属性，则因消费借贷契约尚未成立，抵押权与保证契约亦不生效力，此有碍交易安全，莫此为甚。与其迂回他途，承认就“将来债权之担保”亦得成立抵押权或保证契约，不如径放弃消费借贷之要物性。④ 在贷款交付前，银行通常历经严格审慎之审核与评估，借用人常因贷与人之贷款承诺，而开始进行生产扩充等投资计划或消费计划，但根据消费借贷要物性理论，在实际拨付贷款之前银行不受承诺之拘束，申请贷款人常遭受重大之损害。

---

① ［日］我妻荣：《债权各论》（中卷一），徐进、李又又译，中国法制出版社2008年版，第128页。

② 陈自强：《债权法之现代化》，北京大学出版社2013年版，第49－50页。

③ ［日］我妻荣：《债权各论》（中卷一），徐进、李又又译，中国法制出版社2008年版，第129页；王泽鉴：《债法原理》（第二版），北京大学出版社2013年版，第150－151页。

④ 陈自强：《债权法之现代化》，北京大学出版社2013年版，第51页。

此时，纵使认为申请人仅得请求信赖损害之赔偿，不如对有偿消费借贷径采诺成契约说，使其得请求履行契约。① 法国学者卡尔波尼埃更是明确指出，借贷合同肯定不是实践合同：在现代商业实践中，根据保护消费者利益或保护不动产购买者利益的法律规定，信贷机构与贷款人达成的协议具有法律效力。而在这类借贷合同中，贷款的交付总是在协议达成之后。② 在德国，原《德国民法典》第 607 条关于消费借贷之规定，就其立法背景而言，系采要物说，然通说则将之解释成诺成契约。③ 在日本，虽然《日本民法》第 589 条规定了消费借贷之预约，但学界认为，在很多情况下解释为预约并不符合实际情况，因为当事人通常都会认为他们之间已经达成了正式的借贷契约，如果解释为预约，当事人在交付标的物时还要再签订正式契约，这是不符合当事人真实意思表示的，当事人一般也不会这样做。④ 因此，学界普遍认为，在要物性的消费借贷外，诺成性的消费借贷作为一种无名契约，也应当承认其效力。⑤

以对消费借贷要物性的质疑为发轫，学界对要物合同理论的正当性进行了系统反思。现今德国民法学说皆认为要物契约之概念，已属过时，借贷契约，无论为使用借贷还是消费借贷，皆应为诺成契约。⑥ 日本著名民法专家我妻荣教授认为，要物契约之所以被现在法律所承认，主要是因为沿革上的理由。在当下认可其存在，是否有合理的理由，其疑问也不少。⑦ 《日本民法》第 589 条规定了消费借贷之预约，虽然对使用借贷和保管之预约没有作出明确规定，但学说上持认可态度，这就极大缓和了要物性。⑧ 不仅如此，在法律规定的要物性使用借贷、

---

① 陈自强：《债权法之现代化》，北京大学出版社 2013 年版，第 52 页。

② Carbonnier，Les obligations，p. 180. 转引自尹田：《法国现代合同法：契约自由与社会公正的冲突与平衡》，法律出版社 2009 年版，第 221 页。

③ Larenz，Schuldrecht Ⅱ1；§ 51 Ⅱ；BGH NJW83，1543. 转引自王泽鉴：《债法原理》（第二版），北京大学出版社 2013 年版，第 151 页。

④ ［日］我妻荣：《债权各论》（中卷一），徐进、李又又译，中国法制出版社 2008 年版，第 129 页。

⑤ ［日］我妻荣：《债权各论》（中卷一），徐进、李又又译，中国法制出版社 2008 年版，第 131 页。

⑥ 陈自强：《债权法之现代化》，北京大学出版社 2013 年版，第 49 页；陈自强：《无因债权契约论》，中国政法大学出版社 2002 年版，第 318 页。

⑦ ［日］我妻荣：《债权各论》（上卷），徐慧译，中国法制出版社 2008 年版，第 29 页、第 46 页。

⑧ ［日］我妻荣：《债权各论》（中卷一），徐进、李又又译，中国法制出版社 2008 年版，第 152 页；［日］我妻荣：《债权各论》（中卷二），周江洪译，中国法制出版社 2008 年版，第 180 页。

保管合同以外，学说上亦认可诺成性的使用借贷和保管契约。[①] 在法国，有关实践合同的传统理论早已面临挑战，就实践合同是否存在的问题，现代学者之间争议颇大。[②]《法国民法典》虽然规定借贷、寄存为要物合同，但是在实践中，当事人有关借贷、寄存的许诺常常是具有法律效力的，如果当事人不履行其诺言即交付实物，有可能被责令承担损害赔偿责任。[③] 我国台湾地区民法学者也多认为，要物契约乃陈旧过时的概念，[④] 财产性的契约均应予以诺成化，保留要物契约此种法制史上的残留物，实无必要。[⑤] 在我国大陆，伴随着民法典制定工作的起起落落，缓和乃至废除要物合同的呼声也此起彼伏。当前学者多认为，要物合同既不是事物本性使然，且在价值层面亦不足以正当化。在契约自由原则已成为民法基本理念的今天，合同的诺成性已成为合同的基本属性和效力基础，要物合同与合同法的体系脉络显得格格不入，故要物合同走向死亡是合同法的必然发展趋势。[⑥] 而对于要物合同诺成化后无偿债务人的利益保护问题，学者也纷纷开出了药方。[⑦]

学界此起彼伏的呼声也反映到了立法中。2002 年德国债法现代化改革后，借贷契约已经实现了诺成化。在消费借贷，原《德国民法典》第 607 条规范消费借贷合同，包括物的借贷和金钱借贷。债法现代化后，第 607 条仅规范物的借贷，而金钱消费借贷规定于第 488 条以下，成为与物的借贷完全不同的合同类

---

① ［日］我妻荣：《债权各论》（中卷一），徐进、李又又译，中国法制出版社 2008 年版，第 152 页；［日］我妻荣：《债权各论》（中卷二），周江洪译，中国法制出版社 2008 年版，第 172 页。

② 尹田：《法国现代合同法：契约自由与社会公正的冲突与平衡》，法律出版社 2009 年版，第 14 页。

③ 尹田：《法国现代合同法：契约自由与社会公正的冲突与平衡》，法律出版社 2009 年版，第 222 页。

④ 陈自强：《债权法之现代化》，北京大学出版社 2013 年版，第 8 页。

⑤ 王泽鉴：《债法原理》（第二版），北京大学出版社 2013 年版，第 151 页。

⑥ 刘家安：《“要物合同”概念之探究》，载《比较法研究》2011 年第 4 期；郑永宽：《要物合同之存在现状及其价值反思》，载《现代法学》2009 年第 1 期；张金海：《要物合同的废止与改造》，载《中外法学》2014 年第 4 期；杨志仁：《论实践合同的发展趋势》，载《湖南社会科学》2014 年第 4 期。

⑦ 主要有三种路径：一是认为可继续维持我国《合同法》关于保管合同的规定，变强制性的要物契约为任意性规定，当事人可以通过约定排除要物性规定，参见张力：《实践性合同的诺成化变迁及其解释》，载《学术论坛》2007 年第 9 期；郑永宽：《要物合同之存在现状及其价值反思》，载《现代法学》2009 年第 1 期。二是仿我国《合同法》关于赠与合同的规定，实现要物合同的诺成化，同时赋予无偿债务人任意撤销权，参见郭锡昆：《践成合同研究：一个民法立场的追问》，载《民商法论丛》2004 年第 29 卷。三是全面实现要物合同诺成化，其中有偿的要物合同改造成一般的诺成合同，无偿的要物合同可改造成要式合同（书面合同），物的交付可以补正形式瑕疵，参见张金海：《要物合同的废止与改造》，载《中外法学》2014 年第 4 期。关于各种路径的利弊分析，囿于本书主题和篇幅，不展开评价。

型。第607条规定："贷与人因物的借贷合同而有义务向借用人交付约定的代替物，借用人有义务支付借贷对价，并在届期时归还同一种类、品质和数量的物。"第488条规定："贷与人因借贷合同而有义务以约定的数额向借用人提供一定金额。借用人有义务支付所负担的利息，并在届期时偿还所提供的借贷。"在这里，交付标的物的义务成了贷与人的合同义务，同时与借用人的报酬支付义务构成牵连性关系，在实现了消费借贷有偿化的同时，也完成了消费借贷的诺成化。在使用借贷，第598条虽然回避了要物性抑或诺成性的问题，但学界通说认为借用合同为诺成合同。[①] 关于保管合同，原本采取普通法之立场，被普遍地理解为要物合同。现今通说采取与借用和借贷同样之立场，认为保管合同不是以物的交付为条件的实践合同，将其归置为诺成合同。[②]

我国台湾地区"民法"债编于1998年完成修正，要物契约的修正为此次修正的一个重要内容。关于使用借贷契约，修正前"民法"第464条规定："称使用借贷者，谓当事人约定，一方以物，无偿贷与他方使用，他方于使用后，返还其物之契约。"第465条规定："使用借贷，因借用物之交付，而生效力。"因法律仅规定交付为使用借贷的生效要件而非成立要件，故通说认为，我国台湾地区民法上之借贷已不属于严格意义上的要物契约。[③] 本次修正将第464条修改为："称使用借贷者，谓当事人一方以物交付他方，而约定他方于无偿使用后返还其物之契约。"并删除第465条之规定。根据立法说明书，删除本条的理由是，"本条之规定易使人误为借用物之交付为使用借贷之生效要件，为配合前条之修正，爰将本条删除"。另外，在第465条增订1项："使用借贷预约成立后，预约贷与人得撤销其约定。但预约借用人已请求履行预约而预约贷与人未即时撤销者，不在此限。"关于消费借贷契约，将债编第474条"称消费借贷者，谓当事人约定，一方移转金钱或其他代替物之所有权于他方，而他方以种类、品质、数量相同之物返还之契约"的规定，修改为第474条第1项："称消费借贷者，谓

① ［德］迪特尔·梅迪库斯：《德国债法分论》，杜景林、卢谌译，法律出版社2007年版，第279页；杜景林、卢谌：《德国民法典全条文注释》（上册），中国政法大学出版社2015年版，第485页。

② ［德］迪特尔·梅迪库斯：《德国债法分论》，杜景林、卢谌译，法律出版社2007年版，第363页；杜景林、卢谌：《德国民法典全条文注释》（上册），中国政法大学出版社2015年版，第608页。

③ 陈自强：《债权法之现代化》，北京大学出版社2013年版，第7页。

当事人一方移转金钱或其他替代物之所有权于他方，而约定他方以种类、品质、数量相同之物返还之契约。”根据立法说明书，修正的理由是：“民法规定之消费借贷，通说认系要物契约，于当事人合意外，更须交付金钱或其他代替物，以移转其所有权于他方，始能成立。惟依现行法本条及次条合并观察，易使人误为消费借贷为诺成契约，而以物之交付为其生效要件。为免疑义，爰修正如上。”同时删除第475条“消费借贷因金钱或其他代替物之交付，而生效力”之规定，理由同样也是“本条之规定，易使人误会金钱或其他代替物之交付为消费借贷之生效要件。为配合前条之修正，爰将本条删除”。另增订第475条之一规定：“消费借贷之预约，其约定之消费借贷有利息或其他报偿，当事人之一方于预约成立后，成为无支付能力者，预约贷与人得撤销其预约。消费借贷之预约，其约定之消费借贷为无报偿者，准用第四百六十五条之一之规定。”

可见，我国台湾地区此次“债法”之修正，一方面坚持并在某种意义上强化了要物契约说，另一方面试图通过增加预约的相关规定，缓和使用借贷和消费借贷的要物性。对此，学者批评道，此次修正关于强化要物契约的倾向使“意思自由原则大为逊色，借贷不要物之期待，亦将遥不可及”。[①] 消费借贷之规定不见有实质意义之重大修正，修正后之现行法仍远远不能满足现代经济生活之实际需要。[②] 立法既然仍然坚持消费借贷为要物契约，应不容于借用物交付前，发生任何契约效力，方能落实制度设计上最重要之警告功能。然而，修正又明文承认消费借贷预约，不啻间接承认单纯消费借贷合意之效力，警告功能已如镜花水月。根据修正后的债法，贷与人若拒绝履行其贷款承诺，借用人得依其与贷与人之约定，请求后者交付借用物，既已成定论，则无论称为预约还是本约，至少就有偿消费借贷，其要物性已然丧失。[③] 故此种模式于理不通，在逻辑上显有矛盾之处，徒增纷扰。[④] 但换个角度看，我国台湾地区“民法”修正虽然表面上有强化要物契约的倾向，但已经通过明修栈道、暗度陈仓的形式，使得要物契约的规

① 邱聪智：《新订民法债编通则》（上册），中国人民大学出版社2003年版，第26页。

② 陈自强：《债权法之现代化》，北京大学出版社2013年版，自序部分，第3页。

③ 陈自强：《债权法之现代化》，北京大学出版社2013年版，第52页。

④ 郑永宽：《要物合同之存在现状及其价值反思》，载《现代法学》2009年第1期；张金海：《论要物合同的废止与改造》，载《中外法学》2014年第4期。

定名存实亡了。

尤其值得关注的是，作为欧洲民法研究和立法最新成果的集大成者，《欧洲示范民法典草案》并没有给要物合同留存一席之地。起草小组特别强调指出，《欧洲示范民法典草案》试图将形式上的要求降至最低限度，对合同或者其他法律行为既不要求采取书面形式，也不要求采取其他任何一种形式，有效合同的成立也无须对价或者约因。[①] 该草案第 2-4：101 条规定："只要当事人满足以下条件，合同即成立，无须其他要件：（a）意在建立具有拘束力的法律关系或产生其他法律效力；（b）达成了充分的合意。"[②] 在消费借贷合同中，草案将贷款人提供贷款和借款人领取贷款规定为当事人的合同义务，借款合同的诺成性跃然纸上。赠与合同的规定也摒弃了一些国家采取要物合同的规制模式，明确将赠与人交付赠与物与移转赠与物所有权、受赠人受领交付和接受所有权移转规定为当事人义务。为了达到提醒赠与人斟酌注意的目的，草案规定动产赠与必须以文本形式并经赠与人签字方为有效，但是在即时赠与、经营者的赠与、赠与的允诺已经公开宣布的情况下，赠与甚至无须书面形式。在保管合同部分，草案没有就保管合同的要物性抑或诺成性作出规定，但从起草草案所坚持的原则看，应当理解为诺成合同。需要注意的是，保管合同部分"旅馆管理人的责任"中规定，"为保管目的而将物品移交给旅馆管理人且旅馆为保管目的而受领的，视为订立了单独的保管合同"。[③] 对此，应当理解为当事人之间通过行为形式达成了即时保管合同，而不是关于保管合同要物性的规定。应当说，草案已经将大陆法系民法上多数的要物合同诺成化了。《欧洲示范民法典草案》虽然不是正式的法律文本，但是作为"软法"和示范法，代表了未来的立法方向，必将对欧盟各成员国的立法产生重大影响。

---

① 欧洲民法典研究组、欧盟现行私法研究组：《欧洲示范民法典草案：欧洲私法的原则、定义和示范规则》，高圣平译，中国人民大学出版社 2012 年版，第 74-75 页。

② 欧洲民法典研究组、欧盟现行私法研究组：《欧洲示范民法典草案：欧洲私法的原则、定义和示范规则》，高圣平译，中国人民大学出版社 2012 年版，第 163-164 页。

③ 欧洲民法典研究组、欧盟现行私法研究组：《欧洲示范民法典草案：欧洲私法的原则、定义和示范规则》，高圣平译，中国人民大学出版社 2012 年版，第 258 页。

（二）英美法

在英美法国家，一股相同的潮流也在涌动。

英美法上没有要物合同的概念。根据传统英美合同法，一个允诺只有存在对价，才有可能得到法院的强制执行。所谓的对价是指根据协议已经履行或许诺履行合同义务的当事人得到某种利益，或者是接受履行的对方当事人为此遭受某种损害的事实要素，是对履行合同义务的当事人的一种回报。[①] 早期的英美合同法对对价的界定较为宽泛，道德上的义务也曾一度被认定为对价，但后来的一系列判例逐步对对价的内涵作出限制，单纯的道义责任不构成对价。1875 年，Luch J 法官在 Currie v. Misa 案中提出了一个后来被广泛引用的对价的定义。该判例认为，从法律上看，一项有价值的对价就是一方当事人得到某种权利、利益、利润或好处，或者对方当事人作出某种容忍、承受某种损害、损失，或者承担某种责任。后来，这个定义通常被称为对价的“利益—损害分析方法”。[②] 到 19 世纪末，在美国，传统的关于对价的这一判断标准，开始被对价应当是“交易的对象”（bargained for）的要求所取代。[③] 美国合同法第二次重述对“交易的对象”下了定义，认为“交易的对象”指的是“允诺人希望以自己的允诺所交换的、并且由受允诺人为了与允诺相交换而提供的东西”。这样，由于把对价限制在交易的范围内，现实生活中把欠缺交易因素的允诺排除在可强制执行的允诺之外。在这些允诺中，最为重要的类型是纯粹无偿的允诺。例如，在纯粹的赠与允诺中，因为欠缺受允诺人的对价作为支持，这种允诺是不可强制执行的。但是，如果允诺人不仅作出了允诺，而且实际上已经把赠与物交给了受允诺人，则此时根据财产法的规定，一旦赠与行为因交付而完成，则让与不可撤销，允诺人不能请求返还。法律上这样处理的理由是，在两种情形下均不提供法律救济显示了一种让无偿行为的当事人保持其既有现状的政策。因为达成分配正义的法律机制是昂

① 何宝玉：《英国合同法》，中国政法大学出版社 1999 年版，第 124 页。

② 何宝玉：《英国合同法》，中国政法大学出版社 1999 年版，第 124 页。

③ ［美］E. 艾伦·范斯沃思：《美国合同法》，葛云松、丁春艳译，中国政法大学出版社 2004 年版，第 51 页。

贵的，如果并不存在交易性质的交换，那么设置相应的法律机制就可能缺乏正当性。[①] 这种把交付作为形式要求的做法，使得交付除了具有证据性功能，还具有一种警示性功能，因为它可以使得赠与人认识到其行为的性质，并且防止欠考虑的和一时冲动的赠与。[②] 这样，虽然英美法上没有要物合同的概念，但由于因赠与物的现实交付而使受赠人获得了实质上保有赠与物的权利，因此达到了与大陆法上要物合同相同的效果。

随着一系列严格的对价规则的确立，越来越多的人对于对价制度产生了疑问，有的学者如阿蒂亚甚至提出了是否存在对价学说的问题，有的学者提出应当废弃对价制度。[③] 由于法律上过度强调允诺的对价交易性质，从而使得生活中很多不具有交易性质的允诺，特别是无偿允诺得不到法律的承认，造成了不公平的结果。法律界主要的质疑是，为什么无偿允诺就不能强制执行？实践中，很多人为了使无偿允诺获得强制执行力，往往通过假装交易的形式，通过受允诺人支付给允诺人微不足道的名义金额作为对价，意图使无偿允诺具有强制执行力。这样，由于一颗胡椒籽也可以当作允诺的对价，人们形象地将这种理论称为对价的"胡椒籽理论"。[④] 在英国，早期法院往往不考虑当事人双方支付的对价是否相当，一些"胡椒籽"交易得到了法院的支持。在美国，对于"胡椒籽"交易，有一些判例以及第一次合同法重述认为当它以交易的形式出现时，这种允诺就是有对价的。这样，对价制度已经是徒有虚名了。为了挽救对价制度，后来的法院判例和第二次合同法重述对这种情况还是保持了谨慎的态度，认为这种交易不是真实的交易，而是伪装的交易，因此赠与人的允诺并没有对价的支持。

社会实践的发展要求必须突破僵化的对价理论。为缓和对价理论与社会实践的扞格，英美法发起了对强制执行基础的改革。1937 年，英格兰法律修订委员会（English Law Revision Committee）建议制定一部法律，以使得经签字的书面允诺

---

① [美] E. 艾伦·范斯沃思：《美国合同法》，葛云松、丁春艳译，中国政法大学出版社 2004 年版，第 51 页。

② [美] E. 艾伦·范斯沃思：《美国合同法》，葛云松、丁春艳译，中国政法大学出版社 2004 年版，第 51 页。

③ 何宝玉：《英国合同法》，中国政法大学出版社 1999 年版，第 131 页。

④ [美] E. 艾伦·范斯沃思：《美国合同法》，葛云松、丁春艳译，中国政法大学出版社 2004 年版，第 70 页。

可以在不考虑对价的情形下具有强制执行效力。尽管这一建议没有得到采纳，少数美国的州却制定了采取类似立场的法律。宾夕法尼亚州的制定法最为彻底，根据它，任何允诺，甚至一个纯粹的无偿允诺，也并不“因为欠缺对价而没有强制执行效力，只要书面文本中还包含了一个明确的陈述，即签字人意图使得自己在法律上受到约束”。有超过一打的州采取的是一种更为普遍的立法例——将书面形式作为“推定存在对价的证据”。[①] 另外，在20世纪，以衡平法上的禁反言规则（equitable estoppel）为基础，发展出了一种以信赖作为法律救济基础的理论，称为允诺上禁反言（Promissory Estoppel）。允诺禁反言规则是英国著名的法官丹宁勋爵（Lord Denning）在一系列判决中提出的。在《法律的训诫》一书中，丹宁勋爵将允诺禁反言规则概括为：“当一个人以他的言论或行为已经使另一个人相信，按照他的议论或行为办事是安全的——而且的确是按照他的言论或行为办了事——的时候，就不能允许这个人对他说的话或所做的行为反悔，即使这样做对他是不公平的，也应如是。”[②] 根据这种理论，如果作出了一个允诺，受允诺人如果基于对允诺的信赖而进行了某种行为，即使受允诺人没有提出对价，那么该允诺也具有强制执行效力。在美国，这种理论被法院广泛地适用于无偿转让、无偿保管、对慈善组织的允诺以及家庭成员之间的无偿允诺案件中。1933年，美国法律协会在梳理相关案件类型的基础上，在合同法重述中确立了普遍适用于所有允诺的规则：如果一个允诺的允诺人应当合理地预见到，受允诺人可能会因为受到引诱而进行某种确定的和具有实质性的作为或者不作为，并且的确导致了这种作为或者不作为，并且只有强制执行该允诺才能够避免不公平的结果，那么该允诺发生拘束力。及至第二次重述，仍然重申了上述规则，只是进一步强调对违反允诺所给予的救济应当限制在实现公平的必要范围内。[③]

这样，英美法通过不断地缓和对价规则理论，逐渐地达到了对无偿允诺效力的承认，事实上达到了与大陆法国家清算要物合同理论殊途同归的效果。

---

① ［美］E. 艾伦·范斯沃思：《美国合同法》，葛云松、丁春艳译，中国政法大学出版社2004年版，第89页。

② 何宝玉：《英国合同法》，中国政法大学出版社1999年版，第163－164页。

③ ［美］E. 艾伦·范斯沃思：《美国合同法》，葛云松、丁春艳译，中国政法大学出版社2004年版，第93－94页。

一个有意思的现象是，大陆法国家学者一般将代物清偿契约认定为要物契约，但是在论证要物契约的存废时，几乎都是拿传统的典型要物契约说事，而对代物清偿契约视若无睹。这也从一个方面证明了代物清偿契约为非典型要物契约。而如果消费借贷、使用借贷、寄存等传统民法上典型的要物契约的要物性被否弃，代物清偿契约之要物性也就“皮之不存，毛将焉附”了。

二、代物清偿要物说的滥觞与式微

本节的任务在于进一步揭示，代物清偿要物说并非古已有之，而是近代民法对罗马法上要物合同家族的强制植入。如果说要物合同是近代私法对罗马法传统错误继受的结果，那么代物清偿要物性更是错上加错、生不逢时了。

（一）罗马法的观点

罗马法上发展出了成熟的要物契约理论，代物清偿制度也开始发端，但两者作为两种泾渭分明的制度，在长期的发展中沿着各自的轨道并行不悖，无论古罗马法律文件还是法学家著作从来没有把代物清偿与要物契约相提并论。

关于要物之债，盖尤斯的《法学阶梯》仅提到了消费借贷与非债清偿，但非债清偿不是契约之债，故要物契约仅限于消费借贷。[①] 但盖尤斯在论述消费借贷时使用了“比如”的表述，故多数学者认为盖尤斯关于要物契约的列举为非穷尽列举。对此，可为佐证的是，盖尤斯在《金言集》中提到了罗马法上四种典型的要物合同类型，即消费借贷、使用借贷、寄托与质押。[②] 尽管盖尤斯《法学阶梯》在“债的消灭”部分认为经债权人同意的代物清偿是债的消灭的方式，但代物清偿是否构成一项契约尚不得而知。从历史解释与体系解释视角，似乎可以发现一些蛛丝马迹。第一，在盖尤斯时代，要物契约的实质和本旨被界定为

① ［古罗马］盖尤斯：《法学阶梯》，黄风译，中国政法大学出版社 2008 年版，第 162－163 页。

② 张金海：《论要物合同的废止与改造》，载《中外法学》2014 年第 4 期；蒋军洲：《要物合同的类型演进与其界定：罗马法的经验与启示》，载《东方法学》2015 年第 6 期。

“返还所接受的物”，它的一般概念是“物被借出后，应当原物返还”。① 代物清偿是债的清偿方式，不涉及物的返还，故盖尤斯不可能将代物清偿界定为要物契约。第二，盖尤斯虽然认为经债权人同意可代物清偿，但此“同意”与罗马法上的“契约”是不同的。在罗马法上，契约是债发生的根据，但合意并不等于契约，不能当然地产生债，契约中的合意也无足轻重，甚至不是契约的构成要素。单纯合意如果不具备特定的条件根本就不产生债的效果。② 在这里，代物清偿合意是否成为一种契约尚不明晰，更遑论要物契约了。第三，盖尤斯对代物清偿是否构成契约只字未提，但在稍后的论述中，对于构造类似的债务更新，却明确指出可通过要式口约的方式缔结，③ 两相比较似可得出如下结论，即盖尤斯认为代物清偿只是债的清偿方式，并不构成一项契约，当然也就谈不上要物契约了。

查士丁尼《法学总论》明确列举了消费借贷、使用借贷、寄托、质押四种要物契约，并对四种要物契约作了详细论述。④ 在“债务消灭方式”部分，查士丁尼亦认可经债权人同意的代物清偿可导致原债的消灭。⑤ 在这里，查士丁尼也未对代物清偿是否为要物契约进行论述，但仔细揣度后的结论仍然是否定的。第一，在罗马法早期，契约的成立必须采用要式程式，要物契约是为了缓和要式契约的僵化性而逐步发展起来的，是要式契约的例外。查士丁尼时期对要物契约的概念作了篡改，把它理解为因给付某物而成立的契约，即便不涉及返还义务。⑥ 尽管如此，那些不采用任何形式即可构成契约的债因总是表现为例外，它们是由立法者明确地、逐个地加以确定的关系。⑦ 这就意味着，罗马法上对要物契约实行类型强制原则，查士丁尼《法学总论》列举的要物契约类型应为完全列举。

---

① ［意］彼德罗·彭梵得：《罗马法教科书》（2005 年修订版），黄风译，中国政法大学出版社 2005 年版，第 233 页。

② 李永军：《论债因在合同法中的作用》，载《当代法学》2018 年第 2 期。

③ ［古罗马］盖尤斯：《法学阶梯》，黄风译，中国政法大学出版社 2008 年版，第 190 页。

④ ［古罗马］查士丁尼：《法学总论》，张企泰译，商务印书馆 1989 年版，第 165－167 页。

⑤ ［古罗马］查士丁尼：《法学总论》，张企泰译，商务印书馆 1989 年版，第 194 页。

⑥ ［意］彼德罗·彭梵得：《罗马法教科书》（2005 年修订版），黄风译，中国政法大学出版社 2005 年版，第 233 页。

⑦ ［意］彼德罗·彭梵得：《罗马法教科书》（2005 年修订版），黄风译，中国政法大学出版社 2005 年版，第 234 页。

第二，查士丁尼《法学总论》亦承认债务更新得依要式口约成立。与古典法相比，查士丁尼时期债的更新制度发生重大变化，不仅债的标的可以成为更新的对象，而且强调更新的发生必须当事人明白表示，否则原来的债务依然有拘束力，第二次债务则是一种附加，每一个契约产生一个有效的债务。[①] 由于罗马法上并未产生代物清偿、新债清偿概念，这里通过要式口约成立的“附加的第二次债务”可以认为是代物清偿契约的雏形。代物清偿契约既以要式口约方式成立，绝无成为要物契约的可能。

查士丁尼《法学总论》上述观点应当是受到了著名罗马法学家保罗的影响。保罗曾经这样例示代物清偿契约的构造：如果我们订立一个要式口约，如果你不给我这块地的话，你就要允诺给我 100 金币。此时只有 100 金币是要式口约的客体，而土地不是，债权人不能以此协议要求债务人交付土地，但是土地的移转可以解除原来的债务。[②] 也就是说，在达成代物清偿契约后，债权人没有在原定给付与他种给付之间进行选择的权利，这种选择权属于债务人。结合保罗及查士丁尼《法学总论》的论述，基本上可以坐实下述关于罗马法上代物清偿契约的论断：当事人达成的没有履行的代物清偿契约构成了任意之债，债务人可以履行新的给付，也可以选择继续履行原债，在债权人获得满足后，债权债务关系即告消灭。[③]

可见，罗马法上并无代物清偿与要物契约发生勾连的痕迹。

（二）代物清偿要物说的提出与昌隆

代物清偿之他种给付存在瑕疵的，罗马法上还没有比照买卖合同规定要求清偿人承担瑕疵担保责任的做法。在这种情况下，债权人因没有获得满足，仍得主张原定给付。3 世纪的法学家乌尔西安说，债权人同意代物清偿的，如果物存在瑕疵，则原债继续存在，即便该物只是部分瑕疵，原债的全部数额仍然保持不变。但是，在后期罗马法世俗化发展过程中，通过“扩用之诉”将买卖契约的法律效果扩用到代物清偿法律关系上。这就使得债权人在获得两种救济途径的同

① ［古罗马］查士丁尼：《法学总论》，张企泰译，商务印书馆 1989 年版，第 195－196 页。

② 肖俊：《代物清偿中的合意基础与清偿效果研究》，载《中外法学》2015 年第 1 期。

③ 肖俊：《代物清偿中的合意基础与清偿效果研究》，载《中外法学》2015 年第 1 期。

时，也使代物清偿失去了独立性，出现了与买卖合同趋同的倾向。这种观点被后世学者所承继，法国学者波蒂埃指出："代物清偿非常相似于买卖，替代交付的物起到了买卖中的物的效果，而物所替代的原来的金钱债务，就如同买卖中的价格一样。"德国学者邓恩博格也支持代物清偿适用买卖瑕疵担保责任，并排除债权人提起原债的请求权。他认为，在物接受后，原来的债权已经确定且无条件地消灭了，因此正确的主张是只能给予原债权人针对物的瑕疵的诉权。[①]《德国民法典》第365条采纳了这种观点："在给予物、对第三人的债权或其他权利以代替履行的，因权利瑕疵或物的瑕疵，债务人必须以与出卖人相同的方式提供担保。"

面对代物清偿与买卖合同趋同的倾向，中世纪的注释法学派提出了区分代物清偿与买卖合同的"客体区分法"，如果是以物替代金钱的情况下，那就是买卖合同，发生的是买卖中的物之瑕疵问题；相反，如果是以一种物代替另一种物，此时是一个互易，可以提起原债的请求权。但是，以客体区分代物清偿与买卖合同，人为割裂了代物清偿的不同形态，不符合交易实践中人们的普遍认知，故在后世发展过程中，逐渐地不对代物清偿的形态作出区分，统一适用买卖合同的瑕疵担保责任。在这种情况下，学说上将区分买卖合同与代物清偿的重任委于要物契约说。法国学者波蒂埃在《论买卖合同》一书中提出，买卖合同是一种诺成合同，它在双方合意达成时生效，而代物清偿如果没有替代物的交付或者所有权的移转则不发生，因为没有所有权的移转就没有清偿。波蒂埃的学说促成了代物清偿要物说在欧洲的发展。德国潘德克顿学派的罗梅尔更是明确指出，从教义学上看代物清偿是一个清偿行为，但附带产生了债的效力，由此，通过缔结要物合同来消灭一个债权。也就是说，通过物的交付缔结了一个债，同时消灭了原来的债。[②]可见，近代学者在以要物说区分代物清偿与买卖合同的同时，也附带产生了另一种含混与趋同，即把代物清偿的合意基础与清偿效果混淆起来，进而否定了罗马法上早已有之的非即时履行的代物清偿契约的效力，这不得不说是对罗马法的反动与法制史上的倒退。

---

① 肖俊：《代物清偿中的合意基础与清偿效果研究》，载《中外法学》2015年第1期。
② 肖俊：《代物清偿中的合意基础与清偿效果研究》，载《中外法学》2015年第1期。

代物清偿要物说经欧洲近代主要民法学者之阐释，终成主流学说而独领风骚，并深刻影响了司法实务，这种势头直到20世纪末并未有根本改观。非常耐人寻味的是，欧洲大陆主要国家民法典制定之时，代物清偿要物说正昌隆发达，但民法上无一对代物清偿契约之要物性作出明确规定，而是仅仅从清偿效果的角度规定，债权人受领他种给付导致债务关系消灭。对此，与其解释为立法上的疏漏，毋宁解释为立法者认为代物清偿要物性乃不证自明之理，根本无须作出明确规定。从实务上看，立法上的缺位丝毫没有对司法实践造成影响。近世以来法国、德国、日本、我国台湾地区等大陆法系主要法域司法实务中，几乎一边倒地认为代物清偿契约为要物契约。这种学理也深刻影响了我国大陆地区民法理论与实务，从目前出版的著作看，大陆主要民法学者亦多坚持代物清偿契约要物说。①

（三）现代民法的反思

晚近以来，现代各国各地区民法理论开始对代物清偿要物说展开省思，诺成说逐渐成为潮流。德国学者罗歇尔德斯论述道："根据早期的观点，（替代履行的给付）涉及的是法律上独立的有偿互易合同，该合同旨在以提出替代给付而免除原来的债权。其他的观点的出发点则是，当事人对变更原来的给付标的达成了一致（变更合同）。根据今天可能的通说，约定仅限于给付应当作为债务的履行（履行合同）。"② 不论是根据变更合同说还是履行合同说，对"其他给付"履行效力的约定不必与给付的提供同时发生，因此代物清偿契约非要物契约。意大利晚近的学说也认为，从法条文义看，并没有明确规定在替代物交付或者受领时合意才能成立，只是强调现实履行后才产生债的消灭的后果，由此可以引申出代物清偿诺成性。③ 我国台湾地区学者陈自强教授是代物清偿契约诺成说的极力倡导者。他指出，"要物契约之概念，与代物清偿之本质是否相契合，并非毋庸

① 王家福主编：《民法债权》，中国社会科学出版社2015年版，第183页；王利明：《债法总则研究》，中国人民大学出版社2015年版，第676页；刘心稳：《债权法总论》（第二版），中国政法大学出版社2015年版，第243页。

② ［德］迪尔克·罗歇尔德斯：《德国债法总论》（第七版），沈小军、张金海译，中国人民大学出版社2014年版，第142－143页。

③ 肖俊：《代物清偿中的合意基础与清偿效果研究》，载《中外法学》2015年第1期。

置疑”，且将代物清偿契约定位为要物契约有违意思自治原则，亦无助于实际问题之解决，应当承认单纯的代物清偿合意之法律效力。①

在代物清偿要物说的众声喧哗中，我国大陆越来越多的学者对代物清偿要物说提出质疑。在晚近的一些债法教材中，不再把抵债物现实给付和受领作为代物清偿契约的成立与生效要件。② 崔建远教授更是明确指出，如果不承认诺成性以物抵债协议的效力，会损害债权人合法权益，与鼓励交易原则未尽相合，也不恰当地削弱了意思自治原则的功效。我国民法上并没有明文规定代物清偿，因此不宜硬性地套用境外关于代物清偿的规则及理论，削足适履式地、作茧自缚般地处理，而应该尽可能贯彻意思自治原则，从有利于实现当事人合法权益角度出发，承认诺成性的以物抵债协议的法律效力。③ 王洪亮教授也指出，当事人一旦缔结代物清偿合同，即应受该意思约束。如果加上标的物交付要件，代物清偿合同方能成立，那么在实质上赋予了债务人保有反悔的机会。从利益衡量上看，代物清偿合同定位在诺成性，更符合当事人的意思。如果将代物清偿合同认为是要物性的，不仅毫无用处，而且会带来误解。④ 还有学者深入当事人意思表示内部，认为当事人之间达成的代物清偿契约的效力仅使债务人负担提出他种给付的义务，并不能直接发生代物清偿的效果，因此，代物清偿契约为诺成契约。⑤

代物清偿要物说曾长期为我国司法实务中的主流观点，但晚近以来承认诺成性以物抵债协议效力的倾向渐趋清晰。最高人民法院司伟法官认为，以物抵债协议成立后，在未实际受领清偿前，抵债的终极目标尚未达成，但仍有其积极意义，因为债权人与债务人在清偿债务的安排上进行了尝试，并迈出了朝着良好方向发展的一步。⑥ 在最高人民法院，代物清偿诺成化的努力已经付诸实践，虽然小心翼翼、跌跌撞撞，但这一步毕竟已经迈出。关于司法实务的裁判观点，本书将辟专题研究，此处不赘。

---

① 陈自强：《无因债权契约论》，中国政法大学出版社 2002 年版，第 316 - 326 页。
② 张民安、铁木尔高力套：《债权法》（第五版），中山大学出版社 2017 年版，第 461 页。
③ 崔建远：《以物抵债的理论与实践》，载《河北法学》2012 年第 3 期。
④ 王洪亮：《代物清偿制度的发现与构建》，载《浙江工商大学学报》2018 年第 2 期。
⑤ 翟云岭、于靖文：《代物清偿理论剖析》，载《大连海事大学学报》（社会科学版）2012 年第 1 期。
⑥ 司伟：《债务清偿期届满后以物抵债协议的性质与履行》，载《人民司法 · 案例》2018 年第 2 期。

三、代物清偿要物性之否证

以上两节从历史的角度梳理了要物契约及代物清偿要物说的流变，指出代物清偿契约诺成化乃历史发展趋势。本节进一步深入要物契约内部，分析要物契约的性质和构造特征，并将代物清偿契约一一代入观察，从微观上验证代物清偿契约是否符合要物契约的理论基础。

要物契约承袭自罗马法，但与罗马法上缓和要式契约僵化性的立法意旨以及强化受领人返还义务之立法着力点不同，近现代民法上的要物契约已成为警示无偿施与人谨慎行事、控制当事人意思自治的手段。根据近现代民法之意思自治原则，合同原则上经当事人意思表示一致即可成立、生效，无须他人和国家意志的参与。但意思自治并非绝对，为了维护公序良俗与社会公共利益，法律可对当事人意思自治进行必要限制，要物合同即为法律控制意思自治之适例。要物契约之概念，无关契约之本质，其建立有一定之目的性。立法者通过此一立法技术，表现其价值判断。[①] 要物合同控制意思自治的机制是，它不使当事人的意思表示立即生效，而是向后推移至一定的时间点，其正当性源自要物合同的无偿性，合理性系于手段的比例性，可行性在于合同的继续性，控制手段系于要物契约的要物性。仔细审视代物清偿契约会发现，代物清偿契约并不符合要物合同控制意思自治的正当理论基础。

（一）要物合同的无偿性

罗马法以降，法律上规定的典型要物合同如消费借贷、使用借贷、寄托合同等，均为无偿合同。因为此等契约系属无偿，特以物之交付作为成立要件，使贷与人或受寄人能于物之交付前有考虑斟酌的机会，具有警告的功能。[②] 在交付标的物前，贷与人等不因意思表示一致而受拘束，相对人无任何得以强制其交付标的物之机会。[③] 因此，法律上规定要物合同的主要目的，就是通过赋予无偿合同

---

① 陈自强：《债权法之现代化》，北京大学出版社 2013 年版，第 50－51 页。

② 王泽鉴：《债法原理》（第二版），北京大学出版社 2013 年版，第 151 页。

③ 陈自强：《债权法之现代化》，北京大学出版社 2013 年版，第 51 页。

债务人控制合同成立、生效的决定权，充分保障债务人的“斟酌利益”，防止债务人因思虑不周作出施与行为而遭受重大不利。无疑，要物合同是对于无偿合同中债务人一方近乎“偏袒”的保护，离开了无偿合同的具体环境，其正当性颇值怀疑。正是基于此种考虑，有学者对有偿要物合同提出严厉申斥，认为这是“法学丑闻”。①

相较于无偿合同，代物清偿之基础关系以有偿交易为常态。就代物清偿契约本身而言，传统民法上也多认为其为有偿契约，适用买卖合同的有关规定。② 在这里，代物清偿合同要物性遭到了正当性质疑。正如有学者指出的，为什么选择两种冲突的典型合同，即无偿的要物合同和诺成的有偿合同来共同构建代物清偿法律关系，颇令人费解。③

或有观点认为，无偿性只是要物合同的充分条件，而非必要条件。的确，传统民法上并没有明确指出要物性是无偿合同的专利。如果有充分理由，要物合同或许也可以为特定的有偿合同开启绿色通道。但颇为吊诡的是，传统民法上对代物清偿契约为何为要物契约往往并不阐述理由，似乎认为其乃不证自明之理。④少数阐述理由的学者也鲜有基于价值判断的论述，而是从形式逻辑出发认为，由于代物清偿会发生债务清偿的效果，因而，必须债务人现实地提出给付，并经债权人受领，才有可能成立代物清偿。如果当事人仅就代物清偿达成合意，但债务人并没有作出现实给付的，则当事人就代物清偿所达成的合意并不发生法律效力，而可能仅构成代物清偿契约的预约。⑤ 这种观点将代物清偿契约的成立要件与清偿效果混为一谈，实不足取。此外，该观点将单纯的代物清偿合意等同于代

---

① 蒋军洲：《英美法上的要物合同机制及其启示》，载《河南工业大学学报》（社会科学版）2010 年第 2 期。

② 郑玉波：《民法债编总论》（修订二版），陈荣隆修订，中国政法大学出版社 2004 年版，第 485 页；林诚二：《民法债编总论——体系化解说》，中国人民大学出版社 2003 年版，第 537 – 538 页；黄立：《民法债编总论》，中国政法大学出版社 2002 年版，第 669 页。

③ 肖俊：《代物清偿中的合意基础与清偿效果研究》，载《中外法学》2015 年第 1 期。

④ 史尚宽先生认为：代物清偿之成立，唯有当事人之合意为不足，须代替原定给付，现实为他种给付，故为要物契约。参见史尚宽：《债法总论》，中国政法大学出版社 2000 年版，第 815 页。郑玉波、孙森焱、黄立等学者也有相似的论述。参见郑玉波：《民法债编总论》（修订二版），陈荣隆修订，中国政法大学出版社 2004 年版，第 484 页；孙森焱：《民法债编总论》（下册），法律出版社 2006 年版，第 853 页；黄立：《民法债编总论》，中国政法大学出版社 2002 年版，第 670 页。

⑤ 王利明：《合同法研究》（第三版，第一卷），中国人民大学出版社 2015 年版，第 676 页。

物清偿预约，似有矛盾之嫌，因为根据要物说，仅有当事人合意代物清偿契约尚未成立，当事人不受其拘束；而预约为债权合同的一种，自成立时起在当事人之间发生法律效力，当事人负有成立本约之债权债务。①

也有学者试图逾越形式逻辑，着力证成代物清偿要物说乃合乎理性之价值判断。该学者认为，从债权人角度而言，代物清偿往往是债权人在债务人不能按约履行债务的情势下达成的“城下之盟”，多为无奈之举，而非为获取新的交易利益。他种给付与合同目的也不一定十分契合，债权人通常要对他种给付标的的形态进行转换，以使其符合合同目的。其间，除支付变现成本，还要承担替代物的各种价值或者自然风险。因此，此种清偿方法多不符合债权人利益。从债务人角度而言，将代物清偿契约界定为要物契约的目的，就是给予债务人在达成合意后实际交付前，审慎评估利害关系的机会，即使债务人反悔，不为现实给付，相对人亦无履行请求权。若债务人在达成代物清偿合意后不现实履行，则意味着债务人认为他种给付于己不利，而此时仍按原债的关系履行，并未增加债权人利益，更未增加债务人负担。因此，无论从保护债权人利益的角度，还是从权利的均衡分配出发，均宜坚持代物清偿的要物性。②

该学者的观点可以概括为，代物清偿契约可能对当事人双方均为不利，故应将其界定为要物契约，以保护双方当事人的“斟酌权利”。笔者实难赞同。第一，代物清偿契约是否对当事人不利，不能一概而论。作为理性的当事人，在自由的交易环境里，一般不会订立于己不利的合同。当事人既然同意代物清偿，首先应当推定代物清偿是在此种情况下对当事人均为有利的选择，法律上不能以立法者和司法者的判断代替当事人自己的判断。第二，即便代物清偿在特定情形下确实对某一方当事人不利，但既然是当事人自己的选择，就应当由当事人承担不利后果。仅因交易结果可能对一方当事人不利，就赋予当事人如同无偿合同中债务人的“斟酌权利”，没有充分法理依据。否则，任何合同当事人均可以合同于己不利为由而主张“斟酌权利”、不履行合同约定，则合同的约束力与正常的交易秩序势必荡然无存。第三，若一方当事人确因对方的欺诈、胁迫等订立于己不

① 史尚宽：《债法总论》，中国政法大学出版社2000年版，第13页。

② 崔军：《代物清偿的基本规则及实务应用》，载《法律适用》2006年第7期。

利的代物清偿契约，此种代物清偿契约可事后因意思表示不自由而撤销，完全不必事先使合同一律不成立。若立法上将此种意思表示不自由之个案现象想象为普遍现象，进而普遍施以家长式呵护，则无异于因噎废食，不但起不到抑制欺诈、胁迫行为的效果，反而会助长不诚信行为，违反立法初衷。

（二）要物合同的比例性

法律对意思自治的干预，在不同的情境中存在程度强弱之别，控制的手段也有所不同。对损害国家和社会公共利益、妨害公序良俗的行为，法律对意思自治的干预是高强度的介入，通过宣告法律行为无效等形式，直接否定当事人的意思自治。与此不同的是，消费借贷、使用借贷、寄托合同等无偿合同一般不会损及社会公共利益，反而会有助于形成扶危济困、礼尚往来的良俗善治，从某种意义上讲甚至有利于社会公共利益。法律介入当事人意思自治的主要目的在于为债务人提供思虑斟酌的机会，防止债务人一时思虑不周而陷自身于窘境，保护债务人利益，从而间接地惠及公共利益。因此，要物合同对当事人意思自治的介入是有限度的介入，是对当事人意思自治的弱控制。具体而言，要物性理论不介入对意思自治内容的审查，而是在合同实质履行前选择一个恰当的时间节点，在此之前意思表示不立即生效，从而为债务人提供一个冷静期和犹豫期。同时，它也不介入合同的实质履行，一旦债务人慎重考虑并决定履行后，它会毫不迟疑地使合同发生效力。要物合同就是通过把比例原则发挥到极致，从而在当事人利益之间寻求平衡。

消费借贷、使用借贷、寄托合同等无偿合同，标的物交付才是合同义务实质履行的开始，因此，法律便把平衡点选在了标的物交付上，此为要物合同称谓之由来。罗马法以降，要物合同均以标的物交付为成立要件。标的物交付，可以是移转所有权，如消费借贷；也可以只移转占有，如质权、使用借贷和寄存。[①] 接下来的问题是，为什么使用借贷、寄托合同的要物性以移转占有为已足，而独消费借贷合同需要移转标的物所有权方能成立？进一步的追问是，在消费借贷中，移转标的物所有权是不是消费借贷合同的成立要件？从罗马法上看，由于消费借

---

① 周枏：《罗马法原论》（下册），商务印书馆2014年版，第730页。

贷的客体是种类物和略式移转物，仅因交付受领人就取得所有权。消费借贷移转所有权是由借贷物的性质决定的，所有权的移转不过是物的交付的后果，[①] 并不是要物合同的本性使然。消费借贷的标的是金钱和其他可替代物，依消费借贷的本质，需要当事人一方移转金钱或其他代替物之所有权于他方，而金钱或其他代替物所有权之移转，系以移转占有之方式为之，故消费借贷为要物契约。[②] 可见，在要物合同中，法律给当事人最后斟酌机会的时间节点即为标的物交付，至于交付是否导致所有权移转，则由合同性质和内容以及标的物种类所决定，并非要物合同的使命所在。因此，虽然在消费借贷中，标的物所有权的移转与占有的移转是同时发生的，但在观念上仍可将二者区分开来，而导致消费借贷合同成立的，恰恰是占有的移转，所有权的移转仅仅是占有移转，也就是合同成立的结果，而不是合同的成立要件。这样，传统民法上要物契约的成立要件就统一起来了，也就是以交付（占有的移转）为合同成立（一般情况下也是合同生效）的标志。

但是，根据学界通说，代物清偿契约的成立需要债务人现实地提出给付且债权人受领给付，代物清偿方能成立。所谓给付（注意不是交付），独有占有的移转尚有不足，还必须伴随着所有权的移转。在他种给付为不动产物权之设立或移转时，非经登记不得成立代物清偿。[③] 在这里，标的物所有权的移转，已经明明白白地成为代物清偿契约的成立要件了。因此，代物清偿契约加入要物契约的家族后，要物契约以物的交付（占有的移转）为成立要件的经典命题被打破了。

退一步讲，即使将消费借贷中标的物所有权的移转作为合同的成立要件，但消费借贷与代物清偿中标的物所有权移转有本质不同。在消费借贷中，标的物所有权的移转不是合同的终极目的，而仅仅是合同履行的手段，标的物所有权的移转亦仅仅是消费借贷关系的开始。在这里，法律仍然没有介入合同的实质履行。

---

① 蒋军洲：《罗马法上要物合同范畴的厘定：渊源与启示》，载《北方法学》2015年第3期。

② 林诚二：《民法债编各论》（上册），中国人民大学出版社2007年版，第381页。

③ 史尚宽：《债法总论》，中国政法大学出版社2000年版，第817页；黄立：《民法债编总论》，中国政法大学出版社2002年版，第670页。我国台湾地区一九七六台上字一三〇〇号判例谓："代物清偿为要物契约，其成立仅当事人之合意尚有未足，必须现实为他种给付，他种给付为不动产物权之设立或移转时，非经登记不得成立代物清偿。如果约定将来应为某他种给付以代原定给付时，则属债之标的之变更，而非代物清偿。"

但是，在代物清偿中，所有权的移转就是合同的实质履行和终极目的，所有权移转使得合同关系归于消灭。因此，在代物清偿中，要物性逾越了比例原则的界限，构成了对当事人意思自治的粗暴干涉，它使得当事人自由意志的效力在整个协议的全过程处于极大的不确定中，从而为当事人任意撤回自己的意思，也是肆意践踏他人的意思，打开了方便之门。

（三）要物合同的继续性

根据罗马法的观点，在要物合同中，因为物的交付才产生债，从而产生受领人的返还义务，此乃要物合同的本质。① 也就是说，要物合同是面向将来的继续性合同，标的物的交付只是债的起点，物的受领人负返还义务。罗马法上典型的要物合同如消费借贷、使用借贷、寄托合同等均为继续性合同，从当事人意思表示一致到标的物交付再到合同的履行，是一个持续的时间段，标的物的交付仅仅构成当事人实质上履行合同权利义务的起点。从现代意义上看，要物合同的继续性为法律通过要物性干预当事人意思自治提供了绝佳机会。法律把控制点放在标的物交付这个节点上，既为当事人斟酌情势提供了较为充裕的时间，又不至于过度干预当事人意思自治，利益衡量大致上保持了平衡。但是，在一时的合同中，标的物的交付是合同的终极目的，构成了合同的实质内容，是合同效力的最集中体现，此时法律无论如何也不能通过标的物交付来控制合同的效力了。因为正如上文指出的，如果法律把要物性系于当事人意思表示的主要内容和合同主要权利义务的履行上，则构成了对当事人意思表示的实质介入和粗暴干涉。

这也能解释，为什么同为无偿合同的赠与合同，各国各地区法律上多不将其规定为要物合同，而是多通过要式合同之规制模式延缓赠与合同发生效力的时间，从而达到与要物合同类似的规制目的。欧陆诸国民法对赠与合同的形式均有近乎苛刻的规定，单纯书面形式尚不发生效力，而是必须以公证书或法院证书等严格方式为法定方式，目的在于保护赠与人，使免于轻率。② 例如，根据《德国民法典》第518条第1款、《法国民法典》第931条规定，赠与人的意思表示需

① 蒋军洲：《要物合同的类型演进与其界定：罗马法的经验与启示》，载《东方法学》2015年第6期。
② 陈自强：《债权法之现代化》，北京大学出版社2013年版，第43－44页。

要作成公证书。根据《日本民法典》、我国台湾地区“民法”及我国《合同法》相关规定，赠与合同则为诺成合同、非要式合同，但赠与人在赠与物权利移转前可以撤销赠与，这实质上亦达到了与要物合同相同的控制效果，具有要物合同的影子，[①] 但法律上仍然避免了将赠与合同规定为要物合同的做法，以免造成逻辑上的混乱。

很不幸，在多数情况下，代物清偿契约正是一时的合同。在代物清偿中，标的物交付和所有权移转就是合同的终极目的，构成对合同义务的实质履行。但是，根据代物清偿要物说，在标的物交付前，合同既然尚未成立，当事人履行合同的法律依据何在？换句话说，若代物清偿为要物合同，则意味着把合同的履行本身作为合同的成立与生效要件，但履行合同的前提应当是合同已经生效，这就陷入了“先有鸡还是先有蛋”的逻辑怪圈。同时，简单地模仿继续性合同，将所有权移转作为合同成立要件，但是一旦标的物交付、所有权移转，代物清偿契约就因完成使命而告罄。这无疑意味着以物抵债协议生效即失效。难怪有学者指出，要求代物清偿合同为实践合同，意味着代物清偿成立之日，就是合同消灭之时，哲学味浓厚，法锁的价值大为降低。[②] 这种刻舟求剑的僵硬做法，表面上看同消费借贷一样，以标的物交付和所有权移转作为合同成立要件，但实质上使法律控制意思自治的支点发生了后移，不仅造成了合同效力归零之逻辑上的悖论，而且过度干预了当事人意思自治，造成了当事人权利义务的不平衡。

更深层次的追问是，要物契约为什么在一时的合同问题上遭遇了“滑铁卢”？究其根本原因，传统民法上的要物契约是关于债权契约的分类，一般无涉以移转标的物所有权为目的的物权契约。[③] 而一时的合同多以移转标的物所有权为目的，在德国、我国台湾地区等承认物权行为独立性的立法例上，标的物所有权的移转为物权契约的使命所在。代物清偿契约因其具有移转他种给付物所有权以达清偿原债之目的，故学说上多认为代物清偿契约为准物权契约。[④] 因此，若认为作为一时的合同的代物清偿契约为要物契约，也就意味着要物契约逾越了债

① 李永军：《论债因在合同法中的作用》，载《当代法学》2018 年第 2 期。

② 崔建远：《以物抵债的理论与实践》，载《河北法学》2012 年第 3 期。

③ 郑永宽：《要物合同之存在现状及其价值反思》，载《现代法学》2009 年第 1 期。

④ 史尚宽：《债法总论》，中国政法大学出版社 2000 年版，第 815 页。

权契约范畴而侵入了物权契约的领地。如果认为标的物所有权移转构成代物清偿契约的成立要件，那么在承认物权行为独立性的德国和我国台湾地区，岂不是所有的以移转标的物所有权为目的的物权契约都可认定为要物契约？甚至可以推而广之，在债权形式主义的立法上，我们是否也可以“照此办理”，把所有以移转标的物所有权为目的的契约都类比代物清偿契约规定为要物契约？倘使如此，恐怕整个财产法制度的基本架构都要颠覆重构了。

（四）要物合同的要物性

在罗马法上，要物合同以交付物为其理论硬核。[①] 要物契约中的“物”，是真正意义上的物，也就是法律分类中的动产、不动产。即便消费借贷和押租金合同中的金钱标的物，也属于特殊的种类物，没有超出传统民法上物的范畴。故要物契约中的“要物”，专指标的物交付。但代物清偿中的“物”却不限于通常意义上的物，而是他种给付的总称，包括了所有权移转、债权让与、劳务的提供、不作为给付等一切可得为债权标的的给付，其中很多给付形态都不存在标的物交付的问题。[②] 这就难怪为什么现代学者在给要物契约下定义时，不是将“标的物的交付”作为要物契约的成立要件，而是使用“尚需其他现实成分”[③] “物之交付或完毕其他给付”[④] “交付标的物或完成其他现实给付”[⑤] 等含糊地界定了。这种界定构成对要物合同范围的不当扩张，[⑥] 既没有罗马法根基，也没有理论依据和现实依据，应彻底抛弃。[⑦]

在代物清偿契约之他种给付中，虽然也存在继续性给付，但因不涉及具体物的交付，因此法律控制合同效力的要物性也就无所依托了。由此带来的问题是，这些给付作为代物清偿中的他种给付时，代物清偿何时成立？比如，以提供劳务作为他种给付时，要物性体现在何处？根据传统民法，在他种给付为物的给付

① 蒋军洲：《要物合同的类型演进与其界定：罗马法的经验与启示》，载《东方法学》2015 年第 6 期。
② 王洪亮：《代物清偿制度的发现与构建》，载《浙江工商大学学报》2018 年第 2 期。
③ 王泽鉴：《债法原理》（第二版），北京大学出版社 2013 年版，第 149 页。
④ 史尚宽：《债法总论》，中国政法大学出版社 2000 年版，第 9 页。
⑤ 韩世远：《合同法总论》（第四版），法律出版社 2018 年版，第 82 页。
⑥ 郑永宽：《要物合同之存在现状及其价值反思》，载《现代法学》2009 年第 1 期。
⑦ 蒋军洲：《要物合同的类型演进与其界定：罗马法的经验与启示》，载《东方法学》2015 年第 6 期。

时，应以所有权移转、达成清偿效果为代物清偿契约成立的要件。以此规格衡量，以提供劳务作为他种给付的，亦应以劳务的完成作为代物清偿契约成立要件。但是，劳务的作成具有持续性，在劳务全部完成之前，代物清偿契约尚未成立，这就无异于债务人履行一个尚未成立的契约，这是不可想象的。如果劳务没有按照当事人预定的计划完成，此时合同的效力如何？一个可能的解释是，把劳务分成若干个独立的给付，代物清偿也从观念上分成若干个独立的代物清偿契约，随着劳务的不断推进，若干个代物清偿契约不断地生效。如果劳务没有完成的，发生部分代物清偿的效果。这种解释与现实距离遥远尚且不论，由此带来的进一步追问是，如果劳务给付具有不可分性，只有全部完成才能达到代物清偿目的的，在劳务没有按预定计划完成的情况下，代物清偿的效力如何？如果说代物清偿契约没有成立，那么债务人所付出的劳务、支出的费用是否概由债务人负担？如果债权人在劳务完成前反悔，他是否仍然可以代物清偿契约没有成立为由要求债务人履行原债？再如，如果新债务是不作为债务，此时代物清偿契约的要物性又体现在何处？凡此种种疑惑，皆因代物清偿要物说产生，但要物说很难给出令人信服的解释。

沿着传统民法的解释思路，我们甚至可以吃惊地发现，如果债务人以自有物交付债权人使用以抵充债务时，因必须以债务的实质履行、清偿效果的发生作为合同的成立要件，故此时代物清偿契约不是以标的物的交付为成立要件，而是在标的物交付之后、当事人约定的使用期间届满之时代物清偿契约方才成立。这种情况本与使用借贷较为类似，但合同成立的时间节点却迥然不同，这与要物合同的旨趣已相去甚远！

总之，传统民法上的要物合同均为无偿合同、继续性合同，物的交付导致实质意义上的债权债务发生，而代物清偿契约多为有偿合同、一时的合同，物的交付导致当事人之间债的关系消灭。故要物契约之概念，与代物清偿之本质是否相契合，并非毋庸置疑。[①] 很显然，在将代物清偿契约纳入要物契约家族后，随着要物契约中“物”的外延的急剧扩大，要物契约的内涵与架构也就变得面目全非、支离破碎了。

---

① 陈自强：《债权法之现代化》，北京大学出版社2013年版，第47页。

四、意思自治语境下以物抵债协议诺成性之再证成

要物契约，从某种意义上来说是契约自由，具体而言是形式自由的一个例外。① 近代私法深深打上了理性主义和自由主义的印记，意思自治在近代民法上被哄抬到无以复加的高度。在此语境下，代物清偿要物说为何能够逆势而上，经久不衰，颇令人困惑。代物清偿契约之诺成化努力，亦须回归意思自治原则本身寻求根本之突破。

（一）意思自治的浴火重生

在罗马法上，法定的形式是债的必备要素，而代表意思自治的合意根本不是契约的核心要素。即便是非要式契约，也并非当事人合意包打天下，也必须具备债因才能构成契约。② 在要物契约中，物的交付使得受领人负债并负返还义务，合意根本不是要物契约的构成要素。③ 近代以降，理性主义和自由主义泛滥，自然法思潮风起，意思自治被古典自然法学者乘机祭出，当事人合意被置于契约的核心位置，罗马法上契约的概念发生重大变化，契约自由原则深入人心。④ 同时，因复兴的罗马法影响至深，以至于罗马法上的一些限制意思自治的制度也由于惯性因素被忠实地继受下来。这就催生了近代欧陆各国民法典上的一个奇怪现象：一方面高举意思自治的大旗，另一方面一些限制意思自治的制度却堂而皇之地登堂入室，如债因制度被或明（如法国）或暗（如德国）地写进民法典，罗马法上的要物契约几乎原封不动地被请进民法典，⑤ 而赠与合同等也被法定形式

---

① ［日］我妻荣：《债权各论》（上卷），徐慧译，中国法制出版社 2008 年版，第 28 页、第 46 页。

② 李永军：《论债因在合同法中的作用》，载《当代法学》2018 年第 2 期。

③ 杨志仁：《论实践合同的发展趋势》，载《湖南社会科学》2014 年第 4 期。

④ 根据西方学者的观点，契约自由原则在法律上的确认得益于如下两个方面的理论：一是以亚当·斯密为代表的自由主义经济思想。他们认为，每个人在平等的地位上进行自由竞争，既可以促进社会的繁荣，也可以使个人利益得到满足，国家的任务主要是保护自由竞争，而非干预自由竞争。二是 18 世纪至 19 世纪的理性哲学。根据理性哲学，每个人都有自己的意志自由，这种意志自由是个人行为的基础，法律的职责就是赋予当事人在其合意中表达的自由意志以法律效力，对这种自由的限制则是越少越好。详细论述参见王利明：《合同法研究》（第三版，第一卷），中国人民大学出版社 2015 年版，第 180 页。

⑤ 详细论述参见张金海：《论要物合同的废止与改造》，载《中外法学》2014 年第 4 期。

包裹得严严实实。由此可见，近代民法上的要物契约并不是时代要求的回音，而是历史沿革的惯性，[①] 是法制史上的残留物，并无保留之必要。[②]

进入20世纪，民法观念发生一系列变化，理性主义与自由主义热潮降温，抽象人格被具体人格次第取代，合同自由也受到更多限制，契约正义理念受到更多重视。对此，王泽鉴先生曾浪漫地描述道，一部契约自由的历史，就是契约如何受到限制，经由醇化，而促进实践正义的记录。[③] 然而，一方面，合同正义与合同自由绝非二律背反，而是相辅相成，合同自由是合同正义的前提，也是合同正义的应有之义。“合同是正义的，因为它源于缔约双方的意思自治且为该意思自治所涵盖。只有考虑到合同成立的方式，也即合同的条款是合同当事人行使意思自治的结果，人们才可以称该合同条款是正义的。”[④] 现代民法上多认为，合同撤销、强制缔约、对格式条款的规制等是弃合同自由而取合同正义的表现。[⑤] 笔者不以为然。这种情况下，与其说是对一方当事人合同自由的限制，毋宁说是对当事人意思表示不自由状态的解放，故而是对意思自治的保障，是向真正的合同自由的回归。从这种意义上可以说，合同正义绝非对合同自由构成限制，而是对合同自由的最大保护。另一方面，合同正义是一个主观性很强的不确定概念，“基于意思自治的设权行为完全取决于当事人的意思自治，因此根本无法对它的正义性作出法律上的评判。对私法自治设权的内容进行正义或者非正义的法律判断本身是自相矛盾的”[⑥]。若动辄以合同正义为由否定当事人意思自治的结果，势必会大大挤压合同自由的空间，甚至会助长以合同正义为名行干扰合同自由之实的行为。因此，对无关社会公序良俗的合同正义问题，当代民法逐渐放弃越俎代庖地替当事人作出判断的规制模式，而是交由当事人自行判断，法律上只是为当事人提供事后的救济途径。对要物契约的检讨、债因的客观化与约因的形式化、对合同形式要求的松绑等当代民法上的系列变革，皆由此而来。这是对合同

---

① ［日］我妻荣：《债权各论》（上卷），徐慧译，中国法制出版社2008年版，第29页。

② 王泽鉴：《债法原理》（第二版），北京大学出版社2013年版，第151页。

③ 王泽鉴：《台湾现行“民法”与市场经济》，载王泽鉴：《民法学说与判例研究》（重排合订本），北京大学出版社2015年版，第153页。

④ ［德］维尔纳·弗卢梅：《法律行为论》，迟颖译，法律出版社2013年版，第9页。

⑤ 参见王利明：《合同法研究》（第三版，第一卷），中国人民大学出版社2015年版，第181－184页。

⑥ ［德］维尔纳·弗卢梅：《法律行为论》，迟颖译，法律出版社2013年版，第9页。

自由的巨大解放。因此可以说，在越来越强调合同正义的当代民法，一个相反的不断强化合同自由的趋势也越来越明晰，而合同自由也在这个过程中经由醇化和螺旋式上升，比较地进到了一个更高的程度。

在这种背景下检视代物清偿行为，当事人不过是就以他种给付代替原定给付达成了合意，认为其成立一个新的契约也好，认为其构成对原债合同的变更也罢，都是契约自由的应有之义，无关公序良俗，无关合同正义，无关恃强凌弱，法律上却对合同自由强加要物性限制，岂非咄咄怪事！

（二）当事人真实意思探析

代物清偿契约中，当事人的真实意思是什么？俯视代物清偿全过程，当事人可能形成多个合意：以他种给付代替原定给付的合意；移转他种给付标的物所有权的合意；消灭债权债务关系，亦即清偿的合意。然而，代物清偿契约的核心意思表示应为就他种给付代替原定给付作出安排，至于移转标的物所有权的合意、清偿的合意，并非代物清偿契约的固有内容和使命所在，虽然三者经常发生重合。换句话说，只要代物清偿契约包含了以他种给付代替原定给付的合意，就满足了契约的最低要求，就应当在当事人之间产生拘束力。至于何时履行契约，应交由当事人自主安排。当事人之间达成的代物清偿契约的效力仅使债务人负担提出他种给付的义务，并不能直接发生代物清偿的效果，因此，代物清偿契约为诺成契约。[①] 将代物清偿契约解释为要物契约，在当事人的意思表示之外附加交付标的物和移转所有权的要件，实际上是将移转所有权的合意和清偿的合意当成了代物清偿契约的核心意思，这就严重误解了代物清偿契约合意的内容，混淆了代物清偿的合意基础与清偿效果。

事实上，债务清偿是否需要当事人作成单独的清偿合意，学说上存在争议，通说认为清偿为非法律行为或事实行为，只要债务人提供给付，经债权人受领，

① 翟云岭、于靖文：《代物清偿理论剖析》，载《大连海事大学学报》（社会科学版）2012 年第 1 期。

即可发生债的清偿的效力，无须作成单独的清偿合意。[①] 在采债权形式主义的中国大陆民法上，通常也不承认移转标的物所有权的物权合意。在对代物清偿中当事人的合意进行层层剥离后，就他种给付代替原定给付作出安排的合意作为代物清偿契约的核心意思甚至是唯一合意，已经至清至明。因此，当事人达成代物清偿契约后，在履行过程中根本无须作出任何意思表示，这也符合我国大多数学者将清偿界定为事实行为的现状。若将代物清偿契约界定为要物契约，因交付与否需要当事人“斟酌行事”，交付标的物和移转所有权的过程必然包含着当事人的意思表示，其为法律行为无疑。如此解释，有违生活常理和学界通说，也会造成不公平的结果。假如债务人在达成代物清偿合意后、交付标的物前沦为无行为能力人，那么他履行新给付的行为不发生效力，但若履行原定给付却发生清偿效果，因为前一行为是法律行为而后一行为为事实行为。同样是对自己承诺的履行，法律效果为何有天壤之别?

（三）以物抵债协议诺成化的隐忧及解决方案

代物清偿要物说不仅缺乏充分理由，其负面效果也不容低估。

有种观点认为，在他种给付履行前，即使债务人反悔，不履行现实给付，而此时仍按原债的关系履行，并未损害债权人的利益，更未增加债务人的利益。[②] 其实不然。交易中大量存在的情形是，债务人以代物清偿为名拖延债务、转移财产，“明修栈道，暗度陈仓”，当“万事俱备”后拒绝履行代物清偿契约，当债权人请求原定给付时，原定给付事实上已经处于履行不能的状态。另，达成代物清偿契约后，债权人可能为合同履行作了必要准备并因此支付了相应费用，甚至基于代物清偿契约形成了新的商业计划。如果此后债务人拒绝履行代物清偿契约，必然给债权人造成损失。但是，根据要物契约论，由于此时合同并未成立，

---

① 史尚宽：《债法总论》，中国政法大学出版社 2000 年版，第 766 - 767 页；王家福主编：《民法债权》，中国社会科学出版社 2015 年版，第 180 页；王利明：《债法总则研究》，中国人民大学出版社 2015 年版，第 701 页。须注意的是，关于清偿的性质，郑玉波先生采准法律行为说，但其亦认为清偿无须有清偿意思或受领意思，只要有合法清偿，无论当事人有无清偿意思或受领意思，法律亦概予以消灭债务之效力。参见郑玉波：《民法债编总论》（修订二版），陈荣隆修订，中国政法大学出版社 2004 年版，第 468 页。

② 参见司伟：《债务清偿期届满后以物抵债协议的性质与履行》，载《人民司法·案例》2018 年第 2 期。

债权人无从追究债务人的违约责任，甚至缔约过失责任尚有被开脱的可能，因为债务人在交付标的物前有“思虑斟酌”的权利，如果斟酌的结果是不使代物清偿契约成立、生效，则债务人不履行他种给付是其固有权利和正当选择，难说有什么过失，当然也就不构成缔约过失责任。如此，在无须承担任何法律责任的真空环境下，债务人完全可以随行就市，在实际履行前根据市场行情的变化而决定履行与否。如果他种给付物价值大幅增长，债务人完全可以拒绝履行而无须承担任何代价。债权人也可以根据市场行情的变化作出反向的行为，同样不必承担过重代价。这无异于鼓励不诚信的行为！

另一个深深的疑虑是，要物契约说为了确保债务人的慎重考虑，会不会反而造成当事人的普遍不慎重？既然在实际履行前可以反悔，当事人本来在达成代物清偿合意时就应保有的必要慎重，会不会因为关口的后移而普遍放松警惕？这种家长式的法律规制模式，不仅无法达到预期的立法目标，还有可能因为过度溺爱而使当事人成为“永远长不大的孩子”。因此，法律上需要做的，不是上收当事人的意思自治，而是归还当事人的意思自治；也不是直接替当事人作出判断，而是培育健全的市场秩序和理性的市场主体，同时当好守夜人的角色，对于交易中恃强凌弱、侵犯意思自治的行为及时予以纠正。

还原代物清偿契约诺成性的真正面目，并不意味着对当事人的意思自治不加任何控制，更不意味着诺成性的代物清偿契约就当然有效。没有绝对的意思自治，任何契约行为均要接受终极的效力审查。承认诺成性的代物清偿契约，只不过是把对合同效力的前端控制转化为后端控制，把家长式控制转化为当事人主导模式，把立法的普世性关爱转化为司法上的个案审查。如此处理后，除非违反公序良俗及法律强制性规定，否则不能轻易否定诺成性代物清偿契约之效力。

要物说所普遍担心的问题是，在代物清偿中，债务人往往处于弱势，实务上不乏债务人因资力不足以为原定给付，为消灭债之关系，遂不得不提出与原定给付之价值不相当之他种给付。[①] 本书认为，武断地假设债务人处于弱势地位，缺乏实证研究的基础。在当代社会，举债已经不是不得已而为之，而是普遍的、正

① 参见陈自强：《无因债权契约论》，中国政法大学出版社2002年版，第323页。需要说明的是，上述论述是陈自强教授引述他人的观点，陈自强教授本人是代物清偿契约诺成说的有力支持者。

常的商业来往，故债务人未必是弱者，债权人亦未必是强者。债权人有可能是为生活所迫而出卖劳动力的劳动者，债务人亦有可能是通过借债而获取更多利润的大商人，认为债务人处于弱势地位很难得到认同。特别是作为商主体的债权人与债务人，都是专业商事经营者，在商业谈判中纵横捭阖、互为攻守，很难分出强弱高下。纵使在单个商业交往中暂时处于弱势，但有可能是商业策略的失误或以退为进的手段，在下一个商业往来中完全可能扭转颓势、成为强者。因此，在商业环境里，法律上不能轻易地假定某一方为弱者而从法律上强化保护，否则很可能破坏商业规则、打破商业环境的生态平衡。如果非要分出强弱高下，总体上讲，在借贷之初，债务人可能会出于融资的急迫心理而被迫接受债权人的苛刻要求，从而处于弱势地位。但在债务履行期届满后，债权人的地位并不比债务人优越。如果说在可以拘束债务人、因欠债而入刑，甚至可以变卖债务人抵债的古代社会，债务人处于弱势地位尚无疑问，但在现代法治社会，债权人讨债的唯一手段就是依托司法手段强制执行。而在当下执行难的话语背景下，债务人往往能轻易逃债而得不到法律制裁，债权人反而处于弱势地位。在这种情况下，代物清偿往往是债权人在债务人不能按约定履行债务的情势下达成的"城下之盟"，多为无奈之举，而非为获取新的交易利益。他种给付与合同目的也不一定十分契合，债权人通常要对他种给付标的的形态进行转换，以使其符合合同目的。[①] 故立法上以保护弱者为由而规定代物清偿的要物性并无实践依据。当然，代物清偿契约诺成化后，若一方当事人确因在订立协议过程中处于弱势地位而受到不公正待遇的，可以根据法律规定行使撤销权。如此既保护了意思自治，又对弱势的当事人提供了周全保护，不失为两全选择。

（四）以物抵债协议诺成化的立法方案

综观各国各地区民事立法，鲜有在民事立法上对代物清偿契约的要物性抑或诺成性作出明确规定者。根据意思自治原则，合同以诺成为原则，以要物为例外，要物合同作为例外须有法律的明确规定。在法律上没有规定代物清偿契约性质的情况下，将代物清偿契约判定为诺成契约乃合乎逻辑之解释。但代物清偿要

① 崔军：《代物清偿的基本规则及实务应用》，载《法律适用》2006 年第 7 期。

物说法理的横空出世却打乱了这一解释思路，在相当长的时间内，代物清偿要物说法理甚嚣尘上，并长期成为司法实务中的主流裁判思路。在我国，虽然以物抵债诺成说已逐渐获得理论与实务界认可，但仍未达成完全的共识，依据代物清偿要物说法理裁判案件的做法方兴未艾。若不在立法上申明以物抵债契约的诺成性，代物清偿要物说的强大惯性很难在短期内消失无形，司法实务中诺成说与要物说的争论也会进一步延续。为期统一裁判思路，建议在民法典中对以物抵债协议的诺成性作出明确规定。

关于以物抵债协议诺成化的立法方案，崔建远教授认为，可取的思路及模式有两种，一种是分别承认实践性的代物清偿合同和诺成性的以物抵债合同。对于前者，直接借鉴德国、日本、我国台湾地区的民法规则及其学说，确定其构成要件、法律效果；对于后者，在构成要件方面不要求债权人现实地受领给付，其他方面，包括法律效果方面，中国大陆《合同法》总则、《民法通则》关于法律行为的规定均有适用的余地。另一种是将以物抵债合同作为统一的概念、制度，在成立要件上不要求债权人现实地受领给付，其他方面可以借鉴德国、日本、我国台湾地区的民法规则及其学说。至于当事人约定以物抵债合同以债权人现实地受领给付为必要，则依其约定，应为当然。①

本书反对第一种方案而赞同第二种方案，主张明确承认以物抵债协议的诺成性、否弃实践性的代物清偿合同。理由是：

第一，规定要物性的代物清偿合同不符合要物合同诺成化的发展趋势。当前，代物清偿要物说法理在国内外法学界饱受质疑，我国司法实务中以物抵债协议诺成化的努力业已取得丰硕成果，若在民法典中给要物性的代物清偿协议留一席之地，不论司法适用的实际效果如何，都会使得我国民法典打上保守的烙印，甚至会使得近年来理论与司法实务界关于以物抵债协议诺成化的努力付之流水，遗祸无穷。

第二，若在民法典中同时规定要物性的代物清偿契约和诺成性的以物抵债协议，必然会造成法律适用上的混乱。以物抵债协议的诺成性和实践性是两种不可调和之价值取向，立法上必须做出选择，采受其一而排除其他。由于崔建远教授对诺成性

① 崔建远：《以物抵债的理论与实践》，载《河北法学》2012年第3期。

的以物抵债协议与实践性的代物清偿合同在民法典中如何配置并无进一步阐释，笔者揣度，可能有以下几种规制思路，但无论哪一种方案都有无法弥合的缺陷。

方案一，在民法典中并行不悖地规定诺成性的以物抵债协议和实践性的代物清偿合同，对二者的关系和司法裁判的选择方法不作规定。这种方案的缺陷在于，法律上态度的模棱两可会使裁判者出现无所适从的迷茫。对于即时履行的以物抵债，解释为诺成性的以物抵债协议或要物性的代物清偿契约均无不可，结论都是合同有效。但对于非即时履行的以物抵债，不同的解释路径其法律效果完全相反。鉴于代物清偿要物性与诺成性的争论方兴未艾，立法上的暧昧态度会使得要物性与诺成性之争进一步加剧，司法实务中很可能出现截然不同的裁判思路。但因两种裁判思路均符合法律规定，这就必然出现同案不同判合法化的怪象。若根据当事人在合同中使用的字句为代物清偿抑或以物抵债来确定合同的要物性抑或诺成性，这种只看形式、不重实质的解释思路的非合理性甚为显然，不用多说。

方案二，对于即时履行的以物抵债协议解释为实践性的代物清偿合同，对于非即时履行的以物抵债协议解释为诺成性合同。这种方案表面上是二元并存，实质上否认了代物清偿要物说，实现了以物抵债协议的完全诺成化。因为代物清偿要物说的主要目的是否定非即时履行的以物抵债协议的效力，既然非即时履行的以物抵债协议作有效处理，则代物清偿要物说必将宣告全面溃败。根据这种方案，所有的以物抵债协议，不论是即时履行的还是非即时履行的均为有效，这与以物抵债协议诺成性的观点是一致的。既然如此，不如直接在立法上明确规定一元化的诺成性以物抵债协议。

方案三，一般性承认以物抵债协议之诺成性，但当事人约定以物抵债协议为要物合同的，从其约定。这种方案也没有任何意义。根据意思自治原则，对于所有的诺成性合同，当事人都可以特别约定为要物合同，法律上无须作出专门规定。从另外一个角度看，若当事人约定他种给付标的物交付以物抵债协议才生效的，构成附停止条件的法律行为，可以适用民法总则关于附条件的法律行为的相关规定，亦无须单独规定。

综上，立法上分别规定诺成性的以物抵债协议和实践性的代物清偿合同的二元化立法模式实不足取。建议民法典旗帜鲜明地摒弃代物清偿要物说法理，果断承认诺成性以物抵债协议的效力。

专题三

以物抵债的性质与法律关系构造

由于代物清偿要物说成了长期困扰我国学术界与司法实务界挥之不去的难题，多数研究均将精力集中于代物清偿要物说之争，这无疑成了阻碍以物抵债研究走向深入的一道门槛。从现有研究成果看，多数研究均止步于此，对于以物抵债中复杂的法律关系构造、以物抵债中债务不履行之救济、以物抵债中法律行为效力瑕疵的法律后果等更深层次的问题，缺乏较为深入的研究。以物抵债诺成说逐渐成为学界和实务界主流观点后，上述深层次问题的研究应提上日程。尤其应当看到，诺成化语境下的以物抵债法律关系构造与要物说语境下有重大不同，以物抵债法律关系特别是新旧给付关系问题亟须重新定位，此又为研究以物抵债中其他问题的前提。而弄清以物抵债协议的性质，又是研究以物抵债法律关系构造的重要前提。专题三首先探讨以物抵债协议的性质，指出以物抵债协议本质上构成债的变更，并以诺成说和变更说为基础，从宏观和微观两个层面全方位审视以物抵债法律关系的构造。

一、以物抵债协议的性质

传统民法上并无以物抵债的概念，当前我国交易与司法实践中广为使用的以物抵债概念，其涵摄范围大致相当于传统民法上的代物清偿与新债清偿，而又以代物清偿为典型形态。关于代物清偿契约性质的认识，早期学说上有更改说之观点，晚近民法学界在检讨代物清偿要物说过程中发展出债的变更说与清偿契约说。新债清偿本为以物抵债的一种样态，但近期最高人民法院司法裁判将以物抵债协议认定为新债清偿，从而使得新债清偿在作为以物抵债样态的同时，也成为观察以物抵债性质的一种视角。以下对四种学说作简要述评，进而提出本书观点。

（一）债的更改说

债的更改说系法国学界早期部分学者的观点，认为代物清偿契约为即时履行之更改，但多数学者认为此种观点未免有拟制之嫌，而且违背了当事人的真实意思，难以采用。[①] 虽然债的更改说没有成为有力学说，但根据传统民法观点，代物清偿为要物契约，标的物交付的同时导致新债成立、旧债消灭，纵使新债存在瑕疵，原债也不因此而回复，故与债的更改在效力上无异。我国早期的判决亦倾向于把以物抵债协议认定为债的更新，认为以物抵债导致了旧债消灭和新债产生。如2001年某城市信用社诉某银行神农架林区支行等欠款担保合同纠纷案，当事人就借款纠纷签订了《以物抵债协议书》，后来被告没有实际履行协议书中的义务，最高人民法院判决当事人应依协议书的约定内容承担连带保证责任。[②]

（二）变更契约说

变更契约说是德国法学界晚近发展起来的学说，也得到了我国台湾地区部分学者的有力声援。在德国，著名学者Larenz教授曾经力倡变更契约说。在我国台湾地区，黄立先生的早期论述蕴含了变更契约说意味。他认为："代物清偿契约乃变更债之内容的契约，此一契约事后变更了原债之关系中的给付标的。修正后之债务，乃对于原债务之履行，亦即以代替给付交换原请求权，故此契约为一有偿转让契约。"[③] 黄立教授的论述侧重于引出代物清偿契约为有偿契约的结论，仍然不脱传统理论之窠臼，对代物清偿契约为何构成债务变更契约、新给付与原定给付的关系没有进行详细的论述。在我国台湾地区，陈自强教授是变更契约说的有力倡导者。他认为，代物清偿构成了一种特殊的债务变更，当事人变更原定给付为代物清偿之他种给付，债务变更契约成立之时，立即清偿变更后之给付义务。原有债之关系之同一性不因代物清偿而改变，故无论就瑕疵问题处理，还是判断他种给付有瑕疵时，原定债务是否消灭，皆仍应适用原定给付有瑕疵时所应适用之法律。特殊变更契约说非唯得圆满解决此问题，并能合理说明其法律性质。[④] 同时，陈自强教授亦为代物清偿诺成说之有力支持者，他认为，当事人约

① 参见［日］我妻荣：《新订债权总论》，王燚译，中国法制出版社2008年版，第265页；史尚宽：《债法总论》，中国政法大学出版社2000年版，第815页。

② 参见最高人民法院（2001）民二终字第179号判决书。

③ 黄立：《民法债编总论》，中国政法大学出版社2002年版，第669页。

④ 陈自强：《无因债权契约论》，中国政法大学出版社2002年版，第384页。

定以他种给付代替原定给付但不立即履行的，可以认为当事人间合意变更给付之标的，该约定属典型之债务变更契约。[①] 依陈自强教授观点，在第三人代物清偿情况下，因第三人并非债的当事人，并无变更债权债务关系的权限，因此第三人与债权人达成的代物清偿契约在性质上属于清偿契约。[②] 我国台湾地区1976年台上字第1300号判例认为："代物清偿为要物契约，其成立仅当事人之合意尚有未足，必须现实为他种给付……如仅约定将来应为某他种给付以代原定给付时，则属债之标的之变更，而非代物清偿。"可见，对于诺成性以物抵债协议，我国台湾地区判例也认为构成债的变更。

（三）清偿契约说

清偿契约说是变更契约说之后发展起来的学说，在德国应者甚众，大有成为学界通说之趋势。[③] 德国学者Harder教授认为，无论从法制史的观点，还是从当事人利益状态的角度，将《德国民法典》第365条代物清偿之规定准用买卖契约有关规定皆与事理有违，就代物清偿的性质问题，他提出了清偿契约说。清偿契约说提出后，原本主张变更契约说的Larenz教授也改采清偿契约说。[④] 清偿契约说主张债权人受领他种给付，并非意在舍弃其债权，而仅在代替原定给付，即仅视他种给付之受领为原定债务之清偿，债务人提出他种给付乃在履行其债务，故代物清偿单纯为清偿行为。代物清偿若为清偿行为，则因以他种给付代替原定给付，需得债权人同意，须以契约为之，故为清偿契约。[⑤]

（四）新债清偿说

最高人民法院在近期的判决中提出了以物抵债协议为新债清偿的观点。在建总公司与某房地产公司建设工程施工合同纠纷案中，最高人民法院认为，当事人于债务清偿期届满后达成的以物抵债协议，可能构成债的更改，即成立新债务，

---

① 陈自强：《无因债权契约论》，中国政法大学出版社2002年版，第384页。

② 陈自强：《无因债权契约论》，中国政法大学出版社2002年版，第307页。

③ ［德］迪尔克·罗歇尔德斯：《德国债法总论》（第七版），沈小军、张金海译，中国人民大学出版社2014年版，第143页。

④ 参见陈自强：《无因债权契约论》，中国政法大学出版社2002年版，第289页。

⑤ 陈自强：《无因债权契约论》，中国政法大学出版社2002年版，第290－291页。

同时消灭旧债务；亦可能属于新债清偿，即成立新债务，与旧债务并存。基于保护债权的理念，债的更改一般须有当事人明确消灭旧债的合意，否则，当事人于债务清偿期届满后达成的以物抵债协议，性质一般为新债清偿。在新债清偿情形下，旧债务于新债务履行之前不消灭，旧债务和新债务处于衔接并存的状态；在新债务合法有效并得以履行完毕后，因完成了债务清偿义务，旧债务才归于消灭。若新债务届期不履行，致使以物抵债协议目的不能实现的，债权人有权请求债务人履行旧债务，且该请求权的行使，并不以以物抵债协议无效、被撤销或者被解除为前提。①

（五）本书的观点

上述几种学说与实务观点都涉及以物抵债的性质以及新给付与原定给付之间的关系问题，但债的更改说、变更契约说是从债的客体变动角度进行的讨论，清偿契约说、新债清偿说则是从以物抵债目的角度进行的界定，因分类标准、探讨问题的出发点和角度不同，难免有自说自话的嫌疑。也正因各学说是从不同角度展开的讨论，故有的学说之间虽然表面上方枘圆凿，但结论并无根本矛盾之处。如变更契约说、新债清偿说、清偿契约说均是为了缓和代物清偿要物说将新债与原债对立起来的张力而提出的观点，其结论无根本相左之处。对此，德国学者也承认，变更契约说与清偿契约说殊途同归，结论相同，它们特别是在将原来的债务关系作为给付的法律原因方面尤为一致。②

从解释效果看，债的更改说认为新债成立、旧债消灭，纵使新给付瑕疵或者不履行，债权人亦不得基于基础关系获得救济，于债权实现颇为不利，且在解释当事人意思表示方面失之于武断，故早为学界所抛弃。新债清偿说在承认以物抵债协议为诺成契约的同时，又以传统民法上的新债清偿理论解释以物抵债关系，

---

① 参见最高人民法院（2016）最高法民终字第484号判决书，另见《最高人民法院公报》2017年第9期。

② ［德］迪尔克·罗歇尔德斯：《德国债法总论》（第七版），沈小军、张金海译，中国人民大学出版社2014年版，第143页。

但根据传统民法通说，新债清偿为要物契约，[①] 故新债清偿说在解释工具选择上不无矛盾之处。另，传统民法理论认为，代物清偿是债权人抛弃原定给付而获得新给付，债权人抛弃原定给付与债务人提供新给付为对待给付、对价有偿关系，故代物清偿契约为有偿契约。[②] 而在新债清偿中，因为系债之并存关系，并非有偿契约，因此债务人对新债务不负出卖人之担保责任。[③] 在半履行的给付（间接给付）中，由于债权人可以交回有瑕疵的物并且主张原来的债权，因而不必给予他瑕疵担保的权利。[④] 有学者甚至认为，在新债清偿中，债权人有自其给付受其债权满足之义务，故有片务契约之性质。[⑤] 如此，在债务人履行新给付构成瑕疵履行时，哪怕是轻微瑕疵，债权人亦不得主张债务不履行责任，其要么接受有瑕疵的新给付，要么放弃新给付转而请求债务人履行原定给付。这对双方当事人而言实属不经济，徒增交易成本，而且极易助长不诚信行为，故新债清偿说亦不足取。

以上观点中，最可圈可点者，当属清偿契约说。清偿契约说一针见血地指出了以物抵债的终极目的，对于澄清传统民法上关于代物清偿性质的错误认识（如有偿契约说）具有重要认识论意义。但是，进一步的追问是，清偿契约又是一种什么样的契约？清偿契约在传统的契约分类中居于何种地位？这些问题并非一目了然。若认为清偿契约是一种独立的契约类型，这样的解释对于探讨事物的本质不具实益。另外，清偿契约说仅仅说明了他种给付的本质与请求权基础，正确指出了他种给付与基础关系的关系，但在他种给付与原定给付的关系方面着墨甚少，对于认识以物抵债之内部微观构造没有太大的指导意义。质言之，在他种给付存在瑕疵的情况下，依清偿契约之本质，债权人因清偿目的不达，可以要求

---

① 史尚宽：《债法总论》，中国政法大学出版社 2000 年版，第 820 页；林诚二：《民法债编总论——体系化解说》，中国人民大学出版社 2003 年版，第 540 页；孙森焱：《民法债编总论》（下册），法律出版社 2006 年版，第 856 页。也有个别学者认为新债清偿契约为诺成契约，参见邱聪智：《新订民法债编通则》（新订一版，下册），中国人民大学出版社 2004 年版，第 453 页。

② 郑玉波：《民法债编总论》（修订二版），陈荣隆修订，中国政法大学出版社 2004 年版，第 485 页；林诚二：《民法债编总论——体系化解说》，中国人民大学出版社 2003 年版，第 537 - 538 页。

③ 黄立：《民法债编总论》，中国政法大学出版社 2002 年版，第 673 页。

④ ［德］迪尔克·罗歇尔德斯：《德国债法总论》（第七版），沈小军、张金海译，中国人民大学出版社 2014 年版，第 144 页。

⑤ 史尚宽：《债法总论》，中国政法大学出版社 2000 年版，第 820 页。

债务人承担瑕疵担保或债务不履行责任，但在他种给付与原定给付的关系方面，进一步讲，也就是在他种给付存在瑕疵情况下能否请求原定给付的问题，依清偿契约说并不能得出清晰的结论。尽管清偿契约说的提出者 Harder 教授认为他种给付若有权利瑕疵或物之瑕疵，债权人未能获得其于代物清偿所欲受领之标的物，故债之关系实际上并未消灭，债权人得主张原定债权，请求原定给付，其所受领之他种给付，应依不当得利返还于清偿人。① 但是，正如陈自强教授指出的，债务人之给付标的物有瑕疵，给付义务是否因清偿而消灭，应视原定债之关系而定，此于一般之清偿为然，于代物清偿又何独不然。无视于债之关系所由生之基础关系，于代物清偿他种给付有瑕疵，一律认为给付义务不消灭或消灭，未必与基础关系之利益状态相符。② 况且，"债之关系实际上并未消灭"也并不必然得出"债权人得主张原定债权，请求原定给付"之结论。Larenz 教授主张在他种给付存在瑕疵的情况下得解除契约，其所解除者，仅为清偿契约，而非原有之契约，故原定债务不消灭，债权人仍得主张原定给付，债务原有之担保亦不消灭。③ 但是，正如有学者所指出的，在德国民法上，契约的解除发生回复原状之法律关系，其所涉及者均为因债权契约所发生之法律关系。若认为代物清偿系清偿行为，则不可能解除代物清偿契约。④ 况且这种观点对于债权人不解除清偿契约时他种给付与原定给付的关系，亦即能否不经解除清偿契约而径行请求原给付，仍然无法给出正面回答。另，债权人解除清偿契约前，债务之担保乃担保原基础债权债务关系，而非原定给付，故基础债权债务关系消灭前，担保亦不消灭固无疑问，但原定给付在解除清偿契约前是已然消灭，还是处于休眠状态，这种观点也无法给出明确的回答。

当然，对清偿契约说的近乎吹毛求疵的质疑并不是否认该学说的理论和实践价值。该学说直指代物清偿之本质，承认在他种给付存在瑕疵的情况下原债权债务关系不消灭，实质上承认了他种给付与基础债权债务关系的同一性，与债的变更说有异曲同工之妙。况且，清偿契约说存在的一些问题亦并非该学说所独有，

---

① 转引自陈自强：《无因债权契约论》，中国政法大学出版社 2002 年版，第 294 页。
② 陈自强：《无因债权契约论》，中国政法大学出版社 2002 年版，第 294 页。
③ 转引自陈自强：《无因债权契约论》，中国政法大学出版社 2002 年版，第 294 页。
④ 陈自强：《无因债权契约论》，中国政法大学出版社 2002 年版，第 297－298 页。

如他种给付存在瑕疵时基础债权债务关系消灭与否的问题，实属当代民法上关于瑕疵担保责任能否纳入债务不履行责任争论之余波，在正常的清偿中也存在这个疑问；清偿契约说的一些问题也并非不能治愈，如他种给付存在瑕疵时能否请求原定给付，实质上也是一个可解释的问题，并不存在理论上不可逾越之鸿沟。因为，不论原定给付是否消灭，因解除清偿契约后得恢复原状，从学理上也能辗转解释出原定给付回复的结论。总之，清偿契约说风靡一时，绝非“无缘无故的爱”。

根据意思自治原则，当事人经协商一致可以对原来的债权债务关系作出调整。在以物抵债中，当事人正是通过协议调整了原债权债务关系中的给付。关于债的给付的变动，涉及传统民法上两个概念，即债的变更与债的更改。通常的理解是，当债的给付的变动尚未突破原债的同一性而在原债的容忍范围内时，为债的变更；债的给付的变动一旦突破原债的同一性，就逾越了原债的质的规定性，原债就不成其为原债，而是变成了一个新的债权债务关系，是为债的更改。① 因此，债的变更与债的更改是质量互变规律在债的领域的经典诠释。关于债的同一性的理解，学界颇有争议，通常认为需要以当事人的意思为基础进行综合认定。早在罗马法上，查士丁尼便把是否具有更改意思作为确定债的更改的关键要素，这种观点对于今天区分债的变更与更改，仍深具启示意义。

债的变更与债的更改是关于债的内容变动的周延分类，以物抵债毫无疑问落入了变更与更改的分类范围。关于给付变动究竟是债的变更还是债的更改，本书认为，区分的关键应当看该给付是否决定债的性质以及变动的重大程度。若债的给付发生足以影响债的性质的根本性之重大变更，应属债的更改，否则为债的变更。例如，在买卖合同中，若出卖人的给付义务发生重大变动，即买卖标的物发生重大变动，债之关系丧失同一性，是为债的更改；若买受人的给付形态亦即价金形态发生变化，原买卖合同仍不失同一性，是为债的变更。在消费借贷中，贷与人的给付为决定债的性质的给付，若贷与人给付形态发生变化，如由贷与金钱变为贷与汽车，是为债的更改；反之，借用人返还义务所涉给付不决定消费借贷

---

① 王利明：《债法总则研究》，中国人民大学出版社 2015 年版，第 736 - 737 页；韩世远：《合同法总论》（第四版），法律出版社 2018 年版，第 587 页。

性质，其发生变化应构成债的变更。同样，在使用借贷中，贷与人给付形态发生变化，如贷与甲车变为乙车，构成债的更改；若借用人返还义务所涉给付形态发生变化，如以返还丙车代替乙车，则为债的变更。以物抵债中，虽然给付内容发生了变化，但从当事人主观目的考量，订立以物抵债协议无非还是为了清偿原定债务从而消灭原债权债务关系，而不是建立新的债权债务关系，亦即并无更改之意思。在很多情况下，债权人受领他种给付后，往往还通过变现等形式，来达到与受领原定给付同样的目的，更是进一步证明了他种给付与原债的同一性。是故，以物抵债应限于非决定债的性质的给付之变动，并没有撼动原债关系之同一性，在性质上属于债的变更。至于决定债的性质的给付之变动，除非当事人另有约定，构成债的更改，已经溢出以物抵债范畴。这就为用变更契约说解释以物抵债协议的本旨与构造提供了可能。

传统民法上刻意区分代物清偿与债的更改①，早早地就将代物清偿与新债清偿踢出了债的更改的家族，以物抵债属于债的变更似乎是顺理成章的结论。但遗憾的是，传统民法上在作出区分后，要么就此止步，以至于在真理的道路上功亏一篑，要么在要物说的驱使下得出新债成立、原债消灭的结论，从而又回到了自己的对立面，因为这种解释与债的更改的效果几乎如出一辙。

与清偿契约说相比，变更契约说虽然没有直指以物抵债的终极目的，但在解释上较清偿契约说更为入木三分，其解释的弹性和空间也更大。首先，变更契约说可以更准确地认识以物抵债协议的本质。清偿契约说虽然正确地指出以物抵债的最终目的是清偿原债权债务关系，也间接地指出了新给付与原债的同一性，但清偿契约说直接将以物抵债协议等同于清偿行为，似乎又有矫枉过正之嫌。因为根据传统民法观点，清偿行为属于准法律行为或事实行为，而以物抵债协议为法律行为，二者不可混同。虽然多数以物抵债协议都是即时履行，但在承认以物抵债协议为诺成合同的语境下，还是能够从观念上将以物抵债协议本身与清偿行为区分开来。在以物抵债协议并非即时履行的情况下，以物抵债协议与清偿行为更是泾渭分明。因此，虽然以物抵债最终目的是清偿原债权债务关系，但以物抵债

① 史尚宽：《债法总论》，中国政法大学出版社 2000 年版，第 824 页；郑玉波：《民法债编总论》（修订二版），陈荣隆修订，中国政法大学出版社 2004 年版，第 530 页；林诚二：《民法债编总论——体系化解说》，中国人民大学出版社 2003 年版，第 538 页。

协议的首要目的是变更给付，就债务清偿问题作出新的安排，而不是“毕其功于一役”。清偿契约说将以物抵债协议的达成与协议的履行混为一谈，从中仍然可以看到代物清偿要物说的影子与残余。债的变更说较好地解决了这个问题，它正确地指出以物抵债协议首先是对原定债权债务关系的给付作出变更，至于债的最终清偿并非以物抵债协议的直接目的。也就是说，在变更契约说看来，以物抵债协议与清偿行为是相互独立的。但是，变更契约说又正确地指出以物抵债协议是一种特殊的债务变更，其特殊性除了体现在构造方面（下文详述），还体现为其目的就是清偿原债权债务关系，二者是目的与手段的关系。同时，债的变更说承认原债关系的同一性，以物抵债协议最终目的是清偿原债权债务关系的结论已经是呼之欲出了。总之，对于即时履行的代物清偿契约，清偿契约说也许能给人更直观的解释，但对于非即时履行的代物清偿契约，变更契约说能够慢镜头式地呈现整个债权债务关系的内部结构，因此更具解释优势。其次，变更契约为诺成契约在理论上没有争论，将以物抵债协议界定为变更契约，也就进一步印证了以物抵债协议诺成说的结论。变更说只是强调债的给付发生了变更，并不强调变更后债务的即时履行，与诺成说得出的结论高度一致，能够囊括传统民法上的代物清偿与单纯的以物抵债合意，这就可以把传统民法上的代物清偿、单纯的代物清偿约定、新债清偿等制度勾连起来，构建更加饱满的以物抵债法律关系。最后，由于变更契约说具有极大的弹性和解释空间，这就为突破平面的解释路径，更加准确地界定当事人复杂的意思表示，从而立体地构建新给付与原定给付之间的关系提供了无限可能。

下文即以变更契约说为基础，间或求诸清偿契约说，来观察以物抵债中的法律关系构造。

二、以物抵债法律关系的宏观构造

如果从以他种给付代替原定给付以达到清偿原债目的角度分析，传统民法上至少有两种制度疑似落入以物抵债的指涉范围，即代物清偿与新债清偿。在传统民法上，代物清偿与新债清偿是两种看起来截然不同的制度安排。但是，在变更契约说的检视下，二者不仅因制度目的高度趋同而可以并行不悖地置于以物抵债概念之下，而且两者的概念内涵以及相互关系也有重新界定和融合再造的可能与必要。

（一）变更契约说视角下的代物清偿

在更改说看来，代物清偿消灭了基础债权债务关系，成立了新的债权债务关系，新给付为新债权债务关系所从出，故新给付的瑕疵亦应从新的债权债务关系获得救济。这就完成了新给付与基础债权债务关系的切割。更改说下代物清偿的表现形态可以简约为：

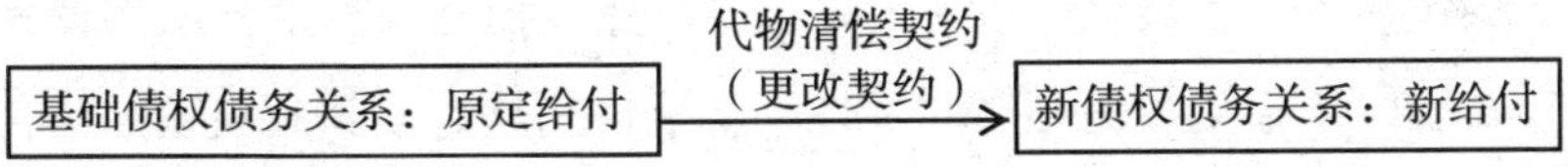

传统民法主流观点亦认为代物清偿导致新债成立、旧债消灭，亦即存在两个债权债务关系，但代物清偿契约并不是一个独立的更改契约，而是将其直接实体化为有偿契约，即债权人通过代物清偿契约获得新给付、抛弃原定给付，二者构成对价给付关系。故新的债权债务关系无他，即代物清偿本身，新给付为代物清偿契约所从出，构成代物清偿契约的给付。故新给付存在瑕疵的，债权人只能从代物清偿契约寻求救济，而不能求诸基础债权债务关系。这样，新给付同样实现了与原基础债权债务关系的切割。传统主流民法观点之代物清偿表现形态可以简约为：

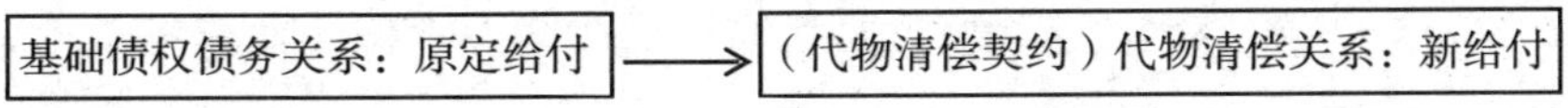

可见，传统民法主流观点虽然表面上与更改说势同水火，但解释结果均为新债成立、旧债消灭，从而将新给付与原基础债权债务关系对立起来，故二者在解释效果上并无本质区别。这种解释下，原基础债权债务关系、原定给付因代物清偿而消灭，纵使新给付存在瑕疵，也只能依据代物清偿契约获得救济，而不能求诸原基础债权债务关系并请求原定给付。[①] 代物清偿契约解除的，原债权债务关

① 史尚宽：《债法总论》，中国政法大学出版社2000年版，第815页；林诚二：《民法债编总论——体系化解说》，中国人民大学出版社2003年版，第539页。

系亦不会自动回复。[1] 有学者认识到这种观点的弊端，遂主张新债解除的，应当回复原状，旧债权也相应地回复。[2] 但是，回复原状是否导致基础债权债务关系和原定给付死而复生在理论上不无争议，况且主张原债回复说的学者也莫不认为，原债回复也仅仅在债权人与债务人之间发生，原债所附有的第三人提供的担保无论如何也不会回复。[3] 这种解释不符合代物清偿制度目的，对债权人难谓公平。

其实，从代物清偿制度的目的看，当事人并非意欲成立新的债权债务关系，而是意在寻求原债受偿，只不过清偿的给付样态发生了变更而已。在变更契约说看来，虽然代物清偿导致债的给付形式发生变更，但并没有产生新的债权债务关系，原基础债权债务关系仍不失同一性，新给付仍然构成基础关系的给付，故新给付存在瑕疵的，也应该依据基础关系获得救济。在变更契约说检视下，传统民法关于代物清偿的经典描述“新债成立、旧债消灭”就显得不严谨。变更契约说下代物清偿的表现形态可以简约为：

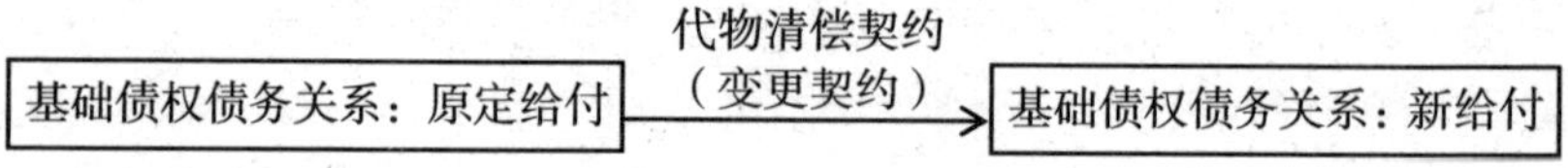

传统民法刻意区分代物清偿与债的变更，认为代物清偿契约为要物契约，而变更契约为诺成契约；代物清偿为即时履行的契约，而变更后的契约不必立即履行；代物清偿导致债的关系消灭，而债的变更并不发生清偿效果，不会直接导致债的关系消灭。[4] 实质上，这种区分是代物清偿要物说下似是而非的结论，依诺成说检视，二者之间并无不可逾越的鸿沟。第一，依据诺成说，虽然代物清偿为即时履行的契约，但若深入解剖代物清偿即可发现，代物清偿实质上包含两个层面的内容：首先是当事人达成代物清偿合意，由此导致基础关系给付变更；其次是履行新给付，原债因清偿而消灭。因代物清偿契约的达成与清偿行为同时进行，从表面上看是代物清偿契约导致债权债务关系消灭，但实质上，导致债权债

① 邱聪智：《新订民法债编通则》（新订一版，下册），中国人民大学出版社 2004 年版，第 453 页。
② 史尚宽：《债法总论》，中国政法大学出版社 2000 年版，第 819 页。
③ 孙森焱：《民法债编总论》（下册），法律出版社 2006 年版，第 855 页。
④ 王利明：《债法总则研究》，中国人民大学出版社 2015 年版，第 675 页。

务关系消灭的不是代物清偿契约，而是清偿行为，这与债的变更是完全相同的。第二，依据诺成说，代物清偿契约是否为即时履行已无实质意义，代物清偿合意达成后，即便不立即履行，也不影响代物清偿契约的效力，从而实现了代物清偿契约与清偿行为在时间、效力上的彻底分离，这跟债的变更与清偿行为的关系也是完全相同的。

虽然代物清偿构成债的变更，但代物清偿与普通变更在构造上不尽相同，故可称为特殊变更。详言之，普通债的给付变更，是一种由此达彼的简单、单向、平面的变更，新给付的产生、原定给付的消灭同时发生、互为因果，二者不可能处于共存状态。其构造如下图所示：

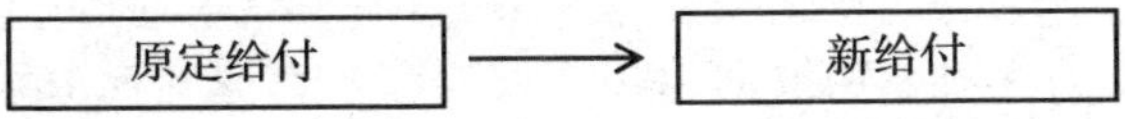

在代物清偿中，因新给付为即时履行，新旧给付关系不易观察。依据传统民法之要物说，代物清偿契约因新给付标的物交付而成立，同时基础债权债务关系因代物清偿而消灭，故传统民法上多将代物清偿法律关系之构造描述为“新债成立、旧债消灭”,[①] 或“用新给付代替原定给付”,[②] 亦即代物清偿契约导致了新给付义务的产生、原定给付义务的消灭，这与典型的债的变更在构造上是相同的。但深入研究，这种认识似是而非。代物清偿以谋求原债清偿为根本目的，从保护债权受偿的角度看，新给付义务的产生并不能导致原定给付义务消灭，只有新给付义务履行，亦即新给付义务消灭才导致原债关系、原定给付义务消灭，在新给付履行完毕前，新给付与原定给付是共存共荣的关系。但在要物说下，新给付义务的产生、新给付义务的履行亦即新给付义务的消灭同时发生，故代物清偿表现为新给付成立、原定给付消灭的假象。若弃代物清偿要物说而采诺成说，观察非即时履行的代物清偿契约，新给付与原定给付这种共存共荣的关系至为直观。在非即时履行的代物清偿中，新给付义务产生后，因原债并未得到现实清

① 孙森焱：《民法债编总论》（下册），法律出版社2006年版，第857页；黄立：《民法债编总论》，中国政法大学出版社2002年版，第672页。

② 史尚宽：《债法总论》，中国政法大学出版社2000年版，第818页；郑玉波：《民法债编总论》（修订二版），陈荣隆修订，中国政法大学出版社2004年版，第483－484页；林诚二：《民法债编总论——体系化解说》，中国人民大学出版社2003年版，第539页。

偿，故原定给付并未消灭，只是暂时处于休眠状态；新给付义务实际履行后，新给付义务与原定给付义务才同归消灭。若债务人不履行新给付义务，债权人在特定情况下仍可激活休眠的原定给付，并从原定给付寻求清偿。因此，代物清偿中，债的变更并不是一种由此达彼的简单的变更，而是由单一的原定给付变更为原定给付与新给付共存共荣、分工协作的复杂构造，其构造如下图所示：

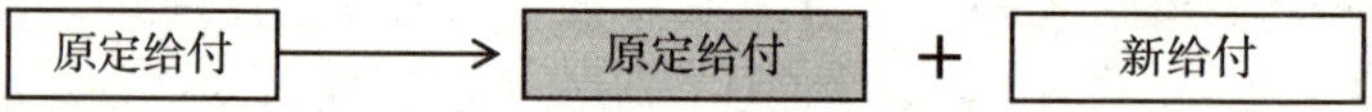

（二）变更契约说视角下的新债清偿

传统民法上，因履行原债务而负担新债务的，构成新债清偿。与代物清偿一样，围绕新债清偿也存在两个债权债务关系。不同的是，在代物清偿中，新债成立、旧债消灭；而在新债清偿中，在新债履行前，新旧二债并存，也就是说债权人有两个债权，债务人若对新债权履行，则等于同时亦履行了旧债。①

在新债清偿中，果真存在两个并立的债权债务关系吗？若果真如此，为何债务人履行一个债务即导致两个债权债务关系同归消灭？传统民法将新债清偿界定为履行旧债务的方法，可见新债清偿亦并非意欲成立新的债权债务关系，而是谋求原债务的清偿，此与代物清偿在制度目的上是完全相同的。从新债清偿的构造看，新债清偿亦没有改变原基础债权债务关系的同一性，只是在原定给付外增加了一种新的给付，二者协力完成原债清偿的使命。显然，新债清偿无非亦是债的客体的变更，只不过这种变更并非由此及彼的变更，而是由一种给付变为两种给付有机结合的不规则的变更。这与诺成说检视下的非即时履行的代物清偿也是完全相同的。如此，在新债清偿中，因只存在一个债权债务关系，即基础关系，故债务人履行任一给付义务均可导致基础债权债务关系消灭，在解释上便不存在任何障碍。

① 黄立：《民法债编总论》，中国政法大学出版社2002年版，第673页。

在传统民法中，新债清偿以承担票据债务为典型样态，[①] 似乎新债清偿产生了新的票据债权债务关系。但细加考校发现，发交票据作为新给付的，新给付义务自当事人达成新债清偿合意时发生，票据的发交、票据的兑付共同构成新给付义务的完整内容，票据债权债务关系并非因新债清偿契约而发生，而是因出票之票据行为而发生。票据关系中付款义务的履行亦不是对原债的履行，而是对票据债务的履行，只不过是因票据债务的履行导致新给付义务的完全履行，进而实现了原债的清偿。因此，因发交票据履行债务的，票据关系并非因新债清偿而直接发生，票据关系实不能与基础关系立于并列之地位，而是基础关系之下位关系，是由票据债务这种新给付的特殊性决定的，并无普遍意义，更不能因此而否定基础关系的同一性。

总之，代物清偿和新债清偿实质上都是债的客体的变更，都以清偿基础债权债务关系为目的，都没有创设新的债权债务关系。二者唯一区别就是，代物清偿一般为即时履行的债的变更，而新债清偿则为非即时履行的债的变更。如此带来的问题是，这种区别是否为本质区别，进而能否导致二者分道扬镳并构成两种不同的制度？

（三）代物清偿与新债清偿的统合

在对以物抵债性质的认识上，变更说与诺成说存在深深的暗合，异曲而同工。承认代物清偿与新债清偿构成债的变更，实质上也就承认了其诺成性；而一旦承认了其诺成性，代物清偿与新债清偿的概念，恐怕也要重新检讨。

传统民法理论刻意区分代物清偿与新债清偿，认为代物清偿为新债代替旧债，而新债清偿为旧债务的履行方法。[②] 在代物清偿，新债成立、旧债消灭，而新债清偿之新债务及旧债务系为同一目的而同时并存，而因新债务之履行使旧债

---

① 史尚宽：《债法总论》，中国政法大学出版社2000年版，第820页；孙森焱：《民法债编总论》（下册），法律出版社2006年版，第856页；邱聪智：《新订民法债编通则》（下册），中国人民大学出版社2004年版，第453页；郑玉波：《民法债编总论》（修订二版），陈荣隆修订，中国政法大学出版社2004年版，第486页；黄立：《民法债编总论》，中国政法大学出版社2002年版，第673页。

② 史尚宽：《债法总论》，中国政法大学出版社2000年版，第818页。

务归于消灭，旧债务并非即时消灭。[①] 代物清偿仅仅是清偿的手段，而新债清偿系给予债权人额外之保障，或使之易于主张权利，因而二者功能不同。[②] 然而，这些结论都经不起诺成说和变更说的检验。

首先，从制度功能来看，代物清偿与新债清偿有共同目的，都谋求原债权的满足，都是清偿的变态方式而已。传统理论认为，代物清偿是新债代替旧债，而新债清偿并非代替旧债，而是清偿旧债的方法。其实，这种区分只是没有实质意义的文字游戏而已。代物清偿是用新给付代替原定给付，但其本质上也是清偿旧债务的方法，不然何以能冠以“清偿”之桂冠？新债清偿确为清偿旧债的方法，但其何尝不是用他种给付代替原定给付？

其次，从内涵外延来看，代物清偿与新债清偿也没有泾渭分明的界限。传统理论认为，代物清偿为要物契约，多为即时清偿，新债成立、旧债消灭，新旧债务不会并存；而新债清偿是为清偿旧债务而负担新债务，为非即时清偿，在新给付履行前新旧债务并存。但这只是理论上的界定，如果细究，二者之间也存在纠缠不清的灰色地带。例如，交付票据履行旧债务的，究竟为代物清偿还是新债清偿，学说上存在不同认识。一般认为，交付票据代替旧债务的，为代物清偿；交付票据作为清偿旧债务的方法的，为新债清偿。[③] 但是，当事人多不会就交付票据构成新债清偿抑或代物清偿作出明确的意思表示，为消除困扰，民法上不得不规定推定规则，在当事人意思不明的情况下推定为新债清偿，以资保护债权人利益。又如，关于让与第三人债权的性质，学界也有不同认识，有学者认为构成代物清偿，[④] 也有学者认为此种情况不得推定为代物清偿，而是应认为为清偿之方法而为让与。[⑤] 再如，以房抵债、以劳务抵债的，传统民法上认为构成代物清偿，但二者为典型的非即时清偿，将其界定为新债清偿似乎更能保护债权人利益。晚近以来，为克服代物清偿要物说之不足，最高人民法院的裁判观点更是将

① 林诚二：《民法债编总论——体系化解说》，中国人民大学出版社 2003 年版，第 539 页；黄立：《民法债编总论》，中国政法大学出版社 2002 年版，第 672 页。

② 黄立：《民法债编总论》，中国政法大学出版社 2002 年版，第 672 页。

③ 孙森焱：《民法债编总论》（下册），法律出版社 2006 年版，第 854 页。

④ 黄立：《民法债编总论》，中国政法大学出版社 2002 年版，第 670 页；孙森焱：《民法债编总论》（下册），法律出版社 2006 年版，第 854 页。

⑤ 史尚宽：《债法总论》，中国政法大学出版社 2000 年版，第 821 页；王洪亮：《代物清偿制度的发现与构建》，载《浙江工商大学学报》2018 年第 2 期。

单纯的代物清偿合意统统认定为新债清偿，[①] 从而间接承认诺成性以物抵债协议的效力，更使得代物清偿与新债清偿边界的模糊性和流动性暴露无遗。在明确承认代物清偿诺成性后，代物清偿中的新给付也并非即时履行，代物清偿与新债清偿的构造进一步趋同，二者的边界更是消失无痕了。

最后，从作用机制来看，二者表面上相左，实则完全相同。传统民法理论认为代物清偿中新债成立、旧债消灭，而新债清偿中新债成立旧债不消灭，新债履行完毕时旧债消灭。[②] 但是，从谋求原债清偿的制度目的看，代物清偿中之所以新债成立、旧债消灭，是因为在代物清偿要物说的语境下，新债成立即为新债的履行，原债权也因为获得满足而即时消灭。换句话说，在代物清偿中，表面上是新债成立导致了旧债消灭，实质上是新债履行导致了旧债消灭。因此，代物清偿中所谓新债代替旧债、新给付代替原定给付，不是新给付的成立代替了原定给付，而是新给付的履行代替了原定给付的履行，这与新债清偿是完全相同的。但在代物清偿要物说这种似是而非的理论确信下，又得出了代物清偿新债成立、旧债消灭这种似是而非的结论，这对于交付票据以及负担其他新债务等不能即时履行的代物清偿方式来说，新债成立、旧债消灭对债权人甚为不利，为克服此种弊端，传统民法上又不得不创造出所谓的新债清偿理论，新债不履行、旧债不消灭，以资保护债权人利益。这是代物清偿契约要物说的必然产物，如果承认代物清偿契约的诺成性，进而重新发现代物清偿“新债清偿、旧债消灭”的本来面目，则上述关于代物清偿和新债清偿的区别就会泯然消失，而新债清偿作为区别于代物清偿的一种理论和制度也就可以请进历史的故纸堆了。

在诺成说与变更说的双重检视下，传统民法上代物清偿与新债清偿的分界墙已轰然倒塌，都可以归入以物抵债概念涵摄之下，唯一区别就是即时履行的以物抵债与非即时履行的以物抵债了。但此种分类并非与代物清偿和新债清偿的概念一一对应：即时履行的以物抵债并非传统的代物清偿，因为即时履行的以物抵债协议也是诺成性的，虽然合意的达成与履行同步，但理论上仍可以将二者区分开来；非即时履行的以物抵债也并非传统意义上的新债清偿，如以劳务抵债、以房

---

① 参见最高人民法院（2016）最高法民终字第484号判决书，另见《最高人民法院公报》2017年第9期。

② 孙森焱：《民法债编总论》（下册），法律出版社2006年版，第857页。

抵债、以不作为义务抵债等不能即时履行的以物抵债，甚至能够即时履行但却未即时履行的以物抵债，原本均属于代物清偿的范围。总之，在诺成说语境下，传统民法上代物清偿与新债清偿的概念内涵发生了根本变化，外延也朝着趋同的方向发展，其区分已不具有实质意义。因此，以物抵债概念并非传统民法上代物清偿与新债清偿的简单相加，而是将二者回炉再造、淬炼成钢、融为有机统一体后的全新范畴。为避免概念混淆和不必要的争论，减轻学术研究和思维活动负担，应果断放弃陈旧过失之概念，而以以物抵债概念统摄之。①

三、以物抵债法律关系的微观构造

上一节为对以物抵债这种现象的宏观概览，主要目的是圈定以物抵债的外围，亦即哪些现象可纳入以物抵债的范畴。本部分深入以物抵债法律关系内部，全面解剖以物抵债这种债的履行形态，弄清以物抵债制度的纹理构造，从微观上进一步加深对以物抵债现象的理解。

（一）新给付的原因分析

一般情况下，合同在当事人之间产生相当于法律的拘束力，任何一方不得擅自变更、解除合同关系。但是，合同变更自由与消灭自由也是意思自治的应有之义，当事人之间协商一致的，亦可以变更、更改直至解除原来的债权债务关系。在这里，当事人协商变动原来的债权债务关系，本身也构成了一项合同。但是，与通常的合同不同，这种合同并不产生属于自身的给付，而是对基础债权债务关系作出安排，或变更基础债权债务关系（变更契约），或消灭基础债权债务关系并产生新的债权债务关系（更改契约），或仅仅是消灭基础债权债务关系（解除契约）。也就是说，这种合同虽然“掷柳迁乔太有情，交交时作弄机声”，但协

① 或有学者指出，用以抵债的新给付超出了物的范畴，故以物抵债概念有失严谨。应当看到，很多概念的使用，包括对严谨性要求颇高的法律术语，均有陈陈相因的非理性因素。这些术语仔细揣摩或许不够严谨，但已经被约定俗成地广为使用，故只要不会产生争议，就可以继续使用，而不必另起炉灶。以物抵债概念的缺陷，代物清偿也同样存在。而用新债清偿概念来指涉以物抵债现象也不够严谨，因为多数以物抵债并不以负担新债务的形式出现。相比较而言，以物抵债的概念通俗易懂，且在交易实践和司法解释中广为使用，故应当继续使用。

议结果却被基础债权债务关系承受，其自身到头来只不过是做了别人的嫁衣裳。一旦服务基础债权债务关系的使命达成，其效力要么被原债关系吸收，自身隐而不彰，要么与原债同归于沉寂。这种契约并非设立新的债之关系，而是关于清偿原债务的约定，在性质上属于辅助法律行为。① 因这种契约涉及对当事人债权债务关系的处分，故德国法系民法上亦将这种契约称为处分契约或准物权契约。

作为变更契约的以物抵债协议就是这种处分契约。以物抵债协议在不改变基础债权债务关系同一性的前提下，通过变更原定给付，对基础债权债务关系的清偿问题作出了新的安排。② 在这里，将基础关系中的原定给付变更为他种给付这种事务安排构成了以物抵债协议的主要内容。这就决定了，由此产生的新给付并不属于以物抵债协议本身，而是被基础关系所吸附而成为基础债权债务关系的一部分。从基础债权债务关系角度看，在以物抵债协议安排下，原定给付发生了变化，也就是以他种给付代替了原定给付，其变化的依据不在于自身，而在于以物抵债协议。但是，债权人请求他种给付的依据仍在于原基础债权债务关系，而不是以物抵债协议。换句话说，原有的债之关系仍是给付的原因，③ 以物抵债协议并没有产生新的债权债务关系，因此也不产生新的请求权。如果从一个更为宏观的视角俯视以物抵债关系的总体结构，就会发现，在以物抵债过程中实质上存在着两个合同、一个法律关系、两个给付。两个合同是原债协议、以物抵债协议；一个法律关系即基础债权债务关系；两个给付就是原定给付与新给付。其中，以物抵债协议、新给付与原定给付共同服务于基础债权债务关系，亦即通过一系列安排，使原债权获得满足，从而消灭基础债权债务关系。而以物抵债协议所要解决的问题，就是对这些要素进行优化组合，从而达到当事人之间关系的最完满

---

① 王洪亮：《代物清偿制度的发现与构建》，载《浙江工商大学学报》2018 年第 2 期。

② 陈永强教授同样认为以物抵债构成处分行为，但陈永强教授所谓的“处分行为”，是将以物抵债行为作为原债权债务关系的履行行为，其与原债的关系如同买卖合同中的负担行为与履行行为的关系。比如，以房屋代替原金钱债务的，以物抵债就体现为移转房屋所有权的行为，为处分行为。参见陈永强：《以物抵债之处分行为论》，载《法学》2014 年第 11 期。这种理解在效果上与清偿契约说殊途同归，但这种解释不仅存在无处安放当事人以他种给付代替原定给付的合意之解释不足之嫌，同时也存在与将履行行为解释为非法律行为的我国学界通说相抵牾之过度解释之嫌。依本书观点，以物抵债之处分行为的本性体现在，将原债权债务关系本身作出了处分，亦即以他种给付代替了原定给付，至于他种给付的履行则非以物抵债协议的射程范围。如此解释的好处是，将以物抵债后他种给付的履行行为与以物抵债协议相切割，作为原债关系的履行行为，在性质上与普通的履行行为毫无二致，从而与传统民法保持了一致。

③ 王洪亮：《代物清偿制度的发现与构建》，载《浙江工商大学学报》2018 年第 2 期。

状态。

（二）新旧给付之共存共荣关系

在以物抵债中，新给付与原定给付之间的关系，构成了以物抵债法律关系的核心。在正常交易模型中，如果债务人按照以物抵债协议履行了新给付固无问题，如果债务人没有履行新给付或新给付存在瑕疵，债权人转而再请求原定给付，则问题立刻就变得复杂起来了。

根据通常理解，在债的给付发生变更的情况下，债务人应当履行变更后的给付，债权人也只能请求变更后的给付，这是意思自治原则的必然要求。实质上，这种理解本身没有问题，问题的关键是如何准确把握“变更后的给付”。

第一，债的客体变更，通常情况下只是将一种给付变更为另一种给付，但是也可以将一种给付变更为两种给付，亦可以将简单之债变为选择之债。在这种情况下，只要债的同一性不发生变化，就在债的变更的允许范围内。以物抵债协议为变更契约，但绝不能想当然地认为债的客体发生了由此达彼的简单变化，绝不能否认当事人根据具体情况设计复杂的给付组合的可能性。在以物抵债关系中，如果当事人约定以他种给付抵债，同时债权人保留了在不能从他种给付受偿时主张原定给付的权利，这种情况仍然在债的变更的范围内。第二，从以物抵债的目的来看，以物抵债以债权受偿为目的，在债权人不能从新给付获得清偿时，应允许债权人请求原定给付，这符合当事人真实意思表示，也符合惯常的交易图景，除非当事人作出明确的消灭原定给付的意思表示。如果达成以物抵债协议后新给付成立、原定给付消灭，债权人不仅丧失了原定给付，在新给付也不获清偿的情况下，债权人很可能“竹篮打水一场空”，这对债权人利益的照顾反不如传统民法上的代物清偿与新债清偿。因此，无论从以物抵债的法律结构还是制度目的看，都有赋予债权人在一定条件下主张原定给付的制度空间。倘若这种理解成立，新给付的成立并不立即导致原定给付消灭，原定给付在新给付履行前作为“备胎”仍然存在，在出现新给付不履行等特殊情形时，债权人仍得请求原定给付。总之，以物抵债协议达成后，新给付与原定给付同时存在，使命相同，相互配合，共同服务于原债的清偿，并在原债清偿后同归于寂，形成了一种共存共荣的关系。

（三）以物抵债不同于选择之债

选择之债是指债的标的有数种，当事人可选定其中之一为给付标的的债。根据各国法律规定和一般法理通说，除非当事人另有约定或法律另有规定，选择之债之选择权属于债务人。传统民法上将选择权归于债务人，是因为债务的履行，其给付必须先行确定，且此种履行一般还须具备一定条件，因而从保证债务人的利益和确保债的顺利履行而言，选择权宜属于债务人。[①] 可见，之所以赋予债务人选择权，是允许债务人根据履行各项给付的便利条件、准备情况作出选择，防止债务人做“无用功”，以保护债务人利益。但是，在以物抵债中，债务人届期并未履行原定给付，一般是因为履行原定给付出现了困难，债务人履行原定给付并不“具备一定条件”。当事人达成以物抵债协议，意味着债务人履行新给付更“具备一定条件”，且通常情况下应认为履行新给付更符合债务人利益。因此，以物抵债并不符合选择之债中赋予债务人选择权的前提条件。

接下来的追问是，以物抵债以保障债权受偿为主要目的，债权的满足在以物抵债中处于优越地位，是否应当赋予债权人以选择权。在某光伏电力公司与浙江某科技公司债权转让合同纠纷一案裁判中，最高人民法院认为：债权人科技公司对债务人光伏电力公司不能以金钱给付的方法履行债务时，可以用资产抵债的方式即以其公司电站的部分股权清偿债务。但双方对具体如何以资产抵债未作明确约定，亦未另行协商形成合意，在此情况下，科技公司应有清偿方式的自由选择权。……将《债权转让协议》中以电站部分股份代物清偿的约定，理解为债权人只能主张以电站部分股份折价抵债，会导致对债权人实现债权的限制和约束，不符合当事人签约本意，亦有悖于诚实信用和公平原则。光伏电力公司应当根据科技公司的请求，以金钱给付方式履行还款义务。光伏电力公司主张以电站部分股权抵付欠款的上诉理由，不能成立。[②]

本书认为，赋予债权人选择权同样不妥当。首先，赋予债权人选择权，意味着债务人会因债权人择一行使请求权而同时准备新、旧债务的履行，以等待债权

① 王家福主编：《民法债权》，中国社会科学出版社2015年版，第70－72页。

② 参见最高人民法院（2015）民二终字第42号判决书。

人选择行使。这对于债务人而言，无疑加重了其负担，实属不公平，不足以平衡双方当事人的利益关系。[①] 其次，选择之债不符合当事人意思表示的真实情况。当事人达成以物抵债协议，根据通常理解，应认为债务人应当首先履行他种给付，而不是赋予一方当事人选择权。虽然当事人也可以在债务履行期届满后约定，将单一之债变更为选择之债，但这种约定就不是通常意义上的以物抵债了。最后，虽然以物抵债协议以满足债权为首要目的，但不能否认当事人也有可能通过以物抵债协议以达到其他目的。例如，当事人达成以房抵债协议，债务人是为了偿债，但债权人除了收取债权外，还意欲获得该特定房屋的所有权。再如，当事人同意以一批货物抵充金钱之债，债权人是为了收取债权，债务人除了还债以外，还有清理库存产品的需要。根据民法学基本原理，动机一般不是法律评价的对象,[②] 但法律行为都是在一定的目的与动机驱使下作出。民法上强调意思自治，不仅要保护意思表示本身，更深层次的寓意是通过意思自治确保法律行为目的的顺畅达成。但是，目的、动机不易察觉，能察觉的只是外在的意思表示。在一个能自由表达意志的环境里，意思表示通常能传达当事人的真实目的与动机。因此，尊重当事人的外在意思表示，也就是保护了当事人的目的与动机。在以物抵债中，虽然当事人怀揣不同的动机，但表现于外的却是一致同意以物抵债的意思表示，尊重当事人此种意思表示，就是最大限度地尊重了当事人的真实动机。若过分强调清偿债权的制度目的，赋予债权人以选择权，则可能使得债务人通过以物抵债所要达到的其他目的落空。反之亦然。因此，当事人原则上只能请求他种给付。但是，若他种给付存在不符合合同目的瑕疵，债权人实现债权的目的与债务人的其他目的发生了冲突，此时应从以物抵债的制度目的出发，优先保护债权实现的目的，赋予债权人选择他种给付的权利。

（四）以物抵债不同于任意之债

任意之债是指债以一个给付为标的，但债务人或债权人得以其他给付代替本

---

① 房绍坤：《论新债清偿》，载《广东社会科学》2014年第5期。

② 弗卢梅指出，并非希望达到某一效果或者实现某一目标的意愿，而是那些依法生效的意愿才能构成法律行为的内容。同时，也指出，对区分个体希望达到的目标与按照其意思表示内容生效的内容的重要性，再怎么强调也不为过。他还指出，动机错误或主旨错误不属于应受关注的错误。参见［德］维尔纳·弗卢梅：《法律行为论》，迟颖译，法律出版社2013年版，第60页、第504页。

来的给付。任意之债与选择之债的不同在于，在选择之债，债的给付在当事人行使选择权之前是不确定的；而在任意之债，债的给付自始确定，只不过是赋予了一方变更债的给付的权利。因此，选择之债产生选择权，而任意之债产生变更权。[①] 有学者认为，以物抵债协议虽然意思表示一致即可成立，但并没有即刻让债务人负担新债，产生的只是一个给予债务人替代权的任意之债，债务人可以自由选择行使与否，在债务人行使替代权之前，他种给付请求不受原债关系约束。[②] 笔者不赞同这种观点。

其一，从通常的交易模型看，当事人达成以物抵债协议的，意味着双方协商一致对债的给付作出了变更，债务人应当首先履行新给付，债权人也应当首先从新给付受偿，以物抵债协议并没有赋予一方当事人单方变更权。其二，任意之债中，原定给付因不可归责于债务人原因不能履行的，债务人免责。但是，在以物抵债中，因债务人迟延履行在先，纵使原定给付嗣后因客观原因履行不能，债务人亦不能免责。若简单套用任意之债原理处理以物抵债中的问题，可能使违约的债务人反而获利，对债务人过于宽宥，也违反了公平与诚实信用原则。其三，以物抵债以保护债权受偿为主要目的，债权人利益应置于优先保护的地位。认为以物抵债协议赋予了债务人单方变更权，实质上是传统民法将债务人作为弱势一方思维的延续。有学者认为，以物抵债协议达成后，履行新的给付对债务人而言显然更为有利，其在签订以物抵债协议后又反悔而履行旧债务的，实质上是放弃了对自己有利的债务履行方式；而债务人履行旧债务，对债权人而言一般更为有利，或者至少符合债权人在与债务人之间成立旧债务时的预期。因此，债务人受到以物抵债协议的拘束应当有所限制，即债务人即使在以物抵债协议成立并生效后，也可以随时反悔而选择履行旧债务。[③] 实质上，履行新给付是否对债务人有利和对债权人不利不能一概而论，通常情况下，理性的债务人也不会放弃对自己有利的债务履行方式而选择于己不利的履行方式，债务人选择履行通常会陷债权人于不利地位，并有可能打乱债权人基于以物抵债协议而作出的其他事务安排。

---

① 王家福主编：《民法债权》，中国社会科学出版社 2015 年版，第 71 页。

② 肖俊：《代物清偿中的合意基础与清偿效果研究》，载《中外法学》2015 年第 1 期；庄加园：《“买卖型担保”与流押条款的效力——〈民间借贷规定〉第 24 条的解读》，载《清华法学》2016 年第 3 期。

③ 司伟：《债务清偿期届满后以物抵债协议的性质与履行》，载《人民司法·案例》2018 年第 2 期。

因此，不能赋予债务人选择履行的权利。当然，如果当事人明确约定以物抵债协议为债务人有单方变更权的任意之债的，也应当尊重当事人意思自治。

达成以物抵债协议以后，债务人必须首先履行新给付，而不能请求履行原定给付。但是，债权人不能从他种给付获得清偿的，仍然可以请求原定给付，这是否意味着以物抵债协议将原债关系变成了债权人有单方变更权的任意之债？笔者亦不以为然。第一，在任意之债中，债权人行使单方变更权不以原定给付不能履行为前提；但在以物抵债中，债权人请求履行原定给付须以他种给付不履行或存在瑕疵为前提。第二，在任意之债中，债权人请求他种给付的，实质上是行使单方变更权；但在以物抵债中，他种给付与原定给付都是债权债务关系的内容，债权人请求新给付未果转而请求原定给付的，是以物抵债中两种给付的特殊构造使然，并不是行使单方变更权。第三，在任意之债中，在债权人行使单方变更权之前，原定给付因不可归责于债务人的客观原因发生履行不能的，债权债务关系消灭，债权人不得请求他种给付；但在以物抵债中，若新给付嗣后因客观原因履行不能的，从债权受偿目的角度来讲，应允许债权人继续请求原定给付。第四，在任意之债中，债权人主张原定给付的，意味着放弃了变更权限，任意之债转为了特定之债；债权人主张他种给付的，意味着已经行使变更权，任意之债也同样转为特定之债。也就是说，只要债权人主张任何一项给付，另外一项给付都无可逆转地归于消灭，任意之债都转为特定之债，纵使债权人不能从该给付中获得清偿，也只能通过主张债务不履行责任寻求救济，而不能再请求他种给付。但是，在以物抵债中，债权人请求新给付不能获得完满清偿的，可以继续请求原定给付。

（五）新旧给付关系轮廓之勾勒

以物抵债协议虽然造成了债的变更，但以物抵债既不是由此达彼，不是简单的“新债成立、旧债消灭”，也与选择之债、任意之债形成了鲜明对比，在新给付和原定给付之间形成了一种特别结合关系。以物抵债所形塑的图景可以这样描绘：当事人达成以物抵债协议的，只能履行或请求履行新给付。在新给付履行前，原定给付不消灭，而是处于休眠状态，虽然隐而不显，但对债务人构成潜在的压力。当新给付履行后，原债获得满足，原定给付也随之消灭。当债权人不能从新给付获得清偿时，债权人可以转而请求原定给付，原定给付始得从幕后转向台前重新发挥作用。[①] 债权人请求原定给付的，从债务人处获得的有瑕疵的他种给付，应当予以返还。在这里，新给付与原定给付构成了一种相互依存、彼此协力的特别结合关系。无论是代物清偿中“以他种给付代替原定给付”的界定，还是新债清偿中将新给付作为“履行旧债的方法”，都不能揭示原定给付与新给付之间的复杂关系。以物抵债创造了一种新型的债权债务关系。虽然本书有时在非规范意义上将以物抵债表述为“以他种给付代替原定给付”，但须申明的是，这种代替并非完全的代替，而是一种有保留的代替，是在一定条件下有反转可能的代替。

四、第三人以物抵债的性质与法律关系构造

依传统民法观点，代物清偿亦可由第三人为之，但对于第三人代物清偿之性质，却多未尽阐释。晚近以来，关于第三人代物清偿之性质，学界有不同认识。

（一）特殊债务变更说

持变更契约说的学者多认为，第三人代物清偿，既为代物清偿之一种，在性质上应与一般之代物清偿并无不同。特殊债务变更说面临的问题是，第三人不是债权债务关系人，如何可得对他人之债权债务关系作出变更？对此，特殊债务变更说的解释是，第三人代物清偿所变更者，仅为给付的标的，与债务人利益无涉，仅涉及债权人利益，如果债权人同意代物清偿并受领，应无否认债之关系因第三人代物清偿而消灭之理。由于债的同一性不因变更契约而改变，因此第三人应根据基础关系对他种给付承担瑕疵担保责任。债务人因不负有他种给付义务，因此对他种给付之瑕疵不承担责任，但仍负有原定给付之义务。[②]

依特殊债务变更说，他种给付存在瑕疵的，债权人既可以要求第三人承担瑕

---

① 本书认为，债权人不能从新给付获得清偿的，既可以申请强制执行新给付，也可以请求原定给付，但请求原定给付须具备一定条件，亦即债务人不履行新给付达到了类似根本违约的程度，这与传统民法上的新债清偿是完全不同的。具体阐述详见第四章。

② 参见陈自强：《无因债权契约论》，中国政法大学出版社2002年版，第306页。

疵担保责任，亦可以要求债务人履行原定给付，对债权人较为有利，但在解释上未免过于牵强，解释过程和解释结果未尽妥适。第一，债的变更为处分行为，只有债的关系主体方得有效成立债务变更契约。第三人非债权债务关系当事人，未经债务人同意，无法变更债的标的。[①] 虽然变更债的标的无损债务人利益，但第三人擅自处分他人之事务，于理不合，也有违债的变更理论。第二，依特殊债务变更说，第三人代物清偿的，债的关系不失同一性固无问题，但不能由此得出第三人须对他种给付承担瑕疵担保责任的结论。第三人依原定给付代替清偿的，债的关系亦不失同一性，但一般认为第三人不承担瑕疵担保责任，为何却要对他种给付承担瑕疵担保责任？第三人并无债务加入之意思，却要求其承担如同债务人的责任，对第三人未免过于苛刻。第三，依特殊债务变更说，债的客体变更在债权人与第三人之间发生，在债权人与债务人之间不发生变更效力，故债务人仍应承担原定给付义务。有疑问的是，债的客体变更既为客观事实，为何却以不同面目示人？对债权人来说，债的客体因清偿主体不同时而变更、时而不变更，相对主义诡辩论的味道过于浓厚。出现这种疑惑的原因，就是这种解释实质上认为债务人与第三人负共同清偿义务，解释的结果无异于并存的债务承担，这就违背了第三人代物清偿的本意。

（二）清偿契约说

陈自强教授是特殊债务变更说的力倡者，但对于第三人代物清偿，陈自强教授却持清偿契约说。陈自强教授认为，第三人代物清偿，无法发生给付标的变更的效果，应接近于第三人清偿，而非一般之代物清偿。第三人系以清偿为目的而提出他种给付，债权人同意受领他种给付以代原定给付，债之关系因债权人与第三人为给付目的的约定（清偿约定）而消灭。关于给付目的约定之解释，可认为当事人皆有以取得无瑕疵之物为债的关系消灭之要件之意思，标的物有瑕疵时，债权人未能获得其于代物清偿所欲受领之物，故债之关系并未消灭，债权人得主张原定债权，请求原定给付，其所受领之他种给付，应以不当得利返还于清

① 陈自强：《无因债权契约论》，中国政法大学出版社2002年版，第306页。

偿人。①

清偿契约说使第三人免予承担瑕疵担保责任，且债务人在第三人代物清偿不符合债之本旨时仍负担原定给付义务，较好地平衡了各方当事人利益。但清偿契约说在解释上也并非毫无破绽。既然认定第三人与债权人有清偿契约之发生，则清偿契约的内容是什么？第三人是否负有以他种给付清偿原定债务之义务？或曰，第三人是否因清偿契约而负担清偿义务？既然负担清偿义务，当依债之本旨负瑕疵担保责任，为何却反而得出第三人不承担瑕疵担保责任的结论？诚如论者所言，依清偿契约说，当事人均有以无瑕疵之他种给付消灭债之关系的意思，但同样以此推定为基础，债务人代物清偿与第三人代物清偿却导向了截然不同的解释后果，即在债务人代物清偿，债务人应对新给付承担瑕疵担保责任，而第三人却免予承担瑕疵担保责任，依据何在？第三人既然有以无瑕疵之他种给付消灭债之关系的意思，则在他种给付存在瑕疵时，应成立债务不履行行为，对此第三人应承担何种责任？这些问题均非不言自明。

（三）债务承担说

债务承担说不是独立学说，是为解决特殊债务变更说存在的问题而发展出来的学说，目的是使得特殊债务变更说的解释更为圆洽。依特殊债务变更说，第三人代物清偿系债的标的发生变更，但第三人不是债之关系当事人，未经债务人同意擅自变更他人债之关系，于理有违，于是不得不拟制出第三人有债务加入的意思。② 第三人债务加入后，其已成为债务人，故其与债权人订立的代物清偿契约是对自己债之关系的变更，与债务人无涉。债务承担尚分为免责的债务承担与并存的债务承担，在当事人意思不明时，应推定成立并存的债务承担。③ 第三人代物清偿的，债务承担的意思既然为法律所拟制，依当事人意思构成何种债务承担更是难以判明，从有利于债权实现和减轻第三人责任角度，应认为构成并存的债务承担。他种给付有瑕疵的，第三人应依原债之关系承担瑕疵担保责任，债务人仍应负担原定给付义务。

---

① 陈自强：《无因债权契约论》，中国政法大学出版社 2002 年版，第 307 – 308 页。

② 参见陈自强：《无因债权契约论》，中国政法大学出版社 2002 年版，第 306 页。

③ 史尚宽：《债法总论》，中国政法大学出版社 2000 年版，第 754 页。

债务承担说与特殊债务变更说解释效果相同，第三人对他种给付承担瑕疵担保责任，债务人仍须承担原定给付义务，对债权人较为有利，但在解释路径上亦不无商榷余地。依传统民法，第三人清偿的，债权人原则上不得拒绝受领，亦即在一般的第三人清偿中，债权人与第三人不成立清偿合意。但因以物抵债必须经过债权人同意，债权人完全可以通过拒绝以物抵债以达到拒绝第三人清偿的效果。也就是说，第三人以物抵债为债权人拒绝第三人清偿提供了绝佳机会，或者说第三人以物抵债实质上为债权人创设了第三人清偿之同意权。但在第三人方面，或无成立清偿合意之意思，认为第三人有债务承担之意思，在解释上过于牵强。① 与特殊债务变更说一样，让第三人承担瑕疵担保责任，于第三人失之于苛刻。

（四）本书的观点

理论服务于实践，理论的提出应契合实践需求。若一种理论无助于实务问题的解决，抑或实践的发展已无须理论之襄助，则由此提出的理论不是无病呻吟，就是没有任何实益的思维体操。在讨论第三人代物清偿的性质前，对清偿、代物清偿、第三人清偿等制度目的和实践需求进行认真梳理和贯通把握，对于问题的讨论或许更具启发意义。

债务应按约定清偿，乃当然之理。关于清偿的性质，理论上有法律行为说、非法律行为说、折中说等不同观点，但通说为非法律行为说。② 实质上，是否认为当事人之间有清偿合意，无可无不可，关键应当看实践有无此种需求。在一般债的清偿中，债务人按照债之约定清偿债务的，债的关系消灭；债务履行不符合约定的，债务人承担债务不履行责任，此皆由原债之关系所决定。认为当事人之间有清偿之合意，实无裨益。

债务人非按债的本旨提出异于原定给付之他种给付，债权人有权拒绝受领，亦无疑问。但若债权人同意受领他种给付以消灭债之关系的，自应尊重债权人之意思。至此，仍无抽象出代物清偿合意的制度需求。但是，若债务人受领之他种

① 陈自强：《无因债权契约论》，中国政法大学出版社 2002 年版，第 306 页。

② 史尚宽：《债法总论》，中国政法大学出版社 2000 年版，第 766－768 页；王利明：《债法总则研究》，中国人民大学出版社 2015 年版，第 701 页。

给付存在瑕疵，如何补救，不无疑问。因他种给付不是债之给付，若债权人欲保留他种给付而要求债务人承担瑕疵担保责任，于法于约无据，只能以他种给付不符合债之本旨为由返还他种给付，并请求原定给付。于债务人而言，即便他种给付存在轻微瑕疵，债权人动辄要求退回他种给付而请求原定给付，亦有违诚信原则，也不利于债务人利益和社会秩序稳定。于此，理论上不得不抽象出代物清偿合意，为他种给付瑕疵寻求请求权基础。无论是传统民法之有偿契约说，还是晚近之清偿契约说和变更契约说，其目的一言以蔽之，均是为他种给付之瑕疵请求权寻求妥当之解释，只是解释路径不同而已。

根据普遍的认识，债务可由第三人清偿。通常情况下，第三人清偿于债权人和债务人均无不利，故各国各地区民法多规定，第三人清偿的，债权人不得拒绝受领，亦即第三人清偿无须经过债权人同意。① 可见，第三人清偿的，在债权人与第三人之间并未成立清偿之合意，第三人清偿为非法律行为，从而与债务人清偿在性质上保持了一致。但是，第三人清偿无须债权人同意，有可能违背债权人意愿，在有的场合亦可能于债权人不利，故在第三人清偿不符合原债之约定时，应作有利于债权人的解释，即债权人可拒绝受领，已经受领的可直接返还，并请求债务人清偿，而无须第三人瑕疵担保责任之保护。同时，第三人非债务人，在他种给付存在瑕疵时要求其承担瑕疵担保责任，对第三人过于苛刻，于理有违。因此，第三人给付之标的物存在瑕疵的，债权人可拒绝受领或者返还第三人之他种给付，而要求债务人履行原定给付，此种方案于各方均为最有利选择，故法律上没有抽象出清偿合意的制度需求。

同理，在第三人代物清偿的情况下，因第三人没有债务加入的明确意思，第三人无论如何不对他种给付承担瑕疵担保责任，且无论他种给付是否存在瑕疵，债权人均可以第三人之他种给付不符合债之本旨为由而拒绝受领或者退回，并要求债务人履行原定给付。故在第三人代物清偿的情况下，仍无抽象出代物清偿合意的制度需求，适用第三人清偿的制度规则即可。若果真如此，第三人代物清偿不构成契约，以上诸种学说均有过度解释之嫌，于实践无所裨益，应予否弃。第三人代物清偿的，若债权人接受，债的关系消灭。若他种给付存在瑕疵，债权因

---

① 史尚宽：《债法总论》，中国政法大学出版社2000年版，第779页。

未按约定受偿，债之关系不消灭，债权人仍得请求债务人为原定给付，其受领的第三人之他种给付应依不当得利返还。

（五）债务承担与以物抵债

与第三人代物清偿之外观类似者，尚有债务承担中第三人之代物清偿，但二者在性质与构造方面断然有别。所谓债务承担，指债权人、债务人与第三人之间达成协议，将债务移转给第三人承担。债务承担又可以分为免责的债务承担与并存的债务承担。免责的债务承担指债权人或债务人与第三人之间达成转让债务的协议，由第三人取代原债务人承担全部债务。并存的债务承担又称为债务加入，指原债务人并没有脱离债的关系，而由第三人加入债的关系，并与债务人共同向同一债权人承担债务。①

在债务承担中，债务加入之第三人已成为债务人，其代物清偿乃对自己债务给付之变更，故性质与一般代物清偿无异，为变更契约。在免责的债务承担中，原债务人退出债之关系，债务承担者加入债之关系成为债务人，其代物清偿构造亦与一般代物清偿无异。在并存的债务承担中，第三人与债务人对债权人承担同一债务，但关于此同一债务的性质，有连带债务说②与不真正连带债务说③之争，亦有学者主张应根据具体情况和当事人约定作出具体判断。④ 本书认为，就第三人代物清偿而言，连带债务说与不真正连带债务说并无本质区别，因为不真正连带债务中，第三人代物清偿乃发生绝对效力的事项，会因此而导致债之关系消

---

① 王利明：《合同法研究》（第三版，第二卷），中国人民大学出版社 2015 年版，第 222 – 231 页。

② 史尚宽：《债法总论》，中国政法大学出版社 2000 年版，第 753 页；王家福主编：《民法债权》，中国社会科学出版社 2015 年版，第 94 页；王洪亮：《债法总论》，北京大学出版社 2016 年版，第 465 页。

③ 孙森焱：《民法债编总论》（下册），法律出版社 2006 年版，第 816 页；邱聪智：《新订民法债编通则》（新订一版，下册），中国人民大学出版社 2004 年版，第 435 页；林诚二：《民法债编总论——体系化解说》，中国人民大学出版社 2003 年版，第 514 – 515 页；崔建远：《债法总论》，法律出版社 2013 年版，第 253 – 254 页。

④ 崔建远：《债法总论》，法律出版社 2013 年版，第 254 页。

灭，此与连带债务并无不同。[①] 他种给付存在瑕疵的，若成立债务不履行责任，则原债务人对第三人应承担之赔偿责任仍应负连带责任。[②] 若他种给付瑕疵致使合同目的不能实现，则债权人有权要求第三人履行原定给付，债务人亦应对原债务负同一责任。

除此之外，对于交易实践中当事人约定的不规则的债务加入情形，则应具体分析，不能一概而论。例如，当事人约定，第三人仅以代物清偿的方式加入债务，则关于他种给付瑕疵之处理，与上述一般债务加入之第三人代物清偿并无明显不同，唯一有所区别者，乃债权人无论如何不得请求第三人履行原定给付而已。[③] 又如，当事人约定，债务人与第三人对原债务承担按份责任，[④] 第三人代物清偿的，他种给付存在瑕疵时，在债权人与第三人之间依照代物清偿规则处理，对原债务人不发生影响。再如，当事人之间若成立择一的债务承担，[⑤] 债权人选择第三人承担债务的，原债务人债务即行免除，第三人代物清偿的，其法律构造与普通代物清偿无异，他种给付瑕疵亦应按照普通代物清偿规则处理，毋庸赘言。

---

① 郑玉波：《民法债编总论》（修订二版），陈荣隆修订，中国政法大学出版社 2004 年版，第 427 页；王利明：《债法总则研究》，中国人民大学出版社 2015 年版，第 256 页；崔建远：《债法总论》，法律出版社 2013 年版，第 35 页。尚须讨论的是，在不真正连带债务中，债权人对某一债务人所为之债务免除，不必然对其他债务人发生效力。若债权人接受某一债务人之代物清偿，他种给付价值小于原定给付价值的，可视为对部分债务的免除，然此种免除是否对其他债务人发生效力？本书认为，若债权人无明确相反的意思，从债权人接受代物清偿以消灭债之关系的目的而言，此种免除应对其他债务人亦产生效力。

② 因以物抵债的他种给付与原定给付未必等值，故代物清偿人对他种给付之瑕疵是否承担债务不履行责任，不能一概而论。若有瑕疵之他种给付在折价后仍大于原债权额的，代物清偿人似应不承担债务不履行责任；若有瑕疵之他种给付折价后低于原债权额的，应在原债权额并无瑕疵之他种给付实际价值范围内承担债务不履行责任。

③ 在江苏省无锡市中级人民法院（2012）锡商终字第 0391 号判决书中，法院认为，第三人与债权人、债务人达成三方协议，同意处分自己的财产来代替债务人原本的金钱债务，应成立第三人代物清偿合同，不构成债务加入或第三人履行，同时认为第三人不履行的，应当承担违约责任。参见卢文兵：《第三人代物清偿的司法认定和责任承担》，载《人民司法·案例》2013 年第 18 期。既然第三人没有债务加入的意思，却要求第三人承担债务不履行责任，显有矛盾。依本书观点，既然第三人与债权人、债务人签订了以自己特定财产清偿债务人债务的协议，应认定第三人有债务加入的意思表示，只不过第三人仅以代物清偿的方式加入债务，构成不规则的并存的债务承担。

④ 债务人与第三人承担按份责任的，对债权人不利，须经债权人同意方能成立。参见崔建远：《债法总论》，法律出版社 2013 年版，第 254 页。

⑤ 即当事人约定，新债务加入的，债权人可以对其中任一债务人主张债权，其实质是一种对人的选择之债。参见王洪亮：《债法总论》，北京大学出版社 2016 年版，第 465 页。

专题四

以物抵债中的债务不履行责任

上一章对以物抵债法律关系进行了全景式扫描，指出债务人应当首先履行新给付，新给付出现履行障碍的，债权人仍得请求原定给付。有观点认为，以物抵债中，债务人并不负有瑕疵担保责任，也不因此承担违反协议的违约责任，当事人只能就原债权债务关系主张权利。[①] 但若新给付履行一旦不符合约定，哪怕存在轻微瑕疵，债权人即请求原定给付，有违诚信原则，不利于债务人利益保护。于债权人而言，在很多情况下请求原定给付已属不能，债权人亦希望债务人继续履行新给付，并通过追究债务不履行责任以弥补损失。专题四要解决的问题是，新给付罹于履行障碍的，债权人能否请求债务人承担债务不履行责任？据以请求承担债务不履行责任的事实基础和请求权基础是什么？债务不履行责任形态是什么？债权人在何种情形下得请求原定给付？请求原定给付与债务不履行责任的关系是什么？

一、债务不履行责任之请求权基础认定

因债务不履行而产生的请求权作为次请求权，[②] 其成立必须具备相应的法律事实基础（有效的债权债务关系、债务不履行行为）和请求权规范基础。关于以物抵债中新给付义务之债务不履行责任，存在的疑问是，其据以发生的债权债务关系是什么？是基础债权债务关系还是以物抵债契约？这个问题的回答直接影响到请求权基础规范的检索和债务不履行责任形态的确定。在这个问题上，存在着不同的解释路径。

（一）有偿契约说之解释路径

传统民法上认为代物清偿契约为要物契约，新债成立、旧债消灭，纵使他种

① 陈永强：《以物抵债之处分行为论》，载《法学》2014 年第 11 期。

② ［德］迪特尔·梅迪库斯：《请求权基础》，陈卫佐、田士永、王洪亮、张双根译，法律出版社 2012 年版，第 30 页。

给付存在瑕疵，债权人也不能请求履行原定给付，而只能从新债中寻求救济。为确立新给付存在瑕疵时债权人寻求救济的请求权基础，传统民法上将代物清偿契约拟制为有偿契约，并基于有偿契约之性质，准用买卖合同瑕疵担保的规定提供救济。

至于代物清偿契约为何为有偿契约，不同学者描述不尽相同，但大都从新给付与原定给付构成对价交换关系的角度进行论证。黄立先生认为，修正后的债务乃对于原债务的履行，亦即以代替给付交换原请求权，故此契约为有偿转让契约。① 郑玉波先生认为，代物清偿在清偿人方面系以他种给付代替原定给付，在债权人方面系抛弃原定给付而受领他种给付，原定给付之抛弃，亦属于一种给付，可见当事人互为给付而取得利益，故为有偿契约。② 林诚二先生认为，代物清偿从清偿人方面系以他种给付代替原定给付，而在债权人方面而言，这是免除债务人之原定给付，而受领他种给付，原定给付之免除，亦属于一种给付，债权人之给付与债务人之给付，二者即有对价关系，故属于有偿契约。③ 可见，将代物清偿契约拟制为有偿契约的路径如下：第一，将他种给付的提供与原定给付的抛弃作为代物清偿契约的内容，将代物清偿契约实体化，使之与基础债权债务关系处于并驾齐驱的地位。第二，因他种给付之提供与原定给付之抛弃构成对价交换关系，因此代物清偿契约为有偿契约。第三，因他种给付属于代物清偿契约之给付，因此他种给付存在瑕疵的，债权人得以代物清偿契约为基础法律关系，并基于代物清偿契约的有偿契约属性，准用买卖契约相关规定寻求救济。

依有偿契约之解释路径，债权人获得新给付以放弃原定给付为代价，无论是将放弃原定给付描述为“免除”抑或“抛弃”，其结果都是原定给付确定归于消灭，纵使他种给付存在瑕疵，债权人也不得请求原定给付。在这里，债权人放弃原定给付成为将代物清偿契约拟制为有偿契约之关键要素。债权人受领他种给付以之为对价而使债之关系消灭，从而为代物清偿所给付之物或权利，虽有瑕疵，原债务既已消灭，不得请求履行，唯得基于有偿契约之性质，准用关于出卖人担

① 黄立：《民法债编总论》，中国政法大学出版社2002年版，第669页。
② 郑玉波：《民法债编总论》（修订二版），陈荣隆修订，中国政法大学出版社2004年版，第485页。
③ 林诚二：《民法债编总论——体系化解说》，中国人民大学出版社2003年版，第537－538页。

保责任之规定。[①] 但是，在代物清偿中，债权人是否有放弃原定给付之意，往往不得而知。纵使法律上得推定有此意思，从保护债权受偿的角度，也应以债权人获得无瑕疵之他种给付为前提。也就是说，若法律上将代物清偿契约拟制为有偿契约，当事人双方义务的履行也应当有先后顺序，在债务人全面适当履行新给付之前，债权人得拒绝履行自己的对待给付义务。若债务人之新给付有瑕疵的，债权人亦得拒绝履行自己的对待给付（抛弃原定给付）；既未抛弃原定给付，债权人当然可以主张原定给付。传统民法上将代物清偿契约拟制为双务有偿契约，且当事人之债务处于同时履行状态，剥夺了债权人在新给付瑕疵时请求原定给付的权利。即便依据传统民法观点，他种给付存在瑕疵的，债权人得解除代物清偿契约，并根据回复原状的有关规定辗转解释出债权人得请求原定给付。[②] 但是，这种解释面临两个难以解决的问题：第一，根据合同法基本原理，合同解除以根本违约为前提。他种给付瑕疵不构成根本违约的，一概剥夺债权人请求原定给付的机会，于以物抵债之本旨是否有违，不无疑问。第二，依传统民法观点，代物清偿契约解除后，纵使原定给付起死回生，原债权所附第三人担保也不能因此回复。[③] 这样，虽然原定给付“劫后余生”，但却从有担保债权变为了无担保债权，对债权人保护至为不利。这不得不说是传统民法上有偿契约说的一大弊端。

从债务人角度看，依有偿契约之解释路径，不论基础债权债务关系是否为有偿契约，因债权人抛弃原定给付与债务人为新给付构成对待给付，代物清偿契约恒为有偿契约，则无偿契约的债务人在代物清偿中要承担有偿契约的瑕疵担保责任，无疑大大加重了债务人的责任。典型的情况是，于原债务系赠与时，因赠与之物或权利如有瑕疵，赠与人不负担保责任，却因赠与人为代物清偿而需负担保责任，其结果自非妥当。[④] 在我国台湾地区及我国内地立法上，赠与人有任意撤

---

① 史尚宽：《债法总论》，中国政法大学出版社 2000 年版，第 815 页。

② 史尚宽：《债法总论》，中国政法大学出版社 2000 年版，第 819 页；黄立：《民法债编总论》，中国政法大学出版社 2002 年版，第 670 页。

③ 孙森焱：《民法债编总论》（下册），法律出版社 2006 年版，第 855 页。

④ 黄立：《民法债编总论》，中国政法大学出版社 2002 年版，第 669 页。

销权，受赠人并无实质意义上请求原定给付的权利，[①] 所谓的“抛弃原定给付”亦无从谈起，有偿契约说之弊端尚可克服。但在德国、意大利等不承认赠与人任意撤销权的立法例，受赠人有请求交付赠与物的权利，在代物清偿中，依有偿契约说，受赠人抛弃原定给付与赠与人提供他种给付构成对价有偿关系，赠与人因代物清偿而承担有偿契约之瑕疵担保责任的问题仍然无法消解。为此，有偿契约说不得不在无偿契约代物清偿问题上承认例外，有条件地向基础债权债务关系寻求答案。而一旦将代物清偿契约的有偿性与基础债权债务关系的性质挂钩，也就间接承认了代物清偿契约与新给付不能独立于基础债权债务关系，有偿契约说所苦心经营的他种给付瑕疵请求权基础也就宣告破产了。郑玉波先生修正后的观点指出，代物清偿性质上虽为契约，但其是否有偿及是否有瑕疵担保责任存在，应以原债务性质而定。如原债务系由有偿契约而生，则代物清偿仍为有偿契约，存在瑕疵担保责任的问题；倘原债务系因无偿契约（如赠与）而生，则代物清偿并不能变为有偿契约，也不能使债务人负瑕疵担保责任。因此，代物清偿本身应属于一种无色性之契约，系履行原有债务的一种手段，不具有有偿性或无偿性，因而也不能决定瑕疵担保责任的有无。[②] 郑玉波先生不局限于代物清偿契约本身，而是根据基础债权债务关系的性质来确定代物清偿契约的有偿与否，已经无限接近了问题的实质。但是，郑玉波先生仍然试图将他种给付瑕疵之请求权基础系于代物清偿契约，没有跳出传统观点的藩篱，一方面认为代物清偿契约作为履行原有债务的手段，不具有有偿性或无偿性；另一方面又认为代物清偿契约依据基础债权债务关系之有偿抑或无偿而异其性质，从其自相矛盾的表述可以看出其

---

① 关于赠与物权利移转前受赠人是否有请求权，学说上向有争议。但即使承认受赠人请求权的学者也认为其效力相当薄弱，与通称之自然债务，颇为相似。参见邱聪智：《新订债法各论》（上册），中国人民大学出版社 2006 年版，第 195 页。我国《合同法》第 188 条规定，具有救灾、扶贫等社会公益、道德义务性质的赠与合同或者经过公证的赠与合同，赠与人不交付赠与的财产的，受赠人可以要求交付。言外之意是，在一般性赠与中，赠与人不交付赠与的财产的，受赠人无权请求交付。

② 参见郑玉波：《论代物清偿与瑕疵担保》，载《法律评论》第 40 卷第 10 期，转引自王家福主编：《民法债权》，中国社会科学出版社 2015 年版，第 183 页。

意欲在传统民法框架内调和理论与实务的张力而表现出的纠结与迟疑。①

有偿契约说不仅于保护当事人利益至为不利，且容易造成法体系的不和谐。与新债清偿制度两相比较，或许更容易说明有偿契约说之缺陷。顺着将代物清偿契约实体化、有偿化的思路，传统民法上认为，在新债清偿中，债权人并未抛弃原定给付，而是债之并存关系，故新债清偿契约并非有偿契约，与代物清偿契约不同，因此对新债务不负出卖人之担保责任。② 如此，即便新给付存有轻微瑕疵，债权人亦不得请求债务人承担瑕疵担保责任，而只得请求原定给付。新债清偿与代物清偿一样，均为谋求原债受偿，均以获得他种给付之完满受偿为前提而放弃原定给付，既然代物清偿契约可拟制为有偿契约，为何新债清偿契约不可？若认为新债清偿中债权人在获得他种给付完满受偿前并未放弃原定给付，则相同的推定亦可以适用于代物清偿。二者制度目的与制度构造相同，但却性质迥异，颇为令人费解。从解释效果看，依有偿契约说思路，在代物清偿，债权人虽然取得了新给付瑕疵担保请求权，但却以放弃原定给付为代价；在新债清偿，债权人虽然保有了原定给付请求权，但却以放弃新给付瑕疵请求权为代价，一个失之东隅，一个失之桑榆，均非妥当之解释路径。

总之，有偿契约说之解释路径，将代物清偿契约实体化、有偿化、独立化并

① 在赠与合同中，当事人约定以他种给付代替原定给付的，是否成立以物抵债和代物清偿，不无疑问。传统民法上认为得成立代物清偿。唯依本书观点，以物抵债构成债的变更，因此只有非决定债的性质的给付发生变动，不影响原债的同一性的，方成立以物抵债，而决定债的性质的给付发生重大变动，破坏原债同一性，成立债的更改，而非以物抵债。赠与合同中，赠与人的给付作为赠与合同中的唯一给付，其变动构成债的要素之重要变动，原债关系丧失同一性，应成立债的更改，而非以物抵债。从制度功能看，以物抵债制度所要解决的主要是新给付的实际履行问题、新给付债务不履行救济问题、新给付不履行时请求原定给付的问题、请求原定给付时原债担保的存废问题等，这些问题在赠与合同中并不存在，故将赠与合同中给付变更纳入以物抵债不具实益。从实践看，以物抵债多发生在买卖、借贷等双务有偿合同中，因赠与合同给付变动发生纠纷的案例几无存在。故此，本书不将赠与合同中以他种给付代替原定给付的情形纳入以物抵债的范畴。但考虑到研究的周延性，在行文中涉及传统民法上相关论述时，也会顺便提及。另须说明的是，将赠与合同给付变动剔除出以物抵债家族，传统民法上代物清偿契约有偿说的逻辑矛盾仍然无法消解。因为即便认为赠与合同给付变动构成债的更改，依传统民法思路，债的更改同样为债权人放弃原定给付、债务人履行新给付，债权人放弃原定给付与债务人提供新给付构成对价有偿关系，故为有偿契约［参见郑玉波：《民法债编总论》（修订二版），陈荣隆修订，中国政法大学出版社 2004 年版，第 526 页；林诚二：《民法债编总论——体系化解说》，中国人民大学出版社 2003 年版，第 542 页；崔建远：《合同法学》，法律出版社 2015 年版，第 177 页］。因此，赠与人履行原定给付无须承担瑕疵担保责任、履行新给付却要承担瑕疵担保责任的困局仍然无法消解。要破解此种迷局，就必须对传统民法上的代物清偿契约有偿说、债的更改契约有偿说进行彻底检讨和全面清算。

② 黄立：《民法债编总论》，中国政法大学出版社 2002 年版，第 673 页。

作为他种给付瑕疵的请求权基础，割裂了代物清偿契约与基础债权债务关系的联系，违背了当事人真实意思，剥夺了债权人在某种条件下主张原定给付的权利。当事人达成代物清偿契约的根本目的是清偿原债务，并无成立有偿契约之意，将代物清偿契约拟制为有偿交易行为，解释的过程过于牵强附会和曲折离奇，偏离了当事人意思和真实交易图景，这就必然导致其在一些问题上解释乏力，甚至造成很不公平的后果。出现上述种种弊端的根本原因，在于传统民法从根本上误解了代物清偿契约的性质。有偿契约与无偿契约之区分乃债权契约之分类，而代物清偿契约为变更债之给付之契约，性质上属于处分契约、准物权契约，故代物清偿契约有偿说无异于张冠李戴、指鹿为马，解释的结果自难令人信服。

（二）变更契约说与清偿契约说之解释路径

传统民法认为代物清偿为要物契约，在新旧二债分立、新债成立、旧债消灭的理论假定下，新给付似乎为代物清偿契约所从出，新给付存在瑕疵的，也只能从代物清偿契约本身寻找请求权基础，于是不得不将代物清偿契约拟制为有偿契约，以求通过准用买卖契约瑕疵担保责任的途径为债权人提供救济。但正如上文指出的，代物清偿契约有偿说在理论上存在过度拟制的问题，在遇到实务问题时亦往往捉襟见肘，于是又不得不抱残守缺、缝缝补补，以至于积重难返，走入了理论的死角。

随着有偿契约说的理论缺陷暴露无遗，学界逐渐对代物清偿之他种给付瑕疵请求权基础问题进行再认识，清偿契约说与变更契约说应运而生。在变更契约说与清偿契约说看来，当事人达成代物清偿契约，无非是通过变更原定给付的形式寻求原债务的清偿，它只是为基础债权债务关系增加了新的给付，并没有产生新的债权债务关系，新旧给付协力服务于清偿基础债权债务关系的目的。因此，代物清偿契约没有改变基础债权债务关系的同一性。在变更契约说与清偿契约说的检视下，代物清偿契约的使命无非是为基础债权债务关系的清偿作出安排，是实现原债权的手段和桥梁，代物清偿契约所达成的成果和安排都归附于基础债权债务关系，不会产生属于自身的给付，无法获得与基础债权债务关系并驾齐驱之地位。因此，代物清偿本身应属于一种无色性之合同，为有偿契约或无偿契约之履行方法,[1] 其自身并无有偿或无偿可言。新给付既然为基础债权债务关系之给付，新给付瑕疵的请求权基础当然应依基础债权债务关系而定，当新给付存在瑕疵或出现其他债务不履行形态时，因清偿基础债权债务关系的目的不达，债权人可依据基础债权债务关系要求债务人承担相应责任。具体而言，当债务人不履行新给付的，债权人可以要求强制执行新给付，也可以无须解除以物抵债契约而直接请求履行原定给付；当新给付存在瑕疵的，债权人可以请求债务人承担瑕疵担保责任，也可以在特定情形下请求债务人履行原定给付，直至达到清偿原债权的目的。

若将代物清偿中新给付债务不履行之请求权基础系于基础债权债务关系上，则有偿契约说面临的一切问题都可以迎刃而解。第一，在传统民法上，代物清偿和新债清偿在代物清偿要物说误导下分道扬镳成为不同的法律制度，而在路径依赖进一步强化下，二者的区分更是势同水火。实质上，代物清偿与新债清偿有相同的制度目的和制度手段，同大于异，在诺成说和变更契约说的双重检讨下，二者的区别更是仅具形式意义。从二者都是将新给付作为清偿原债务的手段，在新给付清偿前都不欲使基础债权债务关系消灭的角度看，新给付不履行之请求权基础都在于基础债权债务关系，与代物清偿契约与新债清偿契约本身无涉，代物清偿契约有偿而新债清偿契约无偿的理论尴尬也就在无形中消解了。第二，将新给付债务不履行的请求权基础回溯于基础债权债务关系，也消除了无偿契约因代物清偿而可能过分加重债务人责任的担忧。在以物抵债中，债务人对新给付所承担的责任概由基础关系所决定，即在新给付物存在瑕疵的情形下，债务人承担的责任不应当超出所负担之原定给付出现瑕疵情形。[2] 若基础债权债务关系为有偿契约，则债务人应依有偿契约之有关规定承担新给付债务不履行责任；若基础债权债务关系为无偿契约，则债务人仅须依据或参照赠与合同的有关规定承担责任，而无须承担买卖合同中的瑕疵担保责任，则为当然。第三，新给付与原定给付共

---

① 陈自强：《无因契约债权论》，中国政法大学出版社 2002 年版，第 290 页。郑玉波先生也认为代物清偿契约为无色性契约，但其认为代物清偿契约之有偿与无偿依基础债权债务关系性质而定，原债务为有偿，则代物清偿契约为有偿契约，反之则为无偿契约，其色性与原债务共进退，因此与其说是无色性之契约，不如说是变色性之契约。究其本质，仍然是从代物清偿契约本身寻求他种给付的请求权基础，仍不脱传统民法观点之窠臼。

② 杜景林：《德国债法总则新论》，法律出版社 2011 年版，第 116 页。

同服务于基础债权债务关系，新给付不履行的，原定给付与基础关系不消灭，因此新给付不履行或存在瑕疵时，债权人基于基础债权债务关系，既可以从新给付获得救济，亦可以无须解除代物清偿契约而直接请求原定给付，直至基础债权债务关系获得清偿。而原债的担保作为基础债权债务关系中债务的担保，代物清偿契约并不导致基础关系及所附担保权消灭，只要债权人不能从任何一个给付中获得完满清偿，债务人之债务就未完全履行完毕，担保人亦难辞其责。代物清偿中原定给付及担保权消灭给债权人造成损失的问题也就从根本上解决了。

二、新给付债务不履行责任形态

以物抵债不影响基础债权债务关系的同一性，新给付履行障碍之债务不履行责任概应依据基础债权债务关系寻求请求权基础，这就使得新给付与原定给付履行障碍的救济途径趋同化了。但是，他种给付毕竟不同于作为基础关系“原配”的原定给付，尤其是新给付的形态一般异于原定给付，故债务不履行责任形态方面也存在差异。以下就新给付债务不履行责任之具体形态作一简要探讨。

（一）新给付不适当履行之债务不履行责任

1. 瑕疵担保责任的违约责任化

依传统民法，新给付瑕疵履行的，债权人可参照买卖合同相关规定请求债务人承担瑕疵担保责任。依本书观点，在有偿合同中，新给付瑕疵履行的，亦可以适用参照买卖合同的相关规定。新给付瑕疵履行时，债务人的责任究竟为瑕疵担保责任抑或债务不履行责任，学说上不无争议。关于瑕疵担保责任的检讨不是本书的研究范围，但因在论及以物抵债中他种给付瑕疵的救济时无法回避，故在此简要阐释。

在大陆法系传统民法上，债务不履行责任与瑕疵担保责任是两种独立的责任形态。在罗马法上，出卖人对出卖标的物负追夺担保和物的瑕疵担保责任，即应担保买受人的占有不被他人所追夺，否则被追夺的买受人可以提起担保诉；同时，出卖人应担保标的物无隐匿瑕疵和重大瑕疵，否则，买受人可因标的物瑕疵而提起撤销诉或减价诉。当诺成买卖成为专门契约，有了专门的诉权时，从此买受人可以不撤销、不请求减价，而根据不履行债务用“购买诉”要求损害赔偿。这样，买受人可根据情况在撤销诉、减价诉与购买诉三者之中择一起诉。但瑕疵担保责任只适用于特定物，诉讼时效较短，而购买诉是永久诉，可以适用于特定物和种类物，当事人并可请求赔偿一切损失。鉴于购买诉的优越性，撤销诉和减价诉随之逐渐消失。[①] 后世多数大陆法系国家和地区民法典继承了债务不履行责任与瑕疵担保责任双轨制的立法模式，而英美法系国家契约法大多只规定了违约责任这一种给付障碍的救济方式。

在大陆法系民法上，瑕疵担保责任是一种有别于债务不履行责任的特别法定责任，债务不履行责任采过错责任原则，而瑕疵担保责任则属无过错责任，且两种责任在适用条件、责任形式、诉讼时效等方面也存在明显区别。晚近以来，随着债务不履行责任逐渐转采严格责任、债务不履行责任形式的统一以及责任承担方式的多样化，债务不履行责任与瑕疵担保责任在制度价值、归责原则与救济机制等方面逐渐趋同，瑕疵担保责任独立存在的制度价值逐渐消失。特别是随着国际商事交往的不断深入，统一国际商事交易规则和救济方式的需求不断增强，尤其是伴随着英美经济强势而出现的制度外溢效应的进一步显现，统一的违约责任救济方式在国际货物买卖中越来越受到青睐。比如，《联合国国际货物买卖合同公约》没有规定瑕疵担保责任，而是从合同不履行的一般概念出发，来考虑各种补救方式，只要出卖人交付的货物不符合合同约定，除因具有法定的免责事由可以免责以外，出卖人应负不履行合同的责任，买受人可以寻求各种违约补救方式。[②] 在大陆法系国家，将瑕疵担保责任纳入债务不履行责任、构建统一的更具包容性的债务不履行责任体系的呼声不断高涨。2002 年德国债法现代化改革一个重要内容就是取消买卖上的特别担保权法，将以前在债法分则中单独调整的瑕疵担保规则，一并统合到了一般债法之中。但是，新债法仍然在买卖法和承揽合同法的瑕疵担保权方面作出了一些特殊规定，如减价权、特殊的时效规定等，但这并不能改变瑕疵担保责任已经被整合到《德国民法典》一般给付障碍法体系中的这样一个既定事实。[③] 代表当前欧洲民法最新理论研究和实务成果的《欧洲

---

① 周枏：《罗马法原论》（下册），商务印书馆 2014 年版，第 774 - 782 页。

② 王利明：《合同法研究》（第二版，第三卷），中国人民大学出版社 2015 年版，第 108 页。

③ 杜景林：《德国债法总则新论》，法律出版社 2011 年版，第 144 - 145 页。

示范民法典草案》在第三卷第三章专门规定了统一的债务不履行救济措施，包括债务人对履行不符合规定的补救、请求强制履行、拒绝对待履行、解除合同、减少价款、损害赔偿等，囊括了传统民法上的瑕疵担保责任，同时在第四卷第一编“买卖合同”部分，就消费品瑕疵担保的一些特殊问题作出了规定。[①]

我国《合同法》没有规定独立于债务不履行责任的瑕疵担保责任，而是规定出卖人负瑕疵担保义务，标的物存在权利瑕疵或质量瑕疵的，适用统一的违约责任制度救济。存在一种观点，其认为，《合同法》未以瑕疵担保责任作为违约责任的特则，同时认为瑕疵担保责任相对独立存在，认可瑕疵担保责任与违约责任存在竞合现象，由买受人自主选择究竟让出卖人承担哪种责任。[②] 但多数学者认为，由于我国《合同法》实行严格责任原则，普通的违约责任已不再是过错责任，瑕疵担保责任也已违约责任化，已纳入违约责任的范畴，丧失了其固有的独特性。[③] 我国法奉行的是违约责任单轨制，而不是违约责任与瑕疵担保责任并存的双轨制。我国法上的违约责任概念是一个统一的概念，应当作统一的解释，不宜人为地制造分裂。解释论上主张物的瑕疵担保责任相对独立存在，是在变相地肯定双轨制，本身是一种叠床架屋的构造。[④] 采纳此种模式有利于协调瑕疵担保责任制度与一般的违约责任制度的关系，也有利于强化对非违约方的救济。而且，采纳此种模式符合合同法的发展趋势，因为通过统一的不适当履行的责任制度解决各种瑕疵履行问题，不针对瑕疵履行单独设置救济方式，也是当代法律发展的一种新的趋势。[⑤]

2. 新给付不适当履行责任的具体形态

依变更说，以物抵债不破坏原债同一性，新给付是基础债权债务关系的给付和原定给付的替代形态，这意味着：第一，新给付瑕疵履行应当依基础债权债务关系寻求请求权基础，从而，基础债权债务关系的性质决定新给付债务不履行责任的有无。亦即，若债务人对原债瑕疵履行不承担债务不履行责任，则对新给付

---

① 参见欧洲民法典研究组、欧盟现行私法研究组编著：《欧洲示范民法典草案：欧洲私法的原则、定义和示范规则》，高圣平译，中国人民大学出版社 2012 年版，第 196 – 207 页，第 230 – 235 页。

② 崔建远：《物的瑕疵担保责任的定性与定位》，载《中国法学》2006 年第 6 期。

③ 韩世远：《合同法总论》（第四版），法律出版社 2018 年版，第 751 页。

④ 韩世远：《合同法总论》（第四版），法律出版社 2018 年版，第 555 页。

⑤ 王利明：《合同法研究》（第二版，第三卷），中国人民大学出版社 2015 年版，第 108 页。

亦不负瑕疵责任；若对原债承担瑕疵履行的债务不履行责任，则对新给付瑕疵履行亦应承担同样的债务不履行责任。例如，依我国《合同法》及我国台湾地区“民法”的相关规定，赠与合同中，赠与人对赠与物瑕疵不负瑕疵担保责任或债务不履行责任，故赠与合同以物抵债的，赠与人对新给付瑕疵亦不承担瑕疵担保责任或债务不履行责任。第二，因新给付乃原定给付的替代形态，故对新给付瑕疵履行的救济力度原则上应相当于对原定给付债务不履行的救济水平，亦即对新给付瑕疵履行救济的结果应相当于原定给付的价值，一般不得多于或少于。这与一般的瑕疵履行的债务不履行责任有所不同。根据《合同法》第 61 条、第 62 条、第 111 条之规定，若当事人没有约定，债务人应按照国家标准、行业标准、通常标准等相关质量标准履行债务，否则应承担债务不履行责任。在以物抵债中，根据意思自治原则，新给付价值大于原定给付的，自应当允许。若新给付存在质量瑕疵或不符合相关质量标准，但折价后仍大于或等于原定给付价值的，仍应免予承担债务不履行责任，除非新给付瑕疵导致合同目的不能实现。若有瑕疵的新给付标的物折价后低于原定给付价值的，则赔偿的数额应达到相当于原定给付价值的水平，而无须达到新给付如同无瑕疵时的水平。但是，若新给付价值本来就低于原定给付价值的，新给付存在瑕疵时，应按照相关质量标准承担债务不履行责任，亦即债务不履行救济应达到相当于无瑕疵新给付标的物的价值水平，而无须达到原定给付的价值水平。

虽然新给付与原债和原定给付密切相关，但因新旧给付形态不同，债务不履行责任形态也表现出明显差异。因以物抵债多发生在买卖和借贷中，故本书以买卖合同和借贷合同中的以物抵债为例，说明新给付不适当履行的责任形态问题。

在买卖合同中，价款不存在履行不能和瑕疵履行的问题，故买受人不支付价款的，可要求其承担继续履行的责任。但价款通过以物抵债形式支付的，则可能存在瑕疵履行的问题。此时，因买卖合同为有偿合同，新给付瑕疵可参照买卖合同的有关规定处理，同时，因买卖合同瑕疵担保责任已被债务不履行责任吸收，故新给付瑕疵亦可适用我国《合同法》第 111 条、第 112 条关于不适当履行的债务不履行责任的相关规定。

在使用借贷合同中，使用借贷为无偿契约，主要系就贷与人而言；至于借用人，则无偿而获利益（纯获利益），其地位犹较出租人为优厚。因此，借用人应以善良管理人之注意保管借用物并负返还义务。借用人违反善良管理人之注意义务，以致借用物毁损、灭失的，除其系依约定之方法或依物之性质而定之方法使用借用物致有毁损、灭失的，借用人应付损害赔偿责任。此之损害赔偿责任，为债务不履行责任。[①] 借用人以物抵债的，新给付瑕疵时，债务人亦应承担相应的债务不履行责任。因使用借贷中新给付与原定给付形态多为相类，故债务不履行的责任形态也可通用。依使用借贷的性质，在新给付瑕疵时固可适用损害赔偿责任，但《合同法》第111条规定的修理、更换等不适当履行的责任形式，亦可适用于使用借贷中。

在消费借贷合同中，借用人同样负返还义务。在无偿消费借贷中，借用人负返还同类借用物之义务；在有偿消费借贷中，除返还同类借用物外，还有支付报偿的义务。因消费借贷的标的物为种类物，一般不会发生履行不能的问题，故债务不履行责任多体现为继续履行的责任。遇有个别情况，若借用人不能以种类、品质、数量相同之物返还者，在比较法上，当事人得依约定，以其物在返还时、返还地所应有的价值偿还之。唯其适用的结果，以金钱代替原定实物给付，意义上具有法定任意之债之性质。[②] 若当事人约定借用人以他种给付物代替原定给付返还的，成立以物抵债，借用人须对他种给付之不适当履行承担债务不履行责任。此时，新给付与原定给付之债务不履行责任形态判然有别，《合同法》第111条规定的相关责任形态均有适用的余地。

我国《合同法》为不适当履行提供了多种救济方式，包括但不限于修理、更换、重作、退货、减少价款或者报酬（《合同法》第111条）、赔偿损失（《合同法》第112条）、拒绝接受标的物或者解除合同（《合同法》第148条），等等。这些债务不履行责任形式能否适用于以物抵债，要作具体分析。一般来讲，减少价款或者报酬的责任形式与以物抵债的性质不相符合，在新给付瑕疵时无适用余地。新给付标的物存在瑕疵的，债权人可以接受标的物并要求债务人修理。如果新给付瑕疵不能为债权人接受，债权人可以行使拒绝受领权，并要求债务人重作、更换，已经接受标的物的，可以要求债务人退货。当然，债权人享有的完

① 邱聪智：《新订债法各论》（上册），中国人民大学出版社2006年版，第351页。

② 邱聪智：《新订债法各论》（上册），中国人民大学出版社2006年版，第372页。

全履行请求权在行使上还应当受到诚信原则的限制，在违约责任方式选择上须具有合理性。[①] 在出卖人交付货物不符合合同规定的情形，也就是在出卖人不良给付的情形，买受人的履行请求权是受到限制的，其只有在不良给付构成根本性合同侵害之时，始能请求替代性给付。[②] 也就是说，在标的物存在轻微瑕疵的情况下，债权人首先应当选择修理等救济途径，只有在严重瑕疵情况下，才能选择更换、退货等救济途径。需要注意的是，《合同法》第111条所谓的“退货”实质上是债务人行使拒绝受领权的效果之一。不过，由于拒绝受领权通常只能发生一时阻止清偿效果发生的效力，如果债权人不愿意继续受领将来提供的履行，则必须通过解除合同的方式来达到目的。退货实为拒绝受领权行使的表现，而非合同解除的溯及力的表现。[③] 在债权人解除合同的情况下，应当把已经受领的标的物返还债务人，但此时的返还与《合同法》第111条所说的“退货”有本质不同。如果债务人的瑕疵给付给债权人造成损失的，债权人可以请求债务人赔偿损失。

需要讨论的是，在新给付存在瑕疵的情况下，债权人能否解除合同？在以物抵债中，存在两个合同，即以物抵债合同与原债合同。以物抵债合同为处分契约，在达成的同时也就完成了使命，新给付自动成为基础债权债务关系的一部分，故以物抵债契约不可解除。新给付存在瑕疵致使以物抵债目的不达的，债权人可以行使拒绝受领权，此时基础债权债务关系因未受清偿而不消灭，债务人有继续履行原定给付的义务，故债权人可以不经解除以物抵债合同而直接请求债务人为原定给付。

既然新给付作为原债合同的标的，在新给付存在瑕疵的情况下，债权人能否直接解除原债合同？根据《合同法》第94条和第148条之规定，标的物不符合质量要求致使合同目的不能实现的，债权人方得解除合同。以物抵债中，如果新给付标的物存在严重瑕疵致使不能实现合同目的的，债权人仍可以请求债务人为原定给付。如果债权人通过请求原定给付仍可以受偿的，不能认为合同目的不能实现，因此不能径直解除原债合同。特别是原债合同中债务人债务是金钱债务的，若新给付存在严重瑕疵，债权人可以要求债务人履行原金钱债务，一般不存

---

① 韩世远：《合同法总论》（第四版），法律出版社2018年版，第553－554页。

② 杜景林：《德国债法总则新论》，法律出版社2011年版，第143页。

③ 韩世远：《合同法总论》（第四版），法律出版社2018年版，第553页。

在合同目的不能实现的问题。但是，如果原定给付是非金钱债务，且已确定无法履行或即便履行也不能实现合同目的的，债权人可以不经请求原定给付而径行解除合同。也就是说，只有在请求新给付和原定给付都不能实现合同目的的，债权人才有权解除原债合同。

（二）新给付不履行之债务不履行责任

以物抵债采诺成说后，在非即时履行的以物抵债协议中，可能会出现迟延履行、拒绝履行、不完全履行等违约形态。债务人迟延履行、拒绝履行新给付或不完全履行新给付的，债权人能否请求继续履行？有学者认为，以物抵债协议达成后，债务人有履行新给付和原定给付的选择权。[①] 之所以如此，是因为以物抵债协议达成后，履行新给付对债务人而言显然更为有利，其在签订以物抵债协议后又反悔而履行旧债务的，实质上是放弃了对自己有利的债务履行方式；而债务人履行旧债务，对债权人而言一般更为有利，或者至少是符合债权人在与债务人之间成立旧债务时的预期。因此，债务人受到以物抵债协议的拘束应当有所限制，即债务人即使在以物抵债协议成立并生效后，也可以随时反悔而选择履行旧债务。[②] 这种观点实质上否认了债权人请求强制执行新给付的权利。因为债务人不履行新给付，完全可以认为债务人是在行使“反悔权”。

本书认为，这种结论的得出过于武断。履行新给付是否对债务人有利不能一概而论，放弃履行新给付而选择履行原定给付也未必是放弃了对自己有利的债务履行方式。通常情况下，理性的债务人不会放弃对自己有利的债务履行方式而选择于己不利的履行方式。债务人履行旧给付是否对债权人有利也不能一概而论。极端的例子是，如果债务的迟延履行导致原定给付对债权人毫无意义的，如果强迫债权人接受原定给付，会造成对债权人极端不公平的结果。在有的情况下，新给付的价值包含了债务人迟延履行原定给付给债权人造成的损失，此时新给付的价值可能会高于原定给付。如果债务人反悔而履行原定给付，对债权人更无有利可言。在这种情况下，即便债务人履行原定给付，同样也要赔偿债权人因违约而

① 刘敏：《新债与旧债的关系：以物抵债适用规则研究》，载《华南理工大学学报》（社会科学版）2018 年第 3 期。

② 司伟：《债务清偿期届满后以物抵债协议的性质与履行》，载《人民司法·案例》2018 年第 2 期。

造成的损失，以及缔结以物抵债协议给债权人造成的损失和增加的费用，这样对债务人反而更不利。债务人选择履行原定给付还有可能打乱债权人基于以物抵债协议而作出的其他事务安排。债权人有可能为受领他种给付作出了必要的准备，比如，为了接受货物而租赁仓库，为了接受债务人用于抵债的牲畜而修建了圈棚。在很多情况下，债权人接受以物抵债并不是为了获得抵债物，而是通过变现抵债物实现原定债权。如果债权人为了变现抵债物而与他人达成了买卖合同，债务人反悔而履行原定给付的，必然陷债权人于违约的境地。更何况，债务人反悔还可能给债权人造成其他纯粹经济损失。比如，债权人已经决定将抵债的房屋作为婚房，如果债务人违约，债权人可能会推迟结婚计划，或者要买一套新的婚房，但会因房价的升值而遭受经济损失，等等。因此，在很多情况下，债务人反悔并履行原定给付，会给债权人造成很不利的后果。而债权人因债务人反悔造成的损失或因缔结以物抵债协议而增加的费用，很多情况下都要落到债务人头上。总之，赋予债务人反悔权，不允许债权人请求强制执行新给付，无论对于债权人还是债务人，都可能造成不利影响。而赋予债权人请求强制执行新给付的权利，不仅符合当事人意思，还避免了在他种给付与原定给付之间来回行使请求权的繁复和由此导致的不必要的损失，不失为双赢选择。

上述观点假定“债务人放弃履行新债务而主动履行旧债务”，在很多情况下，债务人放弃履行新给付并不必然伴随主动履行旧给付，而是新旧给付同时陷于迟延履行的状态。在这种情况下，从保护债权的制度功能出发，更有必要赋予债权人强制执行新给付的权利。尤其应当看到，在很多情况下，当事人之所以达成以物抵债协议，是因为债务人履行原定给付出现了困难，而他种给付的履行至少在订立以物抵债协议之时有履行的现实基础。此时，请求债务人履行新给付是债权人实现债权的最佳途径。如果债务人嗣后不履行新给付，债权人不能强制执行新给付而只能请求履行原定给付，在请求原定给付不获履行时，再请求强制执行债务人的一般责任财产偿债，无疑增加了债权人的负担，也不符合诉讼经济的原则。而且，在债务人没有其他财产可供执行的情况下，就原定给付寻求救济的最终结果可能还是要强制执行债务人的新给付标的物或者以新给付标的物抵债，与其如此，还不如当初直接赋予债权人请求强制执行新给付的权利。当然，如果债务人反悔并主动履行原定给付，债权人接受的，可以认为当事人就债务清偿问题达成了新的安排，理应尊重当事人意思自治。

在新给付与原定给付价值相当，或者新给付低于原定给付价值的，债务人不履行新给付时，债权人请求继续履行新给付无异于主动放弃较高价值的原定给付，不会给债务人造成不利后果，法律上自当允许。但是，如果抵债物价值高于原定债权，债权人能否申请强制执行新给付？强制执行后超出原定给付价值的部分如何处理？他种给付可分的，如果部分履行已经能够满足原债权，债务人拒绝履行剩余的他种给付的，债权人能否请求继续履行？

第一种情况是，在达成以物抵债协议后，他种给付标的物的价值发生了升值。此时，如果把以物抵债协议看作一个普通的交易，则问题的答案显而易见，即升值利益归债权人所有。因为在正常交易中，交易达成后标的物价格波动实属常事，一般不会影响交易的继续履行。特别是在商事交易中，标的物价格的变动是商主体博弈的主要手段甚至是交易的唯一目的，当事人正是通过标的物价格变动的预期以及预期的实现来达到逐利的目的。在这样的交易中，标的物价格的升降对当事人而言互为收益与风险，债权人既然承担了标的物价格下降的风险，标的物价格上升的收益当然也归其享有。因此，如果一项契约要求在一个指定日期以每蒲式耳小麦 3 美元的价格交货，那么指定日期的小麦价为每蒲式耳 6 美元这一事实不会影响当事人履约，因为当事人双方已明显地意在将价格变动的风险转移到了供应者身上。[①] 在以物抵债中，如果新给付标的物嗣后价格上涨的，债权人同样可以请求强制执行新给付，且升值利益归债权人所有。因为如同在普通交易中一样，物价的损益消长完全可以为债务人所预见，债务人同意以物抵债的，可以认为债务人放弃了抵债物升值的利益。从另一个角度看，如果抵债物在以物抵债协议达成后价格下降的，债权人也同样没有反悔而径行请求原定给付的权利，这对当事人来讲是公平的。以物抵债的，往往是原债务已经陷于迟延履行状态，此时抵债物的升值利益可以看作是对债权人迟延履行损失的补偿，因为债务人如果能够正常履行原债务，债权人可能会在原债权实现后选择进行同样的投资，从而获得与抵债物升值利益同样的利益。如果债权人不能请求强制执行新给

① ［美］理查德·A. 波斯纳：《法律的经济分析》（上册），蒋兆康译，中国大百科全书出版社 1997 年版，第 131 页。

付，而是赋予债务人以反悔权，则债务人有可能在抵债物升值后选择履行原定给付，而在抵债物价值下降后选择履行新给付，债务人可以坐拥市场价格变动的实惠而无须承担任何风险，违反了利益与风险相一致的原则，以物抵债制度也必然会沦为债务人机会主义行为的附庸。

第二种情况是，当事人达成以物抵债协议时，新给付的价值就超过了原定给付的价值。本书认为，此种情况下，债权人同样可以请求强制执行新给付，且不负清算义务。当事人达成以物抵债协议，是协商一致的结果，当事人的意思自治应当受到尊重，法律不能粗暴干涉。在双务合同中，当事人为缔约而接触时，债权人可能会利用自身优势地位或债务人的窘迫状态达成不利于债务人的交易，此时债务人利益有予以特别关注的必要，法律遂赋予债务人特定条件下撤销交易的权利。但是，在债权债务关系成立且债权人履约后，债权人与债务人之间的攻守关系发生了变化，债权人没有任何要挟债务人的抓手，反而可能陷于任债务人摆布的境地。此时，债务人因对待给付陷于迟延而达成以物抵债协议的，一般不存在债权人强制债务人的情况。债务人作为理性人，在意志自由的情况下同意履行比原定给付价值更高的他种给付，通常应当认为履行他种给付比履行原定给付更符合债务人的利益。比如，在债务人出现融资困难而现金流紧张的情况下，选择以物抵债可能是出于融通资金的需要。此时，他种给付高出原定给付价值的部分，可以认为是债权人为债务人提供资金融通而获得的利息收入。再如，履行他种给付对债务人来讲可能就是处理一批滞销的商品。虽然他种给付的市场估价要高于原定给付价值，但是他种给付标的物的成本与原定给付相比仍然要低，此时以物抵债对债务人来讲仍然有利润可图，而且省却了营销成本。债务人达成以物抵债协议既然是自由意志的产物，法律上自无倾斜保护的必要。尤其应当看到，他种给付的价值高于原定给付，往往包含了当事人复杂的交易安排，可能是当事人将债务人违约的损害赔偿额或者抵债物的变现成本计算在内了，也有可能是当事人为了维持长久的商业关系而作出的策略上的安排，还有可能是当事人之间的交易惯例，只要不违反法律强制性规定和公序良俗，法律自无干涉的必要。当然，如果债权人胁迫债务人在违背自由意志的情况下达成了以物抵债协议，债务人可通过行使撤销权以保护自身利益。此时，债权人当然不能请求继续履行新给付，而是只能请求履行原定给付了。

新给付履行不能的，债权人可以根据《合同法》第 112 条的规定，请求债务人赔偿损失，也可以请求债务人履行原定给付。

三、请求原定给付的若干具体问题

上文指出，达成以物抵债协议后，债务人不履行新给付或者履行新给付不符合约定的，债权人可以就新给付主张债务不履行责任，亦可以在特定情形下请求债务人为原定给付。债权人在何种情况下得请求债务人为原定给付？请求原定给付是否须以解除以物抵债协议为前提条件？原定给付的诉讼时效如何计算？本节就以物抵债中请求原定给付的若干具体问题作一探讨。

（一）请求原定给付的条件问题

1. 各种观点述评

关于债权人在何种条件下可得请求债务人履行原定给付的问题，观点不一，计有三种可供选择之标准。一是任意选择标准。这种观点认为，当事人达成以物抵债协议后，债权人对请求原定给付还是请求新给付有选择权，实质上就是把原来的简单之债变成了债权人有选择权的选择之债。[①] 二是一般违约标准。这种观点认为，只要债务人没有按照以物抵债协议的要求履行新给付，债权人就可以请求原定给付。在有履行期的以物抵债协议，债务人届期未履行新给付，债权人即可请求原定给付。新给付存在瑕疵的，债权人也可以不经债务人补正而直接请求原定给付。三是以物抵债目的不能实现标准。这种观点认为，在协议的履行问题上，债权人的选择应受到必要限制，一般应先行使新债务履行请求权，若新债务届期不履行，或者新债务虽未明确约定履行期，但债务人明确表示或者以自己的

---

① 在光伏电力公司与浙江科技公司债权转让合同纠纷一案裁判中，最高人民法院认为：债权人对债务人光伏电力公司不能以金钱给付的方法履行债务时，可以用资产抵债的方式即光伏电力公司电站的部分股权清偿债务。但双方对具体如何以资产抵债未作明确约定，亦未另行协商形成合意，在此情况下，科技公司应有清偿方式的自由选择权。……将《债权转让协议》中以电站部分股份代物清偿的约定，理解为债权人只能主张以电站部分股份折价抵债，会导致对债权人实现债权的限制和约束，不符合当事人签约本意，亦有悖于诚实信用和公平原则。光伏电力公司应当根据科技公司的请求，以金钱给付方式履行还款义务。光伏电力公司主张以电站部分股权抵付欠款的上诉理由，不能成立。参见最高人民法院（2015）民二终字第 42 号判决书。

行为表明不履行新债务，致使以物抵债协议目的不能实现时，债权人有权请求债务人履行旧债务。[①] 依照相同的思路，当新给付存在瑕疵时，不能当然允许债权人请求原定给付，只有在新给付存在瑕疵致使以物抵债协议目的不能实现时，才能请求履行原定给付。

各种观点出发点不同，均具有一定的合理性，但也存在不同程度之缺陷。债权人自由选择标准认识到以物抵债协议的根本目的在于实现债权，债权人利益在以物抵债中处于优先保护之地位。但是，根据各国法律规定和一般法理通说，除非当事人另有约定或法律另有规定，选择之债之选择权属于债务人。传统民法上将选择权归于债务人，是因为债务的履行，其给付必须先行确定，且此种履行一般还须具备一定条件，因而从保证债务人的利益和确保债的顺利履行而言，选择权宜属于债务人。[②] 当事人达成以物抵债协议的，债务人对履行新给付有期待利益，债权人若任意选择清偿方式，必然损害债务人的合理预期。特别是在债务人为履行新给付作出准备的情况下，债权人选择原定给付必将会使债务人蒙受不测之损害。关于自由选择标准的弊端，本书第三章已经作出详细探讨，此处不再赘述。

一般违约标准顾及了多数情况下当事人达成以物抵债协议时债务人已经陷于迟延的事实，有利于督促债务人及时按照以物抵债协议履行新给付，有利于尽快实现债权。但是，只要债务人陷于迟延或者新给付有轻微瑕疵，哪怕是轻微违约，债权人即可主张原定给付，有违诚实信用原则。债权人达成以物抵债协议后反悔的，完全可以对新给付吹毛求疵，进而请求债务人履行原定给付。特别是在债务人已经做好履行新给付准备的情况下，债权人拒绝接受新给付可能会给债务人造成重大损失。

以物抵债目的不能实现标准较为符合当事人真实意思状态，既充分保护了债务人对履行新给付的期待利益，也给债权人在债务人不履行新给付时以救济机会，在利益衡量上对债权人和债务人均有所兼顾。但以物抵债目的不能实现标准也有若干值得检讨之处。第一，以物抵债协议目的不能实现的提法过于烟云模

① 司伟：《债务清偿期届满后以物抵债协议的性质与履行》，载《人民司法·案例》2018 年第 2 期。另见最高人民法院（2016）最高法民终字第 484 号判决书。

② 王家福主编：《民法债权》，中国社会科学出版社 2015 年版，第 70－72 页。

糊，容易滋生疑义，有待于作出进一步阐释。通常情况下，以物抵债的唯一目的即为偿还基础债权，除此之外没有自身目的。但是，以物抵债有时也会产生独立于偿债目的的自身目的。如甲欠乙100万元金钱债务，商定以A房屋抵债，乙接受抵债是为了将A房屋作为婚房，并将该目的披露给甲，但甲未按约定日期交房，致使乙将A房屋作为婚房的目的不能实现。此时，虽然偿债的直接目的可得实现，但债权人通过以物抵债欲达到的根本目的却无法实现，此时，以物抵债的根本目的与直接目的发生了冲突，债权人能否拒绝接受A房屋而请求100万元现金债务？第二，目的不能实现标准很显然是意欲类推适用合同解除的法定事由。但在我国《合同法》上，拒绝履行、迟延履行+催告、合同目的不能实现是三项独立的法定合同解除事由，而论者很明显将三个合同解除事由揉合成了一条事由，且将合同目的不能实现作为其他两个事由的前置性、限定性事由，实质上是将合同目的不能实现作为合同解除的唯一事由，明显曲解了《合同法》关于合同解除事由多元安排的立法目的。第三，在法定合同解除事由中，债务人违约致使不能实现合同目的的，债权人可以解除合同固无疑问。但在债务人迟延履行主要债务经催告后仍未履行、债务人明确表示或者以自己的行为表明不履行主要债务的，虽然通过强制执行仍有可能达到合同目的，但如此对守约的债权人过于苛刻，法律上遂赋予债权人请求继续履行和解除合同的选择权，以利于债权人在债务人根本违约的情况下及时从合同中解脱出来。在债务履行期届满后的以物抵债中，债务人本来就陷于迟延，以物抵债应以保障债权受偿为主要目的，法律的天平相应地也应该向债权人倾斜，若将合同目的不能实现作为请求原定给付的唯一事由，债权人处境反而不如面对违约的普通债权人，利益衡量明显有失偏颇。

2. 克减的根本违约标准的提出

在债法上，一直存在两种从根本上一致但在个案中并非总是琴瑟和谐的价值取向，即交易安全与交易自由。在商业社会，债权的顺畅满足是交易安全的一个重要指标，是市场经济体制成熟与完善的重要标志，也是降低交易成本、鼓励市场交易的治本之策。若债权不受尊重、债权实现困难重重，交易必将窒碍难行，债权人亦必穷尽各种手段确保债权实现，由此导致交易成本大大增加，并使交易自由受到极大限制。而若债权普遍受到尊重、债权实现畅通无阻，则交易成本必将大大降低，交易自由也必将更容易实现。反过来，交易自由对交易安全也会形成正向激励效应。因为在要素自由流动、可以自由选择交易相对人的环境里，自由选择的结果必将使得不诚实守信、不遵守交易规则的人难有立锥之地，倒逼当事人不断提高诚信和守约意识，债权安全也就有了保障。由此可见，交易自由与交易安全从根本上是一致的。成熟的法治必定要谋求交易安全与交易自由的平衡，不能顾此而失彼。

而在以物抵债中，交易安全与交易自由的张力得到了淋漓尽致的体现。当事人达成以物抵债协议，也就意味着原定债权在实现过程中出现了障碍，债权安全受到了现实威胁。债权人同意以物抵债无非是谋求债权实现的手段，只不过是采取了协议的形式而已。在认识以物抵债协议时，必须透过“协议”的面纱而深刻洞悉以物抵债关系的本质，即谋求债权的受偿，债权受偿无疑在以物抵债中处于应当优先保护的地位。如果过分拘泥于以物抵债“协议”的形式而过度强调当事人意思自治，把以物抵债协议与普通的交易等量齐观，无异于将债权人作茧自缚般地困囿于以物抵债协议中，限制债权人通过原定给付实现债权受偿的权利，违反了债权人通过以物抵债协议实现债权受偿的初衷。同时，当事人是自身利益的最佳判断者，债权人既然选择了通过以物抵债的形式谋求债权的实现，而以物抵债协议毕竟是当事人意思自治的体现，这种意思自治自然也不容漠视。一味追求债权的实现而漠视当事人的合意，必将会极大地消减债务人通过以物抵债形式清偿债权的积极性，反而不利于债权的实现和交易安全。

基于这种考虑，当事人达成以物抵债协议的，债权人请求原定给付的自由应当受到一定限制，应首先从新给付寻求受偿，这是协议效力的体现。但是，如果通过新给付实现债权受阻，债权人仍然可以尝试请求原定给付。由于债权人主张原定给付实质上是放弃了通过新给付寻求债权受偿的尝试，意味着债权人意欲从以物抵债协议之新给付中解脱出来，这种行为非常类似于解除合同。因此，虽然债权人主张原定给付不必以解除以物抵债协议为前提，但合同解除的法定事由应当有类推适用的基础。合同解除毕竟是消灭一桩交易，为了鼓励交易、防止债权人在合同解除上草率行事，法律上为合同解除设定了较为严苛的条件，通常情况下债务人的违约行为必须达到根本违约程度，才允许债权人解除合同。而在以物抵债中，债权人放弃主张新给付转而从原定给付寻求受偿，并不是消灭一桩交易，而是在一桩交易可供选择的不同给付之间进行切换，目的恰恰是成就一桩交易。同时，在债权实现受到现实威胁的情况下，不能过分拘泥于根本违约的条件，而是应当允许债权人便宜行事，以防错过实现债权的最佳时机。基于上述分析，本书主张，债权人请求履行原定给付的条件，可以参照合同解除事由，同时适度克减合同解除事由的严厉程度，确保债权人在新给付履行出现障碍时能够及时从原定给付受偿。

3. 请求原定给付的具体情形

《合同法》第 94 条是当事人解除合同的一般请求权基础。第 94 条规定："有下列情形之一的，当事人可以解除合同：（一）因不可抗力致使不能实现合同目的；（二）在履行期限届满之前，当事人一方明确表示或者以自己的行为表明不履行主要债务；（三）当事人一方迟延履行主要债务，经催告后在合理期限内仍未履行；（四）当事人一方迟延履行债务或者有其他违约行为致使不能实现合同目的；（五）法律规定的其他情形。"本条规定在以物抵债协议中均有在克减基础上类推适用的可能。

第一，在新给付履行不能场合，债权人可直接请求履行原定给付。新给付因可归责于债务人的原因履行不能的，可以从《合同法》第 94 条第 4 项解释出债权人请求原定给付的权利。新给付因不可抗力致使履行不能的，可以从《合同法》第 94 条第 1 项解释出请求原定给付的权利。由于以物抵债协议并非债的更改，而是在原定给付之外又增加了清偿债务的新途径，因此纵使因不可抗力致使新给付不能履行，由于原定给付始终未曾消灭，债权人仍然可以继续主张原定给付。两种情况的区别在于，因债务人自身原因导致新给付履行不能的，在履行原定给付的同时，还要赔偿债权人遭受的损失；因不可抗力致使新给付履行不能的，债务人在履行原定给付后，免予承担其他债务不履行责任。

第二，债务人拒绝履行新给付的，债权人可以不经催告而直接主张原定给付。需要注意的是，《合同法》第 94 条第 2 项从表述上看似乎是关于预期违约的规定，但根据举轻明重规则，债务人在履行期到来前拒绝履行的，债权人尚且可以不必坐等履行期限到来而直接主张原定给付；在新给付履行期届满后债务人拒绝履行的，债权人更有充足的理由请求债务人履行原定给付。我国亦有学者主张

《合同法》第94条第2项不仅包括期前拒绝履行，也包括了届期拒绝履行。[①]

第三，若债务人迟延履行新给付的，从诚实信用角度，债权人不能直接请求原定给付，而是应该催告债务人及时履行，若催告后仍不履行的，方能主张原定给付。从《合同法》第94条第3项的用语“经催告后在合理期限内仍未履行”来看，并未要求催告须有合理期限，其所谓合理期限，实际上是一个可由法官依客观情况具体判断的因素。[②] 考虑到以物抵债协议实现债权清偿的特殊目的、债务人就原定给付已经陷于迟延以及债权人已经作出让步的事实，司法实务中对以物抵债协议之催告后的合理期限宜灵活掌握，通常情况下应较合同解除之合理期限要短，以利于债权人及时请求履行原定给付，防止过分延误债权实现。迟延履行致使合同目的不能实现的，债权人可以不经催告而直接请求原定给付。至于合同目的不能实现，宜从宽掌握，不论是清偿债务的直接目的抑或以物抵债要达到的其他目的，只要有一个目的不能实现，债权人均可主张原定给付。

第四，在瑕疵履行场合，债权人主张原定给付的条件也应当从宽掌握。结合《合同法》第111条、第148条、第155条规定分析，[③] 标的物瑕疵或者不符合质量要求的，债权人只能请求债务人按照第111条规定的方式承担违约责任，尚不能直接解除合同；只有在标的物瑕疵通过主张第111条仍不能治愈，致使合同目的不能实现的，债权人方能依据第148条规定解除合同。但是，在以物抵债中，请求修理、更换、重作、退货等势必进一步延误债权实现期间，请求减少价款、报酬实质上就是承认新给付部分履行，债权人还须请求债务人履行部分原定给付方能完全实现债权。应当特别看到，债权人接受以物抵债并非以获得抵债物为目的，在很多情况下还须转让抵债物以实现金钱债权，而抵债物瑕疵必然会影响抵债物的变现。因此，以物抵债目的不能实现的判断标准应当低于合同解除的标准。具体而言，抵债物存在轻微瑕疵的，依诚实信用原则，债权人可以要求债

① 韩世远：《合同法总论》（第四版），法律出版社2018年版，第660页。

② 韩世远：《合同法总论》（第四版），法律出版社2018年版，第662页。

③ 《合同法》第111条规定：“质量不符合约定的，应当按照当事人的约定承担违约责任。对违约责任没有约定或者约定不明确，依照本法第六十一条的规定仍不能确定的，受损害方根据标的的性质以及损失的大小，可以合理选择要求对方承担修理、更换、重作、退货、减少价款或者报酬等违约责任。”第148条规定：“因标的物质量不符合质量要求，致使不能实现合同目的的，买受人可以拒绝接受标的物或者解除合同。”第155条规定：“出卖人交付的标的物不符合质量要求的，买受人可以依照本法第一百一十一条的规定要求承担违约责任。”

务人承担违约责任，但不能直接请求原定给付。在非轻微瑕疵场合，即使能够通过修理、更换、减少价款等形式实现抵债目的，债权人也可以不经请求债务人承担违约责任而直接请求履行原定给付。何为非轻微瑕疵，宜由司法实务中根据具体情况认定，一般认为只要瑕疵标的物的价值低于正常价值的90%，就可认定为非轻微瑕疵。

(二) 以物抵债协议的解除问题

关于以物抵债协议的性质，有准物权契约说、有偿契约说、清偿契约说、特殊债务变更说等不同观点。债权人主张原定债权、请求原定给付是否以解除以物抵债契约为前提以及解除的法律后果，根据不同的学说可得出不同的结论。

传统民法上认为代物清偿契约为准物权契约。因代物清偿为要物契约，当事人不仅仅达成以他种给付代替原定给付的债权债务关系，而且须现实地为他种给付以消灭债权债务关系，故代物清偿具有准物权契约的性质。[①] 虽然代物清偿发生物权变动的效果，但在观念上仍可将代物清偿契约一分为二，即首先是当事人间成立以他种给付代替原定给付的债权债务关系，此为债权契约；其次是当事人即时达成移转他种给付标的物所有权的合意并即时履行，此为物权契约。传统民法将代物清偿契约拟制为有偿契约，作为新给付债务不履行责任的依据，实质上承认了代物清偿契约的债权契约属性。既然为债权契约，传统民法上多认为当事人可得解除代物清偿契约。但解除契约，虽得使代物清偿契约消灭，于当事人之间产生回复原状及损害赔偿之效力，唯其性质上仅属债权效力，原定给付之债之关系，并不因之回复。[②] 但是，若原债关系不得恢复，债权人丧失请求原定给付机会的同时还要返还新给付，仅能请求债务人负赔偿责任，于债权人至为不利，因此多数学者认为，代物清偿契约解除后，债务人有回复原状（连同担保）的义务，债权人可以提起回复原状之诉，同时与请求回复原状后债权支付之诉相结合。[③] 也就是说，在这种情况下，旧债权并不自动复生，为了简便起见，债权人

---

① 史尚宽：《债法总论》，中国政法大学出版社2000年版，第815页。

② 邱聪智：《新订民法债编通则》（新订一版，下册），中国人民大学出版社2004年版，第453页。

③ 史尚宽：《债法总论》，中国政法大学出版社2000年版，第819页。

可径行请求为原给付。[①] 在这里，旧债权相当于取得了复活的效力。

在清偿契约说看来，债权人受领他种给付，并非意在舍弃其债权，而仅在代替原定给付，即仅视他种给付之受领为原定债务之清偿，债务人提出他种给付乃在履行其债务，故代物清偿单纯为清偿行为。代物清偿若为清偿行为，则因以他种给付代替原定给付，需得债权人同意，须以契约为之，故为清偿契约。[②] 关于新给付瑕疵履行情况下债权人请求原定给付的理论基础问题，清偿契约说的提出者 Harder 教授认为，债权人未能获得其于代物清偿所欲受领之标的物，故债之关系实际上并未消灭，债权人得主张原定债权，请求原定给付，其所受领之他种给付，应依不当得利返还于清偿人。据此，债权人请求原定给付似不以解除代物清偿契约为前提。同样持清偿契约说观点的 Larenz 教授观点显然与此不同，他认为，他种给付存在瑕疵的情况下债权人得解除契约，其所解除者，仅为清偿契约，而非原有之契约，故原定债务不消灭，债权人仍得主张原定给付，债务原有之担保亦不消灭。[③] 从 Larenz 教授的表述来看，原定给付在清偿契约解除前并未消灭，但是处于休眠状态，清偿契约的解除使得原定给付恢复了原来的效力。但是，正如有学者所指出的，在德国民法上，契约的解除发生回复原状之法律关系，其所涉及者均为因债权契约所发生之法律关系。若认为代物清偿系清偿行为，则不可能解除代物清偿契约。[④]

本书认为，代物清偿契约为变更契约，其所关注者，乃以变更给付的形式就基础债权债务关系的清偿问题作出新的安排，并不产生属于自身的给付，以物抵债协议所达成的成果自动归附基础债权债务关系。因此，新给付与原定给付并非属于两个债之关系，而是同属于基础债权债务关系，债权人放弃主张新给付转而请求履行原定给付，只是在基础债权债务关系的两个给付之间进行切换，已与以物抵债协议无涉，因此债权人请求履行原定给付当然不以解除以物抵债协议为前提。同时，在以物抵债协议安排下，基础债权债务关系的给付结构具有了复杂构成，即当事人首先须努力从新给付获得清偿，但原定给付并不消灭，若新给付不

---

① 黄立：《民法债编总论》，中国政法大学出版社 2002 年版，第 670 页。
② 参见陈自强：《无因债权契约论》，中国政法大学出版社 2002 年版，第 290－291 页。
③ 参见陈自强：《无因债权契约论》，中国政法大学出版社 2002 年版，第 294 页。
④ 陈自强：《无因债权契约论》，中国政法大学出版社 2002 年版，第 297－298 页。

履行、履行不能或者存在瑕疵，债权人仍得请求原定给付。因此，新给付不履行的，债权人请求原定给付是以物抵债协议作出的安排，是以物抵债协议的应有之义，是履行以物抵债协议的表现。履行一个合同必须以解除此合同为前提，在逻辑上无法自圆其说。从以物抵债协议的性质看，以物抵债协议是对基础债权债务关系的给付结构作出变更，实为传统民法上的处分行为。根据传统民法观点，合同解除仅限于债权合同，处分合同因不涉及履行问题，故不存在解除问题。[①] 从以物抵债协议的效果看，一旦就变更基础债权债务关系之给付作出安排，以物抵债协议即因自身使命的完成而归于消灭，因此实无解除的可能与必要。

综上，本书认为，债权人请求原定给付不以解除以物抵债协议为前提。最高人民法院新近的司法裁判也持此种观点。[②]

（三）原债担保的存废问题

传统民法上将原债关系与代物清偿契约看作两个独立债权债务关系，当事人达成代物清偿契约的，原债关系消灭，并因此殃及原债关系所附第三人担保。纵使当事人解除代物清偿契约，当事人得回复原状，但原债中第三人提供的担保不因此而复活。第三人原来负担之担保，债权人已无从对之为任何主张。[③] 也就是说，债权人此时取得的是与原债权同一内容之无担保债权。《意大利民法典》第1197条第3款对此有明确规定。[④] 清偿契约说虽然在债权人能否解除清偿契约问题上观点不一，但似乎都认为在原债权获得清偿前原定给付不消灭，债务原有之

---

① 韩世远：《合同法总论》（第四版），法律出版社2018年版，第652页。

② 参见最高人民法院（2016）最高法民终字第484号判决书，另见司伟：《债务清偿期届满后以物抵债协议的性质与履行》，载《人民司法·案例》2018年第2期。须注意的是，从检索到的法院裁判看，个别裁判对当事人解除以物抵债协议的主张明确表示支持，但对主张原定给付是否以解除以物抵债协议为前提，则未明确表态。如在南京中山园林建设（集团）有限公司、唐山市丰南建设投资有限公司、唐山市丰南区人民政府与唐山市丰南区财政局建设工程施工合同纠纷一案中，双方签订《偿债协议书》，丰南建投以商铺、别墅抵顶所欠中山园林公司工程款，因丰南建投迟迟不履行抵债房地产过户登记手续，中山园林公司解除以物抵债协议并请求丰南建投支付未履行的工程款及利息。最高人民法院（2017）最高法民终148号判决书认为："中山园林公司向丰南建投发出解除《偿债协议书》的通知，丰南建投收到通知后虽回函不同意解除协议，但是未在收到解除通知后三个月内向法院起诉请求确认解除合同的效力。中山园林公司主张《偿债协议书》已经解除，并无不当。原审判决中山园林公司向丰南建投支付工程款及利息并无不当。"

③ 孙森焱：《民法债编总论》（下册），法律出版社2006年版，第855页。

④ 参见陈国柱译：《意大利民法典》，中国人民大学出版社2010年版，第227页。

担保亦不消灭。①

本书认为，在变更契约说审视下，以物抵债协议达成后，原债关系仍然存在，原债关系所附第三人担保，当然也依旧存在。债权人不能从新给付获得清偿而请求原定给付的，因原债权并未受偿，第三人仍应承担担保责任，甚为显然。不仅如此，当事人达成以物抵债协议后，原债仍不失同一性，新给付与原定给付同属基础债权债务关系，共同服务于原债权的清偿。相应地，原债关系所附第三人担保亦并非仅为原定给付的担保，而是原债关系的担保，在当事人没有特别约定的情况下，担保的效力也应及于新给付。但是，因债的给付变更可能会加重债务人责任，故若当事人达成以物抵债协议未经担保人同意，为避免担保人的担保责任因他人的行为而扩张，应将担保人的担保责任限定于原定给付价值范围内为妥。②

（四）返还新给付的请求权基础问题

债权人请求原定给付的，其自债务人处受领的新给付，自应予以返还。关于返还新给付的请求权基础问题，不同学说在认识上存在严重分歧。

传统民法将代物清偿契约拟制为有偿契约，债务人为新给付与债权人抛弃原定给付构成代物清偿契约的对待给付。债权人因新给付不符合约定而请求原定给付的，表明债权人意欲从代物清偿契约中解脱出来，因此必须首先解除代物清偿契约。代物清偿契约解除后，债务人须再度负担原定给付义务，并得依据合同解除之回复原状请求权，请求债权人返还新给付。

在新给付返还之请求权基础问题上，清偿契约说的观点尤其晦暗不明，且颇为令人费解。清偿契约说的提出者 Harder 教授认为，债权人未能获得其于代物清偿所欲受领之标的物，故债之关系实际上并未消灭，债权人得主张原定债权，

---

① 参见陈自强：《无因债权契约论》，中国政法大学出版社 2002 年版，第 294 页。

② 关于合同变更后担保人责任问题，我国《担保法》与《最高人民法院关于适用〈中华人民共和国担保法〉若干问题的解释》规定未尽一致。《担保法》第 24 条规定："债权人与债务人协议变更主合同的，应当取得保证人书面同意，未经保证人书面同意的，保证人不再承担保证责任。保证合同另有约定的，按照约定。"此规定对担保人过于宽宥，为此，《最高人民法院关于适用〈中华人民共和国担保法〉若干问题的解释》第 30 条作出修正："保证期间，债权人与债务人对主合同数量、价款、币种、利率等内容作了变动，未经保证人同意的，如果减轻债务人的债务的，保证人仍应当对变更后的合同承担保证责任；如果加重债务人的债务的，保证人对加重的部分不承担保证责任。"

请求原定给付，其所受领之他种给付，应依不当得利返还于清偿人。[①] 根据 Harder 教授之表述，债权人请求原定给付似不以解除清偿契约为必要，既然不解除清偿契约，债权人受领新给付仍有法律依据，依据不当得利返还新给付的观点似应斟酌。退一步讲，即便依 Larenz 教授观点，请求返还新给付以代物清偿契约解除为前提，但此时的请求权基础为合同解除回复原状请求权，而非不当得利请求权。在传统民法上，在使财产移动溯及地归于消灭方面，解除权法与不当得利法具有一致性，但此二制度在适用范围和法律效果上存在不同。在适用解除权法的情形，即使是附加性地适用不当得利法，进而求得利益上的调和，亦被排除于适用之外。[②] 与传统民法不同，现代民法上多数观点认为合同解除并不导致合同溯及既往地归于消灭，而是使其转变为一种以回复原状为内容的清算关系。解除契约回复原状请求权与不当得利请求权虽同具有调整债法上瑕疵交换给付的功能，但二者有其构造上的不同：解除契约使原来的债之关系转变为一种回复原状的清算关系，旧的债之关系仍以新的方式及新的义务继续存在。在不当得利，旧的债之关系并不继续存在，产生了一种新的法定债之关系。[③] 由于合同并不因解除而溯及地消灭，解除前的受领仍然具有相应的法律上的原因，故回复原状义务并非不当得利返还义务。[④]

本书采变更契约说，以物抵债协议导致基础债权债务关系客体发生变更，由原定给付变为新给付与原定给付衔接并存的关系，共同服务于基础债权债务关系的清偿。由于以物抵债协议在完成变更原债客体的使命后即归于消灭，且债权人在新给付瑕疵情况下请求原定给付乃以物抵债协议的应有之义，当然无须以解除以物抵债协议为前提，故债务人请求返还新给付无法从合同解除之回复原状寻求请求权基础。又债权人自债务人处受领新给付是基于以物抵债协议之安排，新给付已成为基础债权债务关系“明媒正娶”的客体，故债权人受领新给付有法律上之原因，自不能依不当得利之规定请求返还。本书认为，从我国现有实在法考量，债务人请求返还新给付似可类推适用《合同法》第 111 条关于更换请求权

---

① 参见陈自强：《无因债权契约论》，中国政法大学出版社 2002 年版，第 294 页。

② 杜景林、卢谌：《德国民法典全条文注释》（上册），中国政法大学出版社 2015 年版，第 250 页。

③ 王泽鉴：《不当得利》（第二版），北京大学出版社 2015 年版，第 97 页。

④ 韩世远：《合同法总论》（第四版），法律出版社 2018 年版，第 680 页。

的规定。根据《合同法》第111条之规定，新给付标的物存在瑕疵的，债权人可以根据标的物的性质和损失的大小，合理选择请求债务人承担更换的违约责任。若新给付瑕疵为轻微瑕疵，债权人只能请求更换与新给付同种类的无瑕疵标的物；若新给付瑕疵为非轻微瑕疵，则债权人既可以请求更换与新给付同种类的无瑕疵标的物，也可以请求“更换”为原定给付。请求更换的，解释上应认为债权人负有返还已受领的瑕疵给付的义务，此种返还义务与本来给付的请求权立于同时履行的关系。[①] 这样，债权人请求履行原定给付的，债务人可以就请求返还新给付行使同时履行抗辩权。若债务人已经履行原定给付，仍可比附《合同法》第111条关于更换的规定，请求债权人履行返还已受领瑕疵新给付之义务。为期进一步明确返还新给付的请求权基础，有必要在实定法上明确规定：债权人请求履行原定给付的，应当将受领的新给付返还债务人；债权人不予返还的，债务人可以行使同时履行抗辩权。

（五）请求原定给付的诉讼时效问题

以物抵债协议达成后，债权人即不得再请求履行原定给付。如果新给付为远期给付，债权人在新给付期限届满不履行后再请求原定给付，可能耗时旷日持久，若在此期间原定给付诉讼时效期间届满，则于债权人至为不利，故如何保护以物抵债中债权人的时效利益，也是学说上不得不予解决的问题。

当事人达成以物抵债协议后，关于原债的诉讼时效问题，学界有不同认识。主张代物清偿要物说的观点认为，代物清偿成立后，原债即告消灭，因此无所谓诉讼时效问题。但是，在新债清偿情况下，新债不获清偿，旧债不消灭，旧债诉讼时效在新债清偿前究竟为中止还是中断，学界有不同观点。主张代物清偿协议为诺成性合同的观点一般认为，新债务不获清偿，旧债务不消灭，关于新债务成立后旧债务的诉讼时效问题，也存在中断说和中止说两种观点。诉讼时效中止说认为，新债成立，旧债务即告暂时停止作用，消灭时效进行亦告中止，债权人于新债务到期前，固不得请求债务人履行旧债务，于新债务到期时，亦须先行请求

① 韩世远：《合同法总论》（第四版），法律出版社2018年版，第553页。

履行新债务。[①] 诉讼时效中断说认为，当事人达成以物抵债协议，与债务人承认旧债务无异，故原债的诉讼时效中断。[②]

依传统民法观点，如果把以物抵债协议与基础关系看作两个独立的债权债务关系，而以物抵债协议的达成造成了原债履行的现实障碍，故原债诉讼时效中止符合诉讼时效制度的基本原理。但从另一个角度看，当事人达成以物抵债协议，可以认为债权人向债务人提出履行请求以及债务人同意履行义务，亦符合诉讼时效中断的要求。因此，中止说与中断说之争，并非概念之争，实为价值判断上的分歧。

一般而言，达成以物抵债协议后，原债诉讼时效中止，即足以保护债权人利益。诉讼时效中止使得债权人无须再时刻担心旧债务罹于诉讼时效之风险，同时也保有充足的时间以通过诉讼的手段行使旧债务履行请求权，从这个角度看，诉讼时效中止无疑是对债权保护更为有利的安排。对于债务人而言，其既享到了因债权人通过允许其以物抵顶金钱债务的方式作出让步而带来的实体利益，又不会因此而导致诉讼时效重新计算的效果，故并未导致对于债务人更多的不利益。[③] 但诉讼时效中断能否达此效果不无疑问，关键还是看中断的诉讼时效从何时开始重新起算。根据我国《民法总则》第 195 条之规定，诉讼时效中断后，诉讼时效期间从中断时或者有关程序中止时重新起算。具体而言，权利人向义务人提出履行请求、义务人同意履行义务的，发生诉讼时效中断的效果，诉讼时效期间自中断时起重新起算；权利人提起诉讼或者申请仲裁、与提起诉讼或者申请仲裁具有同等效力的其他情形导致诉讼时效中断的，诉讼时效期间自有关程序终结时起重新计算。[④] 根据通常理解，当事人达成以物抵债协议断然不属于与提起诉讼或者申请仲裁具有同等效力的情形，而是与权利人提出履行请求、义务人同意履行义务相类似，故在我国《民法总则》语境下，原债诉讼时效应在中断后重新起

---

① 邱聪智：《新订民法债编通则》（新订一版，下册），中国人民大学出版社 2004 年版，第 454 页；林诚二：《民法债编总论——体系化解说》，中国人民大学出版社 2003 年版，第 541 页；司伟：《债务清偿期届满后的以物抵债纠纷裁判若干疑难问题思考》，载《法律适用》2017 年第 17 期。

② 孙森焱：《民法债编总论》（下册），法律出版社 2006 年版，第 857 页。

③ 司伟：《债务清偿期届满后的以物抵债纠纷裁判若干疑难问题思考》，载《法律适用》2017 年第 17 期。

④ 李适时主编：《中华人民共和国民法总则释义》，法律出版社 2017 年版，第 622 页。

算。但是，在达成以物抵债协议后，由于债权人不得主张原定给付，原定给付事实上处于休眠状态，但诉讼时效却继续计算，对债权人不公平。“理论上最为严重的是，可能会因新债清偿的履行过程较为漫长，出现旧债务诉讼时效届满的情形。”① 同时，根据传统民法观点，由于新债和旧债是两个债权债务关系，新债诉讼时效的中止、中断不会引起旧债诉讼时效的中止、中断，这就意味着债权人必须在新债履行完毕前不断地中断旧债的诉讼时效以保全旧债，否则极有可能在新债不获履行时，旧债诉讼时效已经届满，债权人“竹篮打水一场空”。债权人中断旧债诉讼时效的方式无非是主张旧债，但正如上所述，债权人在新债未获履行前不得主张旧债，这无疑陷债权人于两难境地。若债权人仅仅是为了中断时效而主张不可能获得支持的旧债，形式意义大于实质意义，这样的制度设计也是不合理的。于是，持中断说的学者一般也认为，中断的诉讼时效在新债务届期前不重新起算。倘如此理解，中断说在保护债权人利益方面较中止说更为优越。正因如此，中止说对中断说批评到，诉讼时效中断后，须重新起算，对于债务人嗣后不履行新债务，债权人请求债务人履行旧债务，中断说似有轻重失据之嫌。② 但即便依中止说，原债诉讼时效继续起算后，债权人尚有 6 个月的诉讼时效期间，一个谨慎的债权人会在此期间通过主张债权等形式中断原债诉讼时效，从而达到与中断说同样的效果。从这个角度看，二者实无本质差异。

仔细玩味，在诉讼时效中止或中断后继续或重新起算的时间点上，存在三种不同的观点。第一种观点认为，在新债履行前，旧债时效处于中断状态。③ 而新债作为独立于旧债务的独立债务，亦有自己的诉讼时效。在债权人怠于主张新债权而导致新债权罹于诉讼时效的情况下，因旧债的诉讼时效一直处于未完成状态，债权人在主张新债权不获清偿后，完全可以转而主张旧债权，这对债权人过于宽宥。这种观点实质上使得原债务游离于诉讼时效制度之外，实不足取。为达到公平的处理效果，一种可能的思路是，新债权罹于消灭时效的，旧债权也同时罹于消灭时效。毕竟，若债权人积极主张新债权而不获清偿的，还有主张旧债权的机会。债权人不积极主张权利，由此造成的不利后果应由自己负责，符合一般

---

① 司伟：《债务清偿期届满后的以物抵债纠纷裁判若干疑难问题思考》，载《法律适用》2017 年第 17 期。

② 邱聪智：《新订民法债编通则》（新订一版，下册），中国人民大学出版社 2004 年版，第 454 页。

③ 参见林诚二：《民法债编总论——体系化解说》，中国人民大学出版社 2003 年版，第 541 页。

社会观念。但如此仍然存在一个无法解释的问题，即一直处于中断状态的原债的诉讼时效是从何时悄然开始进行的？或许可以解释，这是法律拟制的结果。但是，毕竟新债与旧债是两个独立的债务，主张新债权未果前，债权人不得主张旧债权，而一旦债权人坐失新债权的同时也坐失旧债权，这种“一懒众权消”的处理方式，总有一种“不教而诛”的感觉。

第二种观点认为，在新债务到期前，旧债时效发生中断的效果。因为在新债务清偿期未届至前，债权人不得行使旧债权，债权人既然同意新债务清偿期延后，亦系同意延展旧债务之清偿期。[①] 依此观点，在新债务届期后，新债务与旧债务诉讼时效同时起算，因新旧债务属于不同债之关系，诉讼时效互不影响，债权人为保全债权须分别中断新债与旧债之诉讼时效，于债权人多有不便。而且，在新债务届期后，债权人在请求新债权未果前不得主张债权，既不得主张，而诉讼时效已然开始起算，于理不合。

第三种观点认为，原债诉讼时效中止后，债权人于新债务到期时，须先行请求履行新债务，[②] 似认为新债务到期旧债务诉讼时效不立即继续起算，而是在请求履行新债务未果时继续计算。因唯有请求新债权未果方得主张旧债权，旧债权请求障碍于此排除，诉讼时效由此继续计算，符合诉讼时效中止制度的基本原理。但起算的具体时点，亦即何为请求新债务未果，在实践中不易把握。而且，若债权人怠于主张新债权，旧债权诉讼时效不继续计算；若债权人积极主张新债权，旧债权诉讼时效反而较早继续计算，其效果无异于奖懒罚勤，亦于理不合。

中止说和中断说之所以都不尽如人意，问题的根源在于，传统民法上把新旧债务当成了两个独立的债权债务关系，新债成立后，原债诉讼时效不论是中止还是中断，两个债权债务关系的诉讼时效都单独计算，这样就会造成一些理论上无法自圆其说的矛盾，也会在事实上造成不公平的结果。正如上文指出的，以物抵债协议属于变更原债之给付的协议，变更后的基础债权债务关系仍然保持同一性，新给付和旧给付不是分属两个独立的债权债务关系，而是同属一个债的关系、一个请求权，新给付与原定给付只是基础债权债务关系的不同实现形式，共

---

① 孙森焱：《民法债编总论》（下册），法律出版社2006年版，第857页。

② 邱聪智：《新订民法债编通则》（新订一版，下册），中国人民大学出版社2004年版，第454页；林诚二：《民法债编总论——体系化解说》，中国人民大学出版社2003年版，第541页。

同服务于基础债权债务关系。新给付和原定给付一阳一阴、一明一暗、一实一虚，在新给付履行前，原定给付秘而不宣、引而不发；在新给付不获清偿后，原定给付始为复活，走向前台；在新给付获得清偿后，因债权已经获得满足，新给付和原定给付同归于寂，债的关系也因此而归于消灭。

既然只有一个债的关系、一个请求权，当然也应该只有一个诉讼时效，新旧给付诉讼时效共生共存、同其命运，一荣俱荣、一损俱损。具体而言，以物抵债协议达成后，基础债权债务关系的诉讼时效因当事人主张权利、债务人同意履行债务而中断。新给付没有履行期限的，诉讼时效从中断时起重新起算。新给付履行过程中出现诉讼时效中止、中断事由的，基础债权债务关系的诉讼时效中止、中断，其效果当然及于原定给付。新给付因诉讼时效经过而成为自然债务的，原定给付亦同时罹于诉讼时效。因债权人在请求新给付未果前不得请求履行原定给付，债权人径直主张原定给付的，不能算作主张权利，债的诉讼时效不因此而中断。新给付为远期给付的，意味着当事人在变更原债的客体的同时，也变更了原债的履行期限，因此原债的两种实现形式——新给付和原定给付的履行期限也就相应地调整为变更后的履行期限。也就是说，新给付履行期到来前，原定给付等于未届清偿期，其诉讼时效也不开始起算。债权人请求新给付未果的，可以转而请求原定给付，此时，原债的诉讼时效因债权人主张权利而发生中断并重新起算。

四、请求原定给付时的债务不履行责任

债务人不履行新给付或者履行新给付不符合约定，给债权人造成损失的，债权人在请求原定给付的同时，可一并请求赔偿损失，对此应无疑义，唯解释的路径有所不同。依传统民法理论，债权人请求履行原定给付须解除代物清偿契约，但依合同法基本原理，解除合同并不排斥债权人主张损害赔偿的权利。依本书之变更契约说，债务人不履行新给付的，应承担债务不履行责任。唯各种债务不履行责任形式在性质不相斥的范围内，可一并主张。债务人不履行新给付的，债权人在请求继续履行原定给付的同时，仍可要求债务人承担赔偿损失等违约责任。以下详述。

（一）请求原定给付未果后不得再请求新给付

债权人请求履行原定给付的，如果原定给付亦拒绝履行、履行不能或者瑕疵履行的，债权人能否再次请求履行新给付？本书认为，答案是否定的。

第一，从债权人的意思看，债权人在债务人严重违反以物抵债协议的情况下请求原定给付，应视为债权人放弃了从新给付获得清偿的尝试，意欲从以物抵债的束缚中解脱出来。因此，债权人一旦放弃新给付而请求原定给付，新给付也就因不能完成使命而归于寿终正寝。此与债权人请求新给付时原定给付效力中止不同，原定给付对于基础债权债务关系而言始终是明媒正娶，而以物抵债只是一个插曲，一旦新给付不获清偿，合同履行也就重回正轨，如同自始未达成以物抵债协议。传统民法上认为原债效力恢复须以解除代物清偿契约为前提，既然代物清偿契约解除，债权人自无再次主张新给付的可能。在变更契约说的语境下，虽然债权人主张原定给付不以解除以物抵债协议为条件，但虽无解除之名却有解除之实，可以认为债权人解除了新给付。①

第二，若允许债权人在主张原定给付不能的情况下再次主张新给付，无异于允许债权人辗转往返于新给付与原定给付之间，极易助长债权人的机会主义行为，不利于债权人聚精会神通过一个给付收取债权，徒增债务履行成本，也不利于迅速了结债权债务关系。

第三，从清偿的效果看，由于债权人并没有在主张新给付与原定给付之间进行自由选择的权利，而是应首先请求履行新给付，只有在债务人严重违反以物抵债协议的情况下，债权人才能请求原定给付。既然债务人履行新给付出现严重障碍，如果债权人请求履行原定给付受阻后再次主张新给付，债务人能够履行新给付的可能性也微乎其微。与其如此，不如直接请求债务人承担债务不履行责任，

① 解除权客体为合同，但从务实的角度看，一部解除、就某物解除的提法也未尝不可。如我国《合同法》第 165 条规定："标的物为数物，其中一物不符合约定的，买受人可以就该物解除，但该物与他物分离使标的物的价值显受损害的，当事人可以就数物解除合同。"第 166 条规定："出卖人分批交付标的物的，出卖人对其中一批标的物不交付或者交付不符合约定，致使该批标的物不能实现合同目的的，买受人可以就该批标的物解除。出卖人不交付其中一批标的物或者交付不符合约定，致使今后其他各批标的物的交付不能实现合同目的的，买受人可以就该批以及今后其他各批标的物解除。买受人如果就其中一批标的物解除，该批标的物与其他各批标的物相互依存的，可以就已经交付和未交付的各批标的物解除。"

通过强制履行、违约损害赔偿等形式获得救济，或者在债务人根本违约的情况下解除合同，通过回复原状、损害赔偿等形式获得救济。由于债务人承担债务不履行责任的责任财产范围为自己的全部财产，当然也及于新给付标的物。在债务人的责任财产足以承担违约责任的情况下，债权人主张违约责任与主张新给付的最终效果是一样的。若债务人的责任财产不足以清偿债权，由于债务人请求履行新给付的请求权为债权请求权，主张违约责任与主张新给付的最终效果也相差无几。尤其应当看到的是，通过以物抵债实现的债权多为金钱债权，其在请求履行原定给付无望的情况下请求债务人承担继续履行、损害赔偿等违约责任，还省却了主张新给付后的变现成本。若在新给付与原定给付都清偿无望的情况下及时解除合同，根据我国目前较为通行的观点，合同解除后给付人请求受领人返还给付物的权利是所有物返还请求权，它优先于普通债权得到满足，① 此时债权人受保护的力度显然较大。若债权人不及时解除合同，而是一味在清偿无望的新给付与原定给付间逡巡不前，则极有可能坐失行使所有物返还请求权的最佳良机。

总之，债权人在请求原定给付不获清偿后，应不得再请求新给付，而只能通过主张违约责任、解除合同等途径寻求法律救济。

（二）请求原定给付与债务人责任

债权人请求履行原定给付的，债务人不履行原定给付或者履行原定给付不符合约定，债权人可以根据债务人违约情况，请求债务人承担继续履行、采取补救措施或者赔偿损失等违约责任（《合同法》第107条），债务人根本违约的，债权人可以解除合同（《合同法》第94条）并要求恢复原状、采取补救措施或者赔偿损失（《合同法》第97条），自不待言。债务人不履行新给付或者履行新给付不符合约定给债权人造成损失的，债权人在请求原定给付的同时如何主张损害赔偿，值得研究。

第一，债权人请求原定给付的，对债务人不履行新给付所造成的履行利益的损失，不得主张赔偿。如甲欠乙500万元不能清偿，遂约定以时价500万元的A房屋抵债，届期A房屋价值升至600万元，甲因此拒不履行以房抵债协议。此

---

① 参见韩世远：《合同法总论》（第四版），法律出版社2018年版，第677页。

时，根据本专题第二部分的分析，债权人可以请求债务人继续履行新给付，新给付履行后，A 房屋的升值利益（100 万元）当然也为债权人享有。债务人拒绝履行新给付的，债权人也可以请求债务人履行原定给付，此时应认为债权人放弃了新给付及其履行利益，当然也就不能再主张新给付履行利益的损害赔偿。

第二，债权人因债务人履行新给付不符合约定造成的固有利益的损害，也就是加害给付造成的损害，得主张损害赔偿。首先，以物抵债协议达成后，新给付作为基础债权债务关系的一部分，自应当适当履行，债务人的加害给付造成债权人履行利益以外的人身、财产损失的，属于对基础债权债务关系的违反，自应承担违约损害赔偿责任。我国《合同法》第 112 条规定："当事人一方不履行合同义务或者履行合同义务不符合约定的，在履行义务或者采取补救措施后，对方还有其他损失的，应当赔偿损失。"本条可以作为加害给付损失赔偿的请求权基础。另外，如债务人因过失不当履行新给付造成债权人人身财产损害的，亦符合侵权行为构成要件，债权人可以主张侵权损害赔偿请求权。唯侵权赔偿请求权与违约损害赔偿请求权构成要件不同，若构成责任竞合，债权人可以择一行使。[①]

第三，债权人因以物抵债支出的必要合理费用，以及准备受领新给付所支出的合理费用，在请求原定给付的同时，是否一并主张损害赔偿。合同法上的损害可分为信赖利益的损害与履行利益的损害。所谓信赖利益的损害，即因合同无效、被撤销而给信赖合同会有效成立的一方造成的损失，赔偿的结果应当使受害一方利益回复到为缔约而接触前的状态。履行利益的损害即因一方不履行或不适当履行而给对方造成的损害，赔偿的结果是使受害方利益达到合同适当履行后的状态。债权人因以物抵债而支出的此笔费用究为履行利益损失还是信赖利益损失，解释上颇费踟蹰。从以物抵债协议的角度审视，此项损失为债权人信赖债务人会履行新给付而造成的损失，无疑应属于信赖利益损失的范畴。但从原债关系的角度考察，此项损失似乎又可以归入履行利益损失，因为如果债务人能够按照约定履行原定给付，债权人就不会达成以物抵债协议，进而也就不会有这笔支出。因此这笔损失可理解为因债务人违约而造成的损失，具体而言是积极损害，即因债务人违约而支出的费用。

---

① 王家福主编：《民法债权》，中国社会科学出版社 2015 年版，第 161 页。

传统民法上，信赖利益的损失仅限于合同无效、被撤销所造成的损失。现代合同法的一个重要发展趋势是，信赖损害的赔偿并非仅限于合同无效、被撤销的场合，在违约损害赔偿场合，亦得由债权人选择主张，以代替履行损害的赔偿。[①] 对此，《美国合同法重述》第 349 条（基于信赖利益的损害赔偿）规定："作为第 347 条中所述损害赔偿计算标准的另一替换选择，受害方有权基于其信赖利益请求损害赔偿，包括为准备履行或在履行中支出的费用，扣除违约方能以相当之肯定性予以证明的假如合同得到了履行受害方会遭受的损失。"[②] 2002 年修订后的《德国民法典》第 284 条规定："代之替代给付的损害赔偿，债权人可以请求偿还自己因信赖可以获得给付所支出的，并且从正当角度看为可以支出的费用，但即使债务人不违反义务，仍然不会达到支出费用之目的的，不在此限。"对此，有学者指出，由于受到保护的是债权人对债务人完成给付之信赖，以及在此基础上之债权人的处分自由，故本规范之责任事由为信赖利益之赔偿，从而使责任事由完成了由等价关系推定向信赖落空的转变。如果采用形象化的表述，本规范之请求权是使缔约过失责任的"后移"，又或者说是后者在订约之后的"继续"。[③] 但是，在这些立法例中，信赖利益损害标准只能作为履行利益损害标准的替代标准使用，通常是在无偿契约中以及履行利益损失无法计算的情况下，受害方才会依据信赖利益损害标准主张损害赔偿。

关于我国《合同法》规定的违约损害赔偿，多数学者认为仅包括履行利益的损失。但有学者指出，《合同法》第 107 条中的"赔偿损失"，并不以履行损害赔偿为限，尚包括第 112 条提到的"其他损失"，更进一步，在解释上也可以包括信赖损害。[④] 本书认为，《合同法》第 113 条规定违约"损害赔偿额应当相当于因违约所造成的损失，包括合同履行后可以获得的利益"，因"履行后可以获得的利益"显然属于履行利益损害，从其表述上看，"因违约所造成的损失"既然包括履行利益损害，其范围应大于履行利益的损害，这就为将违约损害赔偿范围扩及于信赖利益损害提供了可能。但如果就此得出结论仍过于武断，因为

---

① 韩世远：《合同法总论》（第四版），法律出版社 2018 年版，第 784 页。

② 参见韩世远：《合同法总论》（第四版），法律出版社 2018 年版，第 784 页。

③ 杜景林、卢谌：《德国民法典全条文注释》（上册），中国政法大学出版社 2015 年版，第 188 页。

④ 韩世远：《合同法总论》（第四版），法律出版社 2018 年版，第 784 页。

“履行后可以获得的利益”显然不能涵盖所有的履行利益损害，本法条单独强调“履行后可以获得的利益”，其目的或许在于提示法官，违约损害赔偿应当包括当事人消极损害。但无论如何，既然本法条使用了“因违约所造成的损失”这样极富弹性的表述方式，解释上当然可以包括信赖利益损害、履行利益损害、固有利益损害等各种损失，且各种损失可以叠加主张损害赔偿。债权人为达成以物抵债协议而支出的费用以及为接受新给付所支出的合理费用，无论是从以物抵债协议的角度看还是从原债合同的角度看，无疑都可以认定为因债务人违约所造成的损失，债权人在请求原定给付时，这笔费用可以一并请求赔偿。

第四，债权人请求原定给付的，能否主张迟延履行赔偿？笔者认为，当事人达成远期以物抵债协议的，可以认为当事人在变更给付的同时，变更了债务履行期间，除非当事人约定了迟延利息，否则在新给付履行期届满前不构成履行迟延，相应地也不得主张迟延赔偿。在新给付履行期届满后，新给付履行迟延的，应认为新给付和原定给付同时陷于迟延，债权人请求原定给付的，可以同时请求赔偿迟延履行损失。[①] 如果债务人假借订立以物抵债协议、恶意进行磋商的，实质上是债务人拖延履行原定债务的方式，债务人自应负迟延履行的赔偿责任。

总之，在以物抵债中，因债权人只能从新给付与原定给付择一受偿，亦即只能享有一项履行利益，因此债权人请求原定给付的，不能再主张新给付不履行的履行利益损害赔偿。除此之外，因新给付迁延出的违约均视为对基础债权债务关系的违约，债权人在主张原定给付时，对于因此所造成的损失均可一并主张损害赔偿。

（三）请求原定给付与债权人责任

如前所述，达成以物抵债协议后，债权人并非获得了在新给付与原定给付间

---

① 在南京中山园林建设（集团）有限公司、唐山市丰南建设投资有限公司、唐山市丰南区人民政府与唐山市丰南区财政局建设工程施工合同纠纷一案中，双方签订《偿债协议书》，丰南建投以商铺、别墅抵顶所欠中山园林公司工程款，因丰南建投迟迟不履行抵债房地产过户登记手续，中山园林公司请求丰南建投支付未履行的工程款，一审判决认为，丰南建投应当支付代物偿债未履行的工程款，现尚欠中山园林公司工程款453857740元未付，虽然双方在《偿债协议书》中并未约定商铺、别墅过户的时间，但中山园林公司因此必然受到利息损失……双方在《偿债协议书》中确定工程欠款、建设期融资利息及回购期利息的截止日期为2014年5月31日，因此丰南建投应自2014年6月1日起按中国人民银行同期同类贷款利率向中山园林公司支付利息。最高人民法院维持了一审裁判关于支付利息的判决。参见最高人民法院（2017）最高法民终148号判决书。

选择请求履行的权利，而是应当首先从新给付谋求清偿，新给付不履行或存在严重瑕疵的，债权人方得请求原定给付。因此，若债务人根据以物抵债协议履行新给付，债权人拒绝受领并请求履行原定给付的，构成受领迟延。新给付有轻微迟延或非严重瑕疵的，依诚实信用原则，债权人亦不得拒绝受领。不仅如此，若新给付义务的履行需要债权人协作的，债权人还有积极配合协助的义务。

关于受领标的物究为债权人的权利抑或义务，存在受领权利说与受领义务说之争论。[①] 从理论上讲，债权人既得抛弃债权，原则上不负受领标的物的义务和迟延受领责任，债权人受领迟延的，仅产生减轻债务人责任的后果。但是，当事人毕竟因订立合同而构成了一种特别结合关系，债权人受领迟延多数情况下有违诚实信用原则，甚至会给债务人造成损失，从务实的角度看，让债权人承担适度的迟延受领责任实属必要。

根据我国《合同法》相关规定，债权人拒绝受领或者迟延受领新给付标的物的，债务人不负迟延履行的责任，可将新给付标的物提存（《合同法》第101条），提存费用由债权人承担，提存标的物毁损、灭失的风险由债权人承担（《合同法》第103条）。须注意的是，关于受领迟延后标的物毁损、灭失风险负担转移的时间点问题，《合同法》相关规定有相互抵牾之处。《合同法》第143条规定："因买受人的原因致使标的物不能按照约定的期限交付的，买受人应当自违反约定之日起承担标的物毁损、灭失的风险。"第103条规定："标的物提存后，毁损、灭失的风险由债权人承担……"对此，应认为第103条为提存标的物风险负担的一般规定，而第143条为买受人受领迟延标的物风险负担的特别规定，因债权人受领迟延而提存标的物的，应优先适用第143条的规定。我国《合同法》没有关于受领迟延损害赔偿责任的规定，但债务人因债权人受领迟延所增加的费用和遭受的损失，应可根据《合同法》第107条请求债权人赔偿。如果新给付为加工承揽义务，承揽工作需要债权人协助的，债权人有协助的义务（《合同法》第259条），违反协助义务给债务人造成损失的，也应当承担损害赔偿责任。

---

① 相关观点可参见韩世远：《合同法总论》（第四版），法律出版社2018年版，第570页。

专题五

以物抵债中的法律行为效力瑕疵问题

前面几节重点讨论了基础债权债务关系及以物抵债协议均为有效的情况下，债权人如何在新给付与原定给付之间寻求债的清偿问题。然天有不测风云、人有旦夕祸福，法律行为因当事人意思表示瑕疵、违反公序良俗等而不生效力实属常有，以物抵债中涉及基础债权债务关系、以物抵债协议、给付行为（德国法系）等多个法律行为，每一个法律行为效力的瑕疵都可能对以物抵债的效果产生影响。专题五转换角度，就以物抵债中所涉法律行为效力瑕疵及其相应的法律后果作一简要探讨。

一、以物抵债的有因性与无因性之辨

以物抵债是当事人对基础债权债务关系的清偿作出的安排，基础债权债务关系的效力瑕疵必然对以物抵债协议的效力及效果产生影响。不唯如此，因以物抵债须通过合意实施，以物抵债协议效力的瑕疵也会对给付结果产生相应的影响。在基础债权债务关系以及以物抵债协议效力瑕疵的情况下，已经履行的新给付会以怎样的强度、怎样的轨迹发生怎样的律动，依据不同的学说以及立法例会得出不同的结论。

（一）问题的缘起

依传统民法理论，以物抵债为给予行为。给予行为指的是，所有一方当事人向他人，该他人既可以是另外一方当事人，也可以是第三人进行给予的行为，或行为当事人之间相互进行给予的行为。给予既可以是实际进行给付，也可以是仅形成给付请求权。有鉴于此，给予行为也可以是债权合同。① 在德国法系民法，关于给予行为最为重要的分类为有因给予行为与无因给予行为（抽象给予行为），一系列基础性法律制度架构皆由此而来。有因给予行为与抽象给予行为的

① ［德］维尔纳·弗卢梅：《法律行为论》，迟颖译，法律出版社 2013 年版，第 179 页。

区别，源于法律秩序针对给予行为的法律行为规则与赋予其法律意义并使其具有正当性的法律原因之间的关系所作出的实证法律技术安排。按照法律秩序的规定，在抽象给予行为中，给予的法律原因不属于给予行为的组成部分。反之，在有因给予行为中，给予的法律原因属于行为的内容。[①] 换句话说，凡是给予行为皆有原因，而给予行为之原因是否属于法律行为的内容，并非先验性结论，而是出于立法者的安排。区分有因给予行为与无因给予行为的意义在于，有因给予行为因欠缺法律原因而失去效力，抽象给予行为的效力则不受原因行为效力的影响，即使原因行为不存在或者无效，抽象法律行为仍然可能有效。

在传统民法上，关于代物清偿契约，存在有因性与无因性的争论。传统民法将代物清偿契约拟制为有偿契约，此有偿契约为不同于原债权债务关系的新的债之关系，且此新的债之关系乃提出给付之法律上原因，当事人地位如同买卖合同中当事人地位，[②] 而买卖契约是典型的有因契约，故此“新的债之关系”亦应属有因契约。但因代物清偿为要物契约，当事人不仅仅达成以他种给付代替原定给付的债权债务关系，而且须现实地为他种给付以消灭债权债务关系，故代物清偿具有准物权契约的性质。[③] 因我国台湾地区仿德国民法采物权行为无因性理论，故很多传统民法学者又认为代物清偿乃不要因契约，原定给付纵为无效，亦不影响他种给付之效力。[④] 依代物清偿契约负担无因债务者，该代物清偿契约仍属无因契约。[⑤] 在基础债权债务关系出现效力瑕疵时，以物抵债的效力依有因说抑或无因说截然不同。另外，因以物抵债涉及给付行为，若将给付行为从以物抵债协议中独立出来观察，以物抵债协议构成了给付行为的原因。给付行为为物权变动的，基础债权债务关系和以物抵债协议出现效力瑕疵时，立法和解释上是否承认物权行为独立性及无因性，给付的效果也截然不同。因此，辨清以物抵债的有因性抑或无因性，乃考察基础债权债务关系以及以物抵债协议发生效力瑕疵情况下以物抵债效果的先决性问题。

---

① ［德］维尔纳·弗卢梅：《法律行为论》，迟颖译，法律出版社2013年版，第179－180页。
② 黄立：《民法债编总论》，中国政法大学出版社2002年版，第670页。
③ 史尚宽：《债法总论》，中国政法大学出版社2000年版，第815页。
④ 郑玉波：《民法债编总论》（修订二版），陈荣隆修订，中国政法大学出版社2004年版，第530页。
⑤ 孙森焱：《民法债编总论》（下册），法律出版社2006年版，第854页。

（二）学说上的争论

从理论上讲，若采有偿契约说，则代物清偿契约必为有因契约，因为对合同是否为有偿的考察必然蕴含了对给予行为原因的判断，如果一方的给付以另一方的对待给付为原因，此行为为有偿行为，反之则为无偿行为。换句话说，有偿契约与无偿契约的分类为要因契约的分类，无因行为无所谓有偿或无偿的问题，某种契约如被归类为有偿契约，则必为要因契约，且为要因债权契约。[①] 根据有偿契约说的经典阐释，在代物清偿中，债权人抛弃原定给付与债务人提供他种给付构成对价有偿关系，债务人提供新给付以债权人抛弃原定给付为法律上的原因，因此代物清偿契约为有因债权契约无疑。但是，即使承认代物清偿契约为有因债权行为，因代物清偿契约的成立尚需新给付标的物的交付，如新给付为所有权移转等物权行为，在承认物权行为独立性和无因性的德国民法法系，给付行为必为无因行为。可见，有偿契约说将给付行为从以物抵债契约中剥离出来，所谓的有偿契约仅仅是指以物抵债之债权契约。郑玉波先生一方面认为代物清偿契约为有偿契约，另一方面又认为代物清偿为不要因行为，其所指涉分别为代物清偿契约与给付行为，甚为显然。但是，标的物所有权移转是所有有偿买卖合同的共同结果，不为代物清偿所独有，代物清偿也并不必然伴随所有权移转等物权行为，以物抵债区别于其他有偿合同和普通清偿行为的独特之处恰恰在于以物抵债契约，判断以物抵债的有因性抑或无因性，当然也应针对代物清偿契约，而非给付行为。代物清偿契约无因说恰恰是根据给付行为的特征得出的结论，因此不具实质意义。无因说与有因说看似势不两立，实际上是分别针对代物清偿契约与由此引起的给付行为得出的结论，考察对象不同，结论相左也在情理之中。

清偿契约说将代物清偿看作单纯的清偿行为，其与普通清偿行为所不同的是，代物清偿契约蕴含了以他种给付清偿原债的合意，而普通清偿行为并不以达成清偿合意为必要，只要按照债的本旨提出了清偿，即可发生清偿的效果。根据清偿契约说的观点，代物清偿给付目的的约定亦不构成给付行为的内容，其欠缺仅生不当得利返还之问题。据此，在清偿契约说看来，代物清偿也同样包含了达

① 陈自强：《无因债权契约论》，中国政法大学出版社 2002 年版，第 309 页。

成合意与给付行为两个阶段，给付行为涉及所有权移转等物权行为的，固然为无因行为，但为清偿目的的约定因与基础债权债务关系之实质原因密不可分，并无有因或无因之问题。[①]

在变更契约说看来，代物清偿契约为当事人对基础债权债务关系的给付作出了变更，在变更的同时因作出清偿而使基础债权债务关系归于消灭。因此，关于代物清偿契约的有因性抑或无因性，也应当依据变更契约的性质作出认定。在德国民法上，关于变更契约的有因性与无因性，学说上多有争论，多数观点基于变更契约对原债关系的处分性质，因处分行为为无因行为，因此作为变更契约的代物清偿契约原则上也应当是无因契约。[②] 实质上，依据变更契约说，代物清偿契约仅仅是对基础债权债务关系的标的作出变更，本身并非给予行为，因此自无有因与无因的问题。真正使当事人的财产发生损益消长的，是变更契约后的给付行为，而给付行为若涉及标的物所有权移转等物权行为，其在德国法系民法上为无因行为，自不待言。

（三）本书的观点

有偿契约说将以物抵债契约与原债契约并立起来，并从以物抵债契约本身寻找债务人为他种给付的原因，割裂了新给付与基础债权债务关系的统一性，无异于缘木求鱼，得出的结论当然也难以令人信服。持有偿契约说的学者莫不认为代物清偿契约为要物契约，其在解释代物清偿契约的要物性时，往往将给付行为作为代物清偿契约的必要组成部分，亦即将代物清偿合意与给付行为作为一个行为，因此得出了代物清偿契约为准物权契约的结论，代物清偿契约无因性的结论呼之欲出。但是，面对新给付瑕疵的救济问题，因将代物清偿契约与基础债权债务关系对立起来，因此不得不从代物清偿契约本身寻找请求权基础，于是又将代物清偿契约解释为有偿契约，代物清偿契约有因性的结论接踵而至。相应地，因代物清偿契约为有因债权行为，性质上自不能容忍无因性的给付行为，因此又不得不将给付行为从代物清偿契约中剥离出来。可见，传统民法学说因论证需要而

---

① 陈自强：《无因债权契约论》，中国政法大学出版社2002年版，第310页。
② 陈自强：《无因债权契约论》，中国政法大学出版社2002年版，第310页。

将代物清偿合意与给付行为肆意分合，得出的结论必然前后不一贯、彼此相抵牾，其在解释问题上的乏力可见一斑。清偿契约说将代物清偿契约定位为清偿行为，确保了新给付与基础债权债务关系的同一性，亦即从基础债权债务关系寻找代物清偿的原因，在这一点上与变更契约说有异曲同工之妙。本书采变更契约说，以物抵债协议只是通过变更给付的形式，就原债关系的清偿问题作出了新的安排，其自身并非给予行为，因此自无有因与无因的问题。在以物抵债协议的擘画之下，新给付加入基础债权债务关系，与原定给付勠力合作以达清偿之目的。新给付既然作为基础债权债务关系的标的，其法律原因当然也就是基础债权债务关系本身。这样，当基础债权债务关系发生效力瑕疵时，根本无须辗转通过代物清偿协议观察新给付的效力，而是应当直接将新给付与基础债权债务关系勾连起来，根据基础债权债务关系的变化情况决定新给付的运行轨迹，乃当然之结论。

二、以物抵债所涉法律行为效力瑕疵及其法律后果

本节在上述分析基础上，对以物抵债中所涉法律行为效力瑕疵及其法律后果，分别予以具体分析。

（一）基础债权债务关系效力瑕疵的法律后果

1. 不同学说的解释路径

达成以物抵债协议后，若基础债权债务关系被确认无效或者被撤销，新给付立于何种地位，不同的学说及立法例有不同的解释。

依据有偿契约说，代物清偿契约为有因合同。有因合同中当事人给付的法律原因，以买卖合同为例，卖方基于买卖合同取得价金请求权，买方基于买卖合同取得标的物交付请求权，除此之外，人们无须借助于买卖合同之外的法律原因来使当事人所取得的请求权具有正当性。换言之，基于买卖合同所形成的买卖双方的请求权因买卖合同本身的存在而具有正当性，卖方和买方分别基于自己的给付而取得对待给付请求权，该约定构成买卖双方基于买卖合同所享有的请求权的正当理由，即原因。……在那些某一给付构成另一给付报酬的有因行为中，相互对立的请求权与给付分别互为原因，例如，在买卖合同中，卖方的义务或给付的原

因是买方的义务或给付。[1] 根据有偿契约说的解释，在代物清偿契约中，债务人提供新给付与债权人抛弃原定给付构成对价有偿关系，债务人为新给付的原因即在于代物清偿契约本身，具体而言就是债权人抛弃原定给付。这样，有偿契约说通过将代物清偿契约实体化、有偿化，将代物清偿契约独立于基础债权债务关系，新给付的法律原因显然只能从代物清偿契约本身寻找，好像与基础债权债务关系没有必然联系。实则不然。代物清偿契约既然以基础债权债务关系的清偿为起因，也就不可能是绝缘于基础债权债务关系的、自给自足的独立王国，当基础债权债务关系无效或者被撤销时，代物清偿契约也绝非“不受尘埃半点侵”。如上所述，债务人为新给付的法律原因为债权人抛弃原定给付，当基础债权债务关系无效或者被撤销时，债权人的给付（抛弃原定给付）已属自始客观不能，债务人的新给付失去法律上的原因。有因给予以给予法律原因的存在为生效要件。……在有因法律行为中，给予的效力取决于涉及给予法律原因的法律行为规则的效力，有鉴于此，人们可以认为，原因消灭，效力消灭。[2] 因此，基础债权债务关系无效或者被撤销时，代物清偿契约必然也会因原因消灭而失去效力。如此，代物清偿契约无效而新给付已经完成的，若新给付涉及所有权移转等物权行为时，在采物权行为独立性与无因性的立法例，所有权移转仍属有效。此时，债权人虽取得所有权，但无法律上之原因，得根据不当得利的规定返还标的物所有权。在不采物权行为独立性和无因性的立法例，代物清偿契约无效的，债权人不能取得新给付标的物所有权，应当返还原物（《合同法》第58条）。

依据清偿契约说，代物清偿契约的核心内容为清偿目的之约定，当基础债权债务关系无效、被撤销，清偿目的亦不复存在，代物清偿契约也同归无效。另清偿契约说将代物清偿视为单纯的清偿行为，基础债权债务关系不存在时而新给付已经完成的，构成非债清偿，在采物权行为独立性与无因性的立法例，债权人应负不当得利返还义务。在不采无因性的立法例，债务人得行使所有物返还请求权。

依据变更契约说，代物清偿契约乃以契约变更原有债之关系之内容，原有债

---

① ［德］维尔纳·弗卢梅：《法律行为论》，迟颖译，法律出版社2013年版，第181页。
② ［德］维尔纳·弗卢梅：《法律行为论》，迟颖译，法律出版社2013年版，第184页。

之关系不存在，所变更之对象不存在，债务变更契约不生效力。[①] 变更契约无效的，新给付的返还与其他学说并无不同。

2. 本书的观点

通过分析，各种观点虽然解释路径不同，但结论并无不同，即基础债权债务关系无效、被撤销，代物清偿契约也同归无效。新给付已经完成的，债权人受有所有权利益无法律上的原因，须依不当得利之规定返还标的物所有权。在不采物权行为独立性与无因性的立法例，新给付标的物所有权根本未曾移转，债务人得请求返还原物。

本书采变更契约说，但解释路径与传统变更契约说稍有不同。代物清偿契约乃变更契约，其任务在于对基础债权债务关系的履行标的作出变更。代物清偿契约达成后，基础债权债务关系的标的相应地变更为新给付，也就是说，新给付根本不是代物清偿契约的标的，而是基础债权债务关系的组成部分，基础债权债务关系构成了新给付的法律上的原因。基础债权债务关系无效、被撤销的，根本无须考察以物抵债协议的效力，新给付因失去法律上的原因，须根据物权行为无因性抑或有因性之规定，或请求不当得利返还，或请求原物返还，自不待言。

须注意的是，在基础债权债务关系不生效力时，不当得利制度并非仅为采物权行为独立性与无因性立法例民法上的专利，在不采物权行为独立性与无因性的民法上亦有适用余地。因他种给付并非均为所有权移转等涉及物权变动的行为，尚包括劳务给付、不作为给付等所有可得作为给付形式的给付。这些给付作为以物抵债中的新给付的，当基础债权债务关系无效、被撤销时，债权人获得给付利益没有法律上的原因，此时，债务人可以请求债权人返还不当得利。比如，以票据抵债的，票据行为之无因性为各国各地区民法所普遍承认，基础债权债务关系无效的，票据权利仍然有效，债务人虽然可以基础关系不存在为由对抗债权人，但其他票据债务人仍有付款义务。债权人获得付款的，系没有法律原因获得利益，须依不当得利之规定予以返还。

---

① 陈自强：《无因债权契约论》，中国政法大学出版社2002年版，第311页。

（二）以物抵债协议效力瑕疵的法律后果

以物抵债协议为契约的一种，也存在无效、被撤销的问题。与基础债权债务关系无效、被撤销不同，以物抵债协议无效、被撤销的，不仅涉及新给付的返还，还涉及原定给付的恢复问题。根据有偿契约说，代物清偿契约是债务人履行新给付的法律上的原因，代物清偿契约不生效力时，新给付欠缺法律上的原因，债务人得请求返还不当得利或者返还原物，对此上文已经探讨，毋庸赘言。根据有偿契约说的解释，在以物抵债契约中，债权人的给付为抛弃原定给付，代物清偿契约无效、被撤销时，债权人仅得请求债务人再度负担原定债务，原定给付并非当然复活，[①] 解释结果对债权人至为不利。根据清偿契约说，代物清偿契约为关于清偿原债目的的约定，代物清偿契约无效的，其清偿目的不达，原基础债权债务关系仍然不消灭。同样，根据变更契约说，代物清偿契约不生效力的，基础债权债务关系的标的如同自始未变更，债权人仍然可以请求债务人为原定给付。

须注意的是，在采物权行为独立性及无因性之立法例，给付行为若为所有权移转、债权让与等处分行为，其效力独立于代物清偿契约，也可能发生效力瑕疵问题。所有权移转、债权让与等给付行为不生效力的，不发生所有权移转或债权让与的效果，因债权人未受清偿，债的关系仍未消灭。有疑问的是，此时未消灭的债的关系是基础债权债务关系还是以物抵债协议？也就是说，债权人得请求债务人为变更后的给付还是原定给付？陈自强教授认为，因代物清偿系在债务变更之同时，清偿变更后之他种给付，代物清偿性质上为结合债务变更契约与履行行为二构成要件要素之单一法律行为，故宜认为基于当事人之意思，给付行为不生效力，债务变更契约亦同，旧债务仍旧存续。[②] 本书认为，代物清偿中变更契约与给付行为虽然同时发生，但从观念上仍能将二者区别开来，这就为分别判断两种行为的效力提供了可能。但是，毕竟二者同时发生，给付行为不生效力的，往往发生瑕疵共同，亦即导致给付行为无效的事由也同时存在于代物清偿契约之

① 陈自强：《无因债权契约论》，中国政法大学出版社 2002 年版，第 313 页；黄立：《民法债编总论》，中国政法大学出版社 2002 年版，第 670 页。

② 陈自强：《无因债权契约论》，中国政法大学出版社 2002 年版，第 313 页。

中，因此，给付行为无效的，代物清偿契约一般也无效，债权人此时只能请求债务人为原定给付。但是，若承认以物抵债协议的诺成性，进而承认以物抵债协议与新给付履行行为的非同时性，则可能发生给付行为无效而以物抵债协议有效的情形，此时，因以物抵债协议目的不达，债权人仍得请求债务人履行变更后的给付，除非履行变更后的给付已属不可能。

专题六

以物抵债案件的裁判思路与改进方向

上文重点从民法理论与立法论的角度，考察了以物抵债协议的性质、效力、法律关系构造、债务不履行责任等诸问题。专题六从解释论的角度，对我国司法实务关于以物抵债案件的裁判现状进行实证考察分析，对现有裁判路径逐一检讨，在此基础上，基于我国现有实在法规定，对以物抵债案件的应然裁判思路提出意见建议。

一、裁判现状概览

检索裁判文书发现，我国法院关于以物抵债案件的裁判数量蔚为大观，从最高人民法院相关裁判情况看，亦是数量繁多、类型多样、观点不一，充分代表、全面反映了我国司法实务界关于以物抵债案件的裁判现状。本节即以最高人民法院相关裁判为例，对以物抵债案件的裁判现状进行宏观的全景式扫描。

（一）以物抵债概念的司法认知

以物抵债是我国司法实践中广为使用的概念，但最高人民法院相关规范性文件并未给出明确定义。在林某瑾与周某莉、陈某昌撤销权纠纷一案裁定中，最高人民法院认为，以物抵债是指债权人与债务人之间存在金钱债务时，双方约定在金钱方式清偿之外以特定物清偿债务。[①] 2016 年，时任最高人民法院民二庭庭长的杨临萍谈到，债权人与债务人之间存在金钱债务，有时双方约定以特定物代替原金钱债务的清偿，实务上将该种替代履行债务的方式称为以物抵债。[②]

从其表述看，以物抵债中的“债”仅限于金钱债务，其所谓“物”仅指特定物。但是，以物抵债的他种给付显然不限于特定物，司法实务中出现了以股权

---

① 参见最高人民法院（2015）民申字第 2174 号裁定书。

② 杨临萍：《关于当前商事审判工作中的若干具体问题》，载最高人民法院民事审判第一庭编：《民事审判指导与参考》总第 64 辑，人民法院出版社 2016 年版，第 83 - 84 页。

等权利抵债的案件。[①] 在林某开、陈某亮与某房地产开发公司合同纠纷一案中，林某佑欠林某开、陈某亮1320万元，某房地产开发公司欠林某佑借款1180万元。三方当事人达成《债权债务转让合同书》，约定某房地产开发公司以自己所有的3号楼房产作价1180万元抵偿给林某佑，林某佑将3号楼房产作价1320万元抵偿给林某开、陈某亮。该合同签订之日，林某佑与林某开、陈某亮之间1320万元的债权债务以及某房地产开发公司与林某佑之间1180万元的债权债务归于消灭。最高人民法院认为："三方确立的上述合同性质应当属于债权债务转让合同……但是，在案涉《债权债务转让合同书》约定的条款中，包含了有关以物清偿的约定内容，即某房地产开发公司以3号楼房产作价1180万元抵偿给林某佑，林某佑同意以3号楼房产作价1320万元抵偿给林某开、陈某亮。以物清偿可以成为债权债务转移的一种方式，而认定以物抵债关系不等同于否认债权债务转移法律关系。以物清偿的约定内容是否有效，不能否定本案属于债权债务转让合同法律关系的认定。一审法院关于'本案《债权债务转让合同书》的本质为代物清偿协议'认定不当。"[②] 本案属于连环以物抵债的情况，在连环以物抵债中，他种给付的性质值得研究。本案中，最高人民法院一方面认定三方合同性质属于债权债务转让合同，另一方面又认定当事人之间存在连环以物抵债，似有矛盾之处。若三方当事人合同构成债权债务转让关系，则林某佑退出债权债务关系，转让后合同当事人为某房地产开发公司与林某开、陈某亮，以物抵债关系也相应地发生在某房地产开发公司与林某开、陈某亮之间，即某房地产开发公司以3号楼房产作价抵偿给林某开、陈某亮，此时不发生连环抵债的问题。若按照当事人约定的字面含义理解，则当事人之间似不存在债权债务转让关系，而是构成连环以物抵债关系。若照此理解，第二个以物抵债即林某佑与林某开、陈某亮之间的以物抵债之他种给付，应不是3号楼房产，而是林某佑对3号楼房产的债权，因为此时林某佑尚未取得3号楼房产的所有权。因此，连环以物抵债中第二个以物抵债之他种给付，应不是特定物，而是对特定物的债权。

另外，从上述最高人民法院关于以物抵债的概念界定看，显然是将以物抵债

① 参见最高人民法院（2014）民申字第895号裁决书。
② 参见最高人民法院（2016）最高法民终765号裁定书。

作为类概念，即凡是以他种给付代替原定给付的，均作为以物抵债案件来处理。但在司法裁判中，以物抵债、以物清偿[①]、代物清偿、抵偿[②]、新债清偿[③]等概念交互使用，其指涉是否相同，不得而知。观察发现，在多数依据代物清偿原理作出的裁判中，均小心翼翼地避开了以物抵债的概念，似乎代物清偿与以物抵债是两个不同的概念。度其意图，可能是不欲将代物清偿契约的要物性扩展至一切以物抵债协议，从而为承认某些种类的诺成性以物抵债协议的效力预留解释空间。但是，在后来的南安市泛华公司等与林某龙民间借贷纠纷案裁判中，最高人民法院又明确指出："根据民法基本原理，以物抵债作为实践合同，系双方商定以他种给付替代原定给付以消灭原有债务的债务清偿方式，只有在债权人现实地受领他种给付之后，才能产生消灭原有债务的效力。"[④] 似乎又将以物抵债与代物清偿概念等同起来，颇为令人费解。在一些案件裁判中，为避免滋生纷扰，最高人民法院干脆弃代物清偿、以物抵债概念不用，而是根据当事人的约定，顺水推舟般地用抵销[⑤]、买卖合同[⑥]等我国《合同法》既有制度解释以物抵债法律关系，从而间接达到承认以物抵债协议诺成性的解释效果。

颇为值得关注的是，最高人民法院在内蒙古某房地产公司与建总公司建设工程施工合同纠纷一案判决中，[⑦] 就以物抵债的内涵、性质、效力作出了详细的论证，后于最高人民法院公报刊登，[⑧] 似乎有统一债务清偿期届满后以物抵债案件裁判标准的意图。关于以物抵债的意涵，该判决认为："以物抵债，系债务清偿的方式之一，是当事人之间对于如何清偿债务作出的安排，故对以物抵债协议的效力、履行等问题的认定，应以尊重当事人的意思自治为基本原则。……当事人于债务清偿期届满后达成的以物抵债协议，可能构成债的更改，即成立新债务，同时消灭旧债务；亦可能属于新债清偿，即成立新债务，与旧债务并存。基于保护债权的理念，债的更改一般需有当事人明确消灭旧债的合意，否则，当事人于

---

① 参见最高人民法院（2016）最高法民终765号裁定书。
② 参见最高人民法院（2016）最高法民终765号裁定书。
③ 参见最高人民法院（2016）最高法民终484号判决书。
④ 参见最高人民法院（2017）最高法民申3957号判决书。
⑤ 参见最高人民法院（2014）民申字第1681号裁定书。
⑥ 参见最高人民法院（2014）民申字第243号、（2015）民申字第385号裁定书。
⑦ 参见最高人民法院（2016）最高法民终字第484号判决书。
⑧ 参见《最高人民法院公报》2017年第9期。

债务清偿期届满后达成的以物抵债协议，性质一般应为新债清偿。”据此可以得出结论，以物抵债属于债的更改与新债清偿的上位概念，但代物清偿是否属于以物抵债仍不得而知。从该案案情看，该判决要解决的是非即时履行的以物抵债协议中如何保护债权人债权、如何确保新给付履行前原定债权不消灭的问题。而传统民法上的代物清偿属于即时履行的清偿，新给付履行与旧债权消灭同时发生，一般不会发生损害债权人原定债权的问题。因此，在严格恪守传统民法上代物清偿概念的前提下，将代物清偿作为以物抵债的一种并无不可。实际上，本案承办法官针对该案判决专门撰文指出：“不应将以物抵债等同于代物清偿。代物清偿仅为以物抵债的一种情形或可选方式，而非全部。故虽然从传统民法的理论看，代物清偿协议应为要物合同，但不应因此即认为所有的以物抵债协议都属于要物合同。否则，在概念上将难免陷入以偏概全的错误。”① 据此可以断定，以物抵债概念至少囊括了债的更改、新债清偿与代物清偿三种传统民法制度。2017 年 9 月 27 日最高人民法院民二庭第四次法官会议纪要亦持此种观点。② 最高人民法院关于明确以物抵债概念内涵与统一以物抵债案件裁判标准的意图，在研究上殊值重视。

（二）债的更改的裁判思路

我国最高人民法院早期的观点倾向于认为以物抵债协议导致了旧债消灭和新债产生。如在广西某城市信用社与某银行神农架林区支行等欠款担保合同纠纷案判决中，最高人民法院认为当事人就借款纠纷签订《以物抵债协议书》应视为新的法律关系的成立，即四方当事人之间构成新的欠款担保法律关系，最高人民法院判决当事人应依协议书的约定内容承担连带保证责任。③ 当事人达成以物抵债协议多为寻求原债的清偿，并非要建立新的债权债务关系，用债的更改解释以物抵债协议，使债权人丧失了主张原债权的机会，不符合当事人的真实意思表示，对债权人至为不利。因此，司法实务中将以物抵债协议解释为债的更改的判

---

① 司伟：《债务清偿期届满后以物抵债协议的性质与履行》，载《人民司法·案例》2018 年第 2 期。

② 麻锦亮：《以物抵债协议的性质与效力》，载贺小荣主编：《最高人民法院民事审判第二庭法官会议纪要》，人民法院出版社 2018 年版，第 3－5 页。

③ 参见最高人民法院（2001）民二终字第 179 号判决书。

例并不多见。

（三）代物清偿的裁判思路

在随后的系列判决中，采用传统民法上代物清偿理论裁判以物抵债案件逐渐成为主流，判例数量蔚为大观。在某市国土资源局某分局与某房地产开发公司等纠纷案裁判中，最高人民法院认为，第三人成都某实业公司与招商局公司双方协议以土地作价清偿的约定构成了代物清偿法律关系。依据民法基本原理，代物清偿以债权人等有受领权的人现实地受领给付为生效要件，在新债务未履行前，原债务并不消灭，当新债务履行后，原债务同时消灭。[①] 该案件后来被最高人民法院公报刊登，其裁判摘要指出，代物清偿协议系实践性合同，没有实际履行，双方的代物清偿协议不成立。[②] 此后，最高人民法院又通过一系列案件，逐渐确立了以代物清偿理论处理以物抵债纠纷的裁判思路。在黄某华、某生物科技公司股权转让合同纠纷案中，最高人民法院首次在裁判中明确指出，代物清偿契约为实践合同，其生效以当事人实际履行为条件，当事人一方必须有履行实际交付代偿标的物的行为，才能产生消灭原有债务的法律效果。[③] 鉴于司法实务中以房抵债案件较多，最高人民法院遂接连作出判决，认为以房地产抵债的，抵债物产权须现实登记到债权人名下，才发生以物抵债的效力。在林某开、陈某亮与某房地产开发公司合同纠纷案中，最高人民法院认为，基于代物清偿协议为实践性合同，并且某房地产开发公司至今未将涉案房产变更登记至二原告名下，故原被告及林某佑之间原有的债权债务关系仍未消灭。[④] 以代物清偿理论裁判以物抵债案件的路径依赖是如此强烈，以至于在 2016 年第八次全国法院民事商事审判工作会议

---

① 参见最高人民法院（2011）民提字第 210 号裁定书。须注意的是，有学者认为，本案判决理由并未采纳要物合同说，而是采纳了诺成合同说，裁判者要侧重表达的意思是新债务未履行原债务并不消灭，但代物清偿合同本身的效力不受影响。参见周江洪：《债权人代位权与未现实受领之“代物清偿”——“武侯国土局与招商局公司、成都港招公司、海南民丰公司债权人代位权纠纷案”评释》，载《交大法学》2013 年第 1 期；王洪亮：《代物清偿制度的发现与构建》，载《浙江工商大学学报》2018 年第 2 期。但从裁判文书整体的表述分析，应认为本案判决采纳的是实践性合同的法律构成。参见其木提：《代物清偿协议的效力——最高人民法院（2011）民提字第 210 号民事判决评释》，载《交大法学》2013 年第 3 期。

② 参见《最高人民法院公报》2012 年第 6 期。

③ 参见最高人民法院（2014）民申字第 895 号判决书。

④ 参见最高人民法院（2016）最高法民终 765 号裁定书。

开始承认诺成性以物抵债协议效力后，最高人民法院于2017年以来仍然至少连著三例裁判，坚持以物抵债合同的要物性。①

将以物抵债协议解释为代物清偿，保障了债权人在债务人不履行新给付时主张原债的权利，但在他种给付现实履行前，因代物清偿契约不成立，债权人要求债务人履行以物抵债协议的请求便得不到法院的支持。从司法实务看，这种担心绝非多余。在林某开、陈某亮与某房地产开发公司合同纠纷案中，最高人民法院认为，基于代物清偿协议为实践性合同，并且某房地产开发公司至今未履行将涉案房产变更登记至二原告名下，故原被告及林某佑之间原有的债权债务关系仍未消灭。因此，原告无权请求判令被告继续履行《债权债务转让合同书》、将未售房产登记至二原告名下，原告的诉讼主张没有事实基础。② 江苏省高级人民法院甚至专门作成审判委员会会议纪要，认为债务清偿期届满后当事人达成以物抵债协议，在尚未办理物权移转手续前，债务人反悔不履行抵债协议，债权人要求继续履行抵债协议或要求确认所抵之物的所有权归自己的，人民法院应驳回其诉讼请求。③

（四）买卖合同的裁判思路

为避免非即时履行的以物抵债协议被宣告不成立或无效的命运，当事人有时不得不采用买卖合同的形式辗转达到抵债的效果，即通常所说的“名为买卖，实为抵债”。司法实务中，为尊重当事人意思自治，防止一方当事人肆意撕毁以物抵债协议，纠正代物清偿理论的负面效应，法院也往往顺势而为承认买卖合同效力，从而达到了间接承认诺成性以物抵债协议效力的效果。但是，这种试探仍然是小心翼翼的，只有在当事人之间明确订立买卖合同的情况下，才承认这种用买卖合同形式伪装的以物抵债协议的效力，而非大张旗鼓地、一般性地承认诺成

---

① 参见最高人民法院（2017）最高法民申1783号、（2017）最高法民申3773号、（2017）最高法民申3957号裁定书。非常耐人寻味的是，（2017）最高法民申3957号裁定书是在2017年9月27日最高人民法院民二庭第四次法官会议明确承认以物抵债协议诺成性的当日作出，而（2017）最高法民申3773号裁定更是在2018年3月作出。

② 参见最高人民法院（2016）最高法民终765号裁定书。

③ 参见最高人民法院民一庭编：《民事审判指导与参考》2014年第2辑，人民法院出版社2014年版，第235页。

性以物抵债协议的效力。关于如何通过买卖合同达到抵债目的，经梳理，司法实务中大体有四种解释路径：

一是直接承认，亦即对当事人抵债的真实意图“睁一只眼，闭一只眼”，尊重买卖合同的表象，直接承认买卖合同的效力。如在刘某与大庆市新天问百货有限公司、张某君房屋买卖合同纠纷案裁判中，最高人民法院认为，新天问公司将案涉房屋分别以出售和抵顶装修款的方式与刘某、张某君签订的房屋买卖合同，均系当事人双方真实意思表示，其内容不违反法律、行政法规的强制性规定，应为合法有效。①

二是债务抵销，即承认当事人之间同时存在借款合同关系与买卖合同关系，债务人在借款合同中的还款义务与债权人在买卖合同中的给付房款义务相互抵销，债权人取得买卖标的物（抵债物）所有权，当事人之间的两个合同关系同归消灭。例如，在巴某涛与S建材公司、张某武、黄某娥债权人撤销权纠纷案裁判中，最高人民法院认为，S建材公司与张某武、黄某娥签订合同，将山东省东营市东营区黄河路两处商品楼房转让给张某武、黄某娥，并将转让款用于抵销对张某武、黄某娥所负的债务，系双方真实意思表示，并不违反法律的禁止性规定，应认定合法有效。②

三是参照适用，即揭穿买卖合同面纱，还原以物抵债的本来面目，同时参照买卖合同的规定承认诺成性以物抵债协议的效力。在万洲公司与宫某杰房屋买卖合同纠纷案裁判中，最高人民法院认为，案涉《房地产买卖契约》，从形式上看，系房屋买卖合同；从其发生原因上看，是万洲公司以房屋抵偿所欠工程款的协议，即以转移一定面积房屋的所有权替代原工程款的给付。在我国现行法上，无专门针对以物抵债协议的规定，属于无名合同。在法律适用上，无名合同首先应适用与其目的和性质最相接近的有名合同的规范，同时合同法总则的规范也应适用。案涉《房地产买卖契约》在性质和功能上与买卖合同最为接近，在法律无明确规定和当事人无例外约定的情况下，合同自双方合意达成之时即成立并生

---

① 参见最高人民法院（2014）民申字第243号裁定书。

② 参见最高人民法院（2014）民申字第1681号裁定书。应说明的是，抵销的对象为同种类的数宗债务，裁判文书中“深港建材公司自愿以房产抵销对张某武、黄某娥的全部债务”“将转让款用于抵销对张某武、黄某娥所负的债务”等提法不够严谨，应予避免。

效，宫某杰有权请求万洲公司履行该协议所约定的义务。万洲公司主张该协议为实践性合同，未实际履行前合同不具有法律效力的主张，无法律依据，不能成立。[①]

四是合同转化，亦即当事人通过协议安排，将原来的债权债务关系转化为买卖合同关系。在闫某苓与杜某、殷某银案外人执行异议案裁判中，最高人民法院认为，杜某与殷某银之间签订以房抵债协议，由殷某银以其所有的位于枣庄市薛城区燕山路东侧一处房抵偿该借款本金及利息。根据协议约定，协议生效，杜某对殷某银的债权转化为房屋转让的对价，双方之间基于借款所形成的债权债务关系已被以房抵债协议中的权利义务关系所取代。[②] 在这方面，最具代表性的案例无疑应属彦海公司与汤某、刘某龙、马某太、王某刚商品房买卖合同纠纷案。在本案判决中，最高人民法院指出，双方经协商一致终止借款合同关系，订立《商品房买卖合同》，建立商品房买卖合同关系，将对账确认的借款本息转变为已付购房款。该《商品房买卖合同》并非为双方之间的借款合同履行提供担保，而是借款合同到期彦海公司难以清偿债务时，双方协商通过将彦海公司所有的商品房出售给汤某等四位债权人的方式，实现双方权利义务平衡的一种交易安排。《商品房买卖合同》及与其相关的《预售商品房补充协议》《承诺书》的内容均表明，汤某等四人具有实际向彦海公司购买案涉房屋的真实意愿，彦海公司亦具有向汤某等四人出售该房屋的真实意愿，最终认定当事人之间的买卖合同合法有效。[③] 最高人民法院依据该案判决于 2016 年 12 月 28 日发布第 72 号指导案例，对此后类似案件的裁判产生实质拘束力。

（五）新债清偿的裁判思路

最高人民法院第 72 号指导案例对于“名为买卖、实为抵债”的以物抵债案件裁判能够起到一定的指导作用，但对于普通的诺成性以物抵债案件仍然束手无策。第 72 号指导案例发布后，最高人民法院仍然依代物清偿原理裁判数起以物抵债案件，否认诺成性以物抵债协议的效力，不仅不利于债权人的利益保护，而

① 参见最高人民法院（2015）民申字第 385 号裁定书。
② 参见最高人民法院（2017）最高法民申 2480 号判决书。
③ 参见最高人民法院（2015）民一终字第 180 号判决书。

且实质上造成了同案不同判的后果。面对交易需求和理论界质疑，最高人民法院亦在承认诺成性以物抵债协议的效力方面不断寻求突破。2016 年，时任最高人民法院民二庭庭长的杨临萍撰文指出：债务履行期届满后，债权的数额就得以确定，在此基础上达成的以物抵债协议，一般不会存在显失公平的问题。在以物抵债行为不存在违反法律、行政法规禁止性规定的情形下，应当尊重当事人的意思自治。……如果此时抵债物尚未交付给债权人，债务人反悔但未能提供证据证明有能力继续履行原债务，债权人请求债务人履行以物抵债约定的，应予支持。① 2016 年 11 月 30 日《第八次全国法院民事商事审判工作会议（民事部分）纪要》对上述观点予以重申。这份会议纪要意义重大，可以认为是最高人民法院首次在规范性文件中承认诺成性以物抵债协议的效力。

最高人民法院虽然表明了承认诺成性以物抵债协议效力的立场，但对于内中理由和法理依据却未作阐释。对此，最高人民法院在第八次全国法院民事商事审判工作会议召开后不久作出的内蒙古兴华房地产有限责任公司与通州建总集团有限公司建设工程施工合同纠纷案判决中作了详尽阐释，概括起来理由有二：第一，以物抵债，系债务清偿的方式之一，是当事人之间对于如何清偿债务作出的安排，故对以物抵债协议的效力、履行等问题的认定，应以尊重当事人的意思自治为基本原则。一般而言，除当事人明确约定外，当事人于债务清偿期届满后签订的以物抵债协议，并不以债权人现实地受领抵债物，或取得抵债物所有权、使用权等财产权利，为成立或生效要件。只要双方当事人的意思表示真实，合同内容不违反法律、行政法规的强制性规定，合同即为有效。第二，当事人于债务清偿期届满后达成的以物抵债协议，可能构成债的更改，即成立新债务，同时消灭旧债务；亦可能属于新债清偿，即成立新债务，与旧债务并存。基于保护债权的理念，债的更改一般需有当事人明确消灭旧债的合意，否则，当事人于债务清偿期届满后达成的以物抵债协议，性质一般应为新债清偿。换言之，债务清偿期届满后，债权人与债务人所签订的以物抵债协议，如未约定消灭原有的金钱给付债务，应认定系双方当事人另行增加一种清偿债务的履行方式，而非原金钱给付债

① 杨临萍：《关于当前商事审判工作中的若干具体问题》，载最高人民法院民事审判第一庭编：《民事审判指导与参考》总第 64 辑，人民法院出版社 2016 年版，第 83－84 页。

务的消灭。[①] 本案判决标志着最高人民法院裁判思路的重大转换，亦即否弃以往运用代物清偿法理的裁判思路，改采传统民法上新债清偿法理审视诺成性以物抵债协议效力，既承认了债权人请求债务人履行新给付的权利，又明确了新给付清偿前原定债务不消灭，对保护债权人利益而言意义重大。该判决虽然尚未上升为指导案例，但被最高人民法院公报刊登，[②] 进一步表明了最高人民法院转换、统一以物抵债案件裁判思路的意图。尽管最高人民法院在本案判决后仍有依据代物清偿法理裁判的以物抵债案件，但通过新债清偿法理承认诺成性以物抵债协议，无疑代表了未来以物抵债案件的裁判方向。

（六）债务变更的裁判思路

新债清偿裁判思路达到了承认诺成性以物抵债协议的效果，但在裁判路径上仍然体现出对传统民法理论的高度依赖。2017 年 6 月，最高人民法院在一份司法裁判中指出：以物抵债协议为诺成性合同，如果债务人尚未履行，债权人当然有请求继续履行的权利。在本案中，继续履行的请求权就表现为潮阳公司请求华城公司按照《还款协议书》的约定交付房屋并办理产权变更登记手续。……原审判决以《还款协议书》并未实际履行因而潮阳公司只能请求华城公司履行原工程款债务的结论就难以成立。[③] 本判决一般性地承认诺成性以物抵债协议的效力，且承认债权人有请求继续履行新给付的权利，实质上放弃了新债清偿的裁判思路。[④] 但本判决对原债权是否因以物抵债协议的达成而消灭，亦即以物抵债协议是否为更改合同并未论及，故在裁判思路上是否超越了（2016）最高法民终字第 484 号判决书，尚难断定。

值得关注的是，2017 年 9 月 27 日最高人民法院民二庭第四次法官会议纪要从法理上详细论证了以物抵债协议的诺成性，指出只要没有法律明确规定或当事人明确约定，以物抵债协议原则上为诺成合同。实践性的代物清偿协议，削弱了

---

① 参见最高人民法院（2016）最高法民终字第 484 号判决书。

② 参见《最高人民法院公报》2017 年第 9 期。

③ 参见最高人民法院（2015）民一终字第 308 号裁定书。

④ 根据传统民法，新债清偿契约并非有偿合同，故从理论上讲，债权人似无请求继续履行的权利。对此，本专题第四部分将详细论述，此处不赘。

意思自治的效力，不利于鼓励诚信社会的建立。关于诺成性以物抵债协议的性质，该纪要进一步指出，从保护债权人利益出发，除非当事人有明确的债务更新的意思表示，否则，应将以物抵债协议解释为债务变更而非债务更新。[①] 该纪要没有明确比附传统民法上的新债清偿制度，而是从债务变更的角度认识以物抵债协议，形成了对（2016）最高法民终字第484号判决书裁判思路的超越，意味着以物抵债案件的裁判开始挣脱传统民法理论的束缚，从民法基本精神和现有实在法出发寻求裁判基础，裁判思路越显成熟、自信。

（七）小结

1. 关于以物抵债的概念，最高人民法院并没有在规范性文件中给出明确定义，司法实务中使用也颇为混乱，时而将以物抵债等同于代物清偿，时而又将以物抵债与代物清偿刻意区分。在晚近的判决中，将以物抵债作为债的更改、代物清偿、新债清偿的上位概念，将以物抵债作为类概念统摄所有以他种给付代替原定给付的行为的意图颇为明显。

2. 关于以物抵债的效力，稍早的裁判受代物清偿法理影响，不承认诺成性以物抵债协议的效力，近年来虽有逐渐承认诺成性以物抵债协议效力的倾向，但态度迟疑不决，虽作成若干指导案例与典型裁判，但仍小心翼翼，判决结论也多有反复。但承认诺成性以物抵债协议的效力，已成为大势所趋。

3. 关于以物抵债案件的裁判思路，最高人民法院的裁判标准并不统一，在同一时期对类似案件，判决结果甚至完全相反。近年来，通过发布指导案例和典型案例示范，逐渐形成了两条并行不悖的裁判思路：对“名为买卖、实为抵债”的案件，解释为债的更改，承认买卖合同的效力；对于普通以物抵债，除当事人另有约定，解释为新债清偿，晚近的会议纪要倾向于解释为债务变更，从而承认诺成性以物抵债协议的效力。

4. 关于以物抵债案件的裁判方法，没有立足现有实在法规定，而是一直希图从传统民法理论寻求答案。无论是债的更改、新债清偿还是代物清偿，都是简

---

① 麻锦亮：《以物抵债协议的性质与效力》，载贺小荣主编：《最高人民法院民事审判第二庭法官会议纪要》，人民法院出版社2018年版，第6－11页。

单照搬传统民法既有的概念和法理，且对传统概念和法理亦步亦趋，无意突破传统理论框架，在裁判方法上有检讨的余地。最近的裁判虽然明确指出以物抵债协议的诺成性，但寥寥数语，对裁判理由亦未加详细阐释，对以后类似案件的示范意义不容高估。

5. 关于以物抵债案件的裁判效果，司法迟疑和裁判的不统一影响当事人心理预期，近年来以物抵债纠纷案件大量增加即为当事人投机心理与彷徨心态在司法上的反映。司法裁判服务于社会实践，一旦司法裁判与社会现实脱节，当事人必定想方设法予以规避，交易成本随之增加。近年来实践中大量出现的以买卖形式掩盖抵债本质的现象，即为以代物清偿法理裁判以物抵债案件不适应交易实践需要的明证。

从上述分析看，代物清偿、买卖合同、新债清偿基本上代表了我国司法实践中关于以物抵债案件的主流裁判思路。但是，这三种裁判路径不仅在解释当事人意思表示方面存在不同程度的偏差，在裁判方法上也均有值得商榷之处，因此得出的裁判结果也并非无可指摘。以下对三种裁判路径逐一检讨。

二、代物清偿裁判路径检讨

（一）法律续造的合法性边界

我国实在法上并无代物清偿之规定，援引代物清偿理论裁判以物抵债案件，表明裁判者认为代物清偿制度之缺位构成法律漏洞，有予以填补的必要。梁慧星教授指出，在没有法律、习惯、司法解释和指导性案例可供适用或参照时，法官裁判案件可以参考“公认的法理”，肯定了法理填补法律漏洞的功能。他举例指出，在某市国土资源局武侯分局与某房地产开发有限公司等债权人代位权纠纷案中，法院判决以代物清偿理论作为裁判依据，为参考法理判决的适例。①

凡成文法皆有漏洞，这是晚近以来学界之共识。当此之时，法官在司法裁判

① 梁慧星：《民法总论》（第五版），法律出版社2017年版，第30页。须指出的是，梁慧星教授只是列举参考法理裁判的案件，但对于本案中法官援引代物清偿理论裁判的合理性，并未作出评论。

中应当运用妥适的方法填补法律漏洞，以求作出妥当的裁判并由此促进法发展，亦为学界所广为承认。但是，法律漏洞的发现及填补往往融入了法官的价值评价，是否存在漏洞、如何填补漏洞本身就存在较大的解释空间，若对法官填补法律漏洞的权力不加限制，则立法权威及法的安定性将会受到严重威胁。因此，法官进行法的续造应保持谨慎谦抑，必须首先努力从实在法寻求裁判规则，只有在立法者对需要解决的法律问题未作出规定时，法官不得以法无规定为由拒绝对其作出决定，而必须自行加以解决，此时才有弥补漏洞的必要，这是法官进行法律续造的合法性边界。[①]

（二）以代物清偿法理进行漏洞填补的正当性质疑

我国《合同法》没有规定代物清偿制度，是否构成法律漏洞，不无疑问。从比较法上看，《德国民法典》第 364 条第 1 款规定："债权人受领所负担给付之外的另外一项给付代替清偿的，债务关系归于消灭。"[②]《日本民法典》第 482 条、我国台湾地区"民法"第 319 条均有代物清偿的规定。但是，从这些规定并不能直接得出代物清偿协议要物性的结论。首先，从章节安排上看，代物清偿均规定在债务关系消灭部分，都是突出代物清偿的清偿效果而没有明确描述代物清偿协议的构造特征。其次，从表述上看，虽然都强调他种给付标的物的受领，但是标的物受领的效果只是导致债权债务关系消灭，并没有明确指出代物清偿协议以标的物交付为成立要件。由此可见，支撑代物清偿理论最核心的要物性理论并未为各国各地区民法所规定，主要是通过学说发展出来的。因此，即使从比较法的角度观察，也仅能认为《合同法》没有将代物清偿作为清偿的一种形式构成法律漏洞，而非未规定代物清偿的要物性构成法律漏洞。[③]

关于代物清偿的要物性抑或诺成性，虽然《合同法》没有明确规定，但根据我国《合同法》基本原则、架构体系和相关规定，并非不能得出具体的裁判

---

① ［德］齐佩利乌斯：《法学方法论》，金振豹译，法律出版社 2009 年版，第 121 页。

② 杜景林、卢谌：《德国民法典全条文注释》（上册），中国政法大学出版社 2015 年版，第 364 页。

③ 即使这一点也较为牵强，从《合同法》第 91 条第 1 项"债务已经按照约定履行"的表述看，其核心文义固然是指实际履行，然则代物清偿也可以理解为"按照约定履行"，因此，将"债务已经按照约定履行"解释为包括实际履行与代物清偿两种情形，并未超出文义的最大射程。

规则和明确的结论。根据《合同法》第4条、第25条、第44条确立的规则及其蕴含的法律精神，应当充分保障当事人订立合同自由，法律只规定合同成立的最低条件，即“一诺即成”。若有充分理由对合同成立自由施加限制，必须作出明确规定。合同的要物性逾越了合同成立的最低条件，对当事人的订约自由附加了要物条件，因此必须有法律特别规定，已属特殊合同。[①] 我国实在法上既然没有明确规定代物清偿为要物合同，在解释上应当首先将其解释为诺成合同。另，从以物抵债协议导致合同标的物变化的角度看，可以认为以物抵债协议构成了债的变更。根据《合同法》第77条之规定，当事人协商一致即可发生合同变更效果。因此，即使从合同变更的角度看，代物清偿协议仍然是诺成性的。正如有学者指出的，从请求权基础上看，我国民法没有规定代物清偿制度，即便依据合同自由原则，找到的依据也只是当事人可以自由变更与消灭合同，而不是将之看作实践性合同或要物合同。[②] 以代物清偿学说作为直接的判决理由是否存在司法权过于扩张之嫌疑，仍待探讨。[③]

然而，上述结论也非绝对。虽然《合同法》没有明确规定以物抵债为要物合同，但若按照诺成合同处理将明显违反正义原则，则可以认为构成法律漏洞并有填补的必要。但通过上文考察可知，同为保护债权人利益的制度设计，与代物清偿要物说理论相比，将代物清偿解释为诺成合同，经由清偿契约说、变更契约说等解释路径，更能实现理论上的逻辑自洽和实务上的保护目的。正如本书第二章所指出的，关于代物清偿及要物合同理论，学界已经广泛诟病，[④] 有学者甚至认为要物契约乃陈旧过时的概念，[⑤] 保留要物契约此种法制史上的残留物实无必要，财产性的契约均应予以诺成化。[⑥] 由此可见，代物清偿要物性理论早已不再

---

① 韩世远：《合同法总论》（第四版），法律出版社2018年版，第83页。

② 肖俊：《代物清偿中的合意基础与清偿效果研究》，载《中外法学》2015年第1期。

③ 周江洪：《债权人代位权与未现实受领之“代物清偿”——“武侯国土局与招商局公司、成都港招公司、海南民丰公司债权人代位权纠纷案”评释》，载《交大法学》2013年第1期。

④ ［德］迪尔克·罗歇尔德斯：《德国债法总论》（第七版），沈小军、张金海译，中国人民大学出版社2014年版，第142－143页；陈自强：《无因债权契约论》，中国政法大学出版社2002年版，第316－326页；邱聪智：《新订民法债编通则》（上册），中国人民大学出版社2003年版，第26页；崔建远：《以物抵债的理论与实践》，载《河北法学》2012年第3期。

⑤ 陈自强：《债权法之现代化》，北京大学出版社2013年版，第8页。

⑥ 王泽鉴：《债法原理》（第二版），北京大学出版社2013年版，第151页。

是“公认的法理”，在此情况下，我国司法实务中仍不乏将代物清偿要物性理论奉为圭臬的裁判，尤显不合时宜。

三、买卖合同裁判路径检讨

本节以最高人民法院第72号指导案例为例，对买卖合同的裁判思路进行评释。

（一）基本案情与裁判要点[①]

汤某、刘某龙、马某太、王某刚与彦海公司于2013年先后签订多份借款合同，通过实际出借并接受他人债权转让，取得对彦海公司合计2.6亿元借款的债权。为担保该借款合同履行，四人与彦海公司分别签订多份商品房预售合同，并向当地房屋产权交易管理中心办理了备案登记。该债权陆续到期后，因彦海公司未偿还借款本息，双方经对账，确认彦海公司尚欠四人借款本息361398017.78元。双方随后重新签订商品房买卖合同，约定彦海公司将其名下房屋出售给四人，上述欠款本息转为已付购房款，剩余购房款38601982.22元，待办理完毕全部标的物产权转移登记后一次性支付给彦海公司。汤某等四人提交与彦海公司对账表显示，双方之间的借款利息系分别按照月利率3%和4%、逾期利率10%计算，并计算复利。

最高人民法院生效裁判认为：本案争议的商品房买卖合同签订前，彦海公司与汤某等四人之间确实存在借款合同关系，且为履行借款合同，双方签订了相应的商品房预售合同，并办理了预购商品房预告登记。但双方系争商品房买卖合同是在彦海公司未偿还借款本息的情况下，经重新协商并对账，将借款合同关系转变为商品房买卖合同关系，将借款本息转为已付购房款，并对房屋交付、尾款支付、违约责任等权利义务作出了约定。民事法律关系的产生、变更、消灭，除基于法律特别规定，需要通过法律关系参与主体的意思表示一致形成。民事交易活动中，当事人意思表示发生变化并不鲜见，该意思表示的变化，除为法律特别规

① 参见最高人民法院第72号指导案例，另见最高人民法院（2015）民一终字第180号判决书。

定所禁止外，均应予以准许。本案双方经协商一致终止借款合同关系，建立商品房买卖合同关系，并非为双方之间的借款合同履行提供担保，而是借款合同到期彦海公司难以清偿债务时，通过将彦海公司所有的商品房出售给汤某等四位债权人的方式，实现双方权利义务平衡的一种交易安排。该交易安排并未违反法律、行政法规的强制性规定，不属于《物权法》第186条规定禁止的情形，亦不适用《最高人民法院关于审理民间借贷案件适用法律若干问题的规定》第24条规定。尊重当事人嗣后形成的变更法律关系性质的一致意思表示，是贯彻合同自由原则的题中应有之义。彦海公司所持本案商品房买卖合同无效的主张，不予采信。但在确认商品房买卖合同合法有效的情况下，由于双方当事人均认可该合同项下已付购房款系由原借款本息转来，且彦海公司提出该欠款数额包含高额利息。在当事人请求司法确认和保护购房者合同权利时，人民法院对基于借款合同的实际履行而形成的借款本金及利息数额应当予以审查，以避免当事人通过签订商品房买卖合同等方式，将违法高息合法化。经审查，双方之间借款利息的计算方法，已经超出法律规定的民间借贷利率保护上限。对双方当事人包含高额利息的欠款数额，依法不能予以确认。由于法律保护的借款利率明显低于当事人对账确认的借款利率，故应当认为汤某等四人作为购房人，尚未足额支付合同约定的购房款，彦海公司未按照约定时间交付房屋，不应视为违约。汤某等四人以彦海公司逾期交付房屋构成违约为事实依据，要求彦海公司支付违约金及律师费，缺乏事实和法律依据。一审判决判令彦海公司承担支付违约金及律师费的违约责任错误，最高人民法院对此予以纠正。

（二）关于“终止借款合同关系”

本裁判的逻辑起点为“双方经协商一致终止借款合同关系，建立商品房买卖合同关系”。但“终止借款合同关系”如何证成，综观判决全文，论证结论似有相关抵牾之处。我国《合同法》第91条规定：“有下列情形之一的，合同的权利义务终止：（一）债务已经按照约定履行；（二）合同解除；（三）债务相互抵销；（四）债务人依法将标的物提存；（五）债权人免除债务；（六）债权债务同归于一人；（七）法律规定或者当事人约定终止的其他情形。”从本案案情看，当事人“终止借款合同关系，建立商品房买卖合同关系”是因为彦海公司不能清偿到期债务，故首先应当排除的情形是实际履行，判决中认为购房款系由“基于借款合同的实际履行而形成的借款本金及利息”转化而来，明显与案件事实不符。提存、免除、混同亦可排除在外，这样，本案中借款合同关系终止的可能情形就只剩下了解除、抵销及法律规定或当事人约定的其他情形。

从“终止借款合同关系，建立商品房买卖合同关系”的描述看，终止借款合同关系与建立商品房买卖合同关系似乎是前后相继或同时发生的两个行为，对此是否可以理解为当事人解除了借款合同关系，同时成立商品房买卖合同关系？倘若这种假定成立，借款合同解除后，债务人在借款合同中还本付息的债务就转换为恢复原状、赔偿损失等义务（《合同法》第97条），具体到本案，就是返还借款及赔偿利息损失的义务。商品房买卖合同成立后，债务人返还借款及赔偿利息损失的债务与债权人交付购房款的债务相互抵销，债权人取得商品房所有权后，当事人之间的房屋买卖合同关系亦归于消灭，这不失为“实现双方权利义务平衡的一种交易安排”。本案一审判决即持此种观点，认为“双方借贷关系通过协商一致予以解除，其基于借贷关系而发生的债权债务因设立新的商品房买卖合同法律关系而归于消灭”。①

另，从二审判决“将借款合同关系转变为商品房买卖合同关系”、当事人嗣后形成了“变更法律关系性质的一致意思表示”等表述看，似乎认为当事人之间的关系构成了债的更改。债的更改亦称为债务更替或债务更新，谓因使成立新债务而使旧债务消灭之契约，新债务之发生与旧债务之消灭相互间有因果关系，即因旧债务之消灭而发生新债务，或因新债务之发生而使旧债务消灭，从而如新债务不发生，则旧债务不消灭。② 我国《合同法》没有规定债的更改制度，只有债的变更制度，学说上认为债的性质之变更亦构成债的变更。但在变更合同标的种类及合同性质时，实际上新合同关系与原合同关系已非同一，可认为构成了旧债消灭而新债产生。③ 从本案二审判决描述看，终止借款合同关系与建立商品房买卖合同关系同时发生、互为因果，且债的要素与债的性质发生了根本变化，因此符合债的更改的构成要件。

---

① 参见新疆维吾尔自治区高级人民法院（2015）新民一初字第2号民事判决书。

② 史尚宽：《债法总论》，中国政法大学出版社2000年版，第822－823页。

③ 王家福主编：《民法债权》，中国社会科学出版社2015年版，第79页。

但是，从“将借款本金及利息转化为已购房款”“双方当事人均认可该合同项下已付购房款系由原借款本息转来”“人民法院对基于借款合同的实际履行而形成的借款本金及利息数额应当予以审查”等表述看，最高人民法院似乎又并不认为借款合同解除，亦不认为新债成立、旧债消灭，而是认为借款合同中的还款义务得到了实际履行。但正如上所述，借款合同中的还款义务事实上已经不可能实际履行，因此当事人才“通过将彦海公司所有的商品房出售给汤某等四位债权人的方式”，对借款合同中的债务清偿事宜作出新的安排。对此，或可以理解为，房屋买卖合同成立并不立即导致借款合同终止，二者同时处于有效并存状态，均需得到履行。债务人在借款合同中的还本付息的债务与房屋买卖合同中债权人交付房款的债务均为同种类金钱债务，可以相互抵销。如此，因借款合同中债务人的还款义务通过抵销的方式得到了“实际履行”，借款合同关系方才终止。但如此理解，不仅将抵销降格为实际履行的下位概念，涉嫌肆意逾越“实际履行”概念的最大射程，而且借款合同关系终止的时间节点与上述两种解释相比需要后移，似不符合“终止借款合同关系，建立商品房买卖合同关系”的描述，“建立商品房买卖合同关系，终止借款合同关系”的描述或许更贴近案件事实。

总之，从裁判文书说理来看，两审裁判对终止借款合同关系的认识并不相同，二审法院就借款合同关系如何终止，态度尤其暧昧不明。但不论哪种解释路径，解释的结论并无根本差别，都是导向“终止借款合同关系，建立商品房买卖合同关系”的结论。问题是，这个结论符合当事人真实的意思表示吗?

（三）关于“建立商品房买卖合同关系”

《合同法》第 125 条第 1 款规定：“当事人对合同条款的理解有争议的，应当按照合同所使用的词句、合同的有关条款、合同的目的、交易习惯以及诚实信用原则，确定该条款的真实意思。”本案中，若双方当事人一致认为达成了商品房买卖合同，且在诉讼中对“终止借款合同关系，成立商品房买卖合同关系”不持异议的，此时尚可认为当事人的意思表示发生了变更，法院没有必要追根究底探求当事人的真实意图，而且这种探求也往往是徒劳无功。但在本案审判中，彦海公司答辩称，双方“并没有购买和出售房屋的意思表示”“不存在真实有效的房屋买卖关系”，在一方当事人对订立商品房买卖合同的意思表示真实性提出质疑的情况下，法院应当依照《合同法》确定的意思表示解释规则，对当事人订立商品房买卖合同的真实意图作出解释。

首先，从合同使用的词句看，双方签订的《预售商品房补充协议》明确约定："2013 年 7 月 15 日甲方（彦海公司）与乙方（汤某、刘某龙、马某太、王某刚）签订的《借款合同》因甲方长期拖欠利息，已确定无能力偿还借款本金及利息，双方确定借款期限提前到期，甲方同意以物抵债并确认 2014 年 6 月 18 日签订的《商品房买卖合同》为甲、乙双方在确认 2013 年 7 月 18 日至 2014 年 3 月 27 日签订并办理备案《商品房预售合同》的基础上形成，本补充协议为 2014 年 6 月 18 日签订的《商品房买卖合同》的补充协议。"该约定清楚无疑地表明，双方签订商品房买卖合同的真实意图是以物抵债，商品房买卖合同只是当事人以物抵债的形式而已。

其次，从体系解释的角度看，当事人在合同中明确约定，2014 年 6 月 18 日签订的《商品房买卖合同》为 2013 年 7 月 18 日至 2014 年 3 月 27 日签订并办理备案《商品房预售合同》的基础上形成。而当事人在此期间签订的商品房预售合同均约定，彦海公司在借款合同到期前须以约定价格回购，若不能在规定日期内回购，应依《商品房买卖合同》所约定的时间办理完毕相关的产籍手续；若彦海公司在规定期限内回购房产，双方签订的《商品房买卖合同》终止，并收回债权人持有的彦海公司全部资料。从这些约定看，汤某等四人并没有取得商品房所有权的真实意图，而是以签订买卖合同的形式为借款提供担保。借款合同到期后，因彦海公司不能偿还本息，当事人达成商品房买卖合同及其补充协议，与在此之前达成的商品房预售合同一脉相承，实质上是对此前约定的落实，即用案涉商品房抵债。汤某等四人主张有成立商品房买卖合同关系的真实意思表示，实难以令人信服。对此，本案二审判决也认为，该《商品房买卖合同》是借款合同到期彦海公司难以清偿债务时，双方协商通过将彦海公司所有的商品房出售给汤某等四位债权人的方式，实现双方权利义务平衡的一种交易安排。所谓的"实现双方权利义务平衡的一种交易安排"，说白了就是以物抵债而已。

最后，从合同的目的看，《预售商品房补充协议》明确说明，2014 年 6 月 18 日签订的《商品房买卖合同》，系在彦海公司长期拖欠借款利息，已确定无能力偿还借款本金及利息的情况下达成的，抵债的意图已经十分明显。尤其是从当事人就借款约定高额利息及计算复利、就商品房买卖约定高额违约金、彦海公司公章一度被债权人控制、彦海公司尚存在其他债务人、彦海公司主张当事人之间的借款关系构成犯罪且公安机关正在处理、彦海公司主张抵债商品房价值高达8亿元等情况看，已有充分的理由质疑商品房买卖合同的真实意图，二审判决并没有结合上述事实对当事人的真实意图进行调查，而是一口咬定“汤某等四人具有实际向彦海公司购买案涉房屋的真实意愿，彦海公司亦具有向汤某等四人出售该房屋的真实意愿”，得出结论过于草率。

综上，笔者认为，本案当事人之间既没有终止借款合同关系，也没有建立商品房买卖合同关系，当事人之间订立商品房买卖合同的真实意图为以物抵债，即“名为买卖，实为抵债”，两审法院认为当事人之间“终止借款合同关系，建立商品房买卖合同关系”，属认定事实错误。对此，最高人民法院对于第72号指导案例的理解与适用类文章中也承认，本案的商品房买卖合同，实际上是由于借款到期后，债务人无力通过现金方式偿还债权人借款，经协商，双方同意以债务人所有的商品房抵顶其所欠借款的协议，因而亦可视为以物抵债协议的一种具体表现。但另一方面，该文章又认为当事人之间的关系成立债的更改，通过商品房买卖合同将原借款合同关系彻底转化为商品房买卖合同关系。[①] 矛盾心态跃然纸上。

（四）当事人间法律行为性质及效力认定

本书认为，当事人以订立商品房买卖合同的形式，达到以物抵债的目的，构成了民法上的通谋虚伪表示。所谓通谋虚伪表示，是指表意人与相对人通谋而为与其真实意思不一致的意思表示。虚伪表示在双方当事人之间的法律效果为确定无效。[②]《民法总则》第146条第1款规定：“行为人与相对人以虚假的意思表示实施的民事法律行为无效……”通谋虚伪表示行为虽然无效，但其隐藏的意思

---

① 最高人民法院案例指导工作办公室：《汤某、刘某龙、马某太、王某刚诉新疆鄂尔多斯彦海房地产开发有限公司商品房买卖合同纠纷案的理解与参照——当事人协商一致终止借款合同并将借款转化为购房款的法律关系认定》，载《人民司法·案例》2018年第23期。

② 梁慧星：《民法总论》（第五版），法律出版社2017年版，第181页。

表示并非一律无效。在民法上，为虚伪表示所掩盖的依当事人真实意思订立的法律行为称为隐藏行为。关于隐藏行为的法律规则是：隐藏行为是否有效，取决于该隐藏行为本身是否符合该行为的生效要件。[①] 对此，我国《民法总则》第 146 条第 2 款规定："以虚假的意思表示隐藏的民事法律行为的效力，依照有关法律规定处理。"

该案发生之时，《民法总则》尚未出台，有学者指出，我国实在法上就通谋虚伪行为并无直接的法律规定，因此否定买卖合同的效力并无法律依据。[②] 笔者认为，我国实在法上虽然没有通谋虚伪行为的明确规定，但根据《民法通则》有关规定和《合同法》规定的意思表示解释规则，并非不能找到裁判依据。通谋虚伪表示与违反法律强制性规定、违背公序良俗的行为虽然都为无效，但作用机制完全不同。违反法律强制性规定与公序良俗的行为无效是法律对当事人行为给予的强制性否定性评价，是对当事人意思自治的适当限制。而通谋虚伪表示若不涉及公共秩序，则主要是一个意思自治的问题，亦即伪装行为不应生效系双方合意的结果，[③] 法律规定通谋虚伪行为无效恰恰是尊重当事人的意思自治。从意思表示解释的角度讲，通谋虚伪表示表面上涉及两个行为，实则当事人之间只存在一个行为（隐藏行为），所谓的伪装行为只是掩人耳目，实则不存在，更遑论有效。司法实务中，应根据《合同法》第 125 条确定的解释规则，努力发现当事人真实意思，还原法律行为本来面目。本案中，通过上文分析可以断定，当事人之间的关系"名为买卖、实为抵债"，即只存在以物抵债一个法律关系。退一步讲，即使认为当事人之间存在两个行为，即伪装行为（买卖合同）与隐藏行为（抵债协议），但买卖合同并非当事人真实意思表示，同样也因不符合《民法通则》第 55 条第 2 项规定的民事法律行为要件而不能成立。[④] 事实上，我国司

① 梁慧星：《民法总论》（第五版），法律出版社 2017 年版，第 182 页。

② 陆青：《以房抵债协议的法理分析——〈最高人民法院公报〉载"朱某芳案"评释》，载《法学研究》2015 年第 3 期。

③ 朱庆育：《民法总论》，北京大学出版社 2016 年版，第 261 页。

④ 有学者认为虚伪表示可适用《民法通则》第 58 条第 1 款第 7 项和《合同法》第 52 条第 3 项的规定而无效。参见庄加园：《"买卖型担保"与流押条款的效力——〈民间借贷规定〉第 24 条的解读》，载《清华法学》2016 年第 3 期。笔者认为，通谋虚伪表示不能与我国民法上规定的"以合法形式掩盖非法目的"行为画等号，本案中当事人以买卖合同形式抵债很难认定为"以合法形式掩盖非法目的"，因此，《民法通则》第 58 条第 1 款第 7 项和《合同法》第 52 条第 3 项的规定无适用余地。

法实务中一般也是以《民法通则》第55条判定通谋所为虚伪意思表示无效。[①]在确立买卖合同不成立或无效后，接下来就是对当事人的真实意思表示——以物抵债行为的效力判断问题了。

由于我国《合同法》并无关于以物抵债的相关规定，在本案二审裁判作出时，依据传统民法上代物清偿原理裁判以物抵债案件的思路方兴未艾，而本案中作为抵债物的商品房尚未办理移转登记，因此若以代物清偿规格衡量，以物抵债行为应不成立。但若如此裁判，就会使实践中大量的以物抵债协议归于无效，违背当事人真实意思表示，造成不公平的后果。实质上，最高人民法院何尝不知当事人之间的商品房买卖合同实质上构成以物抵债，但为避免以物抵债协议不成立或无效的后果，不得不将计就计般地把当事人之间的关系解释为商品房买卖合同关系，从而间接达到承认诺成性以物抵债协议效力的结果。

其实，若抛开传统民法代物清偿理论的束缚，从我国现有实在法出发，完全可以得出诺成性以物抵债协议有效的结论，根本无须通过“曲线救国”的方式，迂回适用买卖合同的有关规定。以物抵债协议在我国民法上属于无名合同，关于以物抵债协议效力的规定，应当适用《合同法》总则关于合同成立与生效的规定。《合同法》第13条有“当事人订立合同，采取要约、承诺方式”之规定，第25条有“承诺生效时合同成立”之规定，第44条有“依法成立的合同，自成立时生效。法律、行政法规规定应当办理批准、登记等手续生效的，依照其规定”之规定，据此，诺成合同为常态，而要物合同仅为特例，需要法律作出明确规定。法律、行政法规没有规定某类合同为要物合同的，应当认定为诺成性合同。我国现行法律并无以物抵债协议为要物合同之规定，故其原则上应当认定为诺成性合同。[②]准以此言，以物抵债协议应当认定为诺成合同。本案中，以物抵债协议虽未办理所有权移转登记手续，但仍然应当认定为有效。

（五）本案的裁判效果

本案即为以买卖合同形式达到以物抵债目的的典型案例。案件当事人很明显

---

① 睢晓鹏：《通谋虚伪意思表示的司法规制》，载《人民司法》2014年第10期。

② 司伟：《债务清偿期届满后的以物抵债纠纷裁判若干疑难问题思考》，载《法律适用》2017年第17期。

知悉法院关于以物抵债案件的裁判观点，为避免以物抵债协议被宣告无效，故意将法律关系伪装成买卖合同，可见代物清偿要物说危害至深！最高人民法院本应借此机会，顺应理论发展与实践需求，运用科学裁判方法，突破传统理论束缚，大胆承认以物抵债协议的诺成性，并做成指导案例，为以后类似案件提供裁判依据。无奈在此问题上谨慎有余而创新不足，仍然辗转适用买卖合同的规定间接承认以物抵债协议的效力，仍然不出此前判决之俗套，从而坐失法发展的良机。本案裁判本来已是权宜之计，却又上升为指导性案例，显得十分不合时宜。

从裁判效果看，若认为当事人之间“终止借款合同关系，建立商品房买卖合同关系”，虽然为债权人主张新给付提供了依据，但负面效果也如影随形：既然借款合同关系已经终止，纵使新给付履行不能，债权人亦不得主张原定给付；原借款合同存在担保的，因主合同消灭，担保也随之消灭，债权人的债权从有担保的债权变为无担保的债权。在买卖合同中，由于债权人支付购房款的义务已经履行，债权人丧失了在普通买卖合同中的同时履行抗辩权，从而处于十分不利的境地。

本案已然上升为指导案例，但其指导意义体现在何处，却不十分清晰。第一，本案裁判回避了以物抵债协议的性质与效力这个敏感话题，而是迂回适用买卖合同的相关规定，这是否意味着最高人民法院对普通的以物抵债协议仍然坚持原有的立场？亦即依然适用代物清偿原理，判定诺成性以物抵债协议不成立？倘使如此，本案的指导意义就在于，提醒债权人以物抵债要通过买卖合同的形式进行，否则承担不利后果。若以物抵债协议都要伪装成买卖合同形式，则不仅会增加交易成本，而且对不懂得此“潜规则”的债权人至为不利，极有可能助长债务人的机会主义行为，严重侵蚀诚实信用的道德基础。第二，从裁判的角度，在债权人不懂此种“潜规则”而没有采用买卖合同形式抵债的，若法院采用代物清偿原理裁判，会不会造成实质意义上的同案不同判？第三，由于本案借款本息不足以偿付购房款，债权人还需继续支付部分购房款，因此买卖的“味儿很浓”。对此，本指导案例是否只有在类似情况下才有指导意义，还是不论借款本息与购房款相同与否都可适用？

很显然，本指导案例不仅无助于问题的彻底解决，其负面效果亦不容低估。或许因为这种担忧，在本案判决一年后，最高人民法院又针对普通的以物抵债协议作出判决，明确肯定诺成性以物抵债协议的效力。下面，我们来看看这个裁判。

四、新债清偿裁判路径检讨

本节以（2016）最高法民终字第484号判决书为例，对新债清偿裁判思路予以检讨。

（一）裁判要旨

在建总公司与内蒙古某房地产公司建设工程施工合同纠纷案中，① 最高人民法院对债务清偿期届满后以物抵债案件的裁判思路作出了详细阐述。最高人民法院公报刊登了此案判决书，② 意味着对全国法院类似案件的裁判将产生一定的指导意义。公报裁判要旨部分对债务清偿期届满后以物抵债案件的裁判思路进行了归纳，兹摘录如下：

1. 对以物抵债协议的效力、履行等问题的认定，应以尊重当事人的意思自治为基本原则。一般而言，除当事人有明确约定外，当事人于债务清偿期届满后签订的以物抵债协议，并不以债权人现实地受领抵债物或取得抵债物所有权、使用权等财产权利，为成立或生效要件。只要双方当事人的意思表示真实，合同内容不违反法律、行政法规的强制性规定，合同即为有效。

2. 当事人于债务清偿期届满后达成的以物抵债协议，可能构成债的更改，即成立新债务，同时消灭旧债务；亦可能属于新债清偿，即成立新债务，与旧债务并存。基于保护债权的理念，债的更改一般需有当事人明确消灭旧债的合意，否则，当事人于债务清偿期届满后达成的以物抵债协议，性质一般为新债清偿。

3. 在新债清偿情形下，旧债务于新债务履行之前不消灭，旧债务和新债务处于衔接并存的状态；在新债务合法有效并得以履行完毕后，因完成了债务清偿义务，旧债务才归于消灭。

---

① 参见最高人民法院（2016）最高法民终字第484号判决书。

② 参见《最高人民法院公报》2017年第9期。

4. 在债权人与债务人达成以物抵债协议、新债务与旧债务并存时，确定债权是否得以实现，应以债务人是否按照约定全面履行自己的义务为依据。若新债务届期不履行，致使以物抵债协议目的不能实现的，债权人有权请求债务人履行旧债务，且该请求权的行使，并不以以物抵债协议无效、被撤销或者被解除为前提。

（二）有名无实的代物清偿

从本案裁判要旨第一点的表述看，似有一般性承认诺成性以物抵债协议效力的倾向，大有清算传统民法上代物清偿理论之势。但综观全文，并没有正面提及代物清偿理论，其对代物清偿理论的态度似乎仍然晦暗不明。本案主审法官针对此案撰写的著述甚至明确承认代物清偿仍然为以物抵债的一种。“不应将以物抵债等同于代物清偿，代物清偿仅为以物抵债的一种情形或可选方式，而非全部。故虽然从传统民法理论看，代物清偿协议应为要物合同，但不应因此即认为所有的以物抵债协议都属于要物合同。”① 从裁判要旨第二点看，最高人民法院的论证路径仍然是从传统民法理论出发，在承认代物清偿要物说的前提下，将未即时履行的以物抵债解释为新债清偿，从而达到事实上架空代物清偿理论的解释目的，但其根本无意撼动传统民法理论框架。

细究起来，裁判者虽然回避了与代物清偿理论的正面交锋，但由此表现出的暧昧态度和导致的法体系矛盾却暴露无遗：在传统民法上，代物清偿与新债清偿是两种不同的制度安排，本案裁判观点既然将以物抵债解释为新债清偿，代物清偿也就没有发挥作用的空间，但裁判者为何又认为代物清偿构成以物抵债的一种情形？仔细研读裁判要旨第一点，似乎可以得出这样的结论，即以物抵债协议原则上为诺成合同，但当事人约定以物抵债协议以新给付标的物交付为成立要件的，此时的以物抵债协议为要物性的代物清偿。对此，本案承担法官撰文明确指出：“法律虽然对于以物抵债协议是否为要物合同并无明确规定，但并不排除当事人基于意思自治而约定协议以债权人现实地受领抵债物或者取得抵债物所有

① 司伟：《债务清偿期届满后的以物抵债纠纷裁判若干疑难问题思考》，载《法律适用》2017 年第 17 期；司伟：《债务清偿期届满后以物抵债协议的性质与履行》，载《人民司法·案例》2018 年第 2 期。

权、使用权等财产权利为成立要件，在当事人基于真实意思而明确作出上述约定时，一般应认定构成代物清偿，为要物合同。但若当事人并未明确作出上述约定，则在进行合同解释时，一般应得出以物抵债协议于当事人达成合意时已经成立的结论。”① 但这种理解显然不成立，因为根据意思自治原则，所有涉及标的物交付的诺成合同，当事人都可以约定以标的物交付作为合同成立要件，这实质上是为合同成立附了停止条件，但当事人的约定并不能改变诺成合同的本质属性，否则所有类型的合同都可以分为诺成合同与要物合同两类，诺成合同与实践合同的分类价值也就大打折扣。

以物抵债的诺成性与要物性属两种不可调和之价值取向，必须作出选择。裁判者通过“明修栈道、暗度陈仓”的方式实质上一般性地承认了以物抵债协议的诺成性，但没有借此机会对代物清偿理论进行彻底清算，又一次错过了法发展的最佳良机。诚然，除了当事人特殊约定外，所有的以物抵债协议都可以解释为新债清偿，从而使传统民法上代物清偿理论几无发挥作用之余地，实质上等于否弃了代物清偿理论。但裁判者又承认代物清偿为以物抵债之一种，没有明确将代物清偿理论从神坛上请下来，从而使代物清偿理论事实上成为一个传说，一个抽象存在，一个不死的幽灵。

（三）貌合神离的新债清偿

承认了以物抵债协议的诺成性，紧接着必须回答的一个问题是，在以物抵债协议生效后新给付与原定给付的关系问题。在传统理论框架下，关于新给付与原定给付的关系问题，代物清偿、新债清偿、债的更改均有所涉及。在代物清偿理论已因其固有缺陷而淘汰出局的情况下，裁判者只能从债的更改与新债清偿中寻找答案了。债的更改认为新债成立、旧债消灭，固然解决了诺成性以物抵债协议中债权人得主张新给付的问题，但债权人由此付出的代价也颇为惨重，既获得新给付须以消灭原定给付为代价，在债权人不能从新给付获得清偿时，其不能再主张原定给付，不利于保护债权人利益，也不符合以物抵债的初衷。为了保护债权

① 司伟：《债务清偿期届满后的以物抵债纠纷裁判若干疑难问题思考》，载《法律适用》2017 年第 17 期。

需要，裁判者便按图索骥般地找到了新债清偿理论。根据新债清偿理论，新债成立后，新旧二债处于并存地位，新债不履行，旧债不消灭，债权人在旧债之外又额外增加了新债以供清偿之保障，对债权人颇为有利。因此，裁判者便顺理成章地得出了结论，即“当事人于债务清偿期届满后达成的以物抵债协议，性质一般为新债清偿”。

本案裁判既然无意突破传统理论框架，将以物抵债协议解释为新债清偿，则也必须恪守传统民法上新债清偿概念的内涵与外延。然而，若以传统民法新债清偿理论规格衡量，以物抵债协议与新债清偿在若干方面有扞格不入之处。

第一，根据传统民法通说，新债清偿为要物契约。[①] 在本案裁判要旨第一点已将以物抵债协议解释为诺成合同前提下，又于第二点将以物抵债协议解释为新债清偿，这样，裁判者费尽心机绕开了代物清偿要物性理论之后，紧接着又栽入了另一个相同的陷阱。很显然，新债清偿理论之“新债不履行、旧债不消灭”对裁判者的诱惑力是如此之大，为了达到证成裁判结果的目的，裁判者不惜对传统民法新债清偿理论进行人为切割，对新债清偿之要物性视而不见，只取“新债不履行、旧债不消灭”之结论。而一旦进行任意取舍，则裁判者所谓的新债清偿已非传统民法之新债清偿。

第二，传统民法虽然没有明确新债清偿理论的适用范围，但多数学者都将债务人交付票据作为其典型样态。[②] 实质上，新债清偿要物说正是将交付票据作为典型形态观察而得出的结论。因为根据新债清偿理论，新债清偿成立债务人即负担新债务，而在以交付票据作为清偿旧债的方法时，只有交付票据，债务人才负担新债（票据债务），因此，传统民法上将新债清偿作为要物契约也就不奇怪了。但是，本案裁判将所有非即时履行的以物抵债协议均解释为新债清偿，无疑大大拓展了传统民法上新债清偿概念的外延。

---

① 史尚宽：《债法总论》，中国政法大学出版社2000年版，第820页；林诚二：《民法债编总论——体系化解说》，中国人民大学出版社2003年版，第540页；孙森焱：《民法债编总论》（下册），法律出版社2006年版，第856页。也有个别学者认为新债清偿契约为诺成契约，参见邱聪智：《新订民法债编通则》（下册），中国人民大学出版社2004年版，第453页。

② 史尚宽：《债法总论》，中国政法大学出版社2000年版，第820页；孙森焱：《民法债编总论》（下册），法律出版社2006年版，第856页；邱聪智：《新订民法债编通则》（下册），中国人民大学出版社2004年版，第453页；郑玉波：《民法债编总论》（修订二版），陈荣隆修订，中国政法大学出版社2004年版，第486页；黄立：《民法债编总论》，中国政法大学出版社2002年版，第673页。

第三，多数学者都论述到，在新债清偿中，新债务不履行、无效或撤销时，债权人得请求原定债务，[①] 但在新债务不履行、瑕疵履行时债权人能否要求债务人承担继续履行新债务、赔偿损失等违约责任，则论述较少。实质上，根据传统民法关于代物清偿为有偿合同的论证路径，也可以得出大致的结论。传统民法理论认为，代物清偿是债权人抛弃原定给付而获得新给付，债权人抛弃原定给付与债务人提供新给付为对待给付、对价有偿关系，故代物清偿契约为有偿契约。[②] 而在新债清偿中，债权人并未抛弃原定给付，债务人提供新给付似乎并没有获得相应对价，故新债清偿应为无偿契约。既然新债清偿契约为无偿契约，债务人不履行新给付的，债权人不得请求继续履行，只能请求债务人履行原定给付，似乎是理所当然之结论。正是基于这样的逻辑推演，有学者指出，在新债清偿中，因为系债之并存关系，并非有偿契约，因此债务人对新债务不负出卖人之担保责任。[③] 在半履行的给付（间接给付）中，由于债权人可以交回有瑕疵的物并且主张原来的债权，因而不必给予他瑕疵担保的权利。[④] 有学者甚至认为，在新债清偿中，债权人有自其给付受其债权满足之义务，故有片务契约之性质。[⑤] 也许正是基于对传统理论的忠诚继受，本案承办法官也针对本案撰文指出，债务人即使在以物抵债协议成立并生效后，也可以随时反悔而选择履行旧债务，[⑥] 从而与传统理论保持了一致。传统民法新债清偿理论主要适用于以票据清偿原定债务情形，在债务人不履行票据债务时，充其量债权人手中的票据成了一张废纸，债权人请求债务人履行原定给付对双方当事人都不会造成太大的损失。但是，一旦将新债清偿理论扩张适用于所有的以物抵债，负面效果就会立即显现出来。在债务

① 史尚宽：《债法总论》，中国政法大学出版社 2000 年版，第 821 页；孙森焱：《民法债编总论》（下册），法律出版社 2006 年版，第 857 页；郑玉波：《民法债编总论》（修订二版），陈荣隆修订，中国政法大学出版社 2004 年版，第 486 页；邱聪智：《新订民法债编通则》（下册），中国人民大学出版社 2004 年版，第 454 页；林诚二：《民法债编总论——体系化解说》，中国人民大学出版社 2003 年版，第 541 页；黄立：《民法债编总论》，中国政法大学出版社 2002 年版，第 673 页。

② 郑玉波：《民法债编总论》（修订二版），陈荣隆修订，中国政法大学出版社 2004 年版，第 485 页；林诚二：《民法债编总论——体系化解说》，中国人民大学出版社 2003 年版，第 537－538 页。

③ 黄立：《民法债编总论》，中国政法大学出版社 2002 年版，第 673 页。

④ ［德］迪尔克·罗歇尔德斯：《德国债法总论》（第七版），沈小军、张金海译，沈小军校，中国人民大学出版社 2014 年版，第 144 页。

⑤ 史尚宽：《债法总论》，中国政法大学出版社 2000 年版，第 820 页。

⑥ 司伟：《债务清偿期届满后的以物抵债纠纷裁判若干疑难问题思考》，载《法律适用》2017 年第 17 期；司伟：《债务清偿期届满后以物抵债协议的性质与履行》，载《人民司法·案例》2018 年第 2 期。

人履行新给付构成瑕疵履行时，哪怕是轻微瑕疵，债权人亦不得主张债务不履行责任，其要么接受有瑕疵的新给付，要么放弃新给付转而请求债务人履行原定给付。这对双方当事人而言实属不经济，徒增交易成本，而且极易助长不诚信行为。若允许债权人在这种情况下请求债务人承担赔偿损失、继续履行等责任，则有利于减少交易成本，迅速了结债权债务关系。但一旦作此解释，新债清偿理论也就被改造得面目全非了。

在传统民法上，代物清偿与新债清偿是两种共生共存的法律制度，新债清偿即为克服代物清偿理论的不足而产生的。具体地讲，在代物清偿要物性理论下，新给付标的物交付导致新债成立、旧债消灭，这在交付票据等非即时清偿的情况下对债权人至为不利，为此传统民法上又发展出新债清偿理论，在这种情况下新债成立、旧债不消灭，只有新债履行后旧债才同归消灭，以资周全保护债权人利益。因此，与其认为新债清偿与代物清偿为并列的两种理论，毋宁认为新债清偿为代物清偿的补充。在本案裁判中，既然已经一般性地承认以物抵债协议的诺成性，代物清偿理论实质上已经被否弃，新债清偿理论也就相应地无所依恃。在这种情况下，将以物抵债协议解释为新债清偿，企图赋予其新的历史使命，实为其所不能承受之重。若根据案件裁判需要赋予新债清偿以新的内涵，则所谓的新债清偿已经有名无实，与传统民法上的新债清偿概念指涉完全不同，这势必造成概念使用上的混乱，人为制造思维负担。

从制度目的看，以物抵债的根本目的是清偿原债，新给付是服务于清偿原债的手段，新债不履行、旧债不消灭应当是以物抵债制度的天然特征，任何用新给付代替原定给付的行为是否构成以物抵债，均要用此标准衡量。传统民法上新债清偿恰恰符合此特征，因此可以归入以物抵债的范畴。可见，新债清偿应为以物抵债的下位概念，二者是种与属的关系，新债清偿符合以物抵债的特征，而以物抵债未必具备新债清偿的所有特征。将以物抵债的性质解释为新债清偿，颠倒了种属关系。

（四）神形俱离的债之更改

本案裁判要旨第二点认为债的更改构成以物抵债的一种形式。债的更改与代物清偿的典型形态均为新债成立、旧债消灭，在代物清偿经过改造纳入以物抵债范畴的情况下，将债的更改顺便打包归入以物抵债似乎也顺理成章。但深入考察发现，债的更改与代物清偿的制度目的与运作机制完全不同。从运作机理上看，代物清偿之所以新债成立、旧债消灭，是因为在代物清偿要物性理论下，新给付标的物的交付导致新债成立，而新给付标的物交付的同时也构成了新债的履行，因此，在代物清偿中，新债成立、履行、消灭同时发生，表面上看是新债成立导致了旧债消灭，实质上是新债的履行导致了旧债的消灭，这与新债清偿是完全一致的。而在债的更改中，“新债成立、旧债消灭”实至名归，不管新债能否获得清偿，旧债都不可逆地归于消灭。从制度目的看，代物清偿是为了清偿原债，而债的更改绝非清偿原债，而是为了消灭原债，建立新的债权债务关系。总之，如果用上述以物抵债的特征与标准衡量，代物清偿构成以物抵债，而债的更改实为以物抵债所不容。

（五）小结

本案裁判一般性地承认以物抵债协议的诺成性，且认为新债不履行、旧债不消灭，债务人不履行新债务导致以物抵债目的不能实现的，债权人仍有主张原债的权利，已经无限接近了以物抵债协议的本来面目和内在规律，有利于保护债权人的利益。本案裁判是对一段时期以来适用代物清偿理论裁判以物抵债案件思路的系统反思与纠正，对以后类似案件的裁判具有重要指导意义。承认以物抵债协议为诺成合同，意味着放弃了漏洞填补的裁判思路，开始从实在法规则寻求裁判依据，在裁判方法上应予肯定。虽然该裁判在后续的说理中将以物抵债协议归结为新债清偿，但其也只是在承认以物抵债协议为诺成合同的前提下，就以物抵债协议中当事人的意思构造作出进一步阐释，其并非法律解释和漏洞填补，而是落入了意思表示解释的范畴。但是，本案裁判仍然试图从传统民法理论寻求裁判依据，且误读了传统民法上有关制度的本来内涵与制度功能（或有意为之），致使对以物抵债的性质、内涵、外延的把握发生偏差。因此，本案裁判仍然是一件没有完成的作品，关于债务履行期届满后以物抵债协议案件的本体认识及裁判思路，仍有待后续裁判作出进一步探索与厘定。

五、以物抵债案件的应然裁判思路

（一）小议最高人民法院民二庭第四次法官会议纪要

长期以来，我国司法实务一直援引传统民法上代物清偿理论裁判债务履行期届满后的以物抵债案件，背离现有实在法规则，不仅在裁判方法上殊值商榷，也导致大量的诺成性以物抵债协议被认定无效，不利于债权人利益保护，损害了当事人的合理预期，还助长了道德风险和投机行为，致使以物抵债案件一直处于高位运行状态。近年来，虽然对代物清偿裁判思路有所检讨，开始逐渐承认诺成性以物抵债协议的效力，但仍显得小心翼翼、顾虑重重。一方面，对于“名为买卖，实为抵债”的以物抵债案件，无视当事人真实意思，将计就计般地把当事人之间的法律关系解释为买卖合同，虽然“巧妙地”绕开了代物清偿要物说理论的束缚，间接地达到了承认诺成性以物抵债协议的效果，但在裁判方法上有“为达目的不择手段”之嫌，且使得债权人丧失了一定条件下主张原定给付的机会，负面后果不容低估。另一方面，对于普通的诺成性以物抵债协议，通过解释为新债清偿的方式避开了代物清偿理论的适用，实质上达到了一般性承认诺成性以物抵债协议的效果，但在裁判思路上又回到了传统民法理论框架，不仅对代物清偿理论的态度暧昧不清、对新债清偿理论的理解发生偏颇，而且使得债权人在债务人不履行或者不适当履行新给付时丧失了请求权基础，对债权人利益保护亦有不周。可见，代物清偿理论事实上已经成为以物抵债案件裁判中绕不过去的障碍，欲达到一般性承认诺成性以物抵债协议效力、妥善保护债权人利益的效果，就必须对代物清偿理论进行彻底清算。

非常可喜的是，2017 年 9 月 27 日最高人民法院民二庭第四次法官会议纪要对代物清偿要物性理论进行了正面回应和彻底清算，从一般意义上肯定了诺成性以物抵债协议的效力。“就以物抵债协议而言，在我国法律没有规定代物清偿制度，而当事人对合同成立又无特别约定的情况下，应当认为其系诺成合同，自双方意思表示一致时成立，不以债权人受领抵债物为合同成立要件。”更为重要的是，该纪要开始立足我国现有实在法规定，挣脱传统民法理论之束缚，从债务变更的角度审视新给付与旧给付的关系，一方面承认债权人有权请求债务人履行新给付，另一方面又承认原定给付不因以物抵债而消灭，于保护债权实现至为周到。以物抵债案件裁判思路几经周折变迁，于此日臻完善。但仔细分析，该纪要在若干方面仍存在值得商榷之处。一方面，该纪要认为以物抵债协议构成债的变更，债权人得请求履行新给付，但在字里行间似乎又对以物抵债与新债清偿不加区分，仍然具有最高人民法院（2016）最高法民终字第484号判决书之残留痕迹，特别是明确指出以物抵债与新债清偿“体现的是同样的政策性考量”，法官的矛盾心理跃然纸上。另一方面，该纪要延续最高人民法院传统观点，将债务更新纳入以物抵债的范畴，表明其对以物抵债的目的仍然存在模糊认识。[①] 凡此种种，均有待于进一步讨论与澄清。

（二）以物抵债案件裁判思路之我见

关于以物抵债协议的性质与效力，我国民法上没有关于代物清偿之规定，以物抵债协议在我国民法上属无名合同。根据意思自治和合同自由原则，当事人可以自由订立《合同法》规定的有名合同之外的合同类型，法律自无干涉之必要。《合同法》第124条规定：“本法分则或者其他法律没有明文规定的合同，适用本法总则的规定，并可以参照本法分则或者其他法律最相类似的规定。”在合同成立及生效问题上，根据合同自由原则及《合同法》第25条、第44条之规定，民事合同的成立应以诺成为原则、以要物为例外，除法律明确规定的要物合同外，其他类型的有名合同及所有的无名合同均应认定为诺成合同，以物抵债协议也概莫能外。因此，虽然我国民法没有关于代物清偿的规定，但以物抵债案件的裁判依然能够从《合同法》具体规则中找到充分的请求权基础，并不构成法律漏洞。司法实务中，应当根据《合同法》的相关规定直接承认诺成性以物抵债协议的效力，无须辗转逶迤适用代物清偿理论，亦无须借助其他理论和路径作出解释，否则就是无视实在法规定而直接向民法理论学说的“逃逸”，有违法律适用的基本规则。

---

① 参见麻锦亮：《以物抵债协议的性质与效力》，载贺小荣主编：《最高人民法院民事审判第二庭法官会议纪要》，人民法院出版社2018年版，第3－11页。

关于以物抵债协议的内容，司法实务中亦应立足以物抵债实现债权受偿的目的，从优先保护债权人利益出发，结合《合同法》的有关规定，对当事人的意思表示作出妥当的解释。对于“名为买卖、实为抵债”的以物抵债案件，应刺破买卖合同面纱，还原以物抵债真实面目，实现以物抵债案件裁判路径的实质统一。对于普通的以物抵债案件，由于当事人通过协商一致的方式对合同标的作出了变更，并非消灭原债关系、成立新的债权债务关系，而是对原债的清偿达成了新的安排，故债权债务关系并不因标的的变化而丧失同一性，因此应属于《合同法》第77条规定的债的变更的范畴。由于《合同法》对债的变更的对象、类型和模式未加规定，从而为以物抵债中当事人意思表示解释提供了广阔的空间。从保护债权目的出发，揣度债权人的真实意思，以物抵债协议之债的变更，并不是由原定给付到新给付的简单变更，而是由单一的原定给付到新给付与原定给付衔接配合的复杂构成，债权人同时保有从新给付与原定给付受偿的可能。具体而言，债权人应首先努力从新给付寻求受偿，在新给付不履行、瑕疵履行的情况下，债权人可以基于基础债权债务关系就新给付本身寻求债务不履行之救济；在新给付不履行或不适当履行致使以物抵债目的不能实现时，债权人仍可以请求债务人履行原定给付。只有如此解释，才能最大限度地实现保护债权的目的。以物抵债中当事人意思表示的复杂构成，并非传统民法上债的更改、新债清偿等理论所能涵括，从传统理论出发解释以物抵债协议，无异于削足适履，结论自难令人信服。

关于以物抵债案件的裁判路径，不仅全国法院裁判标准不统一，就是最高人民法院内部同一时期就同类案件的裁判思路和结果也大相径庭。随着司法责任制改革的深入推进，“让审理者裁判，由裁判者负责”使得法官独立办案权限越来越大，同案不同判的问题可能会越发突出。最高人民法院民二庭第四次法官会议纪要代表了最高人民法院关于以物抵债案件的最新裁判观点，且具有强烈的统一类案裁判路径的主观导向，但由于法官会议制度至今没有明确的法律依据作支撑，法官会议形成的意见对合议庭不具有强制力，不能直接成为合议庭和独任法官裁判的依据，法官会议形成的多数人意见仅对合议庭具有参考作用。[①] 法官会议纪要对一庭、一院尚不具有强制效力，其统一全国法院裁判尺度的作用应不容高估。最高人民法院应充分发挥审判业务指导功能，乘以物抵债案件裁判思路尚未完全定型之机，及时出台相关司法解释、作成新的指导性案例，匡正裁判思路、统一裁判标准，彻底解决长期困扰司法实务的难题，并为交易实践提供稳定预期。

---

① 贺小荣：《法官会议制度的价值功能与实现路径》，载贺小荣主编：《最高人民法院民事审判第二庭法官会议纪要》，人民法院出版社 2018 年版，序言部分第 7 - 9 页。

专题七

债务履行期届满前的以物抵债专论

以物抵债是债务清偿的一种形态，当以债务履行期届满后、原定给付之履行出现障碍时达成为其常态。然而，实务中亦不乏对以物抵债预先做出安排的交易实例，亦即当事人在原债订立之时或债务履行期届满前约定，若债务届期未清偿，则以他种给付代替原定给付。对这种交易模式，传统民法上多名之为代物清偿预约或附停止条件的代物清偿。为期概念使用上的统一，专题七称之为债务履行期届满前的以物抵债，或简称为期前以物抵债。相应地，将一般意义上的以物抵债称为债务履行期届满后的以物抵债或期后以物抵债。

乍看，期前以物抵债与期后以物抵债均为以他种给付代替原定给付之约定，似无明显不同，实则不然。恰因订立时机之不同，却造成了二者在功能、性质、效力等方面的重大区别。第一，从缔约时机看，债务履行期届满后的以物抵债多为双方平等协商之结果，并无一方压迫另一方之意思表示不自由状态，且债权人债权有不能实现之虞，债权的实现是期后以物抵债制度重点关注的问题；而在债务履行期届满前的以物抵债，特别是债务订立之时成立的以物抵债，债权人往往处于谈判优势，可能会利用债务人的急迫需要，订立抵债物价值大于债权额的以物抵债协议，从而陷债务人于被盘剥之状态，债务人的利益有侧重保护之必要。第二，从缔约目的看，期后以物抵债均为寻求原债清偿，是原债清偿之变态；而期前以物抵债协议是当事人对原债不履行做出的预防性安排，抵债物价值一般大于原债权额，期前以物抵债制度之机能，主要在于通过丧失抵债物所有权之潜在威胁，给债务人施加压力，督促债务人按期清偿债务，担保的意图非常明显。第三，从契约履行看，期后以物抵债具有履行的即时性和必然性，协议达成后，当事人之间有给付和接受给付的权利与义务；而期前以物抵债具有履行的远期性和或然性，债务履行期届满前债权人不得请求债务人履行新给付，债务人在债务清偿期届满前履行了原定给付的，以物抵债协议则不再履行。第四，从法律关系构造看，期后以物抵债构成债的变更，原债权债务关系不丧失同一性，新给付履行中的问题可从基础债权债务关系寻求请求权基础；而期前以物抵债既然有担保之功能，则以物抵债协议还要适用担保制度有关规定，有实体化为担保法律关系之必要，如此，债的变更理论显然不能解释期前以物抵债中复杂的法律关系构造。这些区别决定了期前以物抵债问题不能简单套用期后以物抵债的制度规则，有单独规制之必要。

承认期前以物抵债为以物抵债之一种，则在传统民法语境中，期前以物抵债协议的效力必然要接受代物清偿要物性之检验。然而，期前以物抵债协议以债务届期未清偿为履行的必备要件，在缔约之时不可能交付抵债物，以代物清偿要物说之规格衡量，期前以物抵债协议不发生法律效力。传统民法上多借助预约、附停止条件法律行为等工具来解释期前以物抵债协议的效力，从而达到期前以物抵债协议诺成化的效果，但无论采取何种解释思路都存在无法逾越的逻辑障碍，且在利益衡量上有轻重失据之嫌。本章第一节即对代物清偿预约、附停止条件的代物清偿概念进行检讨，指出废除代物清偿要物说乃承认期前以物抵债协议效力的逻辑起点。

期前以物抵债协议具有担保功能，且在债务届期未清偿时，债权人得不经清算而直接取得抵债物所有权，颇类似于流担保条款之构成，故期前以物抵债协议的效力似应接受流担保禁止规则的进一步检验。本专题第二部分在探讨流担保禁止规则适用边界、流担保禁止规则之缓和及其实现路径的基础上，指出期前以物抵债协议符合流担保条款之构成，但在解释上应对流担保禁止规则的适用范围进行目的性限缩，在立法上应当缓和流担保禁止规则之严酷性，有限承认流担保条款的效力。于此，期前以物抵债协议的效力得以证成。

让与担保虽然在合同订立之时即移转担保标的物所有权，但所有权实质移转则在债务届期未清偿时，若从以他种给付（担保标的物）代替原定给付的角度衡量，让与担保似乎也符合期前以物抵债的构成。且让与担保同样也涉嫌触犯流担保禁止规则，对让与担保效力的研究能够反向强化期前以物抵债协议效力之证成，故有必要专门研究。当前交易实践中，广泛存在着以买卖合同担保借款合同的交易模式，学界多称之为买卖型担保或担保型买卖，但亦有学者指出买卖型担保“名为买卖，实为抵债”，如此即落入期前以物抵债的研究范畴。本专题第三部分和第四部分对让与担保和买卖型担保这两种广义的、特殊的期前以物抵债形式进行简要探讨。

传统民法置重于期前以物抵债协议效力的探讨，因学说上多不承认期前以物抵债协议的效力，债权人几无获得抵债物之现实可能，即便承认期前以物抵债协议效力的学者亦多关注新旧给付的价值均衡问题，对抵债物之债务不履行之救济却少有探讨。随着代物清偿契约的诺成化及流担保禁止规则之开禁，债权人获取抵债物所有权具有现实可能性，新给付债务不履行之救济问题随之浮现。本专题第五部分对期前以物抵债协议中新旧给付关系构造以及新给付债务不履行救济问题进行简要探讨。

一、代物清偿预约与附停止条件的代物清偿

债务履行期届满前的以物抵债，传统民法上多名之为代物清偿预约或附停止条件的代物清偿。从表述上看，代物清偿预约意味着当事人达成的在条件成就时订立代物清偿本约的安排，代物清偿契约尚不成立；而附停止条件的代物清偿意味着代物清偿已经成立，只是在条件成就前不生效力，二者意涵显有不同。然而，二者的含义是否果真有如概念本身表现出的如此大的差异？两种解释路径意义何在？是否导向截然不同的法律后果？本节试图作出回答。

（一）代物清偿预约检讨

1. 不同观点梳理

对代物清偿预约之内涵，认识上分歧较大。

从代物清偿预约成立的时间看，有三种不同认识。第一种观点认为，代物清偿预约者，乃债务成立之时，当事人附带约定，将来如不履行时，须以他种给付代替原定给付之契约。[①] 第二种观点认为，不唯债务成立之时，只要在债务履行期届满前达成的以他种给付代替原定给付的安排，均为代物清偿预约。[②] 第三种观点更是推而广之，认为债务履行期届满前可订立代物清偿预约固无疑问，在债

① 郑玉波：《民法债编总论》（修订二版），陈荣隆修订，中国政法大学出版社2004年版，第485页；王利明、房绍坤、王轶：《合同法》，中国人民大学出版社2007年版，第255页。

② 陈自强：《无因债权契约论》，中国政法大学出版社2002年版，第327页。

务履行期届满后达成的未即时履行的代物清偿合意也是代物清偿预约。[①] 在代物清偿要物说语境下，当事人在债务履行期届满后仅达成单纯的代物清偿合意，应认为代物清偿契约尚不成立，只有如此解释，才符合要物说保护债务人利益的初衷。诚然，对于要物契约，当事人可订立要物契约之预约，以缓和其要物性。[②] 若当事人在债务履行期届满后明确订立代物清偿预约，则对当事人产生拘束力，但这种情况实属罕见，且与单纯的代物清偿合意显有不同。因此，将债务履行期届满后当事人达成的代物清偿合意解释为代物清偿预约，违背当事人真实意思，背离代物清偿要物说理论初衷。本书遵循传统民法观点，仅讨论债务履行期届满前的代物清偿预约。

从代物清偿权主体的角度，也存在两种截然对立的观点。史尚宽先生认为，债务人保留代替原定给付，为一定之他种给付，以使债务消灭之权利之当事人间之特约，谓之代物清偿之预约。[③] 可见，史尚宽先生认为代物清偿预约赋予债务人单方请求订立代物清偿本约的权利，并因代物清偿预约，使得基础债权债务关系变为债务人有变更权的任意之债。对此，孙森焱先生有不同观点，他指出，代物清偿之预约使得债权人或债务人均有在一定条件成就时请求以特定标的物为代物清偿的权利。[④] 从交易实践看，在订约之时，债权人一般处于谈判优势，其在债务成立时附带订立代物清偿预约，多具有担保债权实现之意图，因此通过预约约定债权人代物清偿权的情形居多，而约定债务人代物清偿权的情形几乎不存在。[⑤] 约定债权人代物清偿权的代物清偿预约很容易成为压迫窘迫的债务人、获得不当得利的暴利行为，因此自然成为理论与实务关注的重点。[⑥]

上述为显见的分歧，若深入代物清偿预约内部，认识上的分歧更是交叉纵横，不易厘清。从字面理解，代物清偿预约为将来订立代物清偿本约之特约，在条件成就时当事人尚需再度订立代物清偿之本约，才能享有代物清偿契约之权利

① 王利明：《合同法研究》（第三版，第一卷），中国人民大学出版社 2015 年版，第 676 页；高治：《代物清偿预约研究——简论流担保制度的立法选择》，载《法律适用》2008 年第 8 期。

② 史尚宽：《债法总论》，中国政法大学出版社 2000 年版，第 13 页；王泽鉴：《债法原理》，北京大学出版社 2013 年版，第 168 页；孙超：《预约与本约的关系探讨》，载《人民司法·应用》2017 年第 26 期。

③ 史尚宽：《债法总论》，中国政法大学出版社 2000 年版，第 815－816 页。

④ 孙森焱：《民法债编总论》（下册），法律出版社 2006 年版，第 853 页。

⑤ ［日］我妻荣：《新订债权总论》，王燚译，中国法制出版社 2008 年版，第 267 页。

⑥ ［日］我妻荣：《新订债权总论》，王燚译，中国法制出版社 2008 年版，第 267 页。

义务。我妻荣先生认为，债务届期未清偿时，债权人如欲取得他种给付之所有权，尚需作出预约完成之意思。① 日本民法上所谓预约完成之意思，即为订立代物清偿本约之意思表示。然而，从多数学者的表述看，当事人达成代物清偿预约的，只要债务届满未获清偿，当事人即取得请求他种给付的权利，不需要再另行作成本约。② 于此，代物清偿预约与代物清偿合意、代物清偿本约的界限已经开始模糊。基于这种理解，代物清偿预约实质上因条件成就直接发生本约的效力，因此有学者又将这种意义上的代物清偿预约称为附停止条件的代物清偿。③ 在这里，代物清偿预约又与附停止条件的代物清偿发生暧昧关系。为区分代物清偿预约与附停止条件的代物清偿，有学者又区分债权契约附条件与物权合意附条件，并将附停止条件的代物清偿限定在物权合意附条件的情形，债权契约附条件的，仍界定为代物清偿预约。④ 还有学者从更广义上使用代物清偿预约概念，除了真正意义上的代物清偿预约外，所有类型的附停止条件的代物清偿都纳入代物清偿预约概念研究，从而使附停止条件代物清偿成为代物清偿预约的下位概念。⑤

本书在狭义上使用代物清偿预约的概念，关于附停止条件的代物清偿，将在下一部分专门讨论。

2. 代物清偿预约之检讨

顾名思义，代物清偿预约，为将来订立代物清偿契约之特约。预约为债权合同的一种，自成立时起在当事人之间发生法律效力。又预约与附停止条件之契约性质不同。在附停止条件之契约，本契约于订约时已成立。反之，在预约，本约尚未成立，当事人间不过有使之成立之债权债务。⑥ 故在债务届期未获清偿时，代物清偿契约并非自动成立，仅使当事人负有订立代物清偿本约之义务。关于预约的效力，在德国及我国台湾地区，预约债务人负有订立本约的义务，权利人得诉请履行，法院应命债务人为订立本约的意思表示，债务人不为意思表示者，视

---

① ［日］我妻荣：《新订债权总论》，王燚译，中国法制出版社 2008 年版，第 268 页。

② 史尚宽：《债法总论》，中国政法大学出版社 2000 年版，第 13 页；孙森焱：《民法债编总论》（下册），法律出版社 2006 年版，第 853 页。

③ 陈自强：《无因债权契约论》，中国政法大学出版社 2002 年版，第 327 页。

④ 孙森焱：《民法债编总论》（下册），法律出版社 2006 年版，第 853 页。

⑤ ［日］我妻荣：《新订债权总论》，王燚译，中国法制出版社 2008 年版，第 266－268 页。

⑥ 史尚宽：《债法总论》，中国政法大学出版社 2000 年版，第 13 页。

同自判决确定时已为意思表示。本约成立后，债权人即有请求给付的权利，基于诉讼经济原则，债权人得合并请求订立本约及履行本约。[①] 本契约为要物契约时，并有请求契约标的物之交付之权利。[②] 在日本，则承认预约当事人的预约完结权，只要权利人作出预约完结的意思表示，则不以对方的承诺为必要，即可成立本约。[③] 我国理论界与实务界对于预约强制执行问题存在争议，但主流观点认为，在义务人违反预约时，应当考虑具体情形而要求预约合同当事人作出实际履行。[④] 违反预约给另一方当事人造成损失的，尽管对赔偿的范围存在不同认识，但均承认债权人得请求损害赔偿。[⑤] 可见，与单纯的代物清偿合意对当事人不具有拘束力不同，代物清偿预约对当事人产生实质的拘束力，特别是在承认强制缔结本约义务的德国民法及我国台湾地区“民法”上，代物清偿预约使得义务人有订立代物清偿契约和交付替代物的义务，这不仅使得代物清偿预约变成了事实上的代物清偿本约，而且进一步使得代物清偿契约由要物性契约变成了诺成契约，对传统民法理论的冲击不可谓不大。

学说上认为，之所以承认当事人得针对要物合同订立预约，是为了缓和要物合同的要物性。因为预约合同为诺成合同，一旦成立即对当事人产生拘束力。代物清偿之预约，非要物契约，与代物清偿契约自属有间。[⑥] 之所以将代物清偿预约从代物清偿中区别出来，本旨在于避免因其欠缺要物之要件而被认定为无效。[⑦] 但是，从本质主义的角度理解，这种缓和代物清偿要物性的努力是否具有合理性，不无疑问。第一，正如有学者正确指出的，这种试图用预约架空要物属性的理论构成，不过是解释论上的一种技巧（形式的解释论）而已。代物清偿预约与代物清偿合意中的意思要素（合意）其实没有区别，当事人实际上只有

---

① 史尚宽：《债法总论》，中国政法大学出版社 2000 年版，第 13 页；王泽鉴：《债法原理》（第二版），北京大学出版社 2013 年版，第 170 页；韩世远：《合同法总论》（第四版），法律出版社 2018 年版，第 94 页。

② 史尚宽：《债法总论》，中国政法大学出版社 2000 年版，第 13 页。

③ 韩世远：《合同法总论》（第四版），法律出版社 2018 年版，第 94 页。

④ 王利明：《合同法研究》（第三版，第一卷），中国人民大学出版社 2015 年版，第 48 页。

⑤ 史尚宽：《债法总论》，中国政法大学出版社 2000 年版，第 13 页；王泽鉴：《债法原理》（第二版），北京大学出版社 2013 年版，第 170 页；王利明：《合同法研究》（第三版，第一卷），中国人民大学出版社 2015 年版，第 49 页。

⑥ 孙森焱：《民法债编总论》（下册），法律出版社 2006 年版，第 853 页。

⑦ 陈永强：《以买卖合同担保借贷的解释路径与法效果》，载《中国法学》2018 年第 2 期。

一个意思表示，只不过在解释上人为重复了两次，结果使原本没有拘束力的本约中的合意，变成了有拘束力的预约，从而迂回达到要物合同诺成化的目的。[①] 第二，即使当事人明确订立要物合同的预约，这种约定的合法性也值得怀疑。要物合同蕴含了立法者特定的价值追求，应为强制性规定，当事人自不得将要物合同约定为诺成合同。而当事人订立代物清偿之预约，实际上就是规避代物清偿要物性的行为，法律上自不应承认其效力。第三，传统民法学者在将债务履行期届满前的以物抵债协议名之为代物清偿预约时，其是否具有缓和代物清偿要物性的意向尚不得而知。观察传统民法学者的著述，均对债务履行期届满后的代物清偿之要物性质深信不疑，为何独缓和债务履行期届满前代物清偿协议之要物性？分析当事人在债务履行期届满前后的地位，债务履行期届满后，债权人没有压迫债务人的筹码，不太可能迫使债务人订立不公平的代物清偿协议，债务人尚且受到代物清偿要物性之保护；而债务履行期届满前特别是在债务成立之时，债权人完全有可能利用债务人的急迫心情和劣势地位订立不利于债务人的代物清偿协议，债务人反而得不到要物性之保护，价值判断上的轻重失据显露无遗。

（二）附停止条件的代物清偿检讨

1. 附停止条件代物清偿概念的逻辑困境

交易实践中，债务履行期届满前以物抵债协议的典型表达方式是，一旦债务届期不获清偿，债务人就负有以他种给付代替原定给付清偿债务的义务，甚至债权人直接取得他种给付标的物所有权，而非使当事人负担订立代物清偿本约的义务。由是观之，当事人之间的真实意思表示已非代物清偿预约概念所能涵括。因为此时代物清偿乃是代物清偿预约的履行行为，并非独立的另一契约，两者之间类似于契约及契约的履行之关系。代物清偿预约所约定的条件成就时，即发生履行代物清偿预约所约定的“得以他种给付代替原定给付”之效力，而无须再另订作为本约的代物清偿协议。故以“代物清偿预约”名之，不无商榷余地。[②] 观察这种交易模型，颇似附停止条件的合同，学界多称之为附停止条件的代物

---

① 高治：《代物清偿预约研究——简论流担保制度的立法选择》，载《法律适用》2008 年第 8 期。

② 陈永强：《以买卖合同担保借贷的解释路径与法效果》，载《中国法学》2018 年第 2 期。

清偿。

然而，附停止条件的代物清偿概念也存在逻辑上不能自洽之处。根据民法基本原理，附停止条件的法律行为因当事人合意而成立，且已经符合法律行为生效之一般要件，之所以未生效，概因当事人意思自治阻却了法律行为生效。[①] 而代物清偿为要物契约，仅有当事人合意尚不成立，根本不具备发生法律效力的基础，因此无须亦无法通过附停止条件控制法律效力的发生。从另外一个角度讲，因附停止条件的法律行为在条件成就时发生效力，而代物清偿契约非现实给付不足以成立，纵然债务人不履行债务的条件成就，代物清偿契约亦不成立，债权人亦无从请求相对人为他种给付，如此附停止条件代物清偿契约毫无实际意义可言。[②] 因此，欲承认附停止条件的代物清偿概念，必须以否定代物清偿契约要物性为前提条件。从这个意义上讲，若认为代物清偿预约之概念迂回避开了代物清偿要物性，则附停止条件的代物清偿概念则是对代物清偿要物性公然的、直接的背反。

2. 代物清偿契约附条件抑或代物清偿物权合意附条件

附停止条件代物清偿涉及代物清偿契约（债权行为）与代替物所有权移转合意（物权行为）两个法律行为，于是有学者便提出疑问，所附的停止条件究竟为代物清偿契约之条件抑或是代物清偿合意之条件？[③] 陈自强教授似认为附停止条件的为代物清偿契约之条件，[④] 而分析孙森焱先生对附停止条件代物清偿与代物清偿预约的概念界定，其似乎认为附停止条件代物清偿中附条件的是代物清偿，合意之条件。

对此，首先应当予以辨明的是，当事人在债务履行期届满前达成的以物抵债协议是否包含了移转标的物所有权的物权合意。若当事人约定，“如果债权届期不获清偿，则以某某物抵债”，于此，应认为当事人达成的只是债权契约，相应

① 史尚宽：《民法总论》，中国政法大学出版社2000年版，第473页。

② 陈自强：《无因债权契约论》，中国政法大学出版社2002年版，第332页；陈永强：《以买卖合同担保借贷的解释路径与法效果》，载《中国法学》2018年第2期。

③ 陈永强：《以买卖合同担保借贷的解释路径与法效果》，载《中国法学》2018年第2期。须注意的是，陈永强教授所谓的代物清偿合意是指代替物所有权移转的物权合意。但更多的时候，人们把代替物尚未交付前的单纯的代物清偿约定也称为代物清偿合意，但此时的代物清偿合意为债权合意，对此不可不辨。

④ 陈自强：《无因债权契约论》，中国政法大学出版社2002年版，第331－332页。

地，附停止条件的也只能是债权性质的代物清偿契约，条件成就导致代物清偿契约生效，债权人取得请求债务人移转代替物所有权的权利，而不是直接取得标的物所有权。

若当事人约定，“如果债权届期未获清偿，则某某物归债权人所有”，从表面上看似乎是对代物清偿物权合意附了停止条件。在日本等国采意思主义的立法例，认为这种约定构成附停止条件的物权合意没有问题。但在采形式主义的立法例的观点下，物权变动仅有当事人物权合意尚有未足，还必须伴随动产交付、不动产登记才能发生物权变动效果，因此附停止条件的物权行为很难达到当事人可欲的目的。在债权人已经占有抵债动产的情况下（典型的情形是动产质权），尚可认为条件成就债权人直接取得抵债物所有权，但仍须拟制出当事人在物权合意之外另行作出了简易交付，债权人取得抵债物所有权的直接原因亦非物权合意，而是拟制出的简易交付的物权变动行为。因此，在采形式主义的立法例的情况下，单纯物权合意无法发生物权变动应无例外，还必须伴有物权变动行为，且物权合意与物权变动行为通常情况下同时成立、同时发生效力，故附停止条件的物权合意往往为法律所不容。德国法上明令禁止物权行为附条件，我国台湾地区虽然没有明文禁止，但因不动产物权之设定、移转，非经登记不生效力，因此附停止条件的物权行为只可为保全其请求权之预告登记。[①] 但附停止条件的代物清偿契约经过预告登记亦可以发生保全请求权之效果，因此附停止条件的代物清偿合意仍显多余。我国不承认物权行为理论，且采债权形式主义物权变动模式，附停止条件的物权行为自无存在空间。

附停止条件的代物清偿颇似流担保契约之构成，其结构都可集约为“如届期债权未获清偿，则债权人取得抵押物（抵债物）所有权”。但即便在承认流担保的立法上，仍认为流担保条款为债权契约。在抵押权场合，流抵契约性质上为债之关系约定，于担保债权清偿期届至后，债权未受清偿时，依流抵契约抵押物并非当然移属抵押权人所有，仅系由抵押人取得抵押物所有权之移转登记请求权。[②] 即使在债权人已经占有质物的质权中，流质契约本质上仍为债权契约，故

① 史尚宽：《债法总论》，中国政法大学出版社2000年版，第480－481页。
② 谢在全：《民法物权论》（修订五版，中册），中国政法大学出版社2011年版，第785页。

于担保债权已届清偿期而未为清偿时，质物所有权非当然由质权人取得，而须另为所有权移转之合意。[①] 参照流担保规则，附停止条件的代物清偿，所附条件者为债权性质的代物清偿契约，应属无疑。[②]

3. 附停止条件代物清偿，停止的究竟是什么

一般认为，附停止条件的法律行为，法律行为虽然成立但不生效，只有在条件成就时才发生效力。既然条件成就前法律行为不生效，其对当事人是否有拘束力？拘束力的依据何在？一般认为，条件成就前当事人有期待权，那么期待权的基础又是什么？是已经成立但没有生效的法律行为本身，还是另外有一个已经生效的、设立附停止条件法律行为的法律行为？与此相关的是，既然附停止条件的法律行为没有生效，那么法律行为的无效、撤销等制度是否适用于附停止条件的法律行为？毕竟认定未生效的法律行为无效似乎多此一举，而撤销未生效的法律行为似乎也不合逻辑。

就附停止条件的代物清偿而言，学说上均认为其具有担保债权实现的功能。在担保法上，担保合同以债权届期未清偿为承担担保责任的条件，符合附停止条件法律行为的经典构成。但是，学说和实务上都一致认为，担保合同自成立之日起生效，而非自债务履行期届满时生效。在认可流担保规则的立法例，亦认为流担保条款于成立时即属有效，而非等到债务履行期届满之时。[③] 显然，附停止条件法律行为效力规则在担保合同领域遇到了例外。附停止条件的代物清偿与担保合同特别是流担保条款在功能、意思表示结构和作用机制方面均有相似之处，因此在刨除代物清偿要物说的影响后，认为附停止条件的代物清偿自成立起生效也未尝不可。

倘使如此，对附停止条件代物清偿概念也要重新界定，路径有二：其一，在固守附停止条件法律行为效力规则的前提下，比照担保合同和流担保条款，不认

---

① 谢在全：《民法物权论》（修订五版，下册），中国政法大学出版社 2011 年版，第 1002 页。

② 陈自强教授认为附停止条件代物清偿之概念如欲有其意义，应认为单纯代物清偿合意本身负有停止条件，但陈自强教授所言之代物清偿合意为债权合意，盖其认为债务人如不履行债务，条件成就合意生效，债权人得请求他种给付，债务人有他种给付之义务。因此，陈自强教授所谓之代物清偿合意，实质上就是陈永强教授所谓之代物清偿契约，与陈永强教授所言之代物清偿合意为物权合意显有不同。

③ 谢在全：《民法物权论》（修订五版，中册），中国政法大学出版社 2011 年版，第 785 页；谢在全：《民法物权论》（修订五版，下册），中国政法大学出版社 2011 年版，第 1002 页。

为附停止条件代物清偿构成附停止条件法律行为，但如此一来，附停止条件代物清偿概念本身需要摒弃，不妨称之为债务履行期届满前的代物清偿或债务履行期届满前的以物抵债。其二，认为附停止条件的代物清偿中，停止的不是代物清偿契约的效力，而是代物清偿契约的履行行为，或者说履行请求权，亦即在债务履行期届满之前，代物清偿契约生效但不得请求履行，只有在履行期届满债权未获清偿时，债权人才能请求履行。若这种理解成立，能否推及所有的附停止条件的法律行为？亦即附停止条件的法律行为自成立起生效，只是在条件成就前不得请求履行？倘如此理解，上述关于附停止条件法律行为的种种疑惑似可迎刃而解。囿于本书主题，此处不赘。

（三）小结

在代物清偿要物说的传统民法框架里，不论是代物清偿预约抑或附停止条件代物清偿的概念，均有不可逾越的逻辑矛盾与解释障碍。代物清偿预约不过是通过形式逻辑游戏回避了代物清偿要物说，而附停止条件的代物清偿则是对代物清偿要物说的公然违抗，二者的共同目的均为寻求代物清偿诺成化。从价值判断上看，在不撼动代物清偿要物说的语境下，承认债务履行期届满前代物清偿的诺成性，这种人为制造的二元格局不仅会造成法体系的严重不和谐，也会因价值判断的轻重失据造成事实上不公平的后果。总之，不论是从逻辑上还是从实质上看，若坚持代物清偿要物性，则代物清偿预约与附停止条件的代物清偿应不成立；若承认代物清偿预约与附停止条件代物清偿，则必须釜底抽薪，全面承认代物清偿契约的诺成性。关于代物清偿及要物合同理论，学界已经广泛诟病，① 有学者甚至认为要物契约乃陈旧过时的概念，② 保留要物契约此种法制史上的残留物实无必要，财产性的契约均应予以诺成化。③

一旦挣脱代物清偿要物性的束缚，代物清偿预约、代物清偿契约、附停止条

① ［德］迪尔克·罗歇尔德斯：《德国债法总论》（第七版），沈小军、张金海译，中国人民大学出版社2014年版，第142－143页；陈自强：《无因债权契约论》，中国政法大学出版社2002年版，第316－326页；邱聪智：《新订民法债编通则》（上册），中国人民大学出版社2003年版，第26页；崔建远：《以物抵债的理论与实践》，载《河北法学》2012年第3期。

② 陈自强：《债权法之现代化》，北京大学出版社2013年版，第8页。

③ 王泽鉴：《债法原理》（第二版），北京大学出版社2013年版，第151页。

件的代物清偿等概念之泾渭分明界限也就变得模糊。从域外理论及实务看，亦往往对几个概念不加区分，很多学者往往在同一意义上交叉使用不同概念，不同学者使用同一概念却指涉不同的情形亦时有发生。笔者认为，为避免概念使用上的混乱，代物清偿诺成化后，代物清偿预约的概念因完成历史使命可以废除，当事人在债务履行期届满前达成的以物抵债协议，或被解释为附停止条件的代物清偿，或被看成一个特殊的担保契约，至少在逻辑和解释上均不存在障碍。

但是，克服了代物清偿要物说障碍，债务履行期届满前的以物抵债协议尚不能直接判定为有效，还必须接受法律效力判断规则的进一步检验。代物清偿要物说失守后，传统民法上一般通过流担保禁止条款来否定债务履行期届满前以物抵债协议的效力。债务履行期届满前的以物抵债与流担保条款之间有何渊源？是否进入流担保禁止规则的评价范围？如是，债务履行期届满前以物抵债又会面临怎样的命运？下节分解。

二、期前以物抵债与流担保禁止规则

期前以物抵债协议颇类似于流担保条款的法律构成，因此学界不乏期前以物抵债协议因违反流担保禁令而无效的观点。本节首先用相当之篇幅，介评流担保禁止规则，分析流担保禁止规则的弊端，提出流担保禁止规则之缓和路径，在此基础上，厘清期前以物抵债协议与流担保禁止规则的关系，并就期前以物抵债协议的效力作出判定。

（一）流担保禁止规则的基本理论

1. 概述

流担保条款，也称流押契约、流抵契约、流质契约，是指当事人在债务清偿期届满前约定，若债务届期未清偿，债权人即取得抵押物、质物的所有权。关于流担保条款，学界的称谓并不统一，有时分别对应于抵押、质押而称之为流押契约（流抵契约）、流质契约，有时候也在同一意义上使用流押契约、流质契约等概念。为免滋生疑义，本书统称为流担保条款。

自罗马法以降，流担保条款一直为大陆法系国家民法所明文禁止，近世以来虽有缓和的趋向，但几无完全放任流担保条款的立法例。《法国民法典》原第2078条、第2088条，《德国民法典》第1149条，《日本民法典》第349条，《瑞士民法典》第816条、第894条，《意大利民法典》第1963条，《韩国民法典》第339条，我国台湾地区“民法”原第873条、第893条等都有关于流担保禁止规则之明文规定。我国《物权法》沿袭大陆法系关于禁止流担保的立场，于第186条规定：“抵押权人在债务履行期届满前，不得与抵押人约定债务人不履行到期债务时抵押财产归债权人所有。”第211条规定：“质权人在债务履行期届满前，不得与出质人约定债务人不履行到期债务时质押财产归债权人所有。”

流担保禁止的主要理由有：

一是流担保条款可能损害当事人利益。法律禁止流担保的主要目的，在于防止债务人因一时之急迫，以高价之物而供较小数额债权之担保，于清偿不能时，不得不忍受所有权之丧失。[①] 于债权人而言，这实际上是一种暴利行为，法律上自应当予以禁止。[②] 还有观点担忧，如果流押合同订立后，因抵押财产价格缩减导致债权无法满足，对债权人也是不公平的。[③] 因此，流担保禁止规则既是为了保护担保人的利益，也是为了保护债权人的利益。[④]

二是流担保条款可能损害当事人意思自治。流担保条款成立之时，债权人的经济地位往往较债务人为优，债权人多利用债务人的急迫困窘，借助合同自由原则，逼迫债务人订立不公平的流担保条款。[⑤] 抵押权人与抵押人签订流担保条款，从形式上看好像是自愿，但实质上是否自愿、是没有被胁迫是很难判断的。[⑥] 有学者甚至尖锐地指出，允许订立流担保条款，将导致经济上的强者对弱者的欺凌，是乘人之危的行为，不利于实现合同实质正义。[⑦] 因此，在保护债务人财产利益、防止暴利行为的背后，流担保禁止规则隐含着立法者更高的价值追求，即维护意思自治，防止债权人将自己的意志凌驾于债务人之上，实现法律的

---

① 史尚宽：《物权法论》，中国政法大学出版社2000年版，第305页；王利明：《物权法研究》（第四版，下卷），中国人民大学出版社2016年版，第1191－1192页。

② 王利明：《物权法研究》（第四版，下卷），中国人民大学出版社2016年版，第1192页。

③ 胡康生主编：《中华人民共和国物权法释义》，法律出版社2007年版，第409页。

④ 曹士兵：《中国担保制度与担保方法》（第三版），中国法制出版社2015年版，第288页。

⑤ 梁慧星、陈华彬：《物权法》（第五版），法律出版社2010年版，第304页。

⑥ 胡康生主编：《中华人民共和国物权法释义》，法律出版社2007年版，第409页。

⑦ 唐德华等：《最新担保法条文释义》，人民法院出版社1995年版，第103－104页。

公平正义价值。

三是流担保条款可能损害其他债权人利益。如果担保物的价值大大高于被担保债权的价值，则在进行拍卖、变卖后，被担保债权的债权人优先受偿后，仍会有剩余的价值由债务人的其他债权人受偿。但如果不进入拍卖、变卖程序，而由债权人直接取走担保物，则对于其他债权人是不利的。[①] 若债务人与债权人恶意串通签订流担保条款，无异于低价转让担保标的物，势必影响其他后位债权人债权的实现。[②] 因此，流担保禁令的主要意义在于，要求当事人严格按照法定程序来实现担保物权，使整个程序更加公开透明，从而维护各方当事人合法权益。[③]

四是流担保条款违反担保物权之价值权属性。流担保条款的本质功能在于使担保财产直接归债权人所有，这与担保物权的优先受偿效力存在根本冲突。[④] 担保物权是专以就抵押物卖得价金受债权之清偿为目的的价值权，若承认流担保条款，将使债权人在债务届期未清偿时直接取得担保物的所有权，即与抵押权作为价值权的性质不合。[⑤]

2. 流担保条款的性质之辨

关于流担保条款的性质，学界有不同认识。因对流担保条款性质的认识决定了流担保禁止规则的适用范围及后果，因此有予以澄清之必要。

关于流担保条款的性质，学界有四种不同观点：

第一种观点认为，流担保条款为债权契约。谢在全先生认为，在抵押权场合，流抵契约性质上为债之关系约定，于担保债权清偿期届至后，债权果未受清偿时，依流抵契约抵押物并非当然移属抵押权人所有，仅系由抵押人取得抵押物所有权之移转登记请求权。[⑥] 在质权中，流质契约本质上亦为债权契约，故于担保债权已届清偿期而未为清偿时，质物所有权并非当然由质权人取得，而须另为

① 王利明：《物权法研究》（第四版，下卷），中国人民大学出版社 2016 年版，第 1193 页。

② 参见刘琨：《以物抵债协议不宜认定为流质契约》，载《人民司法·案例》2014 年第 2 期。

③ 王利明：《物权法研究》（第四版，下卷），中国人民大学出版社 2016 年版，第 1193 页。

④ 陆青：《以房抵债协议的法理分析——〈最高人民法院公报〉载“朱某芳案”评释》，载《法学研究》2015 年第 3 期。

⑤ 姚瑞光：《民法物权论》，中国政法大学出版社 2011 年版，第 166 页；魏淑君：《流质（抵）契约禁止的原因和必要性》，载《政法论丛》1998 年第 3 期。

⑥ 谢在全：《民法物权论》（修订五版，中册），中国政法大学出版社 2011 年版，第 785 页。

质物所有权移转之合意。[①] 按照这种理解，在采禁止流担保之立法例，即便流担保条款不会直接导致担保标的物所有权移转，但亦在禁止之列。

第二种观点认为，流担保条款的构造为债务届期未清偿担保标的物归债权人所有，其本质为物权契约。相应地，流担保禁止乃针对物权契约而言，债权契约并不在禁止之列。[②] 另，我国司法实践中亦有裁判持此种见解。如在朱某芳与山西嘉和泰公司商品房买卖合同纠纷案中，最高人民法院认为，当事人之间的借款协议并不能直接发生所有权移转的法律效果，因此不构成流担保条款。[③] 其言下之意，流担保条款应为能直接导致所有权移转的物权合意。

第三种观点认为，流担保条款包括设立流质之债权合意与移转标的物所有权之物权合意。相应地，不独约定于债务不履行同时即使质权人取得质物所有权之物权的流质契约，其仅使发生所有权取得的请求权之债权的流质契约，亦应解释在禁止之列。[④] 也就是说，不论是物权法上的流质、流押结果，还是纯债法的流质、流押条款都应无效，只有这样才能贯彻保护债务人免予暴利的思想。[⑤]

第四种观点认为，流担保条款在抵押和质押中的意义完全不同，流担保条款因标的不同而分别可能构成负担行为与处分行为。在流押契约，只有当事人意思表示尚不能发生所有权移转，还必须经过登记才能发生物权变动效果。因此，抵押合同中的流担保条款只是赋予了债权人要求债务人以抵押物清偿债务的债权请求权，是负担行为。而在质权中，质权人因占有标的物，仅有当事人的物权合意就可以发生所有权变动效果，因此动产质押中的流担保条款属于处分行为。因此，在质权中，不唯债权契约，附有以债务不履行为停止条件之所有权移转之物权契约，亦在禁止之列。[⑥]

笔者赞同第一种观点，流担保条款应为债权契约，并不包含移转担保物所有权的物权合意。在不采物权行为独立性的立法例，流担保条款不包含移转担保物

---

① 谢在全：《民法物权论》（修订五版，下册），中国政法大学出版社 2011 年版，第 1002 页。

② 陈永强：《以买卖合同担保借贷的解释路径与法效果》，载《中国法学》2018 年第 2 期。

③ 参见最高人民法院（2011）民提字第 344 号判决书。

④ 史尚宽：《物权法论》，中国政法大学出版社 2000 年版，第 375 页。

⑤ 庄加园：《“买卖型担保”与流押条款的效力——〈民间借贷规定〉第 24 条的解读》，载《清华法学》2016 年第 3 期。

⑥ 陈自强：《无因债权契约论》，中国政法大学出版社 2002 年版，第 333 页；高治：《代物清偿预约研究——简论流担保制度的立法选择》，载《法律适用》2008 年第 8 期。

所有权的物权合意固无疑问，即便在采物权行为独立性和无因性的立法例，解释上也应当认为流担保条款为债权契约，在债务届期未清偿时，债权人取得的只是移转担保物所有权的请求权，而非直接取得所有权。相应地，流担保禁止规则所禁止的，也应当是债权性质的流担保契约。理由是：

第一，从流担保禁止规则流变历史看，流担保禁止规则自罗马法承袭而来，罗马法上尚无物权行为与债权行为区分的原则。在法国、日本、瑞士、我国等不承认物权行为独立性的立法例，也广泛存在流担保禁止规则，可见流担保禁止规则与物权行为和债权行为相区分原则没有必然关系。

第二，从流担保禁止规则的构造看，虽然当事人约定债务届期未清偿担保物所有权归债权人所有，表面上看似乎构成所有权移转之物权合意，但在采形式主义的立法例，物权变动仅有当事人合意尚有未足，还必须伴随动产交付、不动产登记才能发生物权变动效果。在债权人已经占有质物的质权中，尚可认为条件成就债权人直接取得质物所有权，但仍须拟制出当事人在债务届期未清偿后作出了简易交付，债权人取得质物所有权的直接原因亦非事先达成的合意，而是事后拟制出的简易交付的物权变动行为。总之，在采形式主义的立法例，单纯物权合意不能发生所有权移转应无例外。如果将流担保条款的约定内容错误地限缩为能直接产生所有权移转的效果，显然这种约定几无现实存在的空间。那样的话，流担保条款禁令显然形同虚设。[①] 这种观点殊值赞同。

第三，从流担保条款的生效时间看，也存在成立即生效[②]与债务届期未清偿时生效[③]两种不同认识。若认为流担保条款成立即生效，因流担保条款并非即时履行的合同，而是在债务届期未清偿时才能请求履行，这在债权契约尚有可能，但在物权契约却不多见。德国法上虽然承认物权行为之独立性，但物权合意极具抽象性，通常认为登记和交付等物权变动行为中包含了移转所有权的物权合意，亦即物权合意与物权变动同时发生，当事人在物权变动行为之外单独达成物权合意的情况非常罕见。若认为流担保条款在债务届期未清偿时生效，则流担保条款

---

① 陆青：《以房抵债协议的法理分析——〈最高人民法院公报〉载“朱某芳案”评释》，载《法学研究》2015 年第 3 期。

② 谢在全：《民法物权论》（修订五版，中册），中国政法大学出版社 2011 年版，第 785 页。

③ 刘保玉：《完善我国质权制度的建议》，载《现代法学》2017 年第 6 期。

实质上为附停止条件的合同。在采物权行为独立性的立法例上，附停止条件的法律行为多限于债权行为，物权行为附停止条件往往为法律所不容。如德国法上明令禁止物权行为附条件，我国台湾地区“民法”虽然没有明文禁止，但因不动产物权之设定、移转，非经登记不生效力，因此附停止条件的物权行为只可为保全其请求权之预告登记。[①] 但附停止条件的债权契约经过预告登记亦可以发生保全请求权之效果，因此附停止条件的物权合意似乎仍显多余。

第四，从流担保条款的作用机制看，禁止流担保债权契约并非没有意义。若流担保禁止条款只禁止物权行为，债权行为不在禁止之列，则设立流担保的债权契约应属有效。不论债权行为自成立即生效还是在流担保条件成就时生效，一旦债务届期未获清偿，债务人即负有移转所有权并协助办理所有权移转登记的义务。若债务人不配合办理移转登记，债权人可通过起诉、强制执行达到所有权移转目的，或者要求债务人承担违约责任。如此，不仅使得债务人处于进退维谷的境地，亦使得流担保禁止规则形同虚设。因此，流担保禁止只针对物权契约，债权契约不在禁止之列的观点明显不能成立。

3. 流担保禁止规则之检讨

随着契约自由原则的勃兴、交易迅捷要求的不断提高，学界对禁止流担保规则的僵化性普遍提出质疑，有限开禁甚至全面废除流担保禁止规则的呼声此起彼伏。

很多学者认为，如果说流担保禁止规则在法制史上确实发挥过重要作用，但在当代社会已不具有社会基础和理论上的合理性，禁止流担保的理由亦越显苍白无力。传统民法上禁止流担保的最主要理由既为保护处于弱势地位的债务人利益，防止债权人的暴利盘剥行为。但是，这种对债务人的威胁只是未来的、抽象的威胁，而非现实的、具体的威胁，[②] 债务人是否处于弱势地位、债权人对债务人是否存在压迫行为不能一概而论，仅仅因为这种抽象可能性即一律禁止流担保无异于因噎废食。如流质契约的约定较为公平，或担保物在担保物权可得实现时

---

① 史尚宽：《债法总论》，中国政法大学出版社 2000 年版，第 480－481 页。但王泽鉴先生认为物权行为得附条件，参见王泽鉴：《民法总则》，北京大学出版社 2009 年版，第 404 页。

② 庄加园：《“买卖型担保”与流押条款的效力——〈民间借贷规定〉第 24 条的解读》，载《清华法学》2016 年第 3 期。

价值大幅下降，由担保物权人取得担保物所有权以抵偿债务，对担保人并无不利。尤其应当看到，随着工商业的变迁，债权人与债务人的关系已经发生改变，立法者对债务人进行如此充满道德色彩的保护实是多虑。① 而且这种保护往往也起不到预期效果，因其规定过于僵化，有时反于债务人有害，更不利抵押权私实行程序之运用，有碍抵押物价值之极大化。② 至于因担保物价格大幅下挫而损害债权人利益的担心更是多余，因为物价的涨落是市场交易必须承受的正常的市场风险，否则就永远没有亏本的买卖。流担保禁止规则一个很重要的价值追求是防止债权人压迫而导致债务人意思表示不自由，匡正意思自治。但是，这种"一刀切"的禁止事实上起到了相反的效果，使得当事人通过流担保条款对交易作出正当合理安排变得不可能，从而抑制了当事人意思自治。关于债权人与债务人串通损害债权人利益的理由亦有以可能性代替现实性之嫌，法律上要做的不是禁止交易，而是应当为其他债权人提供充分的救济手段。尤其应当看到，债务清偿期届满后，债权人与债务人协议将担保物折价归债权人所有同样可能发生恶意串通低价转让从而损害其他债权人利益的情况，但现代民法上却普遍承认这种高效便捷的担保权实现方式。至于流担保条款与担保物权的价值权属性相违背的论点更是概念上自我设限，流质契约是否与价值权属性相合，与流质契约是否有效无关，也无法说明和证成为何担保物权可得实现之后可以约定担保物权人取得担保物的所有权。③ 流担保条款实行虽在表象上系由担保物权人取得担保物的所有权，但其目的自是以该担保物的所有权抵偿担保债务，使得担保债务优先受偿。④ 还有学者从民商区分的角度，认为流担保禁止本应限定于民事领域，现在却扩张适用于商事领域，这样商事债权人就失去了一种积极有效的自我保护手段。流担保禁止导致银行无法直接取得担保物的处分权，无法快捷变现抵押物或者质物，是银行不良资产大幅增加的重要制度原因。⑤

在质疑流担保禁令的同时，学者对流担保条款的优势也进行了充分发掘。现

---

① 高圣平：《论流质契约的相对禁止》，载《政法论丛》2018 年第 1 期。
② 谢在全：《民法物权论》（修订五版，中册），中国政法大学出版社 2011 年版，第 783 页。
③ 谢哲胜：《流质（押）契约自由与限制》，载《台湾本土法学》2005 年第 8 期。
④ 高圣平：《论流质契约的相对禁止》，载《政法论丛》2018 年第 1 期。
⑤ 叶林：《商法理念与商事审判》，载《法律适用》2007 年第 9 期。

行担保物权法定实现方式存在成本过高的弊端，流质流抵能够降低担保物权的实现成本。[①] 与事后折价实现担保物权相同，债权人与债务人订立契约取得担保物所有权，有省时、省费、得价较高之利，[②] 但事后折价需要增加新的交易成本，且在债务人不履行债务发生纠纷后，对当事人以协商方式折价实现担保物权的期待可能性本就不高，以流担保条款来实现担保物权所具有的低成本、高效率的制度优势是通过折价来实现担保物权所不能比拟的。[③] 流担保条款旨在以当事人约定的方式实现担保物权，维护主体的自由，体现当事人意思自治之精神，[④] 在弘扬私法自治、维系相关法律制度之协调以及降低担保物权的实行成本等方面能发挥积极的作用。[⑤] 因此，在不损害担保人及其他债权人权益的情况下，肯定当事人约定的流担保条款的效力，对于附物权担保债权人的利益保护、节省担保物权和债权实现的成本，是有益无害的。[⑥]

在对流担保禁止规则进行反思的基础上，学者们也对如何开禁流担保条款纷纷开出了药方。一种颇为激进的观点是废除流担保禁止规则，将其置于契约自由原则之下，并通过法律行为效力规则对其进行个别化调整。[⑦] 我妻荣先生认为，应改变流质契约一律无效的僵硬态度，应对每个流质契约进行具体分析，有可能成为暴利行为时认定其无效。[⑧] 但我国内地亦有学者认为对流担保条款“一刀切”式地加以禁止虽不可取，但流担保条款的潜在弊端客观存在，在开禁流担保条款方面应持稳慎态度，在承认流担保条款的同时，应采取一定的限制措施消除流担保条款的弊端。[⑨] 有学者从务实的角度出发，认为中国民法典编纂之时尚不能完全承认流担保条款的效力，在绝对禁止和绝对放开之间应有中间道路可循，

---

① 孟强：《〈民法物权编〉应允许流质流抵》，载《当代法学》2018 年第 4 期。

② 姚瑞光：《民法物权论》，中国政法大学出版社 2011 年版，第 165 页。

③ 高圣平：《论流质契约的相对禁止》，载《政法论丛》2018 年第 1 期。

④ 孙鹏、王勤劳、范雪飞：《担保物权法原理》，中国人民大学出版社 2009 年版，第 67 页。

⑤ 孙鹏、王勤劳：《流质条款效力论》，载《法学》2008 年第 1 期。

⑥ 刘保玉：《完善我国质权制度的建议》，载《现代法学》2017 年第 6 期。

⑦ 孙鹏、王勤劳：《流质条款效力论》，载《法学》2008 年第 1 期；王明锁：《禁止流质约款之合理性反思》，载《法律科学》2006 年第 1 期。

⑧ ［日］我妻荣：《新订担保物权法》，申政武、封涛、郑芙蓉译，中国法制出版社 2008 年版，第 135 页。

⑨ 程啸：《担保物权研究》，中国人民大学出版社 2017 年版，第 124 页；程啸：《论抵押权的实现程序》，载《中外法学》2012 年第 6 期。

即采相对禁止态度，以清算义务的存在为前提而有限度地承认流担保条款的效力。[①]

从比较法上观察，英美法系上对流担保条款一直持宽容态度，即使大陆法系国家也并非对流担保条款一概禁止。如《日本民法典》《法国民法典》虽然禁止流质契约，但对流押契约的效力没有作出明确规定，对此，不乏学者主张应承认流押契约的效力。另，在采民商分立立法模式的国家，不少立法明确规定流担保禁止规则仅适用于民事关系，不适用于商事关系。如《日本商法典》第515条、《韩国商法典》第59条规定，民法关于禁止流质契约的规定，不适用于为担保商行为所发生的债权而设定的质权。后起的大陆法系国家民法典如俄罗斯、埃塞俄比亚、阿尔及利亚、蒙古国、越南等国家民法典亦对流担保条款持放任态度。[②]

即使在禁止流担保条款的传统大陆法系国家，有限开禁流担保禁止规则也是大势所趋。《法国民法典》沿袭罗马法传统，于原第2078条、第2088条明确禁止流质押条款，但在司法实务中，考虑到禁止流质条款系保护质押人的规则，法院常根据这个保护性目的来缓和流质条款无效的适用范围。换言之，如果承认此类条款的有效性不影响对债务人的保护，那么此类条款可被认为是有效的。同时，法国法院判例的倾向是既然法典中没有禁止流抵契约，禁止流质的规定也不被类推适用到抵押领域。2006年的担保法改革，最终在民法典第2348条中承认了流质条款的有效性。同时，为防止债权人对债务人的"敲诈""豪夺"，改革者在民法典中加入了如下措施：质押财产的价值，为所有权转让当日的、依据交易所行情或者专家评估所确定的价值；如果评估价格超过被担保债务，超过部分应当支付给债务人。[③]

我国台湾地区"民法"原来对流担保条款采明确禁止态度已如前述。但2007年"民法"物权编修订时态度发生较大转变，于第873条规定："约定于债权已届清偿期而未为清偿时，抵押物之所有权移属于抵押权人者，非经登记，不得对抗第三人。抵押权人请求抵押人为抵押物所有权之移转时，抵押物价值超过担保债权部分，应返还抵押人；不足清偿担保债权者，仍得请求债务人清偿。抵

① 高圣平：《论流质契约的相对禁止》，载《政法论丛》2018年第1期。
② 刘琨：《以物抵债协议不宜认定为流质契约》，载《人民司法·案例》2014年第2期。
③ 李世刚：《法国担保法改革》，法律出版社2011年版，第102－103页。

押人在抵押物所有权移转于抵押权人前，得清偿抵押权担保之债权，以消灭该抵押权。”第893条规定，流质契约准用第873条关于流押契约的规定。这样，在对债务人课以清算义务、赋予债权人最后清偿权以及对其他债权人予以登记对抗保护的前提下，有限承认了流担保条款效力。

《欧洲示范民法典草案》表面上维持了大陆法系关于禁止流担保的立场，于第9-7：105条明确规定流担保条款无效，但在若干方面设置了例外规定，实际上大大缓和了流担保禁止规则的僵化性。对于担保财产是在公认的市场上以公开的价格进行交易的可替代物，以及当事人事先约定了便于确定合理市场价格的其他方法的，可以承认流担保契约的效力。同时，该草案赋予了担保物权人的强制清算义务，担保物权人也仅有权在以物抵债时公认的或同意的市场价格的范围内，取得担保财产的所有权；担保人有权要求返还超过担保债务的剩余部分，债务人对不足部分仍应承担清偿责任。在程序上，担保物权人以担保财产抵偿债务时必须履行通知义务，说明未受清偿的担保数额和意欲以担保财产抵偿的债务数额，方便债务人或担保人计算，同时要求一定期间内该通知未受书面形式的异议。[①]

即便被认为贯彻流担保禁止规则最为严厉的德国，也开始有限开禁流担保禁止规则。2004年修订后的《德国民法典》第1259条规定，（质物）所有权人和质权人为企业者、公法人或者公法特别财产的，针对质物的变价，以质物具有交易所价格或者市场价格为限，其在出质之时即可以约定，质权人可以自己或者通过第三人，按照现行价格自由地实施出卖，或者约定在债权届期时，物之所有权应当归属于质权人。这次民法典修正本来是为转化欧洲联盟《金融担保协议指令》相关要求，但本规范并没有将适用范围限定于金融担保，而是超出了此项范围，并且扩及于具有交易所价格或者市场价格之全部质物，顺应了学界对缓和流担保规则的呼声。[②] 至于质物价值高于担保债权额时的处理模式，《德国民法典》并未作出规定。学界提供了两种方案：一是质权人按照被担保债权比例获得

① 参见欧洲民法典研究组、欧盟现行私法研究组编著：《欧洲示范民法典草案：欧洲私法的原则、定义和示范规则》，高圣平译，中国人民大学出版社2012年版，第387页、第393-394页；高圣平：《论流质契约的相对禁止》，载《政法论丛》2018年第1期。

② 杜景林、卢谌：《德国民法典全条文注释》（下册），中国政法大学出版社2015年版，第875页。

质物所有权的共有，二是质权人负有返还质物价值超过被担保债权数额的义务。[①]

本书认为，意思自治原则是现代民法的基石之一，在不涉及社会公共利益的范围内，应最大限度地保障当事人的意思自治，允许当事人富有创造性地安排自己事务，高度的管制只会窒息市场活力和社会创造力。流担保条款作为当事人对借款担保及债务清偿作出的预先安排，一般情况下无关乎社会公共利益，法律上自不能武断地一律归之于无效。尤其应当看到，流担保条款还具有担保物权之外的独立担保功能。如果说担保物权为债权实现提供了最后保障，流担保条款则是以失却价值高于债务金额的担保物之潜在可能性，促使债务人积极全面履行到期债务，从而确保债权顺利实现、经济有序运行。在市场经济社会，商事交易的营利性客观上要求提高交易的简便性、快捷性，[②] 流担保条款作为一种高效、便捷实现担保物权的制度，无疑契合了高度发达的市场经济对交易迅捷的要求。从制度协调的角度，让与担保、绝当、代物清偿预约等与流担保条款具有类似的制度功能，让与担保、绝当在重利盘剥债务人可能性方面还要甚于流担保条款，但立法、司法及学说上却给予普遍认可。只有明确承认流担保条款的效力，才能使法律制度协调运转，最大限度地发挥制度的整体效应。至于流担保条款违反担保物权价值权属性的观点更是从结论到结论的循环论证，是忽视担保物权本质属性的舍本逐末、似是而非的结论。担保物权的本质特征在于就担保物优先受偿，若论“优先”，流担保条款并未改变担保物权的顺位，不会影响担保物权人的优先顺位利益；就“受偿”而言，就拍卖所得价款受偿固然是清偿的典型方式，但取得担保物所有权的代物清偿方式亦为民法理论所普遍承认。总之，流担保条款是以取得担保物所有权的形式确保担保债权优先受偿，并不违背担保物权的本质属性。退一步讲，即使承认担保物权的价值权属性，通过变价而优先受偿固然是对交换价值的支配与实现，但取得担保物所有权实现了对担保物价值的全面支配，当然亦取得了对担保物交换价值的支配，因此流担保条款与价值权属性亦无龃龉。至于传统民法上普遍担忧的乘人之危、重利盘剥等情形，法律上也可以通过

① Vgl. MüKoBGB/Damrau BGB, 2013 § 1259 Rn. 29; Staudinger/Wiegand, 2009, § 1259 Rn. 20. 转引自庄加园：《“买卖型担保”与流押条款的效力——〈民间借贷规定〉第 24 条的解读》，载《清华法学》2016 年第 3 期。

② 范健、王建文：《商法基础理论专题研究》，高等教育出版社 2005 年版，第 75 页。

相应的预防性制度安排和事后的司法救济维护受害人利益，而无须视为洪水猛兽一禁了之。我国民法典应顺应缓和流担保禁令之立法趋势，明确承认流担保条款的效力，同时对流担保条款可能引发的利益失衡问题作出妥适的制度规制。

4. 流担保禁止规则缓和的路径

(1) 学界提供的三种方案

关于流担保条款禁止规则的缓和路径，亦即如何在承认流担保条款效力的同时有效克服其存在的弊端，我国学界提供了三种方案：

一是强制清算方案。[①] 这种观点认为，担保物权之设定旨在担保债权之确实受偿，非使担保物权人因此获得债权清偿以外之利益，流担保条款之自由亦应以此为度。[②] 因此，债务届期未受清偿的，债权人如欲取得担保标的物所有权，应将担保标的物价值超过债权金额部分返还担保人，同时为贯彻平等保护原则，当担保标的物价值不足以清偿债务时，债务人就差额部分负有继续清偿的义务。清算的时间点亦即确定担保标的物价值的时间应为担保物权人请求担保人移转担保标的物所有权之时，而非合同订立之时。关于担保标的物价格的计算标准，市场可替代物应按照市场价格确定担保物价值，无法确定市场价格的，应交由当事人合意确定的专业评估机构进行估值。清算义务是法律课以担保物权人的强制性义务，当事人不得以约定排除。债权人未返还担保物剩余价值而请求移转担保物所有权的，担保人可以行使同时履行抗辩权。

二是普通撤销权方案。[③] 这种方案主张一般性地承认流担保条款的效力，至于流担保条款存在乘人之危、显失公平等情况的，担保人可以按照我国法上有关乘人之危、显失公平的规定请求撤销，担保人的其他债权人利益亦可以通过行使撤销权的方式进行救济。由于乘人之危、显失公平的规则更关注合同订立之时当事人的意志自由状况和利益状态，因此，判断是否符合行使撤销权条件的时间点

---

① 参见谢在全：《民法物权论》（修订五版，中册），中国政法大学出版社 2011 年版，第 784 页；高圣平：《论流质契约的相对禁止》，载《政法论丛》2018 年第 1 期；陆青：《以房抵债协议的法理分析——〈最高人民法院公报〉载“朱某芳案”评释》，载《法学研究》2015 年第 3 期。

② 谢在全：《民法物权论》（修订五版，中册），中国政法大学出版社 2011 年版，第 784 页。

③ 参见孙鹏、王勤劳：《流质条款效力论》，载《法学》2008 年第 1 期；钟维：《流质（抵）契约法律制度的应然构造——以利益分析方法为视角》，载《法律方法》2015 年第 2 期；孟强：《〈民法物权编〉应允许流质流抵》，载《当代法学》2018 年第 4 期。

应为合同订立之时，而非流担保条款履行之时。相应地，撤销权的除斥期间原则上亦应从合同订立之时开始起算。这种观点认为依照《民法总则》《合同法》等有关现有实在法关于撤销权的规定即可矫正流担保条款中的意志压迫和利益失衡状态，无须在立法上为流担保条款单独设立撤销权规则，本书称为普通撤销权方案。

三是特别撤销权方案。[①] 这种观点认为，当事人之间约定有流质条款的，原则上不予干涉，但赋予当事人及其他债权人在一定条件下及一定期限内的撤销权。与普通撤销权方案不同的是，此种方案在撤销权行使条件方面坚持客观标准，只要流担保条款的履行客观上造成债务人及其他债权人利益的损害，受害方即可行使撤销权，与《民法总则》规定的撤销权以存在乘人之危、胁迫等意思表示不自由情形为前提显有不同，因此称为特别撤销权。具体而言，如果流担保条款的履行损害当事人或者其他债权人利益的，当事人或者其他债权人可以在知道或者应当知道撤销事由之日起一年内请求人民法院或者仲裁机构撤销。当事人或者其他债权人自合同订立之日起五年内没有行使撤销权的，撤销权消灭。与一般撤销权以合同订立为判断时点不同，流担保条款的履行损害当事人或者其他债权人利益的判断时点为流质条款履行时，亦即债务履行期届满时。至于此前、此后质押财产的价值如何变化，对此种判断不生影响。对于是否严重损害当事人及其他债权人利益的判断标准，可以比照《最高人民法院关于适用〈中华人民共和国合同法〉若干问题的解释（二）》第 19 条、第 29 条规定的精神，以流质条款履行时质押财产的市场交易价高于、低于债权额 30% 为标准，其举证责任由主张撤销权者承担；而在价值差额不超过 30% 的部分，则无须找补。

（2）混合撤销权方案的提出

上述三种方案各具优势。强制清算方案从根本上去除了流担保条款可能存在的对债务人的重利盘剥以及损害其他债权人利益的情形，维护了当事人之间的利益平衡，是一种以结果公平为导向的制度安排。一般撤销权方案侧重于对流担保条款中意思表示不自由的矫正，同时将是否行使撤销权的决定权交由受害方自由决定，将维护私法自治的法律功能发挥得淋漓尽致。尤其应当看到，我国《民

① 参见刘保玉：《完善我国质权制度的建议》，载《现代法学》2017 年第 6 期。

法总则》已经废除了显失公平制度，仅有显失公平的结果尚不能主张撤销，只有乘人之危等意思表示不自由导致显失公平的才能撤销，此种语境下的普通撤销权方案将当事人的意思状况作为行使撤销权的必备考量因素，符合市场经济下契约自由、责任自负、风险自担的精神。特别撤销权方案立足我国现状，将流担保条款履行是否导致利益失衡的客观状况作为行使撤销权的重要考量因素，省却了受害人的举证责任和司法机关的判断困难，同时将是否行使撤销权的决定权交由受害人，兼顾了意思自治与结果公平，在维护受害方特别是其他债权人利益方面具有重要意义。

笔者认为，与强制清算方案相比，撤销权方案为较优选择。

第一，从制度功能来看，强制清算方案使得流担保条款仅具有偿债功能，流担保条款独有的促使债务人积极履行债务的担保功能丧失殆尽。对债权人而言，流担保条款不仅失去了可能获得超额利益的诱惑，而且还增加了评估清算的麻烦，这对于以营利为目的、追求交易迅捷的商主体来说是致命的。不仅如此，对于多数债权人而言，其取得担保物并非终极目的，还需通过变现担保物回笼资金，此时担保物的变现成本和不能变现的风险亦由债权人承担。在无利可图甚至还要倒贴的情况下，债权人自然不会选择订立流担保条款。因此，强制清算方案表面上缓和了流担保禁止规则，实则与流担保禁止无根本区别。与此不同，撤销权方案不追求担保物价值与债权额的绝对等值，特别是普通撤销权方案不以担保物与担保债权额的价值比例为考量因素，从而更能发挥流担保的制度功能。

第二，从制度公平角度来看，强制清算方案追求结果的绝对公平，对债务人显然较为有利。债权人虽能获得与债权额相当的担保物价值，但债权人还要额外承担变现成本和变现不能的风险，其获得实质上为低于债权额的价值，这对债权人而言难谓公平。撤销权方案容忍一定范围内担保物与债权额的不等值性，但公平绝非只有价格一个衡量要素，亦非绝对的客观等值。交易机会的增加、交易成本的降低甚至当事人心理上的满足感都会弥补价格差异的缺憾。债务人同意以价值高于债权额的担保物抵债，有可能是处理滞销产品，也可能是系列交易中的交易策略，不能简单用价格来衡量交易的公平性。因此，公平与自由具有深深的内在耦合性，普通撤销权方案就是追求在自由意志基础上的主观公平。只要在当事人自由意志支配下达成的流担保协议，哪怕存在价格上的不对等，也难谓不公平；相反，如果存在欺诈、胁迫、乘人之危等意志压迫因素，纵然价值比例上没有明显不妥，也不能认为是一项公平的交易，应允许受害方撤销。同时，意思自治也意味着，任何人不能在没有自身意志参与的情况下，因他人的交易遭受不测之损害。对此，特别撤销权方案认为其他债权人因流担保条款的履行遭受损害的，即可行使撤销权，回应了此种意思表示不自由所导致的不公平。总之，撤销权方案注重在意思自治前提下的动态公平、主观公平与多元公平，是一种更高层次的公平。当然，撤销权方案并非对客观公平毫无关照，一旦触发撤销权行使条件并经权利人行使，流担保条款即自始归于无效，担保物权就应按照拍卖、变价等常规方式实现，此时债权人自应在债权额范围内受偿，此与强制清算的结果完全相同。

第三，从制度运行成本来看，强制清算方案要求每一个流担保条款的履行都要强制清算，市场价格的调查、委托第三方评估、当事人之间的讨价还价、产生争议后纠纷的解决等都需要一定的经济成本、时间成本、诉讼成本和机会成本。因此，强制清算方案是一种成本高昂的制度安排。强制清算方案虽然省却了拍卖、变价等成本，且具有估价高的特点，但是，拍卖成本、拍卖价格低、不能变现的风险实际上转移给了担保权人，因此，强制清算方案从整体上看并没有降低交易成本。就撤销权方案而言，一旦流担保条款被撤销，可能会发生诉讼成本、拍卖成本或变价成本以及可能低价拍卖造成的损失，但正如上文分析，强制清算方案也可能存在此种成本和损失，只不过是转嫁给了债权人而已。如果再考虑到行使撤销权的概率要远远低于强制清算方案，撤销权方案的成本要低于强制清算的成本。还应当看到，强制清算方案使债权人无利可图且有可能遭受损失，进而导致债权人逆选择，即宁可选择拍卖、变卖等成本较高的担保物权实现方式，结果使得本来是保护债务人的制度安排，变成了对债务人不利的制度安排。

第四，从意思自治角度来看，强制清算方案表面上维护了债务人利益，实则是以法律强制代替当事人意志，从根本上忽视了当事人的意思自治，使得当事人利用流担保条款达成的事务安排成为徒劳。如当事人订立担保物价值高于债权额的流担保条款，可能是把债权人变现的成本计算在内，但这种安排亦为强制清算方案所不容许。相较而言，撤销权方案把当事人意志自由状况作为触发撤销权的考量因素，且把是否接受流担保条款、是否行使撤销权的决定权交由受害方，充分维护了当事人意思自治。

在肯定撤销权思路的情况下，笔者认为，应区分担保人与其他债权人，分别适用一般撤销权方案与特别撤销权方案，或曰混合撤销权方案。具体而言，为彰显意思自治和责任自负原则，担保人行使撤销权的，应坚持主观标准，除存在显失公平的结果外，还应当举证存在乘人之危等意思表示不自由的状况。判断的时点应为合同订立之时，考虑到物价的波动实属恒常，合同订立后标的物价格的涨跌给当事人造成的损失是合理的交易风险，立法者无须施以慈母般的关怀。针对有学者担忧的意思表示不自由举证困难问题，本书认为，《民法总则》第151条规定，一方利用对方处于危困状态、缺乏判断能力等情形，致使民事法律行为成立时显失公平的，受损害方即可请求人民法院或者仲裁机构予以撤销，对意思表示不自由的要求较低，并采取不完全列举的方式为司法适用提供了充分的自由裁量余地，不会过分加重当事人的举证负担。司法实务中可根据当事人的经济状况、订约的时机、担保物价值与债权额的悬殊程度等具体情况，弹性化掌握举证责任标准。此外，司法实务中应树立商事审判思维，提高商主体意思表示瑕疵的举证责任标准，慎重撤销商主体之间的流担保条款。

担保人的其他债权人行使撤销权的，为防止担保人与担保物权人滥用意思自治设立流担保条款损害其他债权利益，维持债权人间利益均衡，同时为防止债权人竞相设立流担保条款导致流担保制度滥用，确保担保物担保价值充分发挥，应坚持客观立场，既只要流担保条款的履行损害了其他债权人的债权，其他债权人即可行使撤销权。损害其他债权人利益的判断时点，应为流担保条款履行之时。考虑到债务人的普通撤销权可适用《民法总则》第147－152条的相关规定，其他债权人撤销权亦可以适用《合同法》第74条关于债权人撤销权的规定，若《民法典》吸纳《民法总则》与《合同法》相关规定，可不对流担保中的撤销权单独规定，只须作出相关的引致规范即可。

（3）流担保条款的登记与撤销权方案

我国台湾地区“民法”修改后的第873条规定，流押契约非经登记，不得对抗第三人。理论界对于登记的性质、效力等在认识上存在分歧。姚瑞光先生认为，在采形式主义的立法例，凡发生不动产物权得丧变更，非经登记不生效力。设定抵押权，约定债权已届清偿期而未为清偿时，抵押物之所有权移属于抵押权人者，当然为不动产物权得丧之行为，应非经登记不生效力，不可能转为“非经登记，不得对抗第三人”。他因此斥责修法者“连物权最基本的常识也未具备”，是“虚名的、外行的修法专家”。[①] 谢在全先生认为，流担保条款在性质上为债关系之约定，仅于当事人间有其债权效力，故必须登记始能成为抵押权之内容，发生物权效力，而得据以对抗第三人。[②] 从这个意义上，有学者对“非经登记，不得对抗第三人”的表述提出商榷意见，认为流抵契约的物权效力系于当事人是否选择登记，容易使物权关系陷于不确定状态，如欲以登记作为公示方法达到保护交易相对人的利益，似采登记生效主义更为妥当。[③] 对此，高圣平教授持不同观点。他认为，流担保条款未经登记仅在当事人之间发生债权效力，经登记可发生对抗第三人效力。但流担保登记不同于抵押权设定登记，其登记的效力应为债权物权化的登记，而非物权及其权利变动的登记。根据物权法定原则，流担保条款即使登记也并不构成担保物权的内容。只是在统一登记路径下，同一担保物上抵押权的登记和流抵契约的登记才记载于同一登记簿。流担保登记的对抗效力是指第三人有妨碍担保物权人行使流抵权利的行为时，担保物权人可主张其设定附有流抵契约的担保物权的效力在先，该行为对其不生优先受偿效力。[④]

流担保条款“非经登记，不得对抗第三人”为我国台湾地区“民法”所首创，其指涉究竟为何，在理解上确实颇费踟蹰。但首先可以肯定的是，流担保条款为债权契约，不能直接导致所有权移转，此所谓登记显非所有权移转登记，债权人在债务清偿期届满实行流担保条款时，还要再作成所有权移转登记，此时非经登记不生物权变动效力。姚瑞光先生似乎将第873条之登记理解为所有权移转登记，此显属误解。

本书认为，流担保条款在性质上为债权契约，自成立之日即在当事人之间产生拘束力。若孤立地看待流担保条款，其登记应为债权物权化登记，具有保全债权、确保将来债权实现之功能，但并非因此使得流担保债权契约具有物权效力，

---

① 姚瑞光：《民法物权论》，中国政法大学出版社2011年版，第167－168页。

② 谢在全：《民法物权论》（修订五版，中册），中国政法大学出版社2011年版，第785页。

③ 蔡明诚：《民法担保物权修正对于未来理论及实务的影响及再思考》，载《月旦法学杂志》2007年第7期。

④ 高圣平：《论流质契约的相对禁止》，载《政法论丛》2018年第1期。

其效力主要表现为对抗后续的抵押物处分行为，使得后续抵押物处分行为不生效力，颇类似于我国《物权法》规定的预告登记。此时登记的效力可谓“非经登记，不得对抗第三人”。但若将流担保条款与担保物权联立分析，流担保条款构成担保合同的一部分，而担保合同未经登记不生担保物权效力，此时的登记似乎构成物权设立登记，即流担保条款“未经登记，不生物权效力”；而一旦登记，流担保条款似乎便可分享抵押权的物权效力。

问题是，流担保条款能否随同担保合同，因登记而成为担保物权的内容？流担保条款成为担保物权内容是否违反物权法定原则？对此，高圣平教授认为，在物权法定原则下，担保物权的效力也仅为变价权和优先受偿权，并不能当然地认为担保物权人可以取得担保物所有权而实行担保物权。[①] 本书认为，不宜僵化地理解物权法定原则。物权法定指物权种类和内容的法定，但并非所有法律规定的内容都可纳入物权法定原则，更不是物权的方方面面内容均应当由法律作出规定。物权内容法定也仅是轮廓的法定，亦即关键特征的法定，在关键特征之外存在广阔的意思自治空间。就抵押权而言，其关键特征在于财产的担保功能、无须移转占有和优先受偿性。[②] 正如上文指出的，流担保条款是以取得担保物所有权的方式实现债权的优先受偿，并不违反担保物权的价值权属性和优先受偿性。因此，流担保条款并未突破担保物权的关键特征和质的规定性，也就谈不上对物权法定原则的违反。在不违反物权法定原则的大框架下，当事人可在法律允许范围内通过自由约定填充丰富抵押权的内容，如担保债权的范围、抵押权行使条件和实现方式，并通过担保物权登记而成为担保物权的一部分。流担保条款作为担保物权的实现方式，在法律允许的情况下，自应当允许当事人自由约定，并通过登记而成为担保物权的内容。如此，从作为担保物权一部分的意义上理解，流担保条款“未经登记，不生物权效力”似乎也顺理成章。

综上，“非经登记，不得对抗第三人”与“未经登记，不生物权效力”两种解释思路表面上截然对立，但指涉对象不同，前者针对的是流担保债权契约，后者针对的是作为整体的设立担保物权的物权合意，此与作为物权变动模式的登记

① 高圣平：《论流质契约的相对禁止》，载《政法论丛》2018 年第 1 期。

② 张志坡：《物权法定，定什么？定到哪?》，载《比较法研究》2018 年第 1 期；常鹏翱：《物权法的基础与进阶》，中国社会科学出版社 2016 年版，第 201 页。

对抗主义与登记生效主义均针对物权合意显有不同，因此两种思路难免有自说自话的嫌疑。从实践运作看，二者亦无明显不同。首先，从功能上看，根据后一种思路，虽然流担保条款经登记可产生物权效力，但担保物权的核心效力——优先受偿效力却非流担保条款所赋予。流担保条款登记只是使得抵押权在优先受偿权之外，又获得了可以通过取得担保物所有权的形式实现优先受偿的排他效力，其功能也应当体现为对抗后续的抵押物处分行为，这与第一种思路是完全相同的。其次，从作用范围看，二者对抗范围均为抵押物潜在受让人，“非经登记，不得对抗第三人”的思路并未区分善意第三人与恶意第三人，亦即只要流担保条款未登记，后续的抵押物转让行为均属有效，此与登记生效思路也无轩轾之别。最后，从登记效果看，登记对抗为保全债权的将来实现，使得后续的抵押物处分行为不生效力。登记生效路径使得后续的抵押物处分无法办理所有权移转登记，事实上使得抵押物转让成为不可能；即使抵押物后续转让成功，抵押权人也可以在债权届期未受清偿时追及抵押物所在，以取得所用权的形式实现优先受偿。

流担保条款因登记取得对抗第三人的效力，但并不因此而影响其他债权人撤销权的行使。由于流担保条款的实行具有或然性，且流担保条款是否损害其他债权人利益只有在实行之时尚可确定，因此，债权人依旧须待流担保条款实行时才能主张撤销权。同时，因流担保条款是否损害其他债权人利益的时间节点为流担保条款实行之时，从而即便在流担保条款登记后、实行前新设立的债权，债权人仍然可以主张撤销权。在流担保条款登记后第三人受让流担保标的物的，流担保条款实行时受让人虽不得主张取得抵押物所有权，但若已经支付价款的，其对担保人的有效债权仍应受到保护。若流担保的实行损害其债权的，后续受让人亦可以作为债权人行使撤销权。

（二）期前以物抵债协议与流担保条款的关系

期前以物抵债协议往往约定，若债务人届期不履行债务，则债权人取得债务人抵债物的所有权。这种约定非常类似于流担保条款的法律构成，但期前以物抵债协议往往不是发生在担保关系中，因此与典型的流担保条款又不完全相同。关于期前以物抵债协议是否构成流担保，学界尚有争议。

一个前提性的问题是，流担保禁止规则是否仅适用于抵押、质押等典型担保物权中？从我国实在法出发，一种观点认为，流担保禁令并未规定在《物权法》第 15 章担保物权一般规定中，而是分别规定在抵押权和质权的相关章节，可见流担保禁令并非规制担保物权的一般条款，仅涉及调整抵押和质押关系，因而包括让与担保在内的其他担保形式并不直接违反流担保禁令而无效。① 实务中亦有观点认为，流质契约建立在抵押权、质权存在的基础上，不存在抵押权和质权的前提下讨论能否类推适用流质契约禁止也就失去了意义。②

对此，有学者针锋相对地指出，《物权法》虽然并未将流担保条款禁令规定在担保物权的一般规定章节，但对此也存在另外一种解释，即《物权法》并未在作为法定担保物权的留置权章节规定流担保条款禁令，因此将其规定在担保物权一般规定中并不妥当。从条文表述看，《物权法》第 186 条和第 211 条均采用相同的方式："××人在债务履行期届满前，不得与××人约定债务人不履行到期债务时××财产归债权人所有。"可以理解为法律真正要禁止的是某一类型的约定，至于其附着于抵押还是质押并不是规制的重点。③ 正是从法律文本解释的角度出发，多数学者均主张《物权法》关于流担保禁止规则的规定精神应当适用于其他类型的担保中。④ 还有学者从流担保禁止规则保护债务人免予重利盘剥的目的出发，认为只要债权人与债务人在被担保债权到期之前约定，债务人负有义务在被担保债权到期后将担保物所有权移转于债权人，就可能使债务人陷于被盘剥的抽象威胁中，即构成流担保条款。⑤

从比较法上看，在德国，多数学说与判例都认为流担保条款属于普遍性的法律原则，不限于抵押和质押的情形。采用何种担保方式并不重要，只要是使债务

---

① 陈本寒：《新类型担保的法律定位》，载《清华法学》2014 年第 2 期。

② 杜万华主编：《最高人民法院民间借贷司法解释理解与适用》，人民法院出版社 2015 年版，第 424 页。

③ 陆青：《以房抵债协议的法理分析——〈最高人民法院公报〉载"朱某芳案"评释》，载《法学研究》2015 年第 3 期。

④ 参见李磊、刘保玉：《让与担保存废论——基于实证考察的分析》，载《人民司法·应用》2018 年第 28 期；刘保玉：《完善我国质权制度的建议》，载《现代法学》2017 年第 6 期；高圣平、曹明哲：《股权让与担保效力的解释论——基于裁判的分析与展开》，载《人民司法·应用》2018 年第 28 期；夏正芳、马燕：《让与担保的法律属性与价值衡量——民法典分则编纂背景下让与担保的司法审视》，载《人民司法·应用》2018 年第 28 期。

⑤ 庄加园：《"买卖型担保"与流押条款的效力——〈民间借贷规定〉第 24 条的解读》，载《清华法学》2016 年第 3 期。

人陷于重利盘剥的威胁的约定都有流担保适用的空间。[①] 在一则案件判决中，德国上诉法院认为，《德国民法典》第1149条关于禁止流押的规定具有一般原则的特征，只要双方当事人在被担保债权到期之前约定，如果原告履行债务陷于迟延，被告就成为不动产所有权人，《德国民法典》第1149条就必须类推适用。[②] 我国台湾地区司法实务中也并不将流担保禁止规则局限于典型担保领域。谢在全先生举例指出，债务人以所负之债额作为不动产卖价，与债权人订立买卖契约，既不移转占有，只约明于一定期限内备价回赎者，此种契约形式上虽为买卖，实系就原有债务设定抵押权，而以回赎期间为其清偿期间，纵未为抵押权之登记，其所为移转不动产所有权之约定，亦属流抵契约。[③]

虽然多数观点认为流担保禁止规则作为一项法律原则应当适用于一切类型的担保中，但对于期前以物抵债协议是否属于流担保条款仍不无疑问。一种观点认为，期前以物抵债协议只是赋予债务人履行他种给付的选择权或替代权，只要债务人不选择履行他种给付，就不受以物抵债协议的拘束，因此也就谈不上债权人压迫债务人的问题。[④] 但正如上文指出的，期前以物抵债协议多为债权人主导下订立，往往使债务人在债务届期未清偿时负有移转他种给付物所有权的义务，而非赋予债务人替代权。因此真正亟须探讨的问题是，债务人负有将他种给付物"流"于债权人的以物抵债协议是否构成流担保条款，或者是否须类推适用流担保禁止规则。

对此，有学者指出，流担保是担保合同中的条款，而以物抵债协议不具有担保性质，因此期前以物抵债协议与流担保条款存在本质不同。[⑤] 以物抵债不具备担保的从属性和补充性，也不具有扩大责任财产范围或者使债权人获得优先受偿效力的保障效果，故不成立担保。在以物抵债无法成立担保的情况下，根据以物

---

① Vg l. Gaul , Lex commissoria und Sicherungsübereignung , AcP 168 , 369 . 转引自庄加园：《"买卖型担保"与流押条款的效力——〈民间借贷规定〉第24条的解读》，载《清华法学》2016年第3期。

② 转引自庄加园：《"买卖型担保"与流押条款的效力——〈民间借贷规定〉第24条的解读》，载《清华法学》2016年第3期。

③ 谢在全：《民法物权论》（修订五版，中册），中国政法大学出版社2011年版，第784页。

④ 史尚宽：《债法总论》，中国政法大学出版社2000年版，第817－818页；庄加园：《"买卖型担保"与流押条款的效力——〈民间借贷规定〉第24条的解读》，载《清华法学》2016年第3期。

⑤ 刘琨：《以物抵债协议不宜认定为流质契约》，载《人民司法·案例》2014年第2期。

抵债违反担保意义上的禁止流质规则而认定无效的说理也就失去了依托。[①] 本书认为，期前以物抵债是当事人对将来债务不履行作出的预防性安排，从交易实践看，抵债物价值多高于债权额，期前以物抵债即以丧失抵债物所有权的潜在可能性为债务人施加压力，促使债务人积极履行债务，担保的目的甚为明显。特别是在市场经济条件下，代物清偿的功能已从事后清偿向事前担保转变，虽然债权人对抵债物不具有优先受偿权，但经预告登记后却具有物权的排他效力，所以具有显著的担保功能。[②] 在日本，代物清偿预约只要进行不动产的移转假登记，即使此后设定抵押权或让与第三人，债权人因已作出预约完成的意思表示并取得本登记，所以，可排斥假登记后的第三人而取得所有权，达到担保的目的，[③] 因此应被看作物上担保的一种。[④] 由于期前以物抵债实质上具有担保借款返还债务之机能，在日本广受欢迎，被日本学者誉为代物清偿机能之变迁。[⑤] 亦有学者将期前以物抵债协议解释为抵押权设立行为，虽然抵押权未经登记不成立，但当事人关于移转不动产所有权之约定，亦构成流担保条款。[⑥] 其解释思路亦是肯定期前以物抵债协议具有担保功能，进而因移转标的物所有权之约款而肯认其流担保条款之性质。

退一步讲，纵使不承认期前以物抵债协议具有典型担保功能，但亦不能望文生义地认为流担保条款只存在于担保领域，而是应当根据流担保条款的本质和流担保禁止规则的目的作出认定。流担保禁止规则的主要目的是防止债权人利用优势地位和债务人急迫需要订立不公平条款，一旦债务届期未清偿，债权人即不经清算取得标的物所有权，从而造成对债务人的重利盘剥。从债务清偿期届满前订立、不经清算而取得抵债物所有权等方面看，期前以物抵债协议完全符合流担保条款的关键特征。据此，学者多认为，代物清偿的预约很容易成为压迫窘迫的债务人获得不当得利的暴利行为。此时，作为违反公序良俗的契约而无效。[⑦] 亦即

---

① 邬砚、张伟：《以物抵债的成立要件与效力判定》，载《人民司法·案例》2017 年第 17 期。

② 高治：《代物清偿预约研究——简论流担保制度的立法选择》，载《法律适用》2008 年第 8 期。

③ ［日］我妻荣：《新订债权总论》，王燚译，中国法制出版社 2008 年版，第 268 页。

④ ［日］我妻荣：《新订担保物权法》，申政武、封涛、郑芙蓉译，中国法制出版社 2008 年版，第 541 页。

⑤ 陈自强：《无因债权契约论》，中国政法大学出版社 2002 年版，第 328 页。

⑥ 谢在全：《民法物权论》（修订五版，中册），中国政法大学出版社 2011 年版，第 784 页。

⑦ ［日］我妻荣：《新订债权总论》，王燚译，中国法制出版社 2008 年版，第 266 页。

代物清偿预约应作与流担保条款相同的处理。流担保禁止规则另一重要目的即为防止债务人通过流担保条款低价转让担保物损害其他债权人利益。在担保物权中，担保物权人就担保物有优先受偿权，法律尚禁止流担保条款；而在期前以物抵债中，债权人对特定标的物没有优先受偿权，其与其他债权人立于对等地位，以物抵债协议的履行对其他债权人的损害可能要甚于担保物权中的流担保条款，举轻以明重，期前以物抵债更应在禁止之列。总之，从流担保禁止规则之目的考量，在流担保条款中，流是实质，而担保只是无关宏旨的外在形式，法律禁止的是流，而非担保。本诸“同样事项，同样处理”的原则，流担保禁止规则应类推适用于期前以物抵债协议。① 司法实务中，有的法院也认为，当事人虽不存在抵押合同或者质押合同，但双方直接以房屋抵偿债务的约定与《物权法》所禁止的流抵契约情形相同，应属无效。②

当前，学界主流观点多认为期前以物抵债协议亦可以发生流担保问题。孙森焱先生认为，当事人约定代物清偿契约于债务人不履行原定给付时，始生效力者，是为附停止条件之代物清偿，与流质契约无殊，应认此项约定无效。若当事人约定，债务人不履行债务时，债权人或债务人得请求以特定标的物为代物清偿者，是为代物清偿之预约。……若约定债权人得请求为代物清偿者，仍应类推适用流质契约禁止之规定，认为其约定无效。③ 我国内地学者亦多从流担保禁止的角度考察期前以物抵债协议的效力。④ 有学者甚至明确指出，流担保条款本质上就是代物清偿预约或附停止条件的代物清偿。⑤ 期前以物抵债协议与流担保条款虽在多数情况下可相互指代，但应当看到，流担保条款概念侧重于意思表示效力的判断，当我们要衡量期前以物抵债协议的效力时，可以说期前以物抵债协议属于流担保条款；而期前以物抵债协议侧重于对意思表示内容的判断，当我们认清

---

① 高治：《代物清偿预约研究——简论流担保制度的立法选择》，载《法律适用》2008 年第 8 期。

② 参见广东省深圳市中级人民法院（2014）深中法民终字第 2173 号判决书、浙江省杭州市江干区人民法院（2012）杭江民初字第 79 号民事判决书、浙江省乐清市人民法院（2013）温乐民字第 722 号民事判决书。

③ 孙森焱：《民法债编总论》（下册），法律出版社 2006 年版，第 853 页。

④ 高圣平：《论流质契约的相对禁止》，载《政法论丛》2018 年第 1 期；陆青：《以房抵债协议的法理分析——〈最高人民法院公报〉载“朱某芳案”评释》，载《法学研究》2015 年第 3 期；陈永强：《以物抵债之处分行为论》，载《法学》2014 年第 11 期；夏正芳、潘军锋：《以物抵债的性质及法律规制》，载《人民司法·应用》2013 年第 21 期。

⑤ 高治：《代物清偿预约研究——简论流担保制度的立法选择》，载《法律适用》2008 年第 8 期。

了流担保条款蕴含着债务届期未清偿将以担保物抵债的意思表示时，我们亦可以说流担保属于期前以物抵债协议。

（三）流担保禁止缓和语境下期前以物抵债协议的效力认定

既然期前以物抵债协议构成流担保条款，根据我国现行法立场和“同类事件须作相同处理”的原则，应类推适用《物权法》第186条和第211条之规定，认定期前以物抵债协议无效。但正如上文所述，流担保禁止规则之缓和已为大势所趋，在法无明文的情况下简单认定期前以物抵债协议无效，不符合交易实践需要，裁判结果也难以得到社会普遍认同。

对此，司法实务中一种普遍而简单的做法是，既然现行法仅在抵押和质押领域禁止流担保条款，对于抵押和质押之外的流担保条款就没有必要禁止。[①] 这种企图缓和流担保禁止规则僵化性的努力值得赞同，但在裁判方法上有流于形式和表面化的机械司法嫌疑，且有违“同类事项同样处理”原则。很显然，这种“揣着明白装糊涂”的办法绝非长久之计。

还有学者认为，期前以物抵债是显失公平的，由于我国民法上已经对显失公平的救济作出了一般性规定，故可以依据显失公平制度予以撤销。参照流担保禁止规则予以规制实质上是漏洞填补，属于法律适用错误。[②] 正如上文所述，从立法论的角度，本书赞同适用撤销制度处理显失公平的期前以物抵债案件。但从法律适用的角度讲，上述观点不无商榷。流担保禁止规则与显失公平制度均是防止法律行为显失公平的制度设计，相较于显失公平制度适用于一切法律行为而言，流担保禁止规则只适用于流担保条款这一类法律行为，属特别规定，根据特别法优于一般法的原则，流担保条款的效力问题应优先适用流担保禁止规则，固无疑问。问题是，在特别规定没有涵盖其应当涵盖的一切类型的情况下，对于特别法未规定之同类事项，应先予漏洞填补，类推适用特别法规定，还是适用一般法的规定？有学者指出，在特别法上有漏洞时，应站在立法者的角度予以漏洞填补，

---

① 参见贵州省高级人民法院（2016）黔民终144号判决书。

② 邬砚、张伟：《以物抵债的成立要件与效力判定》，载《人民司法·案例》2017年第17期。

而不能简单地诉诸一般规定。[①] 笔者赞同这种思路。根据流担保禁止规则的立法目的以及“同类事项同样处理”的原则，期前以物抵债协议作为流担保条款之一种，在法律上没有明文规定的情况下，其效力问题应优先类推适用流担保禁止规则，而不能直接诉诸显失公平撤销制度。

看来，在立法上已经对流担保条款无效作出明确价值判断的情况下，意图在现行实在法框架内寻求有效解释的努力都是徒劳的。为寻求妥当的裁判，必须再次超越现行法规定，在遵循立法者意图的前提下，适应交易实践对缓和流担保禁令的需求，继续进行法的续造。立法上禁止流担保的主要目的在于防止债权人对债务人的重利盘剥，但并非所有的流担保条款都会导向此类结果，一律禁止流担保条款恐怕亦不符合立法者的初衷。因此，应承认现行实在法规定有隐藏的漏洞存在，有必要对相关法律规定进行目的性限缩。所谓隐藏漏洞，谓就此类事件，法律虽然含有得以适用的规则，唯该规则对此类事件并不适宜，于此即有隐藏的漏洞存在。借此，因字义过宽而适用范围过大的法定规则，其将被限制仅适用于宜于适用的范围，称为目的论限缩。目的论限缩的正当理由在于，不同类的事件应作不同的处理。[②] 具体而言，若流担保条款的履行没有导致显失公平的后果，或者当事人约定了债权人的强制清算义务，则不会出现重利盘剥情形，因此应排除在流担保禁止规则规整范围之外。如此，不唯期前以物抵债协议可能被认定为有效，甚至抵押和质押中公平的流担保条款因不违背《物权法》第 186 条和第 211 条的立法意图而可能被认定为有效。若流担保条款的履行将会导致严重的不公平后果，则应认定为无效。[③]

---

① 钱玉林：《民法与商法适用关系的方法论诠释——以〈公司法〉司法解释（三）第 24、25 条为例》，载《法学》2017 年第 2 期。

② ［德］卡尔·拉伦茨：《法学方法论》，陈爱娥译，商务印书馆 2003 年版，第 254 页、第 267－268 页。

③ 庄加园教授亦认可目的性限缩的法律适用路径。但其所谓的目的性限缩为债务人选择基础上的目的性限缩，即由债务人根据自身利益状况来决定是否援引《物权法》第 186 条，由此引发目的性限缩解释。如果债权人根据流押条款向债务人要求移转担保物所有权，债务人可根据《物权法》第 186 条主张流押条款无效，于是按照借款合同的数额对债权人负担偿还借款本息的义务。同时，债务人也可放弃援引《物权法》第 186 条作为无效抗辩，而主张流押条款生效，但首先需要通过清算来确保担保物价值。参见庄加园：《“买卖型担保”与流押条款的效力——〈民间借贷规定〉第 24 条的解读》，载《清华法学》2016 年第 3 期。笔者认为，《物权法》关于流担保条款无效的规定应为强制性规定，自不能由当事人任意选择适用。司法实务中应由法官根据案件情况判定流担保条款是否有违公平并作出效力认定。据此，若流担保规则没有明显不公平情形的，即使债务人主张流担保条款无效，也不应得到支持。

若按照此种法律适用思路，判定期前以物抵债协议的效力包含了两次漏洞填补的过程。第一，我国《物权法》第186条和第211条仅将流担保禁止规则适用于抵押和质权领域，而对其他流担保条款不予禁止，违反“同类事项同样处理”原则，构成公开的法律漏洞，应将其类推适用于其他类型的流担保条款，包括期前以物抵债协议。或者根据《物权法》第186条和第211条之精神，整体类推出流担保禁止之一般规则。第二，《物权法》第186条和第211条以及由此推导出的流担保禁止规则文义范围过宽，若期前以物抵债协议不会造成显失公平的结果，则应根据“不同情况不同处理”的原则进行目的性限缩，将其排除在流担保禁止规则之外并承认其效力。这种法律适用路径过于曲折，且仍旧不能完全解决期前以物抵债协议效力问题，因此仍是权宜之计。流担保条款和期前以物抵债协议无效的魔咒并不能通过法律适用路径彻底破除，唯一可行的方法就是釜底抽薪，直接废止流担保禁令，并通过赋予当事人撤销权解决由此可能导致的不公平问题。

三、让与担保与后让与担保

若以他种给付代替原定给付的规格衡量，让与担保亦符合期前以物抵债的构成。一般认为，期前以物抵债与让与担保在法律构成上的差异为，在让与担保的情形下，标的物在被担保债权成立时即已经转让给了担保债权人，而在代物清偿的情形下，标的物直到发生债务不履行并且需要清偿时才转移给担保债权人。[①] 但是，担保人虽事先移转了担保财产的所有权或其他权利，但其实际上是以债务到期未能清偿作为担保财产之权利移转的实质条件。[②] 因此，让与担保与期前以物抵债具有内在的契合性，让与担保在债务不能履行情形下，亦涉及以物抵债概念。[③] 为期周延，本节对让与担保问题作简要探讨。

---

① ［日］我妻荣：《新订担保物权法》，申政武、封涛、郑芙蓉译，中国法制出版社2008年版，第541页。

② 刘保玉：《完善我国质权制度的建议》，载《现代法学》2017年第6期。

③ 施建辉：《以物抵债契约研究》，载《南京大学学报》（哲学·人文科学·社会科学版）2014年第6期。

（一）让与担保的意涵及其沿革

让与担保是指债务人或第三人为担保债务履行，在订约之时将担保物所有权移转于债权人，若债务届期清偿，则担保物所有权复归债务人或第三人；若债务届期未获清偿，则债权人就担保物受偿的一种担保形式。让与担保是各国经由实践、判例和学说发展出来的制度，多未成文化，因各国各地区制度、习惯和交易实践不同，让与担保的构成也并无统一标准，交易实践中呈现出不同的面。根据标的物的不同，让与担保有动产让与担保与不动产让与担保；根据是否移转占有，可以分为占有移转型让与担保与占有不移转型让与担保；根据实现方式的不同，可分为归属型让与担保与处分型让与担保；归属型让与担保又可以分为当然归属型让与担保与请求归属型让与担保；在强制清算模式下，又可以分为归属清算型让与担保与处分清算型让与担保；等等。[①]

让与担保最早可以追溯到罗马法上的信托（Fiducia）和日耳曼法上的信托（Treuhand）。[②] 在近代法典化过程中，基本上形成了不动产抵押、动产质押的担保物权格局，让与担保被排除在法典之外。近世以来，随着工商业发展对商品流通、资金融通需求的不断提高，质权这种以质物闲置为代价的静态动产担保物权已经越来越滞后于交易实践需求，创新动产担保物权、丰富动产担保类型成为势所必然。在这个过程中，各国采取的路径不同，进而催生出了不同的动产担保物权类型。德国商业交易实践中为回避普通法所禁止的动产抵押，普遍采取缔结附买回权的买卖契约的方式，让与担保由此滥觞。在习惯、学说的协力下，经过否认、初步承认、认可“三部曲”，帝国法院逐渐以一系列判例逐步承认了让与担保的有效性。[③]《法国民法典》第2119条规定的“动产不得设定抵押权”的立场，通过动产抵押特别立法化、动产与不动产划分标准弹性化等方式，实现不动

---

① 参见王闯：《让与担保法律制度研究》，法律出版社2000年版，第55-58页。

② 参见王闯：《让与担保法律制度研究》，法律出版社2000年版，第59页。

③ 参见［德］卡尔·拉伦茨：《法学方法论》，陈爱娥译，商务印书馆2003年版，第287-288页；王闯：《让与担保法律制度研究》，法律出版社2000年版，第75-80页。

产抵押向动产抵押扩展的实际效果。[①] 值得关注的是，2007 年法国通过《关于建立信托制度的法律》，决定正式在《民法典》中建立信托制度规范，并依托信托制度建立起了完善的动产与不动产让与担保制度。[②]《日本民法典》也不承认动产抵押制度，但企业对动产抵押具有强烈的需求，日本遂通过制定特别法的形式，逐渐承认农业动产、机动车、飞机、建设机械、船舶等特殊动产抵押，但由于特别法只是在很小范围内承认动产抵押，仍不能满足交易需求，交易实践中逐渐发展出的卖渡担保、让与担保弥补了这个缺陷，在交易中发挥了重要作用。[③] 我国台湾地区"民法"对动产担保亦仅设动产质权及留置权，皆以由债权人占有标的物为要件，不能兼顾到动产的使用价值。随着动产种类的增加和价值的提高，以及经济发展融通资金的迫切需要，我国台湾地区仿照美国立法例制定出台"动产担保交易法"，一举创设了动产抵押、附条件买卖及信托占有三种不占有标的物的动产担保制度，其中信托占有即为大陆法系国家的让与担保制度。[④]

（二）让与担保的构造

让与担保是以事先移转担保物所有权的方式担保债权的实现，与质押、抵押等典型担保物权相比，它使得担保权人在物权上得到的，要比按照当事人之意图在经济上所意欲的要多，即该完全所有权代替了不可能的质权，因此造成了"非所欲的权利过剩"，[⑤] 是一种手段大于目的的担保方式。因对让与担保的形式与目的关系的认识不同，关于让与担保的性质与法律构造，历有所有权构造说与担保权构造说之争论。早期学说与实务注重担保物所有权移转的形式，并依据信托理论构建担保物权的内部法律构造。具体而言，在对外关系上，认为让与担保

---

① 参见尹田：《法国物权法中动产与不动产的法律地位》，载《现代法学》1996 年第 3 期；陈信勇、徐继响：《论动产让与担保与动产抵押之雷同——兼评我国民法（草案）对动产让与担保与动产抵押的规定》，载《法学论坛》2004 年第 4 期。

② 李世刚：《法国担保法改革》，法律出版社 2011 年版，第 195 - 226 页。

③ ［日］我妻荣：《新订担保物权法》，申政武、封涛、郑芙蓉译，中国法制出版社 2008 年版，第540 - 541 页；［日］近江幸治：《担保物权法》，祝娅、王卫军、房兆融译，法律出版社 2000 年版，第 219 页。

④ 王泽鉴：《"动产担保交易法" 30 年》，载王泽鉴：《民法学说与判例研究》（重排合订本），北京大学出版社 2015 年版，第 1495 - 1496 页。

⑤ ［德］鲍尔、［德］施蒂尔纳：《德国物权法》（下册），申卫星、王洪亮译，法律出版社 2006 年版，第 601 页。

导致了所有权的真正移转，债权人违反信托约定对外处分担保物时，处分行为仍然有效；在对内关系上，债权人与担保人之间的内部关系要受到信托的约束，即债权人不能超越担保的目的行使所有权。债权人违反信托处分担保物时对担保人的责任问题，又有依内外部移转说与外部移转说等不同观点。依内外部移转说，债权人仅因违反担保目的的约定而应对担保人承担债务不履行责任；依外部移转说，因所有权在内部关系上并未发生转移，因此债权人应承担不法行为的侵权责任。晚近的学说与实务上更重视让与担保的担保目的，认为债权人取得的只是在债权额范围内对担保物进行支配的担保权，担保物价值超越债权额部分应返还担保人，担保人才是担保物所有权的真正所有者。让与担保权人处分担保物的，担保人可以对抗恶意的受让人。担保权构造说又有授权说、二阶段所有权变动说、期待权说、抵押权说等不尽相同的主张。[①]

本书认为，关于让与担保的法律构造，必须将让与担保的所有权让与形式与担保的实质目的一体把握，二者均不可偏废。让与担保制度的法律构成，存在法律上权利让与的外观与担保的实质目的导致的双重性，不可只重视一面而忽视另一面，而应区分双方关系与涉及第三人的三角关系进行不同的处理。[②] 所有权构造说过度重视理论演绎而不重视制度的实践价值，既不利于债务人利益的保护，也会在司法实务中出现荒唐的结论。如日本司法实务中就存在让与担保后设立人对担保物的使用究竟为租赁抑或借贷、是否得因不支付租金而得解除等无谓的争论。让与担保只是借助了所有权让与的形式，其本质上是为担保而设立，应定位为担保物权的类型，债权人取得的权益亦应以此为限度。因此，担保物权构造说似更接近于让与担保法律关系的本质。但是，让与担保既然是借助了所有权移转的形式，在对外关系，也不能无视权利外观而忽视了第三人利益的保护。若让与担保完全采取了所有权移转的外观，且担保的目的不为外界所觉察，则善意第三人基于权利外观而发生的交易及其结果，理应为法律上承认并优先保护。实质

---

① 关于所有权构造说与担保权构造说的介绍，参见［日］我妻荣：《新订担保物权法》，申政武、封涛、郑芙蓉译，中国法制出版社 2008 年版，第 544 – 554 页；王闯：《让与担保法律制度研究》，法律出版社 2000 年版，第 151 – 189 页；高圣平：《动产让与担保的立法论》，载《中外法学》2018 年第 2 期。

② 梅瑞琦：《让与担保制度法律构成初探——从权利公示的视角出发》，载《浙江工商大学学报》2009 年第 3 期。

上，所有权构造说正是让与担保公示制度不完善的产物。随着公示制度的逐步完善，特别是采登记公示模式并将“为担保而让与”的目的公示后，担保权构造说实现了担保实质与公示形式的统一，在维护设立人、担保权人、其他债权人、受让人的利益方面均有顾及，相较于所有权构造说其优越性甚为显然，理应为我国立法及司法实务所采纳。

（三）让与担保的效力

早期学说与实务上一直存在关于让与担保效力的争论。关于让与担保效力的质疑，主要有四种观点：一是认为设定人移转担保物所有权仅为形式，当事人间实质上并没有移转所有权的意思表示，因此构成通谋虚伪表示。二是让与担保违反流质契约禁止规则，应为无效。三是让与担保以占有改定方式设定担保物权，是为规避质权不得以占有改定方式设定的强行法规定，因此让与担保构成脱法行为，应为无效。四是让与担保是民法所未明确规定的担保物权，因违反物权法定原则而无效。①

让与担保是以移转担保物所有权的形式达到担保债务的目的，在让与担保中，当事人之间的意思并非简单的移转所有权的意思，亦并非简单的为担保的意思表示，而是“为担保而移转所有权”的意思表示，亦即当事人的意思表示实为糅合了让与所有权与担保两个意思的复杂意思构成，无论是片面强调担保抑或所有权移转均不符合当事人意思表示的真实图景。也就是说，在让与担保中，无论是让与所有权还是担保的意思均为当事人表现于外的真实意思表示，也均为当事人期望发生的效果。让与担保当事人进行的所有权让与行为，尽管移转所有权的意思旨在实现担保的经济目的，但该移转所有权的意思是当事人真实的意思表示之一，即通过移转所有权来向债权人提供担保。② 通谋虚伪表示说割裂了两个意思，将所有权移转意思当作伪装意思而将担保意思作为隐藏意思，不符合当事

---

① 相关观点梳理参见［日］我妻荣：《新订担保物权法》，申政武、封涛、郑芙蓉译，中国法制出版社2008年版，第543－544页；谢在全：《民法物权论》（修订五版，下册），中国政法大学出版社2011年版，第1104－1106页。

② 夏正芳、马燕：《让与担保的法律属性与价值衡量——民法典分则编纂背景下让与担保的司法审视》，载《人民司法·应用》2018年第28期。

人真实意思构成。因此，当事人就让与担保之约定，乃出于真正之效果意思而为表示，与通谋虚伪意思表示，双方当事人间故意为不符真意之表示，欠缺效果意思者，显有不同。[①] 退一步讲，即使让与担保构成通谋虚伪表示，所有权移转的意思表示构成伪装表示而无效，但以移转所有权的形式为担保的意思表示是否有效，还应结合是否违反流质契约禁止规则、是否违反质权不得以占有改定方式设立等实在法规定作进一步判断，因此通谋虚伪表示说无助于问题的真正解决。通谋虚伪表示说是德国与日本早期的学说，且没有被司法实务采用，现已成为历史陈迹。

关于让与担保是否因违反流担保禁止规则而无效，一方面，担保人虽事先移转了担保财产的所有权或其他权利，但其实际上是以债务到期未能清偿作为担保财产之权利移转的实质条件，因此，让与担保与流质条款的效力具有内在的契合性，应适用相同的规则；[②] 但另一方面，因流担保条款能够起到督促债务人还款的效果，严格的流担保禁止规则本身应予检讨，且在各国各地区普遍对流担保禁止规则作出缓和的大趋势下，我国的立法机关也应当根据形势的发展，对现有法律条款作出适当修补完善，以满足实践的迫切需求。[③] 关于流担保机制规则之缓和，本专题第二部分已详细论述，此处不赘。

关于让与担保因规避质权不得以占有改定方式设定而无效的观点，实为拘守实在法规定的泥古主义思想。质权不得以占有改定方式设立，是为了克服占有改定公示上的弊端，保护债权人利益。但动产担保不论是否现实移转占有都存在公示上的困局，占有改定固然存在所有权公示过度而质权公示不足之嫌，但现实移转占有也存在质权公示过度而所有权公示不足的问题，无论采取何种公示方式都可能顾此失彼地损害一方当事人利益，而法律上是否承认占有改定作为一种公示方式实为立法者的决断，并无绝对的优劣之分。在民法上已普遍承认占有改定可作为物权变动方式的前提下，在质权中禁止占有改定不仅和所有权转让中可以占

---

① 谢在全：《民法物权论》（修订五版，下册），中国政法大学出版社 2011 年版，第 1105 页。

② 刘保玉：《完善我国质权制度的建议》，载《现代法学》2017 年第 6 期；李磊、刘保玉：《让与担保存废论——基于实证考察的分析》，载《人民司法·应用》2018 年第 28 期。

③ 李磊、刘保玉：《让与担保存废论——基于实证考察的分析》，载《人民司法·应用》2018 年第 28 期。

有改定不相协调，而且也使作为动产物权公示的一种占有改定在民法体系中不再具有连贯的意义。[①] 因此，动产质权不得占有改定设立不是逻辑的必然产物，而是立法者利益衡量的产物。随着质权制度弊端的暴露无遗，各国各地区民法都在寻求不现实移转占有的动产担保模式，动产抵押与让与担保应运而生。动产抵押同样违反质权不得以占有改定方式设立之强行法规定，却已为各国各地区立法所广为承认，且在交易实践中已表现出强大生命力。让与担保同样作为克服质权制度的弊端而出现的不移转占有的担保制度，法律上亦不应当厚此薄彼。占有改定公示效力的不足亦非让与担保所独有，而是占有改定作为一种公示手段所面临的共性问题，不应作为否定让与担保效力的理由。随着动产担保公示方式的不断完善，尤其是登记公示模式的引入使得让与担保公示不足问题得到极大缓解，让与担保与占有改定被绑定的宿命也有望得到根本克服。

关于让与担保是否违反物权法定原则而无效，也不能一概而论。根据所有权构造说，让与担保采所有权移转加信托占有的构造模式，是现有法律制度的有机组合，并未产生新的物权形式，故并不违反物权法定原则。让与担保的构造是标的物的移转加上信托行为的债的关系，当事人之间的权利义务关系由设定契约来设定。虽然让与担保的功能与担保物权类似，但实质上是一种债的关系，并没有创设新的物权，所以并不违反物权法定原则。[②] 在担保权构造说下，若认为让与担保构成一种新型担保物权，则可能与物权法定原则相抵牾。对此，我国台湾地区“民法”物权编修订时已明文承认习惯法得创设物权，物权法定原定已得到极大缓和，让与担保可作为习惯法上的物权而发生效力。我国《物权法》严守物权法定原则，且交易实践中让与担保尚未成为普遍的交易惯例，因此若承认让与担保的担保物权效力，就必须在民法典中就让与担保作出明确规定。

（四）让与担保的公示方式

在诞生后的相当长时间内，让与担保是通过物权合意以及对占有改定的合意

① ［日］我妻荣：《新订担保物权法》，申政武、封涛、郑芙蓉译，中国法制出版社2008年版，第543－544页。

② 陈英志：《让与担保制度论》，载《河北法学》1998年第2期。

而进行的，它提供的是一个秘密的质权，在外部难以被辨别。[①] 这也是动产质权以外的、不以移转占有为要件的动产担保制度在历史上长期不被接纳的原因。随着公示手段的逐步完善，以将登记制度扩张适用于动产为主线、通过明认等多元公示手段的辅助，动产抵押制度逐步克服公示手段上的缺陷，而得以侧身偏安于动产担保家族之一隅。晚近以来，以科技进步为引擎，登记制度取得突飞猛进之发展，特别是随着电子无纸化登记手段的革新、以互联网技术为基础的统一登记平台的建立以及声明登记制的提出，使得无论是办理登记抑或是登记查询都变得简便迅捷，动产抵押制度由此取得迅猛之发展。同为克服动产质权制度之不足而发展起来的动产让与担保制度，却因一直解决不了公示难题而备受检讨。

故此，让与担保欲与动产抵押成为并蒂之花，在此基础上与动产质押形成动产担保三足鼎立之势，解决公示难题乃首当其冲。对此，有学者认为让与担保应当充分利用现有公示制度，动产让与担保以占有改定为公示方法，不动产让与担保以登记为公示方法，企业、个体工商户、农业生产经营者以生产设备、原材料、半成品、产品设定让与担保，同样适用工商行政管理部门的动产抵押登记制度；应收账款让与担保可以适用中国人民银行的动产融资统一登记公示系统。随着动产统一登记制度的逐步建立，可以尝试在声明登记制度基础上，构建统一的动产让与担保公示系统。[②] 有学者提出应以登记作为动产让与担保的公示方法，仿照《物权法》第188条关于动产抵押权设定的规定，明确采行债权意思主义，当事人之间书面让与担保合同生效时，动产让与担保权即为设定，同时将登记作为让与担保权的对抗要件。[③] 首先需要辨明的是，即使承认动产担保物权可采用登记对抗的公示模式，动产让与担保与动产抵押中的物权变动模式亦不应完全相同。动产抵押因不移转担保物所有权，采债权意思主义成立、登记对抗模式犹可理解。动产让与担保中，不论采所有权构造抑或担保权构造说，欲承认动产让与担保独立于动产抵押权的独立制度价值，就必须承认让与担保中发生了所有权移

---

① ［德］鲍尔、施蒂尔纳：《德国物权法》（下册），申卫星、王洪亮译，法律出版社2006年版，第600页、第603页。

② 李磊、刘保玉：《让与担保存废论——基于实证考察的分析》，载《人民司法·应用》2018年第28期。

③ 高圣平：《动产让与担保的立法论》，载《中外法学》2017年第5期。

转。因此，动产让与担保合同除了设立让与担保的意思表示，还应抽象出占有改定的意思表示及物权变动形式，只有这样，才不会动摇我国动产所有权变动所采债权形式主义的立法模式。于此，动产抵押与让与担保中的登记对抗虽然从形式上看不出什么不同，但蕴含的当事人意思却判然有别，认为让与担保采行债权意思主义明显不妥。

以上只是理论上的锱铢之较，从交易实践看，动产让与担保采行登记对抗主义，也会面临与动产抵押登记一样的困境。对于种类庞杂、数量难计、交易频繁、移动性强的本无登记制度的众多动产而言，采用登记的方法能否达到公示的效果，也令人怀疑。[①] 动产买卖乃日常必要之事，经常查阅登记簿，非仅耗神费力，一般交易行为亦必因此深受妨害。[②] 而且登记势必要增加当事人的交易费用和国家的财政开支，极不利于市场交易之迅速流转。[③] 况且，对于动产而言，存在太多的类似物品，并且造册登记的费用非常之高，动产本身又存在灭失的可能，以登记方式补救动产公示的不足，并不可行。[④] 即使上述不便可因互联网技术的发展而在一定程度上得以缓解，但由于动产种类繁多，价值大小不一，无法要求所有的动产担保均必须登记，因而只能采用登记对抗主义的立法例，这样势必造成同一种类的物权在公示效力上的不一致。[⑤] 如此，必然对不动产与动产物权的公示方法、公示效力的规定产生极大冲击，甚至危及即有物权制度与体系的逻辑性、一致性和严密性。[⑥] 若国家无法提供哪些动产担保应予登记的标准，则无法为交易提供稳定预期，任何受让普通动产者都需要费时费力调查物的权属和权利负担情况，则物的流通必将严重受阻，利用率大大降低，动产占有公示效力

---

① 刘保玉：《物权体系论——中国物权法上的物权类型设计》，人民法院出版社 2004 年版，第 281 页。

② 王泽鉴：《“动产担保交易法”上登记之对抗力、公信力与善意取得》，载王泽鉴：《民法学说与判例研究》（重排合订本），北京大学出版社 2015 年版，第 1479 页。

③ 季秀平：《物权法确认让与担保制度的几个疑难问题》，载《烟台大学学报》（哲学社会科学版）2002 年第 3 期。

④ 夏正芳、马燕：《让与担保的法律属性与价值衡量——民法典分则编纂背景下让与担保的司法审视》，载《人民司法·应用》2018 年第 28 期。

⑤ 贲寒：《动产抵押制度的再思考——兼评我国民法（草案）对动产抵押与让与担保制度之规定》，载《中国法学》2003 年第 2 期。

⑥ 刘保玉：《物权体系论——中国物权法上的物权类型设计》，人民法院出版社 2004 年版，第 281 页；贲寒：《动产抵押制度的再思考——兼评我国民法（草案）对动产抵押与让与担保制度之规定》，载《中国法学》2003 年第 2 期；夏正芳、马燕：《让与担保的法律属性与价值衡量——民法典分则编纂背景下让与担保的司法审视》，载《人民司法·应用》2018 年第 28 期。

必将大打折扣，整个物权法的基础都会受到根本动摇。

显然，登记对抗模式不能完全解决动产担保物权的公示难题。正因如此，即使采动产担保登记模式的我国台湾地区，仍辅以打刻抵押标记或粘贴标签等公示方法，甚至不惜动用刑事手段来保护动产担保权人利益。随着技术的进步和公示方法的不断完善，强调一元化的登记对抗模式无异于故步自封，采行多元化的动产担保公示模式既是无奈之举，也是必由之路。有学者指出，公示制度必须符合现代社会对复杂性和多元化的期待与容忍，必须能满足不同交易主体在不同交易场景下的制度需求。基于此，该学者甚至认为，物权法上应放弃物权强制公示模式，是否公示、如何公示应由当事人自由选择。① 虽然这种激进的观点在短期内不太可能为立法者所采纳，但由此揭示的尊重当事人意思自治和物权公示的功能主义进路却深具启示，为构建合理的动产让与担保公示模式提供了一种方法论指导。

登记与占有作为民法上古老的物权公示方式，已经在历史的进程中验证了其在公示物权、维护交易安全方面的优越地位。在动产抵押与让与担保中，由于实际占有恰恰不能公示担保物权的真实状况，故不可能作为动产担保的公示方式。在没有更好的公示方式可供选择的情况下，立法上可在对登记对抗模式进行完善的基础上，仍将登记作为动产担保物权的主要公示方式。从比较法上看，我国台湾地区"动产担保交易法"虽然采登记对抗主义，但并非所有动产皆可为担保标的物，而是将担保标的物限于机器、设备、工具、原料、半制品、成品、车辆、农林渔牧牲畜以及小船等，且各类标的物之具体品名，由"行政院"视事实需要及交易性质决定，发布动产担保交易标的物品类表。② 这样就为交易提供了预期。而根据我国《物权法》第180条之规定，法律不禁止的一切动产皆可抵押，若所有动产担保皆实行登记对抗主义，则动产交易必将窒碍难行。在维持这种立法模式的语境下，一种可行的思路是，根据动产的价值以及交易习惯，将动产分为可登记物与不可登记物。对于价值较大、交易实践中经常作为担保客体的动产编入可登记动产名录并向社会公示，名录内的动产设定抵押或让与担保时

---

① 张淞纶：《物权公示的经济学分析——强制性公示之反思》，载《法商研究》2017年第6期。

② 王泽鉴：《"动产担保交易法"30年》，载王泽鉴：《民法学说与判例研究》（重排合订本），北京大学出版社2015年版，第1499页。

采登记对抗主义，一经登记即可对抗第三人，亦即凡涉及名录内动产交易均应查阅登记，否则自应承担不利后果。对于名录外的动产设立担保物权的，采意思主义（抵押权）或占有改定（让与担保）模式设立，且无须登记，交易当事人亦不负有查阅登记簿的义务。担保权人为表彰担保权之存在，可根据现实需要，采用打烙印、粘贴标签甚至派人监管等一切足以引起交易第三人注意的公示方式。如此，既适度关照了登记对抗模式的路径依赖，又为动产交易提供了稳定预期，且有效降低了制度迁移成本、动产担保设立和查询成本以及动产交易成本，不失为一种较为现实的选择。

（五）让与担保的立法模式

让与担保在各国各地区多以习惯法或特别法形式存在，我国民法典是否应当规定、如何规定让与担保，在学界存在激烈争论。在 21 世纪初制定民法典的浪潮中，对此问题的讨论就几近白热化，两个学者建议稿意见完全相左，梁慧星教授主持起草的《中国物权法草案建议稿》专章规定了让与担保，全国人大常委会征求意见稿一度在物权编规定让与担保制度，后终因民法典立法工作的搁置而不了了之，2007 年出台的《物权法》也没有规定让与担保制度。随着民法典制定工作的再次启动，让与担保的立法模式再度成为学界热议的话题。

关于让与担保的立法模式，一个前提性的争论是，让与担保应该采取合同法的规制模式抑或物权法的规制模式。一种观点认为，基于让与担保的契约性本质和习惯法特性，采用合同法的规制模式符合事物本然之理。[①] 从现有合同法和信托的角度已可实现让与担保双方当事人权利的救济，并无物权立法的必要。[②] 让与担保交易的存在与实现，是在民法的一般规则下进行的，而不以物权法典的特殊规定为要件，当事人的担保意思也不应提升到制定法层面，而应在个案中予以关注。[③] 但多数学者从大陆法系传统出发，置重让与担保的物权属性，主张从物

---

① 姚辉、刘生亮：《让与担保规制模式的立法论阐释》，载《法学家》2006 年第 6 期。

② 夏正芳、马燕：《让与担保的法律属性与价值衡量——民法典分则编纂背景下让与担保的司法审视》，载《人民司法·应用》2018 年第 28 期。

③ 张翔：《物权法典规定让与担保的可行性分析——从让与担保的交易机制出发》，载《法商研究》2006 年第 2 期。

权法的角度对让与担保予以规制。于此，一个主要的争点是，在我国《物权法》已经规定动产抵押制度的前提下，是否有必要再引入让与担保制度。一种观点认为，动产抵押与让与担保在功能、设立方法、公示方法和效力等方面完全雷同，如果在适用范围上再无限制，这两个完全相同制度的共存必然会导致其中一个制度的闲置。[①] 二者在适用范围一致的前提下，既没有共存的必要，也不具有共存的可行性。[②] 因此，我国立法上没有必要将两种制度悉数引入，只规定一种制度即可。在制度选择问题上，学者的观点亦截然相反。一种观点认为，我国《物权法》已经引入动产抵押制度，动产抵押已经成为担保债权的重要手段，故我国应进一步完善动产抵押制度而不移植让与担保。[③] 由于法律、行政法规不禁止的财产均可设定抵押，抵押权概念的内涵与外延在我国已经被“泛化”，让与担保因抵押权概念的“泛化”而被挤压出局，原有的让与担保制度已经被抵押权概念整体收编，内涵于抵押权制度中了。[④] 对此，有学者针锋相对地指出，动产抵押制度的创设不仅未能完全取代让与担保，反而造成了抵押权理论的混乱，破坏了民法物权编体系的完整性。我国立法应当废除动产抵押制度，完全用让与担保制度取而代之，并将让与担保制度从民法典中移出，以特别法的形式单独加以规定。[⑤]

与此不同，也有为数不少的学者对两种制度的共存持较为宽容的观点，[⑥] 但在立法模式的选择上也存在不同主张。有学者认为，让与担保制度是通过判例和学说发展起来的，是一种特别法上的担保方式。我国《物权法》已经规定动产质押、抵押制度，且让与担保制度与已有动产担保物权制度相比并无显著优越

---

① 贲寒：《动产抵押制度的再思考——兼评我国民法（草案）对动产抵押与让与担保制度之规定》，载《中国法学》2003 年第 2 期。

② 陈信勇、徐继响：《论动产让与担保与动产抵押之雷同——兼评我国民法（草案）对动产让与担保与动产抵押的规定》，载《法学论坛》2004 年第 4 期。

③ 刘保玉：《物权体系论——中国物权法上的物权类型设计》，人民法院出版社 2004 年版，第 274 页；陈信勇、徐继响：《论动产让与担保与动产抵押之雷同——兼评我国民法（草案）对动产让与担保与动产抵押的规定》，载《法学论坛》2004 年第 4 期。

④ 董学立：《也论“后让与担保”——与杨立新教授商榷》，载《中国法学》2014 年第 3 期。

⑤ 贲寒：《动产抵押制度的再思考——兼评我国民法（草案）对动产抵押与让与担保制度之规定》，载《中国法学》2003 年第 2 期。

⑥ 高圣平：《动产让与担保的立法论》，载《中外法学》2017 年第 5 期；曾大鹏：《商事担保立法理念的重塑》，载《法学》2013 年第 3 期；关涛：《作为动产担保方式之一的让与担保》，载《政法论丛》2008 年第 2 期。

性，不存在引入让与担保的制度需求，通过特别法的手段来解决担保实践中类似让与担保的问题是目前较为合理的方案。① 有学者实证考察后认为，让与担保所具有的灵活性迎合了现代商业的需要，随着经济的发展而越加显示出生机与活力，在我国融资融券业务、进口押汇、保理、金融衍生品市场等领域应用广泛。当前，让与担保的司法案件在逐年增多，但物权法定原则和禁止流质契约的强制性规定却像紧箍咒一样紧紧套在让与担保身上，束缚了司法机关的裁判，也不利于当事人权益保护，故让与担保应当获得法律承认。在规制模式上，没有必要将让与担保规定在成文法中，而是引入习惯作为物权法源，允许交易习惯创设新型物权内容和制度，此种路径既符合《民法总则》的规范内容，降低立法成本，又可为让与担保的发展留下足够空间，达到事半功倍的效果。② 也有学者认为，在丰富动产担保方式的大背景下，应当将动产让与担保成文化，并在民法典物权法担保物权编中设专章予以规定。③ 还有学者同时提出了可供选择的多种方案，认为未来民法典中让与担保制度的设计存在三条可行的进路：其一，在构建动产让与担保登记制度的前提下，全面承认让与担保制度；其二，仅在现行法存在有效公示制度的场合，通过特别法或者交易习惯有条件地承认让与担保制度；其三，完全否认让与担保制度，但因在证券法领域有引入让与担保制度的需求，通过变通解释担保制度实现规则中的“变卖”制度解决“强制平仓”的问题，通过意思表示解释原理将实践中广泛存在的既有让与担保交易转化为其他有效交易。④

正如前所述，让与担保与动产抵押制度均为克服动产质押的不足而发展起来的制度，二者功能类似，在立法上如何抉择确实颇费踟蹰。从比较法上看，各国各地区往往就两种制度择一使用，即便在两种制度并存的国家，也往往有主次之别，且适用对象不同，制度运作并无明显交叉。德国法上恪守传统的动产与不动产物权变动规则，司法实践和交易实践中只承认动产让与担保，动产抵押制度受

---

① 王卫国、王坤：《让与担保在我国物权法中的地位》，载《现代法学》2004年第5期。

② 李磊、刘保玉：《让与担保存废论——基于实证考察的分析》，载《人民司法·应用》2018年第28期。

③ 高圣平：《动产让与担保的立法论》，载《中外法学》2017年第5期。

④ 龙俊：《民法典物权编中让与担保制度的进路》，载《法学》2019年第1期。

到冷遇。在日本，由于动产抵押仅限于法定的特殊动产，根据登记进行的动产抵押并不适用于所有动产，因此让与担保在交易实践中扮演着越来越重要的角色。[①] 在大陆法系上，我国台湾地区“动产担保交易法”首次将让与担保与动产抵押置于并立之地位，但多年的运行实践表明，动产抵押在实务中应用较多，而让与担保却较为少见。[②] 两种制度的社会经济功能及其可替代性可见一斑。

从两种制度的构造看，二者均为不移转占有之动产担保物权，且在微观构造上亦表现出趋同的趋势。在适用的动产范围方面，早期法国、日本多将抵押权扩张适用于准不动产，而让与担保多适用于普通动产，二者大致上尚有分野，但晚近以来的立法、司法及交易实践使得这种区分变得越来越模糊。我国台湾地区“动产担保交易法”没有区分三种动产担保制度之标的，我国《物权法》规定法律未禁止的动产均可作为抵押权的标的，而学界对让与担保的标的也多作相同的描述。[③] 在公示方式上，二者均存在公示上的困难，早期动产抵押多仿照不动产采登记公示方式，而让与担保采占有改定模式，但我国台湾地区“动产担保交易法”将登记对抗主义一体适用于动产抵押与让与担保，我国内地学者也认为，动产让与担保与动产抵押是功能类似的制度，其公示方法亦应作相同处理，让与担保应仿照动产抵押采登记对抗模式。[④] 在实现方式上，让与担保虽然以移转标的物所有权为其典型特征，但立法及学说上多对债权人课以强制清算义务，其实行结果与动产抵押并无本质不同。而对于让与担保实现上高效便捷的优势，在承认流担保条款效力的语境下，当事人亦完全可以通过在动产抵押中约定流担保条款而达到相同的目的。

本书认为，欲在民法典中规定动产让与担保制度，必须充分挖掘动产让与担保制度的独特价值，使这种古老的制度经过改造后重新焕发出勃勃生机。与其他动产担保制度相比，让与担保的鲜明特征在于事先移转担保标的物所有权，且通过债务人终局丧失担保物所有权的可能性给债务人施加心理压力，促使债务人积

---

① ［日］近江幸治：《担保物权法》，祝娅等译，法律出版社2000年版，第102页。

② 王泽鉴：《“动产担保交易法”30年》，载王泽鉴：《民法学说与判例研究》（重排合订本），北京大学出版社2015年版，第1512页。

③ 梁慧星主编：《中国民法典草案建议稿》，法律出版社2013年版，第132页；高圣平：《动产让与担保的立法论》，载《中外法学》2017年第5期。

④ 高圣平：《动产让与担保的立法论》，载《中外法学》2017年第5期。

极履行债务。与动产抵押附加流担保条款相比，让与担保这种“格式化”的流担保条款无疑更加便捷，且与事后丧失所有权的流担保条款相比，这种事先移转担保物所有权的担保形式无疑更具“威慑力”和警示作用。但是，在强制清算模式下，债权人仅能获得与债权额相当的担保物价值，债务人亦不会遭受明显的不利益，流担保的“威慑”与警示功能大大弱化。与此同时，债权人尚要承担担保物变现成本以及变现不能的风险，这种无利可图的制度设计显然对债权人不具诱惑力。因此，若采行强制清算方案，可以预期的是让与担保制度将逐渐萎缩，我国台湾地区让与担保制度不被交易实践所青睐，即为明证。因此，明确承认流担保条款的效力，放弃强制清算方案，并通过赋予相关人撤销权以救济可能发生的重利盘剥问题，是重塑让与担保制度功能之关键所在，也是彰显让与担保制度之独立价值并使之法典化的先决条件。

在还原让与担保制度本来面目后，在民法典担保物权部分规定让与担保制度，为当事人交易提供一种制度选择，也未尝不可。尤其应当看到，让与担保在我国没有成为交易惯例和习惯法，在民法典出台后，短时间内制定特别法的可能性不大，莫若趁民法典制定之机，让让与担保制度一举入典，从而引领交易实践，不失为一种明智的选择。

（六）关于“后让与担保”

针对我国司法实务中出现的以买卖合同担保借款合同的交易实践，杨立新教授提出了后让与担保的概念。他指出，后让与担保是指债务人或者第三人为担保债权人的债权，与债权人签订不动产买卖合同，约定将不动产买卖合同的标的物作为担保标的物，但权利转让并不实际履行，于债务人不能清偿债务时，须将担保标的物的所有权转让给债权人，债权人据此享有以担保标的物优先受偿的非典型担保物权。后让与担保是通过不动产转让合同设立的担保物权，在交易实践中多以买卖合同出现，但不以买卖合同为必要。后让与担保与让与担保的区别仅在于，一个是先移转所有权，一个是后移转所有权，同样都是担保物权，仅仅是所有权移转有先后之分而已。在其他方面，二者则基本相同。[①]

① 杨立新：《后让与担保——一个正在形成的习惯法担保物权》，载《中国法学》2013 年第 3 期。

本书认为，后让与担保是否与让与担保本质相同、是否成立担保物权，乃至后让与担保的概念是否成立，颇值得怀疑。

首先，从标的上看，虽然比较法上有将让与担保适用于不动产的实践，但多数国家和地区均将让与担保标的物限定于动产之上。日本之所以承认不动产让与担保，是因为在日本民法上，动产、不动产均采债权意思主义物权变动模式，在不动产上设立让与担保不存在制度障碍。而采债权形式主义的立法例上，动产交付、不动产登记为物权变动的构成要件，占有改定作为动产交付的一种形式为法律所认可，因此动产之上设定让与担保虽然违反质权不得以占有改定设立的规则，但尚不会造成大的体系违反，甚至可以说是向传统的回归；而不动产以登记为物权变动的唯一模式，与以占有改定方式设立的让与担保在性质上有扞格不入之处。即使承认不动产上的成立让与担保，但此种让与担保亦必须通过登记的形式公示，实质上与不动产抵押无本质差异。因此，在建立完善的不动产登记制度的前提下，不动产抵押权就能满足交易上的制度供给需求，无须再规定不动产让与担保。[①] 杨立新教授将不动产作为后让与担保的立论基础，又认为后让与担保与让与担保无本质不同，显然将让与担保的标的物扩及法律、行政法规不禁止的一切财产，这必将在抵押权泛化的基础上，再次造成让与担保制度的泛化，其结果必将导致担保物权体系的混乱并极大削弱我国《物权法》关于物权变动的立论基础。

其次，从法律构造上看，让与担保以缔约之时即让与担保物所有权为其典型特征，亦即以让与担保物所有权的形式担保债务的履行。虽然在债务清偿期届满前担保物所有权并非终局转让，但毕竟在形式上债权人已经取得了标的物所有权，债权人据此在债权届期未受清偿时可就担保物优先受偿。在传统民法上，让与担保以占有改定为公示方式，不易为外界察觉，故让与担保一般不得对抗善意的物权受让人，但却可以对抗普通债权人。[②] 而在所谓的后让与担保中，债权人在缔约时尚未取得担保物所有权，其只能在债务届期未清偿时方得请求让与担保

① 陈信勇、徐继响：《论动产让与担保与动产抵押之雷同——兼评我国民法（草案）对动产让与担保与动产抵押的规定》，载《法学论坛》2004 年第 4 期。

② 王泽鉴：《“动产担保交易法”上登记之对抗力、公信力与善意取得》，载王泽鉴：《民法学说与判例研究》（重排合订本），北京大学出版社 2013 年版，第 1481 页。

物，在此之前，债权人对担保物的权利仅为普通债权，无法就担保物优先受偿，当然也就算不上担保物权。从杨立新教授就后让与担保公示方法的界定看，后让与担保应采登记对抗主义而非登记生效主义，现有的预告登记可作为后让与担保的公示方式，[1] 在我国现行法语境下，不动产物权绝不可能采登记对抗模式，因此其所谓的登记也只能解释为债权物权化登记（预告登记），而绝非物权登记，所谓的后让与担保不构成物权甚为显然。因此，虽然让与担保与后让与担保均以移转担保物所有权为特征，但正因移转的时间点不同，恰恰造成二者性质上的天壤之别。

最后，从现行法上看，若非要将后让与担保与物权发生关联，后让与担保似乎也只能解释为未经登记的抵押权，而非让与担保。诚如有学者指出的，当出现一种新类型交易时，应首先努力从现行法上获得妥当解释，而不是动辄以物权法定应当缓和为借口作出突破现行法规定的解释。[2] 该学者从功能主义角度出发，认为无论是让与担保还是后让与担保，担保是其目的，让与是享有和实现担保的手段，其与抵押权之间无本质差异。在我国《物权法》已经将抵押权泛化至法律、行政法规不禁止的一切财产之上的情况下，让与担保实质上已经为抵押权所囊括，而后让与担保亦应解释为抵押权。但是，由于后让与担保未办理抵押登记或预告登记，是一个秘密的抵押权，其实质就是未登记的抵押权。[3] 上述学者将让与担保解释为抵押权的观点是否妥当姑且不论，但在现行法范围内寻求新事物解释的思路却值得赞同。在我国制定法与习惯法上均无让与担保此种物权类型的情况下，将一种新的交易类型解释为后让与担保并以附让与担保的学说处理，显然无助于问题的解决。对于“后让与担保”这种不以移转担保物占有为要件的担保形式，在我国《物权法》上能够对应的也就是抵押权。若无视当事人移转担保物所有权的约定而置重担保的本质，将后让与担保解释为未经登记的抵押权似无不妥。即使置重当事人关于担保物所有权移转的约定，后让与担保也无非是附加了流担保条款的抵押而已。照这种思路，若担保物为不动产的，因抵押合同未经登记不生物权效力，此时所谓的后让与担保不过是一份抵押债权合同而已，

---

① 杨立新：《后让与担保——一个正在形成的习惯法担保物权》，载《中国法学》2013 年第 3 期。

② 董学立：《也论“后让与担保”——与杨立新教授商榷》，载《中国法学》2014 年第 3 期。

③ 董学立：《也论“后让与担保”——与杨立新教授商榷》，载《中国法学》2014 年第 3 期。

债权人当然无优先受偿权。若担保物为动产的，抵押权采登记对抗主义，后让与担保虽可取得物权名分，亦因未经登记不得对抗善意第三人。

实质上，在登记对抗、强制清算模式下，动产抵押与让与担保已无本质不同。因此，至少就动产而言，将后让与担保解释为让与担保抑或未登记抵押权在效果上无明显差异。然而，从结构上看，所谓的后让与担保最多只能解释为未登记抵押权，而绝非让与担保，更不是什么新型的担保物权。其实，若当事人未明确约定设立抵押权，即便将后让与担保解释为未登记抵押权，对债权人亦过于优厚。因为动产抵押权的设立采意思主义、登记对抗模式，未登记动产抵押权虽不得对抗物权人，却可以对抗一般债权人，在当事人无明确设立抵押权的意思表示的情况下，因法律解释使得债权人取得优于其他一般债权人地位，法律解释丧失客观立场。因此，在当事人无明确设立抵押权意思表示的情况下，本书更倾向于将后让与担保解释为普通的债权合同。倘如此，所谓的后让与担保，也不过是一份普通的期前以物抵债协议而已。

四、买卖型担保与《最高人民法院关于审理民间借贷案件适用法律若干问题的规定》第24条

当前交易实践中，广泛存在着这样一种交易模式：当事人签订借款合同的同时（或前后），就借款人的某项动产或者不动产（一般为房产）签订买卖合同，约定若借款到期履行，则买卖合同不再履行；若借款届期未清偿，则履行买卖合同，贷款人取得该财产所有权，同时借款本金及利息抵顶买卖合同中买受人（贷款人）应支付的价款，买卖合同履行后，借款合同与买卖合同同归消灭。对于这种交易模式的性质与效力，理论认识上存在较大分歧。基于认识的不同，学者也分别赋予这种交易模式以不同的称谓。置重其交易形式的学者往往称其为“担保型买卖”，而有的学者深入探讨买卖合同背后的动因，认为买卖合同不过是“名为买卖，实为抵债”，但更多的学者认为这种交易形式“名为买卖，实为担保”，进而将其称为“买卖型担保”或者“以买卖合同担保借款合同”。

认识上的分歧也反映到了司法实务中，持买卖合同说、担保说、以物抵债说

的裁判均不乏其例。值得注意的是，最高人民法院2015年发布的《关于审理民间借贷案件适用法律若干问题的规定》第24条将这种交易模式界定为担保的指向十分明显。最高人民法院随后出版的理解与适用类丛书更是将这种交易模式界定为让与担保。该司法解释第24条对统一此类案件的裁判思路必将产生积极作用，但武断的立法态度和暧昧的表达方式也引起了较大的争议。

本书采学界多数称谓，姑且将此种交易称为买卖型担保。同时，因这种交易模式涉以物抵债之嫌，落入本书研究范围，故有必要专门予以探讨。本节首先对理论和实务中各种观点进行梳理评释，在此基础上谈谈笔者的认识。

（一）抵押权说

抵押权说认为当事人名义上订立买卖合同，实则在买卖标的物上为借款合同设定抵押权，但当事人间仅有设定抵押权的约定，并未办理抵押登记，因此抵押权尚未成立，债权人自得请求办理抵押权登记后，再实行其抵押权。[①] 这种交易模式实质上是借款合同加上附流押约款的抵押合同，尽管未经登记不产生作为物权的抵押权，但债权人取得相对性担保权利。[②] 但有学者认为，在无碍于交易安全的前提下，法律不应该否定在公示生效主义立法体例下，未经办理公示手续的物权在相对人之间以及与非善意的交易第三人之间的物权效力。[③] 按照抵押权说，若买卖标的物为实行登记对抗主义的财产的，此时抵押权为未登记的抵押权，抵押权成立，但不具对抗效力。

在合同效力方面，持抵押权说的学者多认为，因买卖合同“名为买卖、实为抵押”，买卖合同构成通谋虚伪表示，应属无效，但其隐藏的设立抵押的意思确为当事人真实意思，应属有效。[④] 但是，持抵押权说的学者同时认为，因当事人约定债务届期未清偿则债权人取得抵押物所有权，纵未为抵押权之登记，其所为移转不动产所有权之约定，亦构成流担保条款。[⑤] 照此理解，我国台湾地区修

---

① 谢在全：《民法物权论》（修订五版，中册），中国政法大学出版社2011年版，第784页。

② 杨代雄：《抵押合同作为负担行为的双重效果》，载《中外法学》2019年第3期。

③ 董学立：《也论“后让与担保”——与杨立新教授商榷》，载《中国法学》2014年第3期。

④ 谢在全：《民法物权论》（修订五版，中册），中国政法大学出版社2011年版，第784页；杜万华主编：《最高人民法院民间借贷司法解释理解与适用》，人民法院出版社2015年版，第416页。

⑤ 谢在全：《民法物权论》（修订五版，中册），中国政法大学出版社2011年版，第784页。

订后的“民法”以登记对抗、强制清算为条件，开始承认流担保条款的效力，而我国《物权法》却明确否认流担保条款的效力。但即便流担保条款无效，为最大限度地尊重当事人意思，当事人设定抵押权的意思表示却应认定为有效。然则，在不动产抵押权采登记生效主义的立法例，因抵押合同未登记，抵押权未成立，当事人之间设定抵押的约定仅发生债权效力。

抵押权说试图在传统民法框架内解释买卖型担保这种新型交易模式，有利于明晰当事人之间的法律关系，对现有法律秩序亦不会造成较大冲击。特别应当看到，在有些情况下因设立抵押的条件还不成熟，或者抵押权登记的条件尚不具备，当事人才不得不辗转采取买卖型担保这种具有中间型、过渡性、弱效性的担保方式作替代，将买卖型担保解释为抵押符合当事人的预期。如在王某皓与杨某、青岛兆基置业有限公司商品房预售合同纠纷案中，当事人签订的借款协议明确载明，兆基公司以涉案房屋抵押给杨某，因抵押的房产无法办理抵押登记手续，双方签订商品房买卖合同作为担保。[①] 但也必须认识到，很多买卖型担保中，当事人虽有设立担保的意思，但未必有设立抵押权的意思，将买卖型担保一律解释为设立抵押权的行为恐不符合当事人真实意思。将买卖型担保解释为抵押权在登记或者预告登记时也存在障碍，以买卖合同去办理抵押登记，显然会发生意思表示的自我矛盾。[②] 若当事人执意进行买卖合同预告登记或所有权移转登记，又会陷登记机关于无所适从的境地。从解释效果上看，将买卖型担保解释为未登记抵押权，有时对债权人亦过于优厚。动产抵押权的设立采意思主义、登记对抗模式，一般认为，未登记动产抵押权虽不得对抗物权人，却可以对抗一般债权人。[③] 在当事人无明确设立抵押权的意思表示的情况下，因法律解释使得债权人（买受人）取得优于其他一般债权人地位，法律解释丧失客观立场。

（二）让与担保或后让与担保说

有观点认为，目前司法实践中存在的以商品房买卖合同为借贷合同进行担保

---

① 参见山东省青岛市中级人民法院（2015）青民一终字第647号民事判决书。

② 陈永强：《以买卖合同担保借贷的解释路径与法效果》，载《中国法学》2018年第1期。

③ 王泽鉴：《“动产担保交易法”上登记之对抗力、公信力与善意取得》，载王泽鉴：《民法学说与判例研究》（重排合订本），北京大学出版社2013年版，第1481页。

的交易形式，符合让与担保的要件。[①] 民间借贷纠纷中出现名为房屋买卖、实为借贷担保或者名为股权转让、实为借贷担保的纠纷，就其本质而言与让与担保类似。[②] 还有学者提出，买卖型担保是一种正在形成的习惯法上的非典型担保物权。商品房买卖合同发生担保作用的不是债权，而是债权的标的物，是房屋的所有权转移对借贷合同的债权发生担保作用。因此，商品房买卖合同作为借贷合同债权的担保，并不是债权担保，而是不动产所有权的担保。由于其与让与担保最为相似，二者仅仅是所有权转移有先后之分而已，在其他方面则基本相同。据此，可以得出商品房买卖合同进行的担保的性质为后让与担保，是以约定的商品房所有权的后转让作为担保。债权人在债务人届期不履行债务时，可就买卖标的物优先受偿。[③] 亦将买卖型担保界定为让与担保，在法条解释中，最高人民法院还对买卖型担保不同类型做了区分，认为在订立买卖型担保的同时发生买卖合同标的物所有权移转的外观，可以构成让与担保；如果尚未发生标的物所有权移转的外观，则可以构成后让与担保。[④]

笔者质疑让与担保与后让与担保的解释路径。在传统民法上，让与担保需要移转担保物所有权，以占有改定为公示方式，不易为外界察觉，故让与担保一般不得对抗善意的物权受让人，但却可以对抗普通债权人。[⑤] 而在买卖型担保中，债权人在缔约时尚未取得担保物所有权，其只能在债务届期未清偿时请求让与担保物，在此之前，债权人对担保物的权利仅为普通债权，无法就担保物优先受偿，当然也就算不上担保物权。故学者一般认为，买卖型担保根本不构成让与担保，仅仅是单纯的让与担保的约定，并不能发挥担保效力。所谓的后让与担保难以发挥优先受偿的功能，恐有名不副实之嫌。[⑥] 尤其应当看到，在我国《物权

---

① 梁曙明、刘牧晗：《借贷关系中签订房屋买卖合同并备案登记属于让与担保》，载《人民司法·案例》2014 年第 16 期。

② 施建辉：《以物抵债契约研究》，载《南京大学学报》（哲学·人文科学·社会科学版）2014 年第 6 期。

③ 杨立新：《后让与担保——一个正在形成的习惯法担保物权》，载《中国法学》2013 年第 3 期。

④ 杜万华主编：《最高人民法院民间借贷司法解释理解与适用》，人民法院出版社 2015 年版，第 414 页。

⑤ 王泽鉴：《“动产担保交易法”上登记之对抗力、公信力与善意取得》，载王泽鉴：《民法学说与判例研究》（重排合订本），北京大学出版社 2013 年版，第 1481 页。

⑥ 庄加园：《“买卖型担保”与流押条款的效力——〈民间借贷规定〉第 24 条的解读》，载《清华法学》2016 年第 3 期。

法》严格恪守物权法定原则、否定习惯法可创设担保物权的语境下，[①] 担保物权与典型担保物权几乎为同义语，让与担保等所谓的非典型担保物权几无存在空间，将买卖型担保解释为让与担保或后让与担保，无助于司法裁判中问题的解决。

（三）买卖说

买卖合同说认为，买卖合同系当事人真实意思表示，不违反法律强制性规定，应属有效，但对于当事人订立买卖合同的目的却有不同认识。有的观点不深究当事人订立买卖合同的动机，直接根据交易外观认定买卖合同有效。[②] 但更多的学者认为当事人订立买卖合同的目的在于为借款合同提供担保，但这种担保形式并非物的担保，而是通过实现买卖合同的效果，进而达到保障交易的目的，[③] 亦即基于买卖合同本身的担保作用来安排交易，[④] 债权人实质上是利用买卖标的物价格的变动来达到担保债权的目的，而不是通过买卖合同设立非典型物权担保。[⑤] 换句话说，当事人是通过签订买卖合同的形式来担保债务的履行，而担保功能的发挥恰恰是利用了买卖合同的一般属性。既然当事人通过订立买卖合同来担保借款合同，当事人的真实意图并非使买卖合同不生效力，恰恰相反，当事人均希望买卖合同发生效力。当事人订立买卖合同的意思表示真实，不属于通谋虚伪表示，应属有效。[⑥]

关于买卖型担保是否因违反流担保禁止规则而无效，有观点直接以流担保禁止规则不适用于买卖合同为由，认为买卖合同当然有效。[⑦] 另有观点认为，借款合同并未约定债务人到期不能偿还借款，则担保物所有权转移为债权人所有，而

---

① 胡康生主编：《中华人民共和国物权法释义》，法律出版社2007年版，第30－31页。

② 参见最高人民法院（2015）民一终字第78号民事判决书；河北省高级人民法院（2016）冀民终760号民事判决书。

③ 陆青：《以房抵债协议的法理分析——〈最高人民法院公报〉载“朱某芳案”评释》，载《法学研究》2015年第3期。

④ 陈永强：《以买卖合同担保借贷的解释路径与法效果》，载《中国法学》2018年第1期。

⑤ 张伟：《买卖合同担保民间借贷合同的解释论——以法释〔2015〕18号第24条为中心》，载《法学评论》2016年第2期。

⑥ 陆青：《以房抵债协议的法理分析——〈最高人民法院公报〉载“朱某芳案”评释》，载《法学研究》2015年第3期；陈永强：《以买卖合同担保借贷的解释路径与法效果》，载《中国法学》2018年第1期；张伟：《买卖合同担保民间借贷合同的解释论——以法释〔2015〕18号第24条为中心》，载《法学评论》2016年第2期。

⑦ 张伟：《买卖合同担保民间借贷合同的解释论——以法释〔2015〕18号第24条为中心》，载《法学评论》2016年第2期。

仅约定债务人到期不还款则履行买卖合同，因此不符合流担保条款的内容。[①] 流押或流质的直接后果是债权人取得所有权，而买卖型担保中债权人取得的是请求权，故不能适用流担保禁止规则。[②] 对上述观点，有学者提出质疑，认为流担保禁止规则禁止的是一类行为，不能局限于抵押与质押领域，只要存在债权人重利盘剥债务人可能，即可触发流担保禁止规则。[③] 流担保禁止规则亦非针对所有权移转的物权行为，物权变动除了当事人意思表示外尚需动产交付、不动产登记，如果将流担保条款的约定内容错误地限缩为能直接产生所有权移转的效果，显然这种约定几无现实存在的空间。那样的话，流担保条款禁令显然形同虚设。[④] 笔者亦赞同买卖型担保触犯流担保禁止规则，而对于流担保禁止规则的解禁，须通过漏洞填补或者修法途径予以解决。关于此问题，本专题第二部分已作详细讨论，此处不赘。

即便承认买卖型担保中买卖合同的效力，因当事人订立买卖合同的真实目的是担保借款合同的履行，二者构成“并立而又联系”的关系，自与普通买卖合同在构成、履行等方面有所不同。关于买卖合同与借款合同的关系，一种观点认为，在买卖型担保中，借款合同为买卖合同附了解除条件，借款届期清偿，则买卖合同解除；借款届期不清偿，则买卖合同继续有效，债务人应当履行买卖合同。[⑤] 仔细推敲，买卖型担保实质上还蕴含着另外一层意思，即在借款合同清偿期届满前，债权人不得请求债务人履行买卖合同，亦即债务人尚不负有交付买卖标的物的义务。对此，有学者认为，在买卖型担保中，当事人既对买卖合同附设了解除条件，同时又对出卖人交付买卖标的物的履行行为附设了停止条件。[⑥] 不论如何解释，一个无可争议的问题是，在债务人届期不履行借款合同的情况下，

---

① 杜万华主编：《最高人民法院民间借贷司法解释理解与适用》，人民法院出版社 2015 年版，第 414 页；最高人民法院（2011）民提字第 344 号民事判决书。

② 陈永强：《以买卖合同担保借贷的解释路径与法效果》，载《中国法学》2018 年第 1 期。

③ 庄加园：《“买卖型担保”与流押条款的效力——〈民间借贷规定〉第 24 条的解读》，载《清华法学》2016 年第 3 期。

④ 陆青：《以房抵债协议的法理分析——〈最高人民法院公报〉载“朱某芳案”评释》，载《法学研究》2015 年第 3 期。

⑤ 参见最高人民法院（2011）民提字第 344 号民事判决书。

⑥ 陆青：《以房抵债协议的法理分析——〈最高人民法院公报〉载“朱某芳案”评释》，载《法学研究》2015 年第 3 期。

买卖合同和借款合同均为有效且需履行的合同，但为何债务人履行一个买卖合同而导致借款合同和买卖合同均归于消灭？对此，还应拟制出当事人之间关于债务抵销的约定，即债务人履行买卖合同中交付标的物的义务，债务人在借款合同中的还款义务与债权人在买卖合同中的支付价款的义务相互抵销，借款合同与买卖合同均因得到履行而归于消灭。①

显然，买卖说的解释路径并不能避开买卖合同是否有效的讨论，对当事人意思表示的解释亦过于复杂曲折，学术味过于浓厚。从担保的效果看，买卖合同并不能赋予债权人以优先受偿权，买卖说与物的担保说解释路径同样面临担保目的落空的命运。因其终究只是债权性担保，② 或曰债法意义上的“担保”，不具有任何对物的效力，不具有任何的优先受偿权，当借款人同时负担多笔债务时，这种担保作用就变得微乎其微。③ 通过买卖标的物价格波动担保借款履行的解释思路使得买卖型担保尚存一定的担保功能，但流担保禁止规则的质疑以及强制清算方案的介入也会将其有限的担保功能剥夺殆尽。而且，一旦将当事人订立买卖合同的目的解释为为借款合同提供担保，而非意欲取得标的物所有权，这样的买卖合同还是真正意义上的买卖合同吗？就买卖合同而言，仅应当讨论买卖所可能包含的意思内容，提供担保已经超出了买卖合同的意思范围，不应当放在买卖合同内部来讨论，而应当将其作为通谋虚伪表示中隐藏的真实意思来对待。④ 正是基于这种疑问，有学者提出了以物抵债的解释思路。

（四）抵债说

与物的担保说相同，以物抵债说同样认为买卖合同并非当事人真实意思，但与担保说不同的是，以物抵债说认为买卖型担保“名为买卖，实为抵债”，亦即买卖型担保是当事人在债务履行期届满前达成的关于债务清偿的安排。当事人之间的法律关系并非纯粹的买卖合同之债，实质上为以物抵债关系。⑤ 具体而言，

---

① 陆青：《以房抵债协议的法理分析——〈最高人民法院公报〉载“朱某芳案”评释》，载《法学研究》2015 年第 3 期。

② 庄晨曦：《买卖型担保的性质和效力研究》，载《西部法学评论》2018 年第 4 期。

③ 阙梓冰：《解释的难题：买卖合同何以担保民间借贷合同》，载《南海法学》2017 年第 1 期。

④ 徐冰：《担保性买卖的理论与实践》，载《人民司法·应用》2018 年第 19 期。

⑤ 林型茂、何姣：《以物抵债购房合同不能排除强制执行》，载《人民司法·案例》2019 年第 23 期。

买卖型担保合同虽然表面上是以买卖合同的面目出现，但买方并不会真的向卖方支付价款，所谓的价款不过是未能偿还的借款及其利息而已。而卖方从来也没有将标的物卖给对方的意思，双方的真实意思都是以物抵债。可见，该买卖合同实质是不履行债务则以物抵债的预先约定，只不过为掩人耳目或出于其他目的而采用了买卖的形式。因此，买卖型担保合同本质是清偿期前的代物清偿预约，作为外形的买卖合同是无效的通谋虚伪表示。①

那么，买卖合同因通谋虚伪表示而无效，买卖合同所隐藏的当事人的真实意思——代物清偿预约是否有效呢？正如本书前面所讨论的，期前以物抵债协议的效力面临代物清偿要物说与流担保禁止规则的双重检验。对此，上述持抵债说的学者在承认代物清偿诺成说的同时，认为期前以物抵债协议因违反流担保禁止规则而无效。② 但若考虑到代物清偿诺成说与流担保禁止规则缓和的发展趋势，自不能简单地将当事人之间以物抵债的意思表示解释为无效。

诚然，当事人订立买卖合同的主要目的可能在于为借款提供担保，但客观上确实也达到了为债务清偿问题预先作出安排的效果，因此以物抵债的解释路径在多数情况下并不违背当事人真实意思表示。甚至并不能排除在很多情况下，当事人订立买卖合同的主要目的就是预先作出以物抵债的安排，从而简化债务实现的程序。同时，持抵债说的学者也从不否认代物清偿预约的担保功能，甚至认为代物清偿预约的机能主要在于预先为债务设定担保，与代物清偿侧重于清偿期后的债务清理大异其趣。③ 从解释的效果看，物的担保说和抵债说大多都否认买卖合同的效力，抵债抑或担保的意思表示同样要受到流担保禁止规则的检验，因此两种解释路径并无本质不同。与买卖说相比，买卖说与抵债说均不否认买卖合同的担保功能，且担保功能均通过标的物价值与借款之间的差额或者对标的物升值的预期予以实现，但抵债说在解释买卖合同与借款合同的关系方面简单明了，不似买卖说那么曲折复杂，这是抵债说解释路径的优势所在。但是，抵债说在合同效力方面要经过代物清偿要物说与流担保禁止规则的双重检验，而恰恰在这两个问

---

① 高治：《担保型买卖合同纠纷的法理辨析与裁判对策》，载《人民司法·应用》2014 年第 23 期；徐冰：《担保性买卖的理论与实践》，载《人民司法·应用》2018 年第 19 期。

② 高治：《担保型买卖合同纠纷的法理辨析与裁判对策》，载《人民司法·应用》2014 年第 23 期。

③ 高治：《担保型买卖合同纠纷的法理辨析与裁判对策》，载《人民司法·应用》2014 年第 23 期。

题上学界争议巨大，依据当前主流学说与裁判观点，解释的结果也往往令人沮丧，这也许就是抵债说在理论与实务界少有人问津的真正原因。

（五）《最高人民法院关于审理民间借贷案件适用法律若干问题的规定》第 24 条评释

关于以买卖合同担保借款合同的性质判定，司法实务中也是五花八门，持担保说、买卖说、抵债说的裁判均不乏其例，各地各级法院关于买卖合同效力的认定也往往大相径庭。以朱某芳与嘉和泰公司商品房买卖合同纠纷案为例，一审、二审法院判决均认为买卖合同为当事人真实意思表示，应为合法有效；而再审山西高院认为，当事人之间的法律关系"名为买卖、实为抵押"担保，借款协议中"到期不能还款用抵押物抵顶借款，双方之间互不支付对方任何款项"的约定，违反法律的强制性规定，应属无效；而最高人民法院再审认为，借款合同与买卖合同为并立而又联系的两个合同，不违反法律强制性规定，应为合法有效。① 而在随后的案情几乎相同的嘉美公司与杨某鹏商品房买卖合同纠纷中，一审法院与二审法院均认为买卖合同有效，而最高人民法院再审认为，当事人之间的法律关系实为非典型担保，买卖合同因违反禁止流押原则，不予支持。②

为统一裁判标准，2015 年出台的《最高人民法院关于审理民间借贷案件适用法律若干问题的规定》第 24 条对买卖型担保作出专门规范。该条第 1 款规定："当事人以签订买卖合同作为民间借贷合同的担保，借款到期后借款人不能还款，出借人请求履行买卖合同的，人民法院应当按照民间借贷法律关系处理，并向当事人释明变更诉讼请求。当事人拒绝变更的，人民法院裁定驳回起诉。"第 2 款规定："按照民间借贷法律关系审理作出的判决生效后，借款人不履行生效判决确定的金钱债务，出借人可以申请拍卖买卖合同标的物，以偿还债务。就拍卖所得的价款与应偿还借款本息之间的差额，借款人或者出借人有权主张返还或补偿。"

从第 1 款看，最高人民法院明确将买卖型担保界定为担保，将买卖合同作为

---

① 参见最高人民法院（2011）民提字第 344 号民事判决书。
② 参见最高人民法院（2013）民提字第 135 号民事判决书。

借款合同的从合同，但对于买卖型担保具体属于何种担保并没有给出明确回答。从第 2 款规定的买卖型担保的实现方式看，似乎认为买卖型担保构成了某种物的担保。对此，最高人民法院随后出台的理解与适用类丛书明确认为，买卖型担保构成了让与担保。由于我国目前尚未有相关法律对让与担保作出规定，因此本条的目的就是通过制定司法解释对审判实践中此类现象的处理初步予以规制，为将来的立法提供可资参考的经验，同时又能为实践中大量让与担保交易纠纷提供统一的裁判标准。[①]

姑且不论在我国《物权法》实行严格的物权法定原则语境下通过司法解释创设新类型担保物权的合理性问题，仅仅从将交易实践中的买卖型担保认定为让与担保来看，其合理性就值得怀疑。该民间借贷司法解释第 24 条假定的语境是"当事人以签订买卖合同作为民间借贷合同的担保"，仅仅签订买卖合同而没有现实地移转标的物所有权，其构造与让与担保大相径庭。针对此问题，司法解释起草者指出，买卖型担保构成后让与担保，让与担保与后让与担保存在的区别主要体现为担保物的所有权等权利转移的时间上，而在其他方面，尤其是权利移转的性质、价值、功能以及归属定位等方面并无本质区别。[②] 但本书认为，恰恰就是所有权移转时间上的区别造就了让与担保与所谓后让与担保性质上的天壤之别：让与担保因在合同成立之初即让与担保标的物所有权，虽然存在公示上的缺陷以及与公示缺陷如影随形的担保功能的弱效性，但亦不妨碍其构成担保物权；而后让与担保并未移转担保物所有权，其仅为设立担保的约定，在当事人之间仅具有债权效力，债权人并无优先受偿权，因此并不能上升为担保物权。担保性买卖中所明示或隐藏创设的担保权利，仅具有债权性质，不产生担保物权。[③]

仔细研读司法解释起草者给出的理由会发现，其之所以认为让与担保与后让与担保并无本质区别，根源于司法解释起草者对让与担保性质纠结的、模糊的甚

① 杜万华主编：《最高人民法院民间借贷司法解释理解与适用》，人民法院出版社 2015 年版，第 409 页、第 412 页、第 424 页。

② 杜万华主编：《最高人民法院民间借贷司法解释理解与适用》，人民法院出版社 2015 年版，第413－414 页。

③ 徐冰：《担保性买卖的理论与实践》，载《人民司法·应用》2018 年第 19 期。

至是自相矛盾的认识。一方面，司法解释起草者认为让与担保具有担保物权效力，[①] 另一方面，又认为不宜承认让与担保的物权效力，让与担保仅为债权担保方式，不具有对抗第三人的效力。[②] 若让与担保仅具有债权效力，则其与所谓的后让与担保确实没有本质区别。但如此理解，不仅与传统民法上关于让与担保的物权定位不符，亦与后让与担保提出者的主张方枘圆凿，因为后让与担保概念提出者亦认为后让与担保构成习惯法上的担保物权。[③]

或许正是基于如此矛盾的认识，该民间借贷司法解释虽然一口认定买卖型担保构成让与担保，但无论是关于民间借贷的司法解释第 24 条还是最高人民法院的条文注释均只是规定出借人可申请拍卖买卖合同标的物以偿还债务，只字未提债权人优先受偿问题。但若否定债权人的优先受偿权，将买卖型担保（后让与担保）界定为让与担保也就毫无意义，且《最高人民法院关于审理民间借贷案件适用法律若干问题的规定》第 24 条第 2 款的规定实质上就沦为了具文，因为债务人不履行债务的，债权人可以申请拍卖债务人所有的责任财产以清偿债务，当然也包括买卖合同标的物，根本无须司法解释作出专门规定。

那么，《最高人民法院关于审理民间借贷案件适用法律若干问题的规定》第 24 条是否另有深意？有学者指出，《最高人民法院关于审理民间借贷案件适用法律若干问题的规定》第 24 条第 2 款不是否认买卖合同的效力，而是赋予了债权人以选择权，即选择履行买卖合同或者民间借贷合同的权利。此时，出借人既可以选择请求借款人还款也可以选择请求借款人给付买卖合同标的物。[④] 但仔细研读该司法解释第 24 条第 2 款的表述，这种理解恐怕也是一厢情愿的解释。第一，“可以”是司法解释惯用的表达方式，通常是为当事人赋权，因此“可以”与“有权”作相同解释，在不同的司法解释中也交叉使用。当事人据此享有的为是否接受法律赋予的权利的选择权。就本条而言，应当理解为，当债务人不履行金

---

① 杜万华主编：《最高人民法院民间借贷司法解释理解与适用》，人民法院出版社 2015 年版，第 424 页。

② 杜万华主编：《最高人民法院民间借贷司法解释理解与适用》，人民法院出版社 2015 年版，第421－422 页。

③ 杨立新：《后让与担保——一个正在形成的习惯法担保物权》，载《中国法学》2013 年第 3 期。

④ 张伟：《买卖合同担保民间借贷合同的解释论——以法释〔2015〕18 号第 24 条为中心》，载《法学评论》2016 年第 2 期。

钱债务时，出借人有权申请拍卖买卖合同标的物以偿还债务，当然也可以放弃此项权利，或者申请拍卖债务人其他责任财产，但无论如何也解释不出债权人享有请求履行买卖合同的权利。第二，就买卖型担保而言，司法实务中最关心的即为买卖合同是否有效以及是否应该得到履行的问题。司法解释起草者若认可买卖合同的效力与履行，完全可以在司法解释中予以明确表述。但对于如此重要的问题，司法解释却避而不谈，而是明确提供了完全不同的解决方案，对此只能理解为司法解释对买卖合同效力和履行持否定态度。第三，从《最高人民法院关于审理民间借贷案件适用法律若干问题的规定》第 24 条第 2 款内容看，司法解释采纳了强制清算的解决方案，亦即否认了债权人可以获得超出债权额的利益。若认为债权人可以在请求履行买卖合同与借款合同之间进行选择，则又承认了债权人可以获得超出债权额利益的权利。对同一个问题，司法解释不太可能提供价值取向冲突的两个解决方案。否则，若买卖标的物价值大于债权额，债权人当然更愿意接受买卖标的物而避免清算，从而使得《最高人民法院关于审理民间借贷案件适用法律若干问题的规定》提供的强制清算方案成为具文；当买卖标的物价值小于债权额时，债权人却可以请求拍卖标的物偿债，并可以请求未受偿部分之差额，从而使得债务人处于十分不利的境地。显然，这不是司法解释起草者想看到的结果。第四，从司法解释条文注释看，司法解释起草者更是明确指出，出借人对于买卖合同的标的物并没有买卖的意思，其真实意思是要求借款人返还借款本金和利息。[①] 既然起草者认为买卖合同并非当事人真实意思表示，当然也不会支持债权人主张买卖合同。

在买卖型担保中，买卖合同与借款合同属于并立而又相互联系的两个合同，从担保的角度看，买卖合同为借款合同的从合同，买卖合同的效力、履行等方面受制于借款合同的效力和履行情况，当事人请求履行买卖合同的，应当先对借款合同审理后再处理买卖合同的问题，这种思路值得肯定。但是，《最高人民法院关于审理民间借贷案件适用法律若干问题的规定》第 24 条不承认买卖合同的效力，而是认为买卖合同“名为买卖、实为担保”；在担保类型的认定上，虽认为构成让与担保，但却没有赋予债权人以优先受偿权（事实上也不可能），却移入

① 杜万华主编：《最高人民法院民间借贷司法解释理解与适用》，人民法院出版社 2015 年版，第 427 页。

了让与担保的强制清算模式，这实质上又完全否定了买卖合同的担保功能。因此，第24条实质上是对买卖型担保这种交易方式作出了否定性评价。这种解释显然不能达到当事人预期效果，不易为当事人接受。在司法实务中，本解释的出台不仅没有起到平息争议、统一裁判标准的效果，反而引起了更大的争议，司法裁判中也出现了大量规避本条适用的案例。[①] 从表述看，本条将适用范围限于“以签订买卖合同作为民间借贷合同的担保”之情境，最高人民法院的条文解释也指出，只有确定签订买卖合同的目的是为民间借贷合同提供担保的，本条才有适用的余地。[②] 但实务中查明当事人订立买卖合同的真实意图有时并非易事，这在客观上也为司法实务规避此条的适用提供了绝佳的借口。

（六）本书的观点

以买卖合同担保借款合同作为交易实践中发展出来的交易模式，在解释当事人意思表示时，应尽量尊重当事人意思自治，不能以主观臆断代替当事人意思，更不能作茧自缚般地套用相关传统理论简单地将买卖型担保归于无效。因交易实践的复杂多样性，在看似相同的交易中可能蕴含着当事人不同的利益追求，一般而言，当事人订立买卖合同的主要目的可能是为借款提供担保，但也不能否认个案中确实蕴含着期前以物抵债抑或买卖的真实目的。上文的分析亦表明，即使持买卖合同说与以物抵债说的学者亦均不否认买卖合同具有一定的担保功能，只不过是强调的侧重点和解释的路径不同而已。总之，实践中不同样态的买卖型担保背后可能存在多种复杂的法律构造和法律关系，可能无法抽象出一条单一的审判规则，法院在审理过程中必须结合具体案件事实作出更为审慎的判决和类型化的整理。[③]

从研究的视角，在妥为解释当事人意思表示的同时，一个进一步的追问是，

---

① 司法实务中限制适用《民间借贷司法解释》第24条第1款的情形有四种：一是当事人之间没有订立书面借贷合同，无直接证据证明买卖合同为民间借贷担保的案例；二是以意思表示真实为论据，认定买卖合同有效的案例；三是采纳债的转化理论，认为借贷可以转化为买卖合同；四是已经履行交付和产权登记的，不再适用第24条第1款。参见陈永强：《以买卖合同担保借贷的解释路径与法效果》，载《中国法学》2018年第1期。

② 杜万华主编：《最高人民法院民间借贷司法解释理解与适用》，人民法院出版社2015年版，第414页。

③ 杜万华主编：《最高人民法院民间借贷司法解释理解与适用》，人民法院出版社2015年版，第414页；陆青：《以房抵债协议的法理分析——〈最高人民法院公报〉载“朱某芳案”评释》，载《法学研究》2015年第3期。

既然为了担保，当事人为何不采取实在法上明文规定的担保形式，却“明修栈道、暗度陈仓”般地采取了买卖的形式？当事人有什么难言之隐，或者说有什么忌惮？是否在担保以外，还有什么其他目的？如果回答是肯定的，那么是不是现有实在法阻断了当事人达成此目的的渠道？分析近年来诉至法院的买卖型担保案例，不难发现，除少数因客观原因无法成立典型担保物权的外，当事人订立买卖合同的真实目的多为意欲通过取得标的物所有权来达成担保或抵债的目的，但在现有实在法与主流裁判观点、学说框架内，债权人取得标的物所有权存在现实障碍：明确采取担保的形式可能因触犯流担保禁止规则而无效，而明确采取期前以物抵债的形式更是要面临因触犯流担保禁止规则和代物清偿要物性而归于无效的命运，此时，采取买卖合同的形式就成为当事人达成上述目的的唯一希望。也就是说，买卖型担保在实践中很常见，确实存在当事人规避流押、流质禁止之法律规定的嫌疑。①

但是，正如上文所分析的，在现有实在法框架内，即使采取买卖合同形式，当事人的上述目的也很难达成。姑且不论买卖合同是否因通谋虚伪表示而无效，即使认定买卖合同真实、有效，债权人对标的物享有的也只是普通的合同债权，无法实现物的担保的优先受偿目的。在没有其他债权人或者债务人财产足以清偿全部债务的情况下，买卖型担保确实可以通过丧失价值大于债权额的标的物所有权的可能给债务人施加压力，从而达到担保债务履行的目的。但正如上文指出的，如果从流担保禁止规则保护债务人免受重利盘剥的制度目的看，流担保禁止规则不应仅仅局限于抵押和质押领域，而是应该作为一种普遍法律原则，亦即只要当事人约定债务届期不清偿，债权人即不经清算而直接取得担保物所有权，此种约定即受流担保禁止规则评价。依此规格衡量，买卖型担保虽然采取了买卖合同的形式，但亦存在重利盘剥债务人的可能，此时买卖合同亦应因触犯流担保禁止规则而无效。即便根据学界现有的主流观点，即通过赋予债权人强制清算义务以缓和流担保禁止规则，债权人通过价格差来担保债务履行、通过取得所有权实现抵债的目的也会全面落空。

近年来，学界对传统民法上的代物清偿理论与流担保禁止规则进行了系统反

① 刘保玉：《担保物权制度：理解适用与规则完善（上）》，载《山东法官培训学院学报》2017 年第 3 期。

思。关于代物清偿及要物合同理论，学界已经广泛诟病,[①] 有学者甚至认为要物契约乃陈旧过时的概念,[②] 保留要物契约此种法制史上的残留物实无必要，财产性的契约均应予以诺成化。[③] 对于流担保禁止规则的有限开禁也是大势所趋，多数学者主张采取强制清算模式缓和流担保禁止规则之严酷性,[④] 亦有学者主张承认流担保条款效力，同时赋予债务人和其他债权人撤销权以克服流担保条款的不足。[⑤] 在这种潮流下，承认买卖型担保的效力也就不存在理论上的障碍了。学说上也认为，除非明显损害当事人或其他债权人的利益，可以承认买卖型担保协议的效力。[⑥] 但在实务上，代物清偿要物说在司法实务中方兴未艾,[⑦] 流担保条款的效力更是为《物权法》所明文禁止，虽然流担保禁止规则仅规定在抵押和质押部分，但是否作为一项一般原则适用于其他领域仍存在广泛争议。在这种情况下，为稳妥起见，司法实务中不乏司法裁判“揣着明白装糊涂”，无视当事人担保和抵债的真实目的，而直接根据交易外观认定买卖合同有效，以达到既承认买卖合同效力，又避免陷于理论争议的目的。这种解释路径虽然在客观上达到了顺应理论潮流、保障当事人意思自治的效果，但在法律解释和意思表示解释方法论方面却不无商榷的余地。

本书认为，从解释角度，对于买卖型担保，应结合案件具体情况，认定为“名为买卖、实为担保”或“名为买卖、实为抵债”，买卖合同因构成通谋虚伪表示而无效，当事人担保或抵债的真实意思是否有效，还应接受流担保禁止规则

---

① ［德］迪尔克·罗歇尔德斯：《德国债法总论》（第七版），沈小军、张金海译，中国人民大学出版社2014年版，第142－143页；陈自强：《无因债权契约论》，中国政法大学出版社2002年版，第316－326页；邱聪智：《新订民法债编通则》（上册），中国人民大学出版社2003年版，第26页；崔建远：《以物抵债的理论与实践》，载《河北法学》2012年第3期。

② 陈自强：《债权法之现代化》，北京大学出版社2013年版，第8页。

③ 王泽鉴：《债法原理》（第二版），北京大学出版社2013年版，第151页。

④ 谢在全：《民法物权论》（修订五版，中册），中国政法大学出版社2011年版，第784页；高圣平：《论流质契约的相对禁止》，载《政法论丛》2018年第1期；陆青：《以房抵债协议的法理分析——〈最高人民法院公报〉载“朱某芳案”评释》，载《法学研究》2015年第3期。

⑤ 刘保玉：《完善我国质权制度的建议》，载《现代法学》2017年第6期；孙鹏、王勤劳：《流质条款效力论》，载《法学》2008年第1期。

⑥ 刘保玉：《完善我国质权制度的建议》，载《现代法学》2017年第6期。

⑦ 最高人民法院在近年来的判决中虽然开始承认诺成性以物抵债协议的效力，但仍不乏司法裁判采代物清偿要物说，仅2017年以后最高人民法院就至少作出三例判决，坚持代物清偿的要物性。参见最高人民法院（2017）最高法民申1783号、（2017）最高法民申3773号、（2017）最高法民申3957号裁定书。

和以物抵债规则的检验。关于代物清偿的要物性，我国实在法无明确规定，根据合同自由原则及《合同法》关于合同订立以诺成为原则、以要物为例外的规定，以物抵债协议应为诺成合同，我国司法实务也已经逐渐承认诺成性以物抵债协议效力，① 在这种趋势下，买卖型担保不应因违反代物清偿要物性而认定无效。关于流担保禁止规则，既不能根据我国《物权法》规定得出流担保禁止规则仅适用于抵押和质押的结论，亦不能简单否定一切流担保条款的效力，而是应该从目的解释的角度予以考察，若买卖型担保不存在明显的重利盘剥债务人的情形，就应当认定为有效。

当然，从为司法实务提供明确裁判依据、为交易实践提供稳定预期计，在立法上明确规定以物抵债协议的诺成性、对流担保禁止规则予以缓和乃是釜底抽薪之举。在流担保禁止规则缓和路径方面，笔者认为，从充分发挥流担保条款担保功能、维护当事人之间的公平②与意思自治、降低制度运行成本等方面考虑，相较于强制清算方案，撤销权方案应为较优选择。依据撤销权方案，债务人主张撤销流担保条款的，除了担保物价值显著大于债权额外，还应举证存在欺诈、胁迫、乘人之危等意思表示不自由的情况。在买卖型担保中，若适用强制清算模式，则债权人担保和抵债的目的会完全落空；而若适用撤销权模式，则买卖型担保通过价格差来担保债务履行和抵债的目的就不会受到太大影响。当然，若立法上明确承认代物清偿诺成性与流担保条款的效力，当事人在很多情况下亦无须辗转采用订立买卖合同的形式达到担保和抵债的目的，而是可以光明正大地订立代物清偿预约以达到相同的目的。因此，可以预期的是，若法律上作出上述规定，交易实践中的买卖型担保会逐渐萎缩。

---

① 2016 年 11 月 30 日《第八次全国法院民事商事审判工作会议（民事部分）纪要》开始承认诺成性以物抵债协议的效力。在随后的内蒙古兴华房地产有限责任公司与通州建总集团有限公司建设工程施工合同纠纷案判决中，最高人民法院明确承认诺成性以物抵债协议效力。参见最高人民法院（2016）最高法民终字第 484 号判决书。该案判决被最高人民法院公报刊登，必将对今后类似案件裁判产生重大影响。2017 年 9 月 27 日最高人民法院民二庭第 4 次法官会议纪要更是一般性承认诺成性以物抵债协议的效力。

② 一般认为，强制清算方案能够公平保护各方当事人利益，但实非如此。强制清算方案追求结果的绝对公平，对债务人显然较为有利。对债权人而言，虽能获得与债权额相当的担保物价值，但债权人还要额外承担变现成本和变现不能的风险，其获得的实质上为低于债权额的价值，这对债权人而言难谓公平。

五、期前以物抵债的性质与法律关系构造

就期前以物抵债，学界讨论较多的是其法律效力问题，而对其内部法律关系构成、新旧给付的关系等微观问题却罕见提及。期前以物抵债与期后以物抵债功能不同，其内部构造也判然有别。本节就期前以物抵债协议中新旧给付关系的特殊问题作简要探讨。

（一）期前以物抵债的性质

本书认为，债务履行期届满后的以物抵债构成债的变更，以物抵债协议达成后，当事人之间仍然只有一个法律关系，即基础债权债务关系，而新给付与原定给付同为基础债权债务关系的给付。债务履行期届满后的以物抵债唯一的功能就是偿债，亦即通过新给付与原定给付之间的交相配合，达到清偿基础债权债务关系的目的。

一般意义上的期前以物抵债协议，亦可以认为构成债的变更。史尚宽先生认为，债务人保留代替原定给付，为一定之他种给付，以使债务消灭之权利之当事人间之特约，谓之代物清偿之预约。因此特约，债务人负担任意债务。① 孙森焱先生认为，若当事人约定，债务人不履行债务时，债权人或债务人得请求以特定标的物为代物清偿者，是为代物清偿之预约。② 两位先生虽在谁有代物清偿权问题上观点不同，但似乎均认为期前以物抵债协议导致基础债权债务关系由普通债务变成了任意债务，构成了债的变更。期前以物抵债协议若明确约定一方当事人在债务履行期届满时就新旧给付进行选择的权利，原债由简单之债变更为任意之债固无疑问，即便当事人未就当事人选择权作出约定，仍可认为构成债的变更。以借款合同为例，若当事人约定届期不还款得以房抵债，不论最终借款合同以何种给付形式获得满足，借款合同的性质不发生变化，合同不因此而丧失同一性，只不过是给付形式发生了不规则变更而已。用债的变更理论解释期前以物抵债，

① 史尚宽：《债法总论》，中国政法大学出版社2000年版，第815－816页。
② 孙森焱：《民法债编总论》（下册），法律出版社2006年版，第853页。

对于解决新给付瑕疵履行时的债务不履行责任问题具有重要意义。

正如前文指出的，期前以物抵债一般不会对哪一方当事人具有选择履行的权利作出约定，若债务届期时一方主张履行原定给付而另一方要求履行新给付，则关于新旧给付的履行顺序问题，法律上必须给予明确回答。于此，还必须在对当事人缔约的目的、缔约时的地位等因素综合考量基础上作出判定。期前以物抵债与期后以物抵债虽然都具有清偿目的，且均可能发生以他种给付代替原定给付的清偿效果，但二者在功能、构成、当事人地位等方面均有本质不同。期前以物抵债具有偿债、担保等多重功能，且担保功能在某种意义上已经超越了偿债功能。正如学者指出的，在当代，代物清偿的机能发生变迁，① 已经从事后清偿向事前担保转变，② 因此应被看作物上担保的一种。③ 在流担保契约、让与担保中，以物抵债协议直接依附于担保合同或担保物权，以物抵债的偿债功能已经完全沦为担保功能的附庸。充分认识期前以物抵债协议的担保功能，对于合理确定新旧给付的履行顺序，均衡保护各方当事人利益，具有重要意义。

综上，期前以物抵债具有多元目的，单纯的合同变更说已无法全面解释期前以物抵债关系的复杂构成。必须立足其抵债功能和担保功能来多角度、全方位认识期前以物抵债的性质和法律关系构造，不能顾此而失彼。

（二）新给付与原定给付的履行顺序问题

1. 债务人的最后清偿权

前文指出，在期后以物抵债中，债权人应首先请求债务人履行新给付，债务人亦得首先履行新给付，在新给付履行不能等导致以物抵债目的不能实现时，债权人方得请求原定给付。但在期前以物抵债协议中，债权人可能利用缔约时的优越地位和债务人的急迫需要，订立抵债物价值大于债权额的以物抵债协议，若债权人在债务届期未清偿时直接请求交付抵债物，可能会导致当事人之间利益关系严重失衡。因此，与期后以物抵债侧重保障债权实现的功能不同，期前以物抵债中债务人利益的保护也尤为必要。为保护债务人利益，防止显失公平后果，应赋

① 陈自强：《无因债权契约论》，中国政法大学出版社 2002 年版，第 328 页。

② 高治：《代物清偿预约研究——简论流担保制度的立法选择》，载《法律适用》2008 年第 8 期。

③ ［日］我妻荣：《新订担保物权法》，申政武、封涛、郑芙蓉译，中国法制出版社 2008 年版，第 541 页。

予债务人以最后清偿权，亦即债务届期未清偿时，依流担保条款担保物的所有权移转于债权人之前，担保人可以清偿债务以消灭担保权，为担保人保有担保物的所有权提供回旋余地。[①] 其法理基础在于，担保物所有权移转于担保权人之前，担保权及其担保债权尚未消灭，债务人或担保人自仍得清偿债务消灭担保权。[②]

从比较法上看，在承认代物清偿预约或流担保条款效力的立法上，多赋予债务人以最后清偿权。日本民法上承认代物清偿预约的效力，债权人在期限到来之时，可作出预约完成的意思，此时替代物当然归属债权人，债务消灭。然而，债权人作出完成的意思表示前，债务人若提供原给付，则债权人不能作出完成的意思表示。[③] 我国台湾地区 2007 年修订后的“民法”第 873 条在有限承认流担保条款效力的同时，亦赋予债务人以最后清偿权。

关于最后清偿权的行使，有三种模式可供选择。一是竞争模式。在采意思主义物权变动模式的日本，只要债权人作出预约完成的意思表示，抵债物所有权就当然归属债权人，债务人唯有在此之前提供原定给付，才能阻止抵债物所有权发生移转。债权人欲取得抵债物所有权，可在债务届期未清偿时，不待债务人提供原给付，毫不迟疑地作出预约完成的意思表示。债务人为保留抵债物所有权，亦必须在债务履行期届满立即为原定给付，甚至不待债务届期提前清偿。这种竞争模式不利于债务人最后清偿权之保护，且仅适用于采物权变动意思主义的日本，故对我国立法无借鉴意义。二是抗辩模式。在采物权变动形式主义的立法上，在债务届期未清偿时，抵债物并非当然归属债权人所有，债权人尚须请求债务人移转抵债物所有权，此时债务人若不欲发生抵债物所有权移转之效果，可提供原定给付以消灭抵押权。我国台湾地区“民法”即采此种模式。这种模式看似将选择权交给债务人，但在债权人请求移转抵债物所有权时，债务人需毫不迟疑地履行原定给付，既不履行原定给付又不配合移转抵债物所有权的，债权人可通过诉讼实现所有权移转，因此仍然是债权人主导模式。三是犹豫模式。这种模式为《日本假登记担保法》采用，是指在实现担保权之前，给债务人以一定宽限期，债务人在宽限期内清偿债务的，债权人应当受领而不能请求交付担保物；在让与

① 高圣平：《论流质契约的相对禁止》，载《政法论丛》2018 年第 1 期。
② 谢在全：《民法物权论》（修订五版，中册），中国政法大学出版社 2011 年版，第 786 页。
③ ［日］我妻荣：《新订债权总论》，王燚译，中国法制出版社 2008 年版，第 267－268 页。

担保中，债权人应当退回让与担保财产。[①] 第三人提供担保的，亦应给担保人以宽限期和最后清偿权，担保人可代债务人清偿原定债务以消灭流担保条款中的担保物给付义务。为期法律关系明确，充分保障债务人最后清偿权，建议我国立法上采犹豫模式。

2. 债权人的逆向选择权

在宽限期届满债务人仍不履行债务的，债权人可请求交付抵债物。问题是，债权人能否不请求履行新给付而要求债务人继续履行原定给付？亦即，期前以物抵债协议是否赋予了债权人以选择权或替代权？

若当事人明确约定债务届期不获清偿时，债权人有权就履行新给付或原定给付作出选择，则应尊重当事人意思自治。但是，实践中绝大多数期前以物抵债协议的经典表述为“若债务届期未清偿，则抵债物归债权人所有”，从中看不出赋予债权人选择权或变更权的意思表示。在期后以物抵债中，当事人变更给付的意思表示相当确定，债务人对履行新给付有期待利益，故无论新给付与原定给付价值是否相当，应首先请求履行新给付。但在期前以物抵债中，则不能认为债务人对履行新给付有期待利益，而是应置重其担保功能，从新给付与原定给付价值比例角度进行分析。对此，唯须进一步分析债权人逆向选择对当事人利益状态的影响，才能得出妥当的结论。

在强制清算方案中，不论债权人请求新给付还是原定给付，其只能获得与债权额相当的价值，债权人放弃新给付请求履行原定给付对债务人和其他债权人并无明显不利，法律上自应当允许债权人作出选择。在撤销权方案下，若债务届期时他种给付的价值大于债权额，债权人请求原定给付对债务人和其他债权人均有利无害，但这种情况下债权人一般不会放弃新给付而请求原定给付。若他种给付的价值小于债权额的，债权人请求原定给付亦不会当然损害债务人利益和其他债权人预期，因为足额清偿债务实属常态，符合债务人的预期。但如此一来，抵债物溢价收益归债权人所有，跌价的风险却由债务人承担，在利益衡量上显著失衡。特别是在以物抵债协议、流担保条款登记公示后，债务人事实上无法处分抵债物，若跌价的风险由债务人承担，对债务人实属不公平。根据权利与义务一致、

① 高圣平：《动产让与担保的立法论》，载《中外法学》2017 年第 5 期。

收益与风险共担的原则，此时债权人应仅得请求新给付而不能请求履行原定债务。

在担保物权中，债权人能否放弃流担保条款？对此，应区分两种情况：

一是放弃流担保条款，请求按照法定方式实现担保物权。在强制清算模式下，债权人无论是实行流担保约款，还是按照法定方式实现抵押权，效果并无不同。故虽有流抵约款之约定，仍无碍于抵押权人依抵押权法定实现方式实现抵押权。①但在撤销权模式下，若担保物价值低于债权额，流担保条款的履行将导致债权人不能完全受偿，但由此导致的不利后果自应由债权人承担，因此债权人不能弃流担保条款而选择法定方式实行担保物权。若担保物价值大于担保债权额，此时债权人一般不会放弃流担保条款，但若债权人作此选择，因不会损及债务人和其他债权人利益，法律上自应当允许。

二是在保留担保物权的前提下，放弃流担保条款，请求原定给付。在没有约定流担保的情况下，债权人能否在保留担保物权的前提下先行就债务人其他财产受偿，学界存在不同意见。一种观点认为，是否行使担保权是担保物权人的权利，因此其当然有权不实行担保物权而先就债务人的其他财产取偿，不足的部分再实行担保权。另一种观点认为，债务届期未受偿时，应当先就担保物变价受偿，不足的部分再就债务人的其他财产取偿。因为当债务人有多个债权人，且其全部财产不足以清偿债权而担保物的价值又不足以清偿担保权人的债权时，如果担保权人的全部债权能够就债务人的其他财产与一般债权人的债权那样平均受偿，再就担保物卖得的价金优先受偿，将侵害一般债权人的权益，无法保证公平。②就此问题，笔者赞同限制型选择主义的立场，在并无其他债权人或者债务人的财产足以清偿全部债务时，债权人得自由行使选择权；在债务人资不抵债的情况下，应适用破产清算程序或者参与分配程序，其选择权附有严格的条件而不得自由行使。③若当事人约定了流担保条款，情况则有所不同。在担保物价值大于债权额情况下，债权人放弃实现流担保条款而保留担保物权，其不论是先主张

---

① 谢在全：《民法物权论》（修订五版，中册），中国政法大学出版社 2011 年版，第 784 页。

② 相关观点的梳理参见崔建远：《物权法》（第三版），中国人民大学出版社 2014 年版，第 489 页；刘保玉：《附物权担保债权人的执行选择权问题探讨》，载《法学家》2017 年第 4 期。

③ 相关论述参见刘保玉：《附物权担保债权人的执行选择权问题探讨》，载《法学家》2017 年第 4 期。因不是本书重点，在此不展开论述。

原定给付还是直接请求实现担保物权，债权人总能获得足额清偿，担保物价值超过债权额部分加入债务人一般责任财产，对债务人和其他债权人亦有利无害，因此应当允许债权人放弃流担保条款而主张原定给付。但是，在担保物价值小于债权额的情况下，债权人放弃流担保条款实行担保物权尚且不容，其在请求原定给付不能完全受偿后再实行担保物权，更不应当允许。

综上，期前以物抵债既不是债权人有变更权的任意之债，也与债务人有变更权的任意之债有显著不同。与期后以物抵债相比，期前以物抵债中债权人和债务人在债务履行的给付形态方面各有一定的选择权；但与任意之债相比，这种选择权又受到严格限制。期前以物抵债构成了一种独特的债务形态。

（三）新给付瑕疵的法律救济问题

前已述及，期前以物抵债具有偿债和担保的双重功能，新给付瑕疵时的法律救济问题，也应当适用债务不履行责任和担保责任的相关规定。但因传统民法上实行严格的流担保禁止规则，债权人获得担保物所有权的机会微乎其微，故对担保物瑕疵的法律责任问题少有法律规定，理论研究也很少提及。另，若仅孤立地看，担保合同应为单务、无偿合同。[①] 照此理解，即便承认流担保条款的效力，也很容易得出债务人、担保人对担保物不承担瑕疵担保责任的结论。但是，应当看到，担保合同只是当事人交易的基础一环，当事人通过主合同与担保合同的配搭往往有着复杂的利益安排，担保人承担担保责任之后可以向债务人追偿，以营利为目的专事担保业务的亦屡见不鲜，此与赠与等纯粹的单务、无偿合同显有不同，担保物的瑕疵问题当然也不能简单地参照适用赠与合同的有关规定，而是应当将担保合同与主合同联立分析，从交易整体的宏观的视角审视担保物瑕疵的救济问题。综上，在新给付瑕疵履行的救济方面，从期前以物抵债的担保功能出发很难得出合理性结论。

期前以物抵债归根结底是债务履行的替代方式，新给付作为基础债权债务关系的给付，其瑕疵救济亦必须回归基础债权债务关系寻求答案。也就是说，新给付瑕疵责任的有无、性质、大小、形态等，都应当以基础债权债务关系为基础，

---

① 王利明：《合同法研究》（第二版，第四卷），中国人民大学出版社2017年版，第245－246页。

这与期后以物抵债是完全一致的。这就意味着，期后以物抵债中新给付瑕疵的债务不履行责任形态，同样也适用于期前以物抵债。具体而言，新给付瑕疵的，债权人可以根据新给付的形态和瑕疵情况，合理选择修理、重作、更换、赔偿损失等责任形态，新给付瑕疵或者债务不履行致使以物抵债目的不能实现的，还可以请求原定给付。关于新给付债务不履行责任问题，本书第四章已作详细论述，此处不赘。

专题八

诉讼中的以物抵债专论

一、诉讼中以物抵债的形式、性质与效力

从广义上讲，诉讼中的以物抵债也属于期后以物抵债。但诉讼中的以物抵债因发生在诉讼程序中，有审判执行权之公权力参与，或受公权力影响，因此在性质与效力方面自与单纯当事人合意之以物抵债有所不同。不唯如此，因诉讼各阶段均可能出现以物抵债之情形，不同形式的以物抵债因公权力参与的深度与强度不同，其性质与效力也会表现出明显差异。本节旨在探讨诉讼中以物抵债可能的实现形式，分析其性质与效力，以期为后面的讨论奠定基础。

（一）以物抵债判决书

在原告没有主张的情况下，法院能否直接作出以物抵债判决？根据民事诉讼处分原则，对当事人没有主张的诉讼标的，法院不能加以审理和裁判。[①] 对此，各国《民事诉讼法》上多有明确规定。如《法国新民事诉讼法典》第5条规定："法官应对所有请求事项并且仅对所请求的事项为裁判宣告。"法官必须在当事人的请求范围之内进行裁判，其裁判范围不得超越当事人的请求范围。[②]《德国民事诉讼法》第308条也规定，法院所判不得超出所请求的范围。据此，法院判决与诉讼请求质量上不得相异，数量上不能多于。[③] 虽然我国《民事诉讼法》没有明确规定判决的事项应当与当事人请求裁判的事项和范围一致，即判决应是对诉讼标的的裁判，但诉讼法理上应该如此。[④] 在债权人没有主张的情况下，法院判决债务人以他种给付代替原定给付，超出了当事人诉讼请求范围，违反了

① 江伟主编：《民事诉讼法》（第五版），高等教育出版社2016年版，第67页。

② ［法］让·文森、塞尔日·金沙尔：《法国民事诉讼法要义》（上册），罗结珍译，中国法制出版社2001年版，第632页。

③ ［德］狄特·克罗林庚：《德国民事诉讼法律与实务》，刘汉富译，法律出版社2000年版，第16－17页，转引自江伟主编：《民事诉讼法》（第五版），高等教育出版社2016年版，第42页。

④ 张卫平：《民事诉讼法》（第四版），法律出版社2016年版，第417页。

“不告不理”原则，是对当事人处分权的侵犯，故法院在此情况下不得作出以物抵债判决。

若原告提出以他种给付代替原定给付的诉讼请求的，法院能否支持？债权人在诉讼中请求债务人以他种给付代替原定给付的，属于单方面变更合同的行为，此种行为在合同法上面临合同严守原则和合同自由原则的双重否定。所谓合同严守，即要严格按照合同的约定办事，除非双方当事人约定变更或解除合同，原则上不允许擅自变更或解除。[①] 对此，我国《合同法》第 8 条第 1 款规定：“……当事人应当按照约定履行自己的义务，不得擅自变更或者解除合同。”当然，合同严守原则只是禁止一方当事人单方面违反合同的行为，根据合同自由原则，当事人双方有协商一致变更合同的自由。[②] 也就是说，合同变更自由是双方当事人的“合意自由”，债权人擅自变更合同显然逾越了契约自由的界限，在实现了自己自由的同时也构成了对债务人合同自由的侵犯，当然为法律所禁止。

在我国实在法上，《民法通则》第 59 条曾经赋予一方当事人特定情况下单方面变更合同的权利，亦即行为人有重大误解或者认为合同显失公平的，有权请求人民法院或者仲裁机构予以变更或者撤销。但《民法总则》第 147 条和第 151 条仅规定行为人在此情况下请求撤销合同的权利，没有规定单方变更权。关于《民法总则》是否废除了一方当事人的合同变更权，学界有不同认识。一种观点认为，对于可撤销的法律行为，在撤销权之外再赋予当事人一方一种变更法律行为的权利，不会直接产生权力意志妨害私人自治之弊，部分保留可变更法律行为制度并对其加以补充完善的做法比较可行。[③] 继续承认当事人可以根据需要请求变更并无坏处，故在解释《民法总则》及《合同法》时宜综合考虑，在体系上不作引起冲突和矛盾的解释，不应简单地根据“新法优于旧法”而否定一方当事人的变更权。[④] 另一种观点认为，此项变更权之行使，将依权利人单方的意思而变更双方之间的权利义务，有悖于民法平等原则、意思自治原则和法律行为非

① 韩世远：《合同法总论》（第四版），法律出版社 2018 年版，第 58 页。

② 王泽鉴：《债法原理》（第二版），北京大学出版社 2013 年版，第 109 页；王利明：《合同法研究》（第三版，第一卷），中国人民大学出版社 2015 年版，第 173－174 页。

③ 朱广新：《论可撤销法律行为的变更问题》，载《法学》2017 年第 2 期。

④ 陈甦主编：《民法总则评注》（下册），法律出版社 2017 年版，第 1067 页。

依合意不得变更的基本原理，于法院公正裁判案件、保护当事人合法权利并非有利。[①] 因此，《民法总则》剔除了《民法通则》有关当事人就相对无效民事行为享有变更权的规定，实实在在纠正了我国民法理论上的一个重大失误。[②] 最高人民法院也认为，《民法总则》变更了《民法通则》的相关规定，其仅赋予人民法院、仲裁机构撤销基于重大误解实施的民事法律行为的权力，收回了所谓强行变更权。[③] 据此，债权人单方面请求债务人以他种给付代替原定给付已丧失请求权基础，法院也不得作出以物抵债判决。

另，《最高人民法院关于适用〈中华人民共和国合同法〉若干问题的解释(二)》第26条规定了情势变更情况下当事人请求法院变更或解除合同的权利。在民法典制定过程中，此规定被立法草案接纳。[④] 本书认为，若认为《民法总则》废除了重大误解一方当事人单方面请求变更合同的权利，那么相同的价值判断也应体现在情势变更制度中，即合同履行过程中发生情势变更的，应赋予当事人再交涉义务，交涉无果的，法院可依当事人请求判决解除合同，而非直接判决变更合同。在民法典中不规定情事变更下的合同强制变更权，除了维护当事人意思自治外，还可以因合同解除之严厉性而倒逼当事人不得不在进入司法途径前进行再交涉，从而有利于基于新的交易基础的合同变更目的的实现。[⑤] 退一步讲，即使承认法院可以判决变更合同，但从司法实务中判决变更的情形看，多限于合同价款的增益，因标的物变更涉及财产处分权，于当事人利益影响甚巨，故实务中鲜有以物抵债之判决。

需要特别指出的是，当事人在债务履行期届满后达成以物抵债协议，进而因以物抵债协议的履行发生争议诉至法院，法院作出的支持债权人以物抵债请求的

---

① 梁慧星：《民法总论》(第五版)，法律出版社2017年版，第214页。

② 尹田：《〈民法总则(草案)〉中法律行为制度的创新点之评价》，载《法学杂志》2016年第11期。

③ 沈德咏主编：《〈中华人民共和国民法总则〉条文理解与适用》(下册)，人民法院出版社2017年版，第985页。

④ 2018年10月16日提交专家研讨会和中国法学会立法专家咨询会讨论的《民法典·合同编(草案)》第323条规定："合同成立后，订立合同的基础条件发生了当事人在订立合同时无法预见的不属于商业风险的重大变化，继续履行合同对于当事人一方明显不公平的，受不利影响的当事人可以请求与对方重新协商；在合理期限内协商不成的，当事人可以请求人民法院或者仲裁机构变更或者解除合同。人民法院或者仲裁机构应当结合案件的实际情况，根据公平原则确定变更或者解除合同。"

⑤ 在一次求教中，最高人民法院麻锦亮法官提出以上思路，在此致谢。

判决并非以物抵债判决。因以物抵债协议之他种给付于基础债权债务关系而言为他种给付，而在以物抵债协议中则为本给付，故法院作出的判决并未超出原告诉讼请求，亦非依职权变更合同的行为，仅仅是普通的给付判决，是债务履行期届满后以物抵债的延伸，而非本书意义上的以物抵债判决。

（二）以物抵债调解书

根据《民事诉讼法》第 97 条第 1 款之规定，诉讼调解达成调解协议的，人民法院应当制作调解书。与判决书一样，调解书是对当事人实体争议作出的结论性判断，因此应紧紧围绕当事人的诉讼请求作出，原则上不得超出当事人诉讼请求范围。但与判决书不同的是，调解程序是法院审判权与当事人处分权的有机结合，调解程序的进行、调解协议的达成都必须以双方当事人的自愿为前提，[①] 调解协议内容超出诉讼请求范围，人民法院对此进行确认并制作调解书的，并不构成对当事人处分权的限制，而是恰恰尊重了当事人的处分权。为此，《最高人民法院关于人民法院民事调解工作若干问题的规定》第 9 条规定："调解协议内容超出诉讼请求的，人民法院可以准许。"此"调解协议内容超出诉讼请求"，解释上应当认为既包括给付数量的超出，也包括给付质量与种类的不同，甚至还包括与原诉讼请求相关的其他争议问题的解决方案。据此，若当事人在诉讼中就以他种给付代替原定给付达成调解协议的，虽然协议内容超出诉讼请求范围，但只要出于当事人真实意思，不违反法律、行政法规禁止性规定，不侵害他人利益的，人民法院就应当制作调解书。

须特别指出的是，《最高人民法院关于适用〈中华人民共和国民事诉讼法〉的解释》第 148 条第 1 款及《最高人民法院关于人民法院民事调解工作若干问题的规定》第 18 条明确规定，当事人自行和解或者调解达成协议后，请求人民法院按照和解协议或者调解协议的内容制作判决书的，人民法院不予准许。这是因为，判决是人民法院作出的强制性处理决定，而调解、和解渗透了当事人的处分权，并不要求严格依法成立；人民法院的判决必须严格围绕当事人诉讼请求作出，不允许超出或者遗漏当事人的诉讼请求，而调解、和解可能超出原告的诉讼

---

① 江伟主编：《民事诉讼法》（第五版），高等教育出版社 2016 年版，第 199 页。

请求范围。[①] 但是，在涉外诉讼中，为便于当事人到外国法院申请认可和执行我国法院作出的裁判文书，《最高人民法院关于适用〈中华人民共和国民事诉讼法〉的解释》第530条作出例外规定，即涉外民事诉讼中，经调解双方达成协议，当事人要求发给判决书的，可以依协议的内容制作判决书。[②]

根据《民事诉讼法》第98条之规定，当事人达成以物抵债协议后即时履行的，法院无须制作调解书，故以物抵债调解书应以交付抵债物义务尚未履行完毕为常态。根据我国学界通说，民事调解书与判决书具有同等效力，具有形式上的拘束力、实质上的确定力、形成力和执行力。[③] 根据《民事诉讼法》第236条第2款的规定，一方拒绝履行以物抵债调解书的，债权人可以申请法院强制执行。如此处理，就会与传统民法上代物清偿要物说在价值判断上发生冲突，亦即剥夺了债务人在抵债物交付前深思熟虑的机会。但正如上文所述，赋予债务人此种深思熟虑机会并无法理基础，代物清偿要物说乃陈腐过时之观点，代物清偿协议应予诺成化。若放弃代物清偿要物说，此种价值判断上的参商之别也就可以弥合了。

（三）以物抵债司法确认裁定书

根据《人民调解法》第31条、第32条之规定，当事人经具有调解职能的组织调解达成的以物抵债协议具有法律效力，但无强制执行效力，若当事人因以物抵债调解协议的履行、变更、撤销、确认无效等发生争议的，应当向人民法院提起诉讼，此与债务履行期届满后当事人自行达成的以物抵债协议无殊。[④] 若当事

---

① 沈德咏主编：《最高人民法院民事诉讼法司法解释理解与适用》（上册），人民法院出版社2015年版，第445页。

② 沈德咏主编：《最高人民法院民事诉讼法司法解释理解与适用》（下册），人民法院出版社2015年版，第1391页。

③ 张卫平：《民事诉讼法》（第四版），法律出版社2016年版，第314－315页。

④ 在相当长的时间内，理论与实务界的主流观点与实践做法是，人民调解协议不具有法律效力，当事人可以随时反悔，并就纠纷向法院提起诉讼。2002年最高人民法院出台的《关于审理涉及人民调解协议的民事案件的若干规定》第1条明确规定：“经人民调解委员会调解达成的、有民事权利义务内容，并由双方当事人签字或者盖章的调解协议，具有民事合同性质。当事人应当按照约定履行自己的义务，不得擅自变更或者解除调解协议。”2010年出台的《人民调解法》第31条第1款规定：“经人民调解委员会调解达成的调解协议，具有法律约束力，当事人应当按照约定履行。”从而赋予了人民调解协议与普通民事合同相同的法律效力。

人请求人民法院对以物抵债调解协议进行司法确认的，根据《民事诉讼法》第195条、《人民调解法》第33条以及《最高人民法院关于建立健全诉讼与非诉讼相衔接的矛盾纠纷解决机制的若干意见》第25条之规定，若调解协议符合法律规定，人民法院可以裁定调解协议有效；人民法院作出裁定后，债务人拒绝履行或未全部履行的，债权人可申请人民法院强制执行。据此，经人民法院司法确认裁定书确认的以物抵债调解协议，具有强制执行效力。

（四）以物抵债和解协议[①]

1. 审判程序中的以物抵债和解协议

根据意思自治与处分原则，当事人在案件审理中可自行达成以物抵债和解协议。达成以物抵债和解协议的，可根据《民事诉讼法》第145条的规定申请撤诉，固无疑问。但若以物抵债和解协议止步于此，其性质与效力应与债务履行期届满后的以物抵债协议无殊，并不因发生在诉讼之中而沾染上公权力的特殊性。其是否具有置于诉讼中以物抵债部分讨论的价值，还要看其向前推进以及与公权力交叉的程度。

当事人能否根据私下达成的以物抵债和解协议申请人民法院制作调解书？有学者认为，此种情况下，当事人可请求人民法院制作调解书。[②] 从解释的角度说，和解协议的达成并无司法审判权的介入，其与普通民事合同无异，而与诉讼调解兼具审判权与处分权的双重属性显有不同，故在法无明确授权的情况下，人民法院应不得对《民事诉讼法》第97条作出扩大解释，将制作调解书的情形扩大适用于和解协议。但若换个角度思考，当事人达成和解协议并请求法院制作调

---

① 根据罗马法传统，达成和解协议的前提是作为和解客体的法律关系处于不明确和争执状态，和解协议的目的就是要去除法律关系于当事人之间的不明确状态。在法律继受过程中，各国民法分道扬镳，在民法上明文规定和解的德国，承认法律关系即使在当事人之间明确，也能成立和解，而日本与我国台湾地区则否认此时能够成立和解，从而忠实继受了罗马法传统。参见陈自强：《民法上和解之效力》，载《政大法学评论》1999年总第61期；肖俊：《和解合同的私法传统与规范适用》，载《现代法学》2016年第5期；肖建华、廖浩：《既判力基准时后的“和解”——以吴梅案“和解协议”与执行和解为例》，载《国家检察官学院学报》2014年第6期。我国实证法上不区分和解协议基础关系的确定与否，统称为和解协议。本书遵守我国法传统，在此姑且统称为和解协议，关于不同类型和解协议性质、效力方面的不同，将在文中分别探讨。

② 赵秀举：《论民事和解协议的纠纷解决机制》，载《现代法学》2017年第1期。

解书的，可认为当事人自愿接受人民法院的诉讼调解，法院经审查无违反法律规定情形的，可认为和解协议因审判权的介入而转化为调解协议，法院据此制作调解书也就不存在法律障碍了。故此，《最高人民法院关于人民法院民事调解工作若干问题的规定》第4条、《最高人民法院关于适用〈中华人民共和国民事诉讼法〉的解释》第339条对此问题均给予了肯定回答。

关于当事人能否请求人民法院根据以物抵债和解协议制作判决书，比较法上有不同规定。在英美法系上，法院可根据当事人的和解协议作出判决，即合意判决。在德国法上，法院还可以作出裁定确认和解协议的达成以及和解协议的内容，此种裁定可构成执行名义，但无实质意义上的既判力。[①] 我国《最高人民法院关于适用〈中华人民共和国民事诉讼法〉的解释》第148条第1款及《最高人民法院关于人民法院民事调解工作若干问题的规定》第18条明确规定，当事人自行和解后，请求人民法院按照和解协议内容制作判决书的，人民法院不予准许。

关于审判程序中以物抵债和解协议的效力，应区分两种情况：若申请法院制作调解书的，此时的调解书已与以物抵债和解协议有本质区别，具有强制执行力。若达成以物抵债和解协议后申请撤诉的，此时的和解协议应为普通的以物抵债协议，仅在当事人间具有合同效力。关于撤诉之于诉讼程序的效力，须区分一审与二审而有所不同。一审中撤诉的，根据《最高人民法院关于适用〈中华人民共和国民事诉讼法〉的解释》第214条规定，债权人可以再次起诉。二审中撤诉的，根据《最高人民法院关于适用〈中华人民共和国民事诉讼法〉的解释》第338条、第339条之规定，仍应区分两种情况。若撤回上诉的，引发的法律后果为二审程序终结，一审裁判生效；若撤回起诉的，其法律后果为诉讼自始溯及消灭，法院应一并裁定撤销一审裁判，债权人就原争议事项再次起诉的，法院不予受理。[②]

2. 执行前以物抵债和解协议

人民法院作出生效的给付裁判后，该裁判便具有既判力、执行力，一方不履

① 赵秀举：《论民事和解协议的纠纷解决机制》，载《现代法学》2017年第1期。

② 沈德咏主编：《最高人民法院民事诉讼法司法解释理解与适用》（下册），人民法院出版社2015年版，第898页。

行生效裁判确定的给付义务的，另一方可申请强制执行。但是，生效裁判文书确定的当事人的权利义务，仍为私法上的权利义务，当事人仍然可以处分，达成和解协议。当事人在执行前达成和解协议，应当理解为履行义务、处分权利的表现形式。[①] 据此，当事人可以针对生效裁判文书确定的给付义务达成以物抵债和解协议。与普通民事协议一样，此种以物抵债协议的效力仅仅在当事人之间发生拘束力，并不足以发生否定人民法院生效裁判既判力和执行力的效果，故一方当事人反悔而不履行和解协议，以生效裁判文书为依据向法院申请强制执行，另一方以和解协议抗辩的，并不能够产生对抗生效裁判文书的效果，在此情况下只能对和解协议提起诉讼。[②]

3. 以物抵债执行和解协议

基于同样的原理，当事人在执行程序中也可以达成以物抵债和解协议。《民事诉讼法》第 230 条第 1 款规定，在执行中，双方当事人可自行达成和解协议，当然也包括以物抵债和解协议。《最高人民法院关于人民法院执行工作若干问题的规定（试行）》第 86 条第 1 款、《最高人民法院关于执行和解若干问题的规定》第 1 条明确规定，在执行中，双方当事人可以自愿达成和解协议，变更生效法律文书确定的标的物，从司法解释层面对执行中以物抵债和解协议作出了明确规定。

关于执行和解协议的性质，学说上存在私法行为说、诉讼行为说、两行为并存说、一行为二性质说等观点，通说认为执行和解属于私法行为，但在执行和解属于何种类型的民事法律行为方面，学界存在广泛争议，代表性观点有实践合同说、附生效条件合同说、附解除条件合同说、新债清偿说等观点。[③] 本书认为，执行中的以物抵债和解协议，是当事人意思自治的结果，与公权力无涉，应为私法上的行为。既为私法上的行为，在性质与效力上应与普通以物抵债协议无殊。根据本书观点，执行以物抵债和解协议应为诺成合同、特殊债务变更合同，经和解协议变更后的基础债权债务关系的给付构造为，申请执行人应首先请求被执行

---

① 张永泉：《执行前和解协议法律效力研究》，载《法学家》2011 年第 1 期。

② 张永泉：《执行前和解协议法律效力研究》，载《法学家》2011 年第 1 期。

③ 相关观点梳理参见肖建国主编：《民事执行法》，中国人民大学出版社 2014 年版，第 187－188 页；董少谋：《民事强制执行法学》（第二版），法律出版社 2016 年版，第 136－139 页。

人履行和解协议，被执行人不履行和解协议的，申请执行人既可以诉诸公权力强制执行和解协议，也可以请求原定给付。

虽为私法行为，但既然发生在执行期间，其应对执行程序发生影响，从而其效力也体现出不同于普通以物抵债协议的鲜明个性。有观点认为，只要当事人达成执行和解协议，强制执行就自动宣告结束。[①] 但通常认为，当事人私下达成的和解协议既然为民法上的和解契约，就只产生私法效果，仅对当事人产生合同上的拘束力，而不能产生执行程序上的效力，并不能当然、自动地终结执行程序。[②] 也就是说，以物抵债和解协议虽然变更了基础债权债务关系的给付结构，暂停了对原定给付的私的请求权，但作为执行依据的生效裁判却不因此而受到影响。但为防止公权力空转，有必要将以物抵债和解协议链接到执行程序；同时为尊重当事人意思自治，执行程序亦应对当事人达成的以物抵债和解协议给予充分尊重。只有将和解协议与执行程序有效贯通起来、建立联动机制，才能充分发挥公权力与私权利在解决纠纷方面的优势，迅速了结债权债务关系。至于以物抵债和解协议如何链接到执行程序，我国诉讼法上几经周折，最后仍遵循了意思自治原则，将决定权交与当事人，亦即当事人请求中止执行或者撤回执行申请的，法院才可以裁定中止执行或者终结执行（《最高人民法院关于适用〈中华人民共和国民事诉讼法〉的解释》第466条）。《最高人民法院关于执行和解若干问题的规定》进一步区分执行和解与执行外和解，当事人自行达成和解协议，执行员将执行内容记入笔录、由双方签名或盖章的，成立执行和解，具有中止执行的效力；当事人私下达成的和解协议，只要当事人共同向人民法院提交或者一方提交另一方认可，也构成执行和解，人民法院可以据此中止执行（《最高人民法院关于执行和解若干问题的规定》第2条）；如果双方没有将私下达成的和解协议提交给法院的意思，那么和解协议仅产生私法效果，被执行人依据该协议要求中止执行的，需要另行提起执行异议（《最高人民法院关于执行和解若干问题的规定》第19条）。

---

① 董少谋：《民事强制执行法学》（第二版），法律出版社2016年版，第136页。

② 沈德咏主编：《最高人民法院民事诉讼法司法解释理解与适用》（下册），人民法院出版社2015年版，第1246页。

执行和解之于执行程序的效力，学说上存在中止说与终结说两种观点。[①] 在这个问题上，实务中仍将决定权交与当事人，根据《民事诉讼法》第257条第1项、《最高人民法院关于适用〈中华人民共和国民事诉讼法〉的解释》第466条之规定，当事人申请中止执行的，法院可以中止执行；当事人撤回执行申请的，法院可以裁定终结执行。2018年通过的《最高人民法院关于执行和解若干问题的规定》只规定了中止执行，对终结执行没有作出规定，在解释上应认为《最高人民法院关于执行和解若干问题的规定》只是对《最高人民法院关于适用〈中华人民共和国民事诉讼法〉的解释》第466条之中止执行作出了细化规定，终结执行的规定仍然适用。从字面含义看，中止与终结方枘圆凿，但根据学界主流观点及实证法规定，其差别远没有字面含义表现出来的那么大。从后果上看，中止执行后可以恢复执行，撤销执行申请后亦可以比照诉讼中撤诉再起诉的做法，可以就同一执行依据再次申请执行，[②]《最高人民法院关于适用〈中华人民共和国民事诉讼法〉的解释》第520条对此设有明文。二者的主要区别体现在：第一，在对申请执行期间的影响方面，中止执行的，根据《最高人民法院关于适用〈中华人民共和国民事诉讼法〉的解释》第468条及《最高人民法院关于执行和解若干问题的规定》第10条之规定，申请执行期间因达成执行中的和解协议而中断，其期间自和解协议约定履行期限的最后一日起重新计算；而撤回申请并不导致申请执行期间中断，其再次申请执行的时效期间从首次申请时起连续计算。[③] 第二，在对强制执行措施的影响方面，中止执行的，强制执行措施一般不得解除；终结执行的，应解除强制执行措施。[④]

关于执行和解协议有无强制执行力的问题，少数学者持肯定态度，[⑤] 但多数

---

① 相关观点梳理参见董少谋：《民事强制执行法学》（第二版），法律出版社2016年版，第135页。

② 杨与龄：《强制执行法论》，中国政法大学出版社2002年版，第164页；沈德咏主编：《最高人民法院民事诉讼法司法解释理解与适用》（下册），人民法院出版社2015年版，第1376页。

③ 沈德咏主编：《最高人民法院民事诉讼法司法解释理解与适用》（下册），人民法院出版社2015年版，第1377页。

④ 沈德咏主编：《最高人民法院民事诉讼法司法解释理解与适用》（下册），人民法院出版社2015年版，第1249页。

⑤ 李科：《论执行和解协议之执行力》，载《政治与法律》2008年第11期。

学者认为执行和解协议为当事人之间的民事协议，不能作为执行依据。[①] 从比较法上看，瑞典赋予执行程序中的和解协议强制执行效力，而我国台湾地区则赋予执行和解协议等同于民事合同的效力。[②] 根据《民事诉讼法》第230条第2款、《最高人民法院关于适用〈中华人民共和国民事诉讼法〉的解释》第467条、《最高人民法院关于执行和解若干问题的规定》第9条之规定，被执行人不履行和解协议的，申请人得申请恢复执行或就和解协议提起诉讼，而不能依据执行和解协议直接申请执行。

至于当事人能否请求法院作出认可执行和解协议的裁定，从而赋予执行和解协议以执行名义，有学者持肯定态度，[③] 司法实务中也一度认可此种做法。[④] 本书认为，若法院在司法审查基础上，出具认可和解协议的裁定，赋予和解协议以强制执行力，一般不会损害当事人及案外人合法权益，且较通过诉讼途径实现和解协议更为简便快捷，在保护债权人利益方面似为较优选择。在承认法院可根据案件审理中的和解协议制作调解书并赋予调解书执行依据的话语背景下，法院出具认可执行和解协议的裁定并将其作为执行依据亦无不妥。但在我国执行实务中，执行程序原则上不得调解，[⑤] 法院在执行中一般不介入对执行和解协议的审查，若直接赋予执行和解协议以执行名义，则可能会使当事人丧失救济机会，且可能侵害案外人利益。故无论《民事诉讼法》还是相关司法解释，均没有赋予

---

① 江伟主编：《民事诉讼法学》（第五版），高等教育出版社2016年版，第400页；张卫平：《民事诉讼法》（第四版），法律出版社2016年版，第496页；谭秋桂：《民事执行法学》（第三版），北京大学出版社2015年版，第203页。

② 沈德咏主编：《最高人民法院民事诉讼法司法解释理解与适用》（下册），人民法院出版社2015年版，第1250页。

③ 肖建国主编：《民事执行法》，中国人民大学出版社2014年版，第191页；董少谋：《民事强制执行法学》（第二版），法律出版社2016年版，第139页；武钦殿：《民事强制执行中以房抵债若干问题》，载《人民司法·案例》2014年第23期；高明：《从隐身到显身：重构执行和解制度》，载《中央民族大学学报》（哲学社会科学版）2015年增刊，第42卷；乔宇：《合意抵债瑕疵问题刍议》，载《法律适用》2011年第9期。

④ 最高人民法院主持起草的《强制执行法》（草案，2011年3月第6稿）第60条曾规定："双方当事人明确约定以和解协议代替原生效法律文书的，经执行法院审查认可后，裁定终结执行。一方当事人不履行和解协议的，对方当事人可以申请执行认可和解协议的裁定。"最高人民法院2014年12月25日公布的43号指导案例中，执行法院以执行和解协议为依据，裁定将被执行人所有的部分不动产转让给申请执行人以抵偿债务。

⑤ 支持民事执行调解的观点参见雷运龙：《论"民事执行调解"制度》，载《法律适用》2009年第4期。

法院出具认可执行和解协议裁定的权限。可以预期的是，在当前强调审执分离的背景下，未来出台的《强制执行法》亦不会作出此种规定。根据执行依据法定原则，人民法院在司法实务中自不得作出认可执行和解协议的裁定。特别是当事人达成的执行以物抵债和解协议，事关物权处分，影响当事人乃至案外人利益甚巨，故多数学者反对法院据此出具以物抵债裁定，[①]《最高人民法院关于执行和解若干问题的规定》第 6 条也明确规定："当事人达成以物抵债执行和解协议的，人民法院不得依据该协议作出以物抵债裁定。"[②]

（五）以物抵债执行裁定书

以上几种以物抵债，或纯为私法行为，或当事人意志起决定性作用，意思自治仍为主流。但在强制执行程序中，对于法院已经查封、扣押的财产，被执行人事实上已经丧失处分权，法院在处分查封扣押财产方面具有无可辩驳的主导权，此时在法院主持下成立的以物抵债，意思自治的成分已渐趋稀薄，公权力意志的属性得到充分彰显，其典型表现就是法院可以据此直接出具以物抵债裁定书。

根据我国实在法的规定，法院可在两种情形下出具以物抵债裁定书。

第一种情况是申请执行人与被执行人同意的以物抵债。《最高人民法院关于适用〈中华人民共和国民事诉讼法〉的解释》第 491 条规定，经申请执行人与被执行人同意，且不损害其他债权人合法权益和社会公共利益的，法院可不经拍卖、变卖，直接将被执行人财产作价交申请执行人抵偿债务。法院在此情况下出具以物抵债裁定书，符合双方当事人意思，契合快捷处理纠纷的目的。如果不予作出裁定，则在抵债财产被查封的情况下，以物抵债难以执行。[③] 有观点认为，

---

① 肖建国主编：《民事执行法》，中国人民大学出版社 2014 年版，第 245 页；房绍坤：《法院判决外之法律文书的物权变动效力问题研究》，载《法商研究》2015 年第 3 期；王明华：《论〈物权法〉第 28 条中的"法律文书"的涵义与类型》，载《法学论坛》2012 年第 5 期。

② 学者多从能否引起物权变动的角度来考察以物抵债裁定概念，倘如此，以物抵债裁定应为专有名词，既《最高人民法院关于适用〈中华人民共和国民事诉讼法〉的解释》第 493 条、《最高人民法院关于适用〈中华人民共和国物权法〉若干问题的解释（一）》第 7 条、《最高人民法院关于执行和解若干问题的规定》第 6 条所谓的能够引起物权变动的以物抵债裁定，与此处论述的赋予以物抵债和解协议以强制执行名义的认可以物抵债的裁定显有不同。

③ 沈德咏主编：《最高人民法院民事诉讼法司法解释理解与适用》（下册），人民法院出版社 2015 年版，第 1312 页。

此种情况下的以物抵债属于执行和解，法院不应出具裁定书。[①] 本书认为，此种情况下的以物抵债与执行和解有本质不同。第一，从性质上看，执行和解协议是双方当事人意思表示一致的产物，无公权力意志的参与。而此种以物抵债虽然须征得申请执行人与被执行人同意，但申请执行人与被执行人同意的意思表示均须向法院作出，无须双方意思表示一致，当事人之间根本没有达成以物抵债协议，抵债的主导权已牢牢掌握在法院手中。第二，从内容上看，执行和解协议中，是否同意抵债、抵债物作价均由当事人自主议定。而此种以物抵债虽须征得被执行人同意，但根据《最高人民法院关于适用〈中华人民共和国民事诉讼法〉的解释》第492条、《最高人民法院关于人民法院民事执行中拍卖、变卖财产的规定》第19条、第27条、第28条之规定，被执行人不同意抵债的，流拍时只要申请执行人同意，法院仍可直接裁定以物抵债，无须再次征求被执行人意见。可见，无论被执行是否同意，都无法阻挡以物抵债的发生。此时被执行人所谓的同意权，也仅限于在直接以物抵债与流拍后再以物抵债之间作出选择。不仅如此，此种情况下抵债财产的作价完全由法院决定，被执行人事实上已经丧失了议价权。第三，从后果上看，因执行和解没有公权力意志的参与，执行和解协议可能存在意思表示不自由、恶意串通损害其他人利益的情况，需要为当事人和案外人提供救济的机会与途径，故法院不宜直接出具裁定，赋予和解协议以强制执行力。而此种以物抵债完全在法院的主导下完成，抵债物为特定的查封物且已经公示，抵债物的价值由法院公允作价，一般不会损害其他债权人和社会利益，为提高执行效率、节约司法资源，法院应独断乾坤，直接出具以物抵债裁定。

第二种情况是经申请执行人单方同意的以物抵债。《最高人民法院关于适用〈中华人民共和国民事诉讼法〉的解释》第492条规定，被执行人的财产无法拍卖或者变卖的，经申请执行人同意，且不损害其他债权人合法权益和社会公共利益的，法院可以将该项财产作价后交付申请执行人抵偿债务，无须征得被执行人同意。根据《最高人民法院关于人民法院民事执行中拍卖、变卖财产的规定》第19条、第26条、第27条、第28条规定，其具体操作程序是，拍卖时无人竞

---

① 王明华：《论〈物权法〉第28条中的“法律文书”的涵义与类型》，载《法学论坛》2012年第5期。

买或者竞买人的最高应价低于保留价，到场的申请执行人或者其他执行债权人申请或者同意以保留价接受拍卖财产的，法院应当将该财产交其抵债；若动产经二次流拍且申请执行人不同意以物抵债，不动产和其他财产经三次流拍、一次流卖，申请执行人仍不同意以物抵债，法院可解除查封、扣押措施并将该财产退还被执行人。在任何一次流拍后，法院只要征得申请执行人同意，都可出具以物抵债裁定书，根本无须征得被执行人同意。与第一种情况相比，此种以物抵债公权力意志主导的特性更为明显。

根据《民事诉讼法》第 154 条之规定，以物抵债裁定一旦作出即发生效力，且不得上诉。根据《最高人民法院关于适用〈中华人民共和国民事诉讼法〉的解释》第 493 条、《最高人民法院关于适用〈中华人民共和国物权法〉若干问题的解释（一）》第 7 条、《最高人民法院关于人民法院民事执行中拍卖、变卖财产的规定》第 29 条之规定，以物抵债裁定可直接导致抵债物物权发生变动，其如此强大的效力引起了理论与实务界的广泛争议。由于此问题涉及依法律文书发生的物权变动这一复杂命题，由此进一步牵涉出法院因以物抵债作出的其他法律文书是否导致物权变动的问题，故有必要专辟一节讨论。

二、诉讼中以物抵债的物权变动问题

诉讼中的以物抵债多以法律文书的形式呈现，其是否能够导致物权变动，值得研究。本节首先就法律文书导致物权变动的基本理论问题作一阐述，在此基础上对以物抵债法律文书中的物权变动问题进行探讨。

（一）法律文书导致物权变动的基本理论

1. 概述

根据物权法理论及各国民法规定，物权变动可分为基于法律行为的物权变动与非基于法律行为的物权变动。在非因法律行为发生的物权变动中，因法院判决导致的物权变动无疑为其主要类型。《瑞士民法典》第 656 条、《韩国民法典》第 187 条、我国台湾地区“民法”第 759 条等主要大陆法系国家或地区民法对判决导致物权变动均设有明文，但对其他种类的法律文书能否导致物权变动却多无具体规定。与此不同，我国民事立法大大拓展了可导致物权变动的法律文书的类型范围。《物权法》第28条规定："因人民法院、仲裁委员会的法律文书或者人民政府的征收决定等，导致物权设立、变更、转让或者消灭的，自法律文书或者人民政府的征收决定等生效时发生效力。"《最高人民法院关于适用〈中华人民共和国物权法〉若干问题的解释（一）》第7条对能够直接导致物权变动的法律文书类型作出进一步明确，规定："人民法院、仲裁委员会在分割共有不动产或者动产等案件中作出并依法生效的改变原有物权关系的判决书、裁决书、调解书，以及人民法院在执行程序中作出的拍卖成交裁定书、以物抵债裁定书，应当认定为物权法第二十八条所称导致物权设立、变更、转让或者消灭的人民法院、仲裁委员会的法律文书。"虽然法律上对法律文书可导致物权变动作出了原则性规定，但对于何种类型的法律文书能够导致物权变动，学界素有争议。

2. 法院判决与物权变动

（1）形成判决、给付判决与确认判决

各国各地区民法上，法院判决是非法律行为导致物权变动的主要类型，但何种法院判决可直接导致物权变动或在实体法上无明确规定，或散见于实体法各角落，凌乱复杂，不易掌握，民法学界遂借助诉讼法学理论关于判决之分类，以求获得理论上之升华和规律性认识。于此，民事实体法与诉讼法发生勾连。诉讼法理论上，根据所裁决的诉的不同种类或不同性质，判决可以分为给付判决、确认判决和形成判决。给付判决是在认定原告请求权存在的基础上，判令对方履行义务的判决；确认判决是单纯确认当事人之间法律关系存在或不存在的判决；形成判决是指变动现存法律关系的判决。[①] 学界通说认为，形成判决可导致物权变动，给付判决和确认判决不能引起物权变动。[②] 若从概念本身考量，这个结论似乎至清至明，但仔细揣度并非无懈可击。

---

① 江伟主编：《民事诉讼法》（第五版），高等教育出版社2016年版，第304页；张卫平：《民事诉讼法》（第四版），法律出版社2016年版，第413－414页。

② 史尚宽：《物权法论》，中国政法大学出版社2000年版，第35－36页；王泽鉴：《民法物权》（第二版），北京大学出版社2010年版，第81页；谢在全：《民法物权论》（修订五版，上册），中国政法大学出版社2011年版，第74页；王利明：《物权法研究》（第四版，上卷），中国人民大学出版社2016年版，第259页；崔建远：《物权法》（第三版），中国人民大学出版社2014年版，第65页；杜万华主编：《最高人民法院物权法司法解释（一）理解与适用》，人民法院出版社2016年版，第212－218页；房绍坤：《导致物权变动之法院判决类型》，载《法学研究》2015年第1期。

（2）形成诉权与单纯形成权之同质性

一般认为，形成判决存在于形成之诉，形成之诉肇端于形成权的行使。通说认为，形成权是指依一方当事人的意思表示即可使民事法律关系发生变动的权利。[①] 有学者对通说之形成权概念提出质疑，认为这种界定不能涵盖形成诉权，单纯形成权可依一方当事人的意思表示发生效力，而形成诉权除当事人意思外，还必须依法院的形成判决对当事人的意思表示加以确认才能发挥效力。[②] 本书认为，形成诉权虽然必须经过法院判决才能发生预期效力，但形成判决导致法律关系变动的根本原因还是基于形成权人的意思表示，法院判决只有襄助之功。也就是说，尽管形成诉权只能通过诉讼方式行使，但法院最终完成的形成行为有赖于形成权人的意思行为。[③] 形成之诉仅在于审查形成诉权的成立要件是否具备，而不在于审查形成权人意思表示的效力。[④] 通说之形成权概念之所以着重强调形成权人之意思表示而刻意不彰显形成权行使方式，恰恰在于努力揭示形成权的效力根源于形成权人的意思这一问题本质。可见，单纯形成权与形成诉权同属形成权，本质和效力一致，只是行使方式不同而已。准以此言，形成判决导致物权变动的准确表述应为形成权的行使导致了物权的变动，而法院判决只是形成权的实现形式而已，至于形成权的行使是否采取法院判决的形式取决于法律的规定。典型的例子是，各国各地区民法关于撤销权的行使方式有不同规定，德国、日本民法和我国台湾地区“民法”多将撤销权设置为单纯形成权，而法国、俄罗斯及我国大陆民法多将撤销权设置为形成诉权，但不论以何种方式行使，撤销权的行使均可导致物权变动，淋漓尽致地展示了形成权意思为本、形式为用的本质。[⑤]

事实上，单纯形成权与形成诉权并无清晰的界分。法律之所以规定某些形成

---

① ［德］本德·吕特斯、［德］阿斯特丽德·施塔德勒：《德国民法总论》（第十八版），于馨淼、张姝译，法律出版社 2017 年版，第 57 页；史尚宽：《民法总论》，中国政法大学出版社 2000 年版，第 25 页；梁慧星：《民法总论》（第五版），法律出版社 2017 年版，第 74 页；王利明：《民法总则研究》（第二版），中国人民大学出版社 2012 年版，第 438 页；陈华彬：《民法总则》，中国政法大学出版社 2017 年版，第 250 页。

② 房绍坤：《导致物权变动之法院判决类型》，载《法学研究》2015 年第 1 期。

③ ［德］卡尔·拉伦茨：《德国民法通论》（上册），王晓晔、邵建东、程建英、徐国建、谢怀栻译，法律出版社 2013 年版，第 291 页。

④ 房绍坤：《导致物权变动之法院判决类型》，载《法学研究》2015 年第 1 期。

⑤ 撤销权的行使能否导致物权变动、因撤销权行使而作出的判决是否为形成判决在理论上尚有争议，容后详述。

权只能通过诉讼方式行使，原因在于这种形成权影响当事人利益甚巨，或为创设明确的法律关系，有由法院审究认定形成权的要件是否具备的必要。[①] 但一方面，究竟哪些形成权“影响当事人利益甚巨”并无明确标准，尚需立法者作出价值判断。从比较法上看，在此法域为单纯形成权而在彼法域为形成诉权的情况比比皆是，上述各国各地区民法关于撤销权的规定即为适例。更有甚，有的形成权既可以由形成权人独立行使，亦可以通过诉讼的方式行使。以共有物分割为例，共有人既可以协议分割，协议不成的还可以请求法院裁判。共有人达成分割协议的，需办理登记后方能发生物权变动；而法院判决分割的，直接发生物权变动。[②] 同一种权利仅因行使方式的不同就会导致截然不同的后果，缺乏坚实的理论与实证基础。另一方面，形成诉权既然“影响当事人利益甚巨”，法律强制其通过诉讼方式行使，是为了对权利行使情况加以控制，也是为了避免在形成行为是否有效方面出现不确定性，[③] 并非意欲赋予其某种超强效力。在这种意义上甚至可以认为，形成诉权是一种效力不完全的形成权，其威力甚至还没有单纯形成权强大，因为单纯形成权无须借助公权力即可实现意欲的结果，而形成诉权必须借助公权力才能获得同样的效果。因此，形成之诉行使的结果，也仅仅应当限于通过形成判决补强形成权效力，达到与单纯形成权行使相当的水平，而不能赋予其额外的效力。

（3）形成力与物权变动之非关联性

或有观点认为，形成判决直接导致物权变动乃源于形成判决的形成力。形成权、形成之诉、形成判决三者的关系可以概括如下：基于形成权纠纷引起形成之诉，基于形成之诉的判决就是形成判决，而形成判决具有形成力。其逻辑关系是：形成权—形成之诉—形成判决—形成力。[④] 在形成判决中，物权变动之所以自法律文书生效时当然发生，是因为物权变动是司法权行使的结果，属于基于公

---

① 王泽鉴：《民法总则》，北京大学出版社 2009 年版，第 79 页。

② 须注意的是，并非所有的共有物分割判决均能导致物权变动。2018 年台上字第 879 号判决书谓：“分割方法采行变价分割时，因于该判决确定时，不当然发生共有物变卖之效果，共有物之所有权主体尚未发生变动，共有人间之共有关系应延至变卖完成时消灭而已。”参见我国台湾地区“司法院”公报 2018 年第 10 期。

③ ［德］迪特尔·梅迪库斯：《德国民法总论》，邵建东译，法律出版社 2013 年版，第 85 页。

④ 张卫平：《民事诉讼法》（第四版），法律出版社 2016 年版，第 188 页。

权力行使而发生的物权变动,[①] 基于法律文书发生物权变动的原因在于判决的形成力，若此类物权变动仍需公示要件，则与裁判的形成力相矛盾。[②]

本书认为，这显然是对形成力的误读。形成判决之形成力与物权变动没有必然联系。姑且不论不涉及物权变动的形成判决不会导致物权变动，即使可能涉及物权变动的形成判决之形成力也不必然体现为物权变动，如在采物权行为独立性与无因性的立法例，若当事人仅对债权行为提起撤销之诉，那么法院判决的形成力也仅仅体现在消灭债权关系上，不会当然引起物权变动。即便在不采物权行为理论的立法上，撤销判决导致合同关系溯及消灭本身就体现了形成判决的形成力，而物权变动不过是合同关系消灭所导致的必然后果，为何无视合同关系消灭之法律关系变动，而非要将形成力与物权变动挂钩?

形成力是形成判决特有的效力，其根源仍在于形成权。如果说形成力的效力在于使法律关系发生变动，那么形成力显然也为单纯形成权所具备，不独形成判决所特有。单纯形成权与形成诉权在债权关系方面的形成力是相同的，即都可直接导致债权关系的变动，为何在物权关系的效力上却悄然出现了差异，即有的单纯形成权不能导致物权直接变动，而形成诉权却均可直接导致物权变动?实质上，形成权之形成力并不是什么超越私权的力量，其不过是把双方当事人意思表示一致导致的法律关系变动变成了依单方意思发生的法律关系变动，亦即剥夺了一方当事人参与法律关系变动的机会，但在因当事人意思导致法律关系变动这一点上却并无二致。在私法上，当事人意思表示引发的法律关系变动之影响力原则上应局限于当事人范围内，而物权关系涉及社会公共利益，故法律上要求必须公示后才能发生效力。同理，形成权之形成力亦应仅辐射当事人之间的债权关系，物权关系原则上为形成权之形成力所不及。[③] 若形成判决果真导致了物权变动，内中原因应不在于判决形成力，而是另有他因。

---

① 谢在全:《民法物权论》(修订五版，上册)，中国政法大学出版社 2011 年版，第 72 页；王明华:《论〈物权法〉第 28 条中“法律文书”的涵义与类型》，载《法学论坛》2012 年第 5 期；雷彤:《司法拍卖不动产的交付问题研究》，载《人民司法·应用》2019 年第 13 期。

② 王明华:《论〈物权法〉第 28 条中“法律文书”的涵义与类型》，载《法学论坛》2012 年第 5 期。

③ 身份关系及由此派生的物权关系虽亦涉及社会公众利益，但因身份关系涉及人身自由和人格尊严，婚姻家庭关系中的物权关系自始即游离于物权法公示公信原则之外，因此笔者并不反对针对婚姻家庭关系的法院判决可直接引起身份关系和物权关系变动。

实质上，上述学者的观点似乎隐含了问题的答案，即形成判决之所以能直接导致物权变动乃是因公权力的介入，是司法权威的体现。但这种观点显然亦不能成立，因为司法权威应体现在判决的既判力上，而不是体现在公权力优于私人意志、公权力可以肆意破坏法律确定的物权变动公示原则上。在私法领域，私权神圣、意思自治乃基本原则，除有必要，公权力不得干涉私权关系，更不能取得优于私权的优越地位。具体到物权变动上，为维护交易安全，原则上所有能够公示的物权变动均需公示，公权力亦不能获得额外之恩遇。反过来讲，若法院判决可直接导致物权变动，则当事人的自主意志也应赋予相同的效力。在物权变动采意思主义模式的立法上，此种原则得以贯彻，在形式主义物权变动模式下，相同的原则也应该得到贯彻。

（4）形成判决之物权变动不具公示性

有学者试图从功能主义的角度论述形成判决导致物权变动的合理性。如有学者指出，因物权变动乃法院判决作出，物权变动本身已经具有很强的公示性，已无违物权公示之要求，故不以登记为其生效要件。[①] 这种观点亦经不起推敲。若承认法院判决的公示效力，则不独形成判决，确认判决与给付判决亦具有相同的公示效果。照此理解，则判令被告配合原告办理不动产登记之给付判决似乎就没有必要，因为若判决本身可取代登记而发生物权变动之公示效力，法院何不直接判令原告取得所有权？如此既强化了对权利人的保护，又无碍交易安全，岂不是两全齐美之选择？实质上，法院判决虽然俱得公开，但受公开的范围、方式所限，公示效果不容高估。法院判决针对的只是具体当事人，而非一般人，其公示方法是当庭宣判或送达当事人，对当事人以外的第三人来说公示力和公信力较弱。[②] 正因如此，非因法律行为导致的物权变动容易产生纠纷。[③] 中国裁判文书网的建成无疑大大拓展了裁判文书公开的广度，但目前在中国裁判文书网公开的法院裁判仍然是小部分。纵使所有的裁判文书均需上网，当事人在不动产交易时亦无查询裁判文书的义务。若赋予裁判文书以公示效力，则当事人在交易时除查

---

① 谢在全：《民法物权论》（修订五版，上册），中国政法大学出版社 2011 年版，第 72 页；杜万华主编：《最高人民法院物权法司法解释（一）理解与适用》，人民法院出版社 2016 年版，第 208 – 209 页。

② 崔建远：《物权法》（第三版），中国人民大学出版社 2014 年版，第 65 页。

③ 王利明、尹飞、程啸：《中国物权法教程》，人民法院出版社 2007 年版，第 81 页。

询不动产登记外，还要查询裁判文书，交易成本大大增加。

有观点认为，非以法律行为取得物权后再行处分的必须进行宣示登记，否则不发生物权效力，因此，这种物权变动虽然缺少公示，但一般不会损及交易安全，另行公示已无必要。[①] 这种观点也是只识其一，不识其二。实质上，非依法律行为发生的物权变动在处分时必须公示之规定，本身已经证明了此种物权变动在公示上的先天不足。诚然，非以法律行为发生物权变动的，真实权利人处分物权的确不会损及交易安全，但若登记名义人处分物权的，因非以法律行为发生的物权变动外人往往难以察觉，交易相对人很可能误信登记名义人为真实权利人进而发生交易，对交易安全之危害不可谓不甚。

还有观点认为，不动产登记和动产交付作为公示手段要求过于严苛，也会给当事人带来不便，不符合交易便捷性要求。法律文书直接导致物权变动，能弥补登记生效要件主义之过于严苛，充分保护物权人利益。[②] 倘使如此，何不一起承认当事人意思表示亦可发生物权变动效力，从根本上废除形式主义而改采意思主义的物权变动模式？若为了交易便捷即可赋予形成判决物权变动效力，则直接赋予标的物确定的给付判决以物权变动效力岂不也更符合交易便捷之需求？至于通过突破登记、交付生效规则，避免在产权过渡期间产生权利空白状况的观点，[③] 显然亦不能成立。诚然，因继承、事实行为发生物权变动的，采公示要件主义的确可能出现权利空白状况，此时，物权变动不以公示为要件实属无奈之举，但因法律文书发生物权变动却不存在此种权利空白状况，因而完全可以纳入公示要件主义的范畴。

（5）形成判决外延之不确定性

形成判决、确认判决、给付判决虽然在概念上貌似清晰可辨，但外延却并非泾渭分明。就形成判决与确认判决而言，一方面，虽然确认判决并不创设新的物权，但有的物权因长期权属不明而事实上处于不能行使状态，此时的确认判决虽

① 王明华：《论〈物权法〉第28条中“法律文书”的涵义与类型》，载《法学论坛》2012年第5期。

② 谢在全：《民法物权论》（修订五版，上册），中国政法大学出版社2011年版，第72页；杜万华主编：《最高人民法院物权法司法解释（一）理解与适用》，人民法院出版社2016年版，第209页。

③ 杜万华主编：《最高人民法院物权法司法解释（一）理解与适用》，人民法院出版社2016年版，第209页。

无赋权之名，却有赋权之实，物权恰因确认判决生效而获得新生。或许因为如此，学界亦不乏确认判决可引发物权变动的观点。[①] 确认判决虽然不成立新的所有权，但判决确认之不动产所有权非经登记不得处分，此与形成判决并无不同。[②] 另一方面，在由形成权引发的纠纷中，形成判决与确认判决更无本质之差异。学界多认为，因单纯形成权行使发生纠纷而作出的判决为确认判决，[③] 因形成诉权之行使而作出的判决为形成判决。但正如上文指出的，形成判决实为对形成权行使效果之审查确认，只不过形成效果之发生与对形成效果之确认乃同时发生而已。从这个角度讲，形成判决何尝不是一种确认判决。

就形成判决与给付判决而言，一方面，形成判决源自形成权，而给付判决源自请求权，二者表面上方枘圆凿，但若一项权利兼具请求权与形成权性质，法院作出的判决究为形成判决抑或给付判决实难区分。以共有物分割为例，通说认为共有物分割请求权名为请求权，实为形成权，因此分割共有物的判决为形成判决，能够直接引起物权变动。[④] 但也有观点认为分割请求权不是形成权，而是请求权，分割共有物的判决不属于形成判决，而是给付判决，[⑤] 但法院判决同样可以引起物权变动。[⑥] 这种争议也进一步表明，何种判决能引起物权变动不是理论推演的必然产物，而是取决于实践需要与立法者的选择。另一方面，形成判决虽然可以直接引发物权变动，无须执行，但原告取得的物权仅仅是名义上的物权而已，若被告或者登记机关不配合办理登记手续，原告的物权事实上处于不能处分之状态，原告欲取得完整的物权，还须申请法院强制执行，此与判令被告协助办

---

① 王利明、尹飞、程啸：《中国物权法教程》，人民法院出版社 2007 年版，第 81 页；胡康生主编：《中华人民共和国物权法释义》，法律出版社 2007 年版，第 79 页；屈茂辉：《民事法律行为之外的原因所致物权变动规则》，载《法学》2009 年第 5 期。

② 史尚宽：《物权法论》，中国政法大学出版社 2000 年版，第 36 页。

③ 房绍坤：《导致物权变动之法院判决类型》，载《法学研究》2015 年第 1 期。

④ 王泽鉴：《民法物权》（第二版），北京大学出版社 2010 年版，第 241 页；谢在全：《民法物权论》（修订五版，上册），中国政法大学出版社 2011 年版，第 367－368 页；房绍坤：《导致物权变动之法院判决类型》，载《法学研究》2015 年第 1 期。姚瑞光先生认为共有物分割请求权不是请求权，也不是形成权，而是与共有关系俱存之权利。但姚瑞光先生亦认为，分割共有物之诉为形成之诉，得以法院判决之力使共有变为单独所有。参见姚瑞光：《民法物权论》，中国政法大学出版社 2011 年版，第 87 页、第 89 页。

⑤ 王利明：《物权法研究》（第四版，上卷），中国人民大学出版社 2016 年版，第 724 页；刘哲玮：《普通形成权诉讼类型考辨——以合同解除权为例》，载《中外法学》2014 年第 5 期；任重：《形成判决的效力——兼论我国物权法第 28 条》，载《政法论坛》2014 年第 1 期。

⑥ 王利明：《物权法研究》（第四版，上卷），中国人民大学出版社 2016 年版，第 733 页。

理过户登记之给付判决是完全相同的。

(6) 导致物权变动的形成判决类型之不确定性

形成判决能够引起法律关系变动，物权关系为法律关系之一种，故形成判决能引起物权关系变动，似乎乃合乎逻辑之推论，也是学界通说。但并非所有形成判决均有此功效，究竟何种形成判决能够引起物权变动并非一望而知。为此，有学者总结出了判断规则，认为能够导致物权变动的形成判决须具备两个条件：一是该形成判决须具有广泛的形成力，即具有对世效力；二是该形成判决须与物权变动直接相关，即包含物权变动的内容。① 本书认为，这个判断规则对实务的指导意义不容高估。

第一，一种判决是否包含物权变动的内容，有时候并不容易判断。比如，确认土地边界的判决是否引起物权变动在理论和实务上争议较大，《瑞士民法典》第669条规定确定土地边界的判决为导致物权变动的判决类型，② 而我国台湾地区实务中认为，不动产经界诉讼之判决不是创设所有权之判决，而是确认判决。③ 再比如，合同撤销后，标的物所有权究竟为自始且当然地不曾移转，还是所有权自撤销之日起复归，抑或经过履行返还财产义务后复归，理论上尚有争议，相应地，合同撤销判决的性质也有确认判决、形成判决与给付判决之争。④ 关于合同无效判决，也存在形成判决与确认判决的争论。⑤

第二，有的判决虽然包含物权变动的内容，但此判决是否构成形成判决，理论上存在分歧。比如，各国立法和司法实务中普遍承认能够直接引起物权变动的分割共有不动产之判决，就存在形成判决与给付判决的争议。

---

① 房绍坤：《导致物权变动之法院判决类型》，载《法学研究》2015年第1期。

② 参见杜万华主编：《最高人民法院物权法司法解释（一）理解与适用》，人民法院出版社2016年版，第210页。

③ 谢在全：《民法物权论》（修订五版，上册），中国政法大学出版社2011年版，第75页。

④ 关于合同撤销的法律后果以及撤销权判决性质的争论，参见韩世远：《合同法总论》（第三版），法律出版社2011年版，第228页；房绍坤：《导致物权变动之法院判决类型》，载《法学研究》2015年第1期。

⑤ 认为无效判决导致物权变动的观点参见程啸：《因法律文书导致的物权变动》，载《法学》2013年第1期；汪志刚：《如何理解物权法第28条中的“法律文书”》，载《西部法学评论》2011年第3期。认为无效判决不导致物权变动的观点参见房绍坤：《导致物权变动之法院判决类型》，载《法学研究》2015年第1期；王明华：《论〈物权法〉第28条中“法律文书”的涵义与类型》，载《法学论坛》2012年第5期；徐同远：《物权法第28条中的“法律文书”的类别及其具体类型》，载《天津法学》2011年第1期。

第三，有的判决虽然包含物权变动的内容，但此物权变动是否为形成判决之功，不无疑问。在共有物分割中，法院判决能够直接引起物权变动，但若共有人自行达成分割协议并不能直接导致物权变动，须待变更登记办毕后，所有权才发生转移。在这里，法院判决的形成力至为明显。但在撤销权判决中，合同撤销的形成力直接表现为合同溯及地归于消灭，物权变动乃合同消灭之派生结果，似与判决之形成力无必然联系；且在采单独形成权的立法例，当事人直接行使撤销权与法院之形成判决在法律效果上完全相同，物权变动非为撤销判决之专利。正因如此，撤销权判决是否为形成判决在各国各地区的认识亦有不同。

可见，虽然通说认为形成判决能够导致物权变动，但具体哪些判决构成形成判决并导致物权变动并无定论。正因如此，各国各地区立法上往往仅就法院判决的物权变动效力作出宣示性规定，具体何种判决可导致物权变动留待理论与实务探讨。《最高人民法院关于适用〈中华人民共和国物权法〉若干问题的解释(一)》第7条虽然试图就此问题提出具体的指导意见，但也仅仅列举了分割共有物的判决为引起物权变动的判决类型，并采取不完全列举的模式为理论研讨和实务探索预留空间，足见其小心翼翼的态度。

（7）结论

形成判决可导致物权变动仿佛已为不证自明之理，理论与实务中甚至根据某种判决是否导致物权变动来反证其是否构成形成判决，由此进一步强化了形成判决可导致物权变动的结论，这种从结论到结论的循环论证，不仅在方法论上殊值商榷，对立法与司法实务亦无多大指导意义。事实上，不仅学界对哪些判决构成形成判决并可导致物权变动存在广泛争议，而且深入研究发现，形成判决导致物权变动并无坚实的理论与实证基础。形成判决之形成力根源于当事人的意思表示，其本质上是当事人借助司法权触发形成权的效力，与单纯形成权相比只有实现途径之异，并无轩轾之别。故此，形成力在本质上是形成权产生的效力，法院判决只不过是做了嫁衣，形成力理论并不能为形成判决导致物权变动提供理论支持。由于形成权之行使在于变更当事人之间的法律关系，而物权关系涉及社会利益，故物权变动原则上不在形成权之形成力射程范围。形成判决导致物权变动使得形成权之形成力涉入物权领域，突破了物权变动必须公示的规则，而司法判决公示的弱效性显然不能弥补物权变动公示的欠缺，故司法判决引起物权变动除非有强有力的理由，否则应予尽量避免。

事实上，形成判决未必可以引起物权变动，给付判决与确认判决亦未必不能引起物权变动。在比较法上，根据德国、瑞士民法及诉讼法相关规定，出卖人拒绝履行买卖合同中的登记义务的，法院得判令被告为所有权之移转，若原告已为对待给付或提供担保的，法院得径直判令所有权归属原告，此为给付判决直接导致物权变动之适例。[①] 近年来，我国司法实务中不乏宣称可直接导致物权变动的给付判决。[②] 可见，某种判决能否直接导致物权变动，不在于其是形成判决抑或给付判决、确认判决，在很大程度上取决于实践需求和立法者的选择；导致物权变动之判决类型的多寡，亦不是取决于理论上精确无疑的界定，而是取决于立法与司法对物权公示公信原则的掌控程度，以及对效率与安全辩证关系的动态把握。

物权公示公信原则乃物权变动形式主义立法的基本原则与基石，为维护交易安全，应尽量减少可直接导致物权变动的判决类型，确有必要的应在立法上作出明确规定，但此等必要性与判决类型无关，而在于真实物权人的物权确有紧急保护的必要，需要及时明确物权的归属，避免因权属不清引发新的争议，[③] 且判决导致物权变动较无碍于交易安全。同时，因法院判决导致物权变动公示的弱效性，人民法院应当把引起不动产物权变动的法律文书副本抄送有关登记机关，以免无权处分情况的发生。[④]

3. 法院调解书、裁定书与物权变动

关于法院调解书能否导致物权变动，学界同样存在着广泛的争议。持否定观点的学者认为，法院调解不具有形成判决的形成力，不能直接导致物权变动。[⑤]

---

① 参见史尚宽：《物权法论》，中国政法大学出版社 2000 年版，第 35 页；戴永盛译：《瑞士民法典》，中国政法大学出版社 2016 年版，第 233 页。

② 参见广东省高级人民法院（2009）粤高法民一终字第 138 号判决书、河南省郑州市中级人民法院（2009）郑民二终字第 1202 号判决书、湖南省湘潭市中级人民法院（2011）潭中再字第 14 号民事判决书。

③ 王利明、尹飞、程啸：《中国物权法教程》，人民法院出版社 2007 年版，第 81 页。

④ 崔建远：《物权法》（第三版），中国人民大学出版社 2014 年版，第 66 页。

⑤ 谢在全：《民法物权论》（修订五版，上册），中国政法大学出版社 2011 年版，第 75 页；崔建远：《物权法》（第三版），中国人民大学出版社 2014 年版，第 65 – 66 页；秦伟：《法律文书：迳行导致物权变动之研判——以代物清偿为切入点》，载《法学论坛》2016 年第 5 期；王明华：《论〈物权法〉第 28 条中“法律文书”的涵义与类型》，载《法学论坛》2012 年第 5 期；吴光荣：《也谈依法律文书发生的物权变动——兼评〈物权法司法解释一〉第 7 条》，载《法律适用》2016 年第 5 期。

而持肯定观点的学者认为，调解书与判决书具有同等法律效力，形成调解能够直接变动物权。[①]

本书认为，根据我国实证法的相关规定，似乎不能排除法院调解书可导致物权变动的可能。第一，根据我国《民事诉讼法》规定，司法调解广泛适用于各种案件类型，法律上并未就形成之诉中的调解作出排除规定，故包括形成之诉在内的各种诉讼类型，除法律明确规定不得适用调解的具体案件外，均可通过调解形式结案，这就为法院调解导致物权变动提供了前提条件。第二，无论是法院判决书还是调解书，均应针对当事人的诉讼请求作出明确回答，亦即对案件实体问题作出结论性判断。在形成诉讼中，当事人的诉讼请求即为通过法院裁判变动法律关系，故形成之诉中的调解书具有变动包括物权关系在内的法律关系的可能。第三，调解除了坚持自愿原则外，还应坚持合法原则，法院作出调解书除了根据当事人意愿外，还应查清事实、分清是非（《民事诉讼法》第93条），调解协议的内容亦不得违反法律规定（《民事诉讼法》第96条），故调解书应当是在尊重当事人意愿基础上公权力意志的表达，在这一点上调解书与判决书并无不同。法院调解的属性应当定位为以当事人合意为基础的审判行为，就此而言，法院调解书与法院判决一样已经具备导致物权变动的公权力基础。[②] 第四，根据《民事诉讼法》相关规定及学界通说，调解书与判决书作为法院对案件实体问题作出判断的两种表现形式，具有同等法律效力。故若当事人依据实在法规定请求变动物权的，不论法院以判决抑或调解形式结案，都可能发生物权变动的效力，否则判决书与调解书具有同等效力就无从谈起。或许正是基于以上考虑，我国《物权法》第28条并未排除调解书导致物权变动的可能，《最高人民法院关于适用〈中华人民共和国物权法〉若干问题的解释（一）》更是将调解书明确列为可导致物权变动的法律文书类型之一。

然而，这只是从实证法的角度基于法院判决书与调解书同质同效的立论基础

① 胡康生主编：《中华人民共和国物权法释义》，法律出版社2007年版，第79页；杜万华主编：《最高人民法院物权法司法解释（一）理解与适用》，人民法院出版社2016年版，第218－220页；房绍坤：《法院判决外之法律文书的物权变动效力问题研究》，载《法商研究》2015年第3期；程啸：《因法律文书导致的物权变动》，载《法学》2013年第1期。

② 房绍坤：《法院判决外之法律文书的物权变动效力问题研究》，载《法商研究》2015年第3期。

得出的结论。但也恰恰因为法院判决书与调解书的同质同效，以上对法院判决可导致物权变动的质疑也同样适用于调解书。若抛却实证法的规定而从法理上考量，形成之诉导致法律关系变动的根源在于当事人意思表示，且法院调解与判决一样，均存在公示上的弱效性，承认法院调解书可以直接导致物权变动，会对物权法确定的公示公信原则造成侵蚀，进而危害交易安全。因此，本书倾向于认为，除非有充足的立法理由，应当严格限制可导致物权变动的法院调解的类型范围。具体理由在上文已经做了详细论述，此处不赘。

根据《民事诉讼法》及其司法解释规定，民事裁定主要针对诉讼程序问题，但亦不排除对案件实体问题作出裁定，特别是法院在执行程序中作出的裁定，有的与物权变动问题息息相关。由于法院判决、调解、裁定具有同等法律效力，上述关于法院判决书、调解书可否导致物权变动的讨论同样适用于裁定书，而法院在执行程序中作出的以物抵债裁定书作为本书的研究重点，将在下文详细讨论，故此处亦不赘述。

（二）以物抵债裁判与物权变动

上文研究表明，诉讼中有关以物抵债的裁判文书包括以物抵债调解书、以物抵债司法确认裁定书、以物抵债执行裁定书三种类型，其能否直接导致物权变动，还应具体分析。

1. 以物抵债调解书

关于以物抵债调解书是否具有物权变动效力，司法实务中存在争议，多数观点持否定意见。① 本书认为，以物抵债调解书不能直接导致物权变动，理由是：

第一，以物抵债调解书的裁判基础为给付之诉，与普通的给付裁判内容一样，均是责令债务人向债权人为某种给付，只不过在以物抵债调解书中，给付的

---

① 参见陈龙业：《最高人民法院研究室关于以物抵债调解书是否具有发生物权变动效力的研究意见》，载张军主编：《司法研究与指导》，人民法院出版社 2012 年版，第 141 页；石少红：《当事人利用法律文书规避执行问题的司法应对——以物抵债民事调解书能否直接引起不动产物权变动》，载《山东审判》2012 年第 1 期。另见安徽省高级人民法院（2016）皖民终 914 号民事判决书、黑龙江省高级人民法院（2016）黑民申 94 号民事裁定书、广东省佛山市中级人民法院（2016）粤 06 执异 116 号裁定书、四川省绵阳市中级人民法院（2017）川 07 执异 40 号裁定书。

内容由原定给付变成了他种给付，但给付裁判的性质不变。[①] 以给付裁判不能导致物权变动的通说观点衡量，以物抵债调解书应不能引起物权变动。若以物抵债调解书可突破给付之诉不得导致物权变动的规则，则会出现以下不合理的情况：经法院调解，债务人同意履行原定给付的，此时法院出具的调解书为典型的给付裁判，不能导致物权变动；若经法院调解，债务人同意以他种给付代替原定给付的，法院出具的以物抵债调解书却能导致抵债物所有权变动，同为给付裁判，仅因标的物不同，效力却有天壤之别，在价值判断上明显不合理。

第二，以物抵债调解书虽有公权力属性，但仍以意思自治为基础，是对调解协议内容的确认，而以物抵债调解协议本质属于债的范畴，其实质内容是债务人用以物抵债的方式来履行债务，并非对物权权属的变动。[②] 现实中，以物抵债调解协议的内容也表现出相当的丰富性与无数的可能性。当事人既可能约定仅仅以他种给付代替原定给付，也可能希望他种给付之物权直接发生变动；既可以约定他种给付立即履行，也可以约定他种给付为远期给付；既可以约定一次性给付，也可以约定分期给付；既可以特定物抵债，也可以种类物抵债；既可以现有物抵债，也可以未来物抵债。若以物抵债调解书可直接导致物权变动，在很多情况下恐不符合当事人真实意思，甚至会得出他种给付履行期尚未届至而物权业已发生变动，乃至抵债物尚未特定抑或尚未出产而物权业已发生变动的荒谬结论。

第三，上文指出，除非有保护债权人的紧迫需要，法律文书原则上不应导致物权变动，而以物抵债中债权人不具有取得抵债物所有权的急迫需要。首先，债权人在起诉时请求债务人为原定给付，只是随着诉讼的推进，经过反复磋商和法院撮合，才产生了以他种给付代替原定给付的意愿，债权人并非自始即具有取得抵债物所有权的急迫需求。其次，债权人既然同意以物抵债，一般是看重抵债物的交换价值，而非意欲取得抵债物所有权。故此，以物抵债调解书不具有导致物权变动的实践需求。

第四，以物抵债调解书导致物权变动会影响交易安全。正如上文指出，法院调解书公示效果较弱，若调解书导致抵债物物权变动，债务人虽然丧失所有权，

---

① 汪志刚：《如何理解物权法第28条中的“法律文书”》，载《西部法学评论》2011年第3期。

② 陈龙业：《最高人民法院研究室关于以物抵债调解书是否具有发生物权变动效力的研究意见》，载张军主编：《司法研究与指导》，人民法院出版社2012年版，第141页。

但仍保有所有权的一切外观。抵债物被查封的，在诉讼终结后，法院一般会解除对抵债物的诉讼保全措施，因此债务人无权处分成功的概率较高。不仅如此，以物抵债调解书导致物权变动还极易助长虚假诉讼等不诚信行为。由于物权具有对抗第三人的效力，实践中已大量出现利用以物抵债调解书对抗法院强制执行或者主张优先保护的情形。甚至有的当事人恶意串通，提起虚假诉讼并诱引法院出具以物抵债调解书，以此阻止法院强制执行或者获得优先保护，扰乱执行秩序，也严重损害了其他债权人利益。[①] 故在审判实务中，即便当事人达成了抵债物物权立即发生变动的协议，人民法院制作的调解书也不能对此进行确认，调解书载有“调解书生效之日起债权人取得抵债物所有权”等字句的，亦不能发生物权变动的效力。

2. 以物抵债司法确认裁定书

关于司法确认裁定的性质，学界有不同认识。有学者认为，司法确认裁定是对人民调解协议的确认，故应为确认裁判。[②] 本书认为，不能望文生义地认为司法确认裁定均属于确认裁判，而是应根据调解协议的内容确定司法确认裁判的性质。人民调解协议根据内容亦可以分为形成调解、确认调解、给付调解，相应地，司法确认裁定亦可以分为形成裁定、确认裁定、给付裁定。准以此言，以物抵债调解协议的性质为债务人向债权人给付抵债物以消灭债权债务关系的给付调解，故以物抵债司法确认裁定应为给付裁定，经司法确认的以物抵债调解协议具有强制执行效力，但不能直接导致物权变动。以物抵债确认裁定书以当事人意思自治为基础，亦是对调解协议内容的确认，与以物抵债调解书的性质和效力颇为类似，故以物抵债调解书不得导致物权变动的理由同样适用于以物抵债司法确认裁定书，此处不赘。

需要在此一并讨论的是，司法确认裁定书有无导致物权变动的可能？有学者认为，对形成调解的司法确认裁定书具有物权变动的效力。[③] 根据传统民法理

---

① 吴光荣：《也谈依法律文书发生的物权变动——兼评〈物权法司法解释一〉第7条》，载《法律适用》2016年第5期；石少红：《当事人利用法律文书规避执行问题的司法应对——以物抵债民事调解书能否直接引起不动产物权变动》，载《山东审判》2012年第1期。

② 吴光荣：《也谈依法律文书发生的物权变动——兼评〈物权法司法解释一〉第7条》，载《法律适用》2016年第5期。

③ 房绍坤：《法院判决外之法律文书的物权变动效力问题研究》，载《法商研究》2015年第3期。

论，形成裁判导致物权变动乃合乎逻辑之推论，但根据我国实在法规定，司法确认裁定书导致物权变动似有法律障碍。根据《最高人民法院关于适用〈中华人民共和国民事诉讼法〉的解释》第357条第1款第5项之规定，调解协议内容涉及物权确权的，法院不予受理。究其原因，物权确权涉及当事人重大利益、涉及较为复杂的法律关系和较多的证据材料，适用司法确认程序处置显得过于轻率，适用诉讼程序审理才能承载法院对事实审查的需要。[①] 相较于物权确认，物权变动同样涉及当事人重大利益，甚至涉及案外人和社会公共利益，法律关系亦不可谓不复杂，按照类似事项类似处理的解释规则，具有物权变动内容的人民调解协议（如共有物分割协议）应类推适用《最高人民法院关于适用〈中华人民共和国民事诉讼法〉的解释》第357条第1款第5项之规定，法院不得受理，更不得作出司法确认裁定。按照这种思路，以物抵债司法确认裁定书不能导致物权变动，就是显而易见的结论了。

3. 以物抵债执行裁定书

以物抵债执行裁定书可否导致物权变动，学界素有争议。持肯定观点的学者认为，在强制执行程序中，法院对抵债物已采取查封、扣押等强制执行措施，并通过以物抵债裁定向申请执行人交付抵债物，而无须由被执行人交付。法院的交付是执行以物抵债裁定，与当事人的交付在性质上完全不同。据此，以物抵债裁定书不是给付裁定，而是形成裁定，可以直接导致抵债物的物权变动。[②] 持反对观点的学者认为，以物抵债裁定不是形成裁定，而是给付裁定，以物抵债裁定导致物权变动不符合物权公示原则，应予修正。[③]

与理论上存在争议不同，司法实务对此一直持肯定观点。最高人民法院2004年出台的《最高人民法院关于人民法院民事执行中拍卖、变卖财产的规定》

---

① 沈德咏主编：《最高人民法院民事诉讼法司法解释理解与适用》（下册），人民法院出版社2015年版，第934页。

② 房绍坤：《法院判决外之法律文书的物权变动效力问题研究》，载《法商研究》2015年第3期；杜万华主编：《最高人民法院物权法司法解释（一）理解与适用》，人民法院出版社2016年版，第226页；谭筱清：《执行裁定导致物权变动的法律适用》，载《法律适用》2009年第5期；王明华：《论〈物权法〉第28条中“法律文书”的涵义与类型》，载《法学论坛》2012年第5期；程啸：《因法律文书导致的物权变动》，载《法学》2013年第1期；邬砚、张伟：《以物抵债的成立要件与效力判定》，载《人民司法·案例》2017年第17期。

③ 崔建远：《物权法》（第三版），中国人民大学出版社2014年版，第67页。

第29条区分动产与不动产，裁定动产抵债的，所有权自交付起转移，不动产、有登记的特定动产或者其他财产权抵债后，所有权与其他财产权自抵债裁定送达承受人时起转移。《最高人民法院关于适用〈中华人民共和国民事诉讼法〉的解释》第493条进一步规定，不论动产抑或不动产，法院裁定以物抵债的，所有权自抵债裁定送达接受抵债物的债权人时转移。随后出台的《最高人民法院关于适用〈中华人民共和国物权法〉若干问题的解释（一）》第7条进一步重申，人民法院在执行程序中作出的以物抵债裁定书，可直接导致物权变动。

本书认为，若单纯从逻辑推演的角度审视，以物抵债裁定似不能引发物权变动。第一，根据传统观点，给付裁判、形成裁判、确认裁判分别对应于给付之诉、形成之诉、确认之诉。若追踪蹑迹，法院据以作出以物抵债裁定的诉讼性质为给付之诉，法院生效判决亦为给付判决，只不过债务人无法履行原定给付，不得已才采取以物抵债的形式。给付判决与抵债裁定一脉相传、功能相同、前后相继，共同成就原告给付请求权。仅因给付标的物发生变化，裁判的性质发生天壤之别，没有充分理论依据。第二，人民法院通过以物抵债裁定向申请执行人交付，是在被执行人不主动履行给付义务的前提下，法院强制债务人履行给付义务，虽然实施交付行为的主体为法院，但履行给付义务的主体仍为被执行人，与被执行人主动履行给付义务在性质上并无本质不同。第三，形成裁判是形成权或形成诉权行使的结果，而以物抵债裁定实肇端于给付请求权的行使，且为执行给付判决而作出，内中并无形成诉权存在。若非要寻找形成权的因素，可认为经申请人单方同意法院出具以物抵债裁定的情形中，申请人单方变更权具有形成诉权意味。但此单方变更权一般为法院主动发起，与普通形成诉权由形成权人主动发起不同，且在经双方当事人同意的以物抵债裁定中，实无法将此种变更权解释为单方变更权。即便将申请人的同意拟制为形成诉权，但此种形成诉权行使的结果也仅仅是导致合同标的发生变更，而非直接导致物权变动。

因此，若从裁判属性角度考量，将以物抵债裁定界定为给付裁判似更为合适。以物抵债裁定为形成裁判的观点，大多是将我国实在法关于以物抵债裁定可导致物权变动的既有规定，直接代入形成裁判可导致物权变动、给付裁判不能导致物权变动的结论，从而将只要能导致物权变动的裁判统统归结为形成裁判，这种从结论到结论的论证方法，没有多少实践意义。正如上文指出的，形成裁判未必能引起物权变动，给付裁判亦未必不能引起物权变动。一种裁判是否能引起物权变动，不在于裁判性质和逻辑推演，而在于实践需求。虽为给付裁定，但以物抵债执行裁定导致物权变动乃我国司法实务界的惯常做法，在实践运行中也无明显的负面效应。本书认为，以物抵债执行裁定导致物权变动的做法可继续维持，具体理由是：

第一，裁定以物抵债的案件，都经过了诉讼、强制执行程序，有的甚至经历了三次流拍，耗时旷日持久，债权亟待实现。若以物抵债裁定不能直接导致物权变动，申请执行人尚需到登记机关办理过户登记，在此过程中若被执行人从中作梗或登记机关不予配合，则会进一步增加申请执行人诉累和债权实现成本，也会打击申请执行人接受以物抵债的积极性。尤其应当看到，执行实践中还大量存在执行法院作出以物抵债裁定后、变更登记前，其他法院以未办理过户登记为由，对抵债物再次查封的错误做法。这种做法虽然明显违反现有实在法规定，但却昭示了抵债裁定若不具有物权变动效果所可能存在的隐患。不仅如此，如果以物抵债裁定不能导致物权变动，若申请执行人在法院作出以物抵债裁定后反悔的，还有可能把以物抵债做成"夹生饭"，置执行法院于十分被动的境地。相反，若以物抵债裁定可直接导致物权变动，则有利于加快物权变动进程，迅速明确财产归属和当事人法律地位，这无异于给申请执行人吃了颗定心丸，调动了申请执行人以物抵债的积极性，有利于保障正常的强制执行秩序。[①]

第二，以物抵债裁定导致物权变动不会危及交易安全。与以物抵债调解书不同，以物抵债裁定的标的物都是现有物、特定物，也没有远期给付的情况，裁定的作出与抵债物交付、办理变更登记基本上可实现无缝对接，被执行人没有再次处分抵债物的机会。且与普通以物抵债不同的是，以物抵债执行裁定的标的物被法院查封、扣押，自始处于法院控制之下，法院的查封措施本身就是一种公示，被执行人事实上也不可能再将抵债物处分给他人。另，根据《最高人民法院关于人民法院民事执行中查封、扣押、冻结财产的规定》第 28 条、第 30 条以及《最高人民法院关于查封法院全部处分标的物后轮候查封的效力问题的批复》之

① 吴光荣：《也谈依法律文书发生的物权变动——兼评〈物权法司法解释一〉第 7 条》，载《法律适用》2016 年第 5 期。

规定，查封、扣押、冻结的财产已经被抵债的，查封、扣押、冻结的效力消灭，人民法院无须先行解除该财产上的查封、扣押、冻结，可直接进行处分，有关单位应当协助办理有关财产权证照转移手续。人民法院对查封、扣押、冻结的全部财产进行处分后，该财产上轮候查封自始不产生查封、扣押、冻结的效力。据此，不可能出现查封法院先解除查封再处分从而导致抵债物流失的问题，也不可能出现首封法院解除首封、作出以物抵债裁定后，轮候查封生效进而将抵债物处分给他人的问题。总之，物权公示的功能在于昭彰权属状况，维护交易安全，而抵债物自人民法院作出以物抵债裁定至变更登记这段时间内事实上已经无法进入交易状态，故以物抵债裁定导致物权变动不会危及交易安全，抵债物所有权究竟自作出裁定抑或办理变更登记时起发生转移，已无关宏旨。

三、诉讼中以物抵债的法律救济问题

同普通以物抵债一样，诉讼以物抵债也可能发生不履行、不适当履行等债务不履行问题，需要为当事人和相关利害关系人提供相应的救济途径。因发生在诉讼中，或与诉讼程序密切相关，诉讼以物抵债中债务不履行之救济措施自与普通以物抵债不尽相同。不仅如此，各种类型诉讼中以物抵债实现形式、性质、效力不同，救济途径也有差异。本节即对诉讼中以物抵债的法律救济问题专门研讨。

（一）以物抵债调解书、司法确认裁定书与法律救济

以物抵债调解书与司法确认裁定书均体现了当事人意思自治与国家权力意志的结合，其性质、效力、法律救济方面较为类似，故在此一并阐述。

在诉讼中，法院作出以物抵债调解书与司法确认裁定书的，因债权人已经获得执行依据，债务人未在指定期间履行新给付的，债权人可申请强制执行，对此毋庸多言。但对于其他债务不履行行为（瑕疵履行、违反从给付义务等）及相应的责任问题，一般认为，因责任形态、承担责任的方式、损害赔偿额的确定等涉及实体法上的判断，根据审执分离原则，债权人应另行起诉。因另诉与原诉诉讼标的、诉讼请求不同，故不违反一事不再理原则。但须注意的是，不履行生效裁判文书与违约毕竟性质不同，故法律救济的目的与路径设计也不尽相同。在救

济途径方面，为减轻诉讼负担、节约诉讼资源、提高诉讼效率，执行法院可对相对容易确定的债务不履行责任直接作出决定并付诸执行，或力促当事人在执行程序中一并解决争议，无须当事人另行起诉。如《最高人民法院关于适用〈中华人民共和国民事诉讼法〉的解释》第494条规定，执行标的物为特定物且已毁损或者灭失的，执行法院可协调双方当事人作价赔偿，不能协商一致的应终结执行程序，申请执行人可另行起诉。又如，《最高人民法院关于适用〈中华人民共和国民事诉讼法〉的解释》第507条规定，债务人未在规定期间履行生效裁判文书确定的非金钱给付义务的，执行法院可直接决定迟延履行金数额，无须债权人另诉。从救济的目的看，不履行生效裁判文书之法律救济不仅应填补债权人损失，还可以加重债务人责任以示惩戒，从而维护生效裁判权威。典型的例子是，《最高人民法院关于适用〈中华人民共和国民事诉讼法〉的解释》第507条规定，债务人未按生效法律文书指定期间履行非金钱给付义务的，无论是否造成损失，都应支付迟延履行金；已经造成损失的，双倍补偿债权人已经受到的损失。

债务人未按调解书或确认裁定书要求履行新给付的，能否赋予债权人在特定情形下请求原定给付的权利？通常认为，生效裁判文书以国家强制力为保障，负载着司法权威，当事人不能轻易否定其效力。裁判文书效力及于双方当事人，任何一方不履行裁判文书确定的义务，另一方均可申请强制执行。债权人既然对裁判文书效力了然于胸，其自愿接受调解、自愿达成以物抵债协议并自愿接受裁判文书约束，似可认为债权人在达成以物抵债协议时，作出了放弃原定给付的意思表示，除非有明确的相反意思表示。从裁判文书既判力与禁止重复诉讼法理角度分析，似乎也可以得出相同结论。调解书一旦作出就具有实质上的确定力，当事人双方不得提出与调解标的相反的主张，法院也不得在其他诉讼中作出与该调解标的相反的判断。调解这一效力与判决的既判力内容相同。[①]《最高人民法院关于适用〈中华人民共和国民事诉讼法〉的解释》第247条规定："当事人就已经提起诉讼的事项在诉讼过程中或者裁判生效后再次起诉，同时符合下列条件的，构成重复起诉：（一）后诉与前诉的当事人相同；（二）后诉与前诉的诉讼标的相同；（三）后诉与前诉的诉讼请求相同，或者后诉的诉讼请求实质上否定前诉

---

① 张卫平：《民事诉讼法》（第四版），法律出版社2016年版，第314－315页。

裁判结果。当事人重复起诉的，裁定不予受理，已经受理的，裁定驳回起诉，但法律、司法解释另有规定的除外。”债权人请求原定给付的，诉讼标的、诉讼请求与原诉相同，且诉讼请求否定前诉裁判结果，符合重复诉讼的判断标准。另外，从以物抵债实践看，原定给付多为金钱给付，债权人通常并不看重抵债物本身，而是更看重抵债物的交换价值，而通过强制执行新给付就能达到清偿原定给付的效果，故似无必要赋予债权人请求原定给付的权利。

然而，法学思维绝不仅仅是形式逻辑的过程，更多情况下须结合丰富的社会实践作出利益衡量与价值判断。以物抵债以确保债权实现为主要目的，相关救济制度的设计亦应体现此种导向。在普通以物抵债中，债务人不履行新给付致使合同目的不能实现的，债权人可不经解除抵债协议而直接请求原定给付，即为充分保障债权实现之制度设计。在诉讼中以物抵债中，债务人不履行债务已从抽象可能变为既成事实，且在法院作出生效裁判后仍不履行，债权实现更具现实紧迫性，相关救济制度的设计应为债权实现提供更加便捷的途径，且在法律适用中应作出对债权人更加有利的解释。特别应当看到，在债权人对抵债物与原定给付物有特别要求的情况下，若抵债物毁损灭失或者债务人不履行新给付导致合同目的不能实现的，强制执行新给付对债权人已无实际意义，赋予债权人请求原定给付的权利更有现实必要性。

正如上所述，赋予债权人请求原定给付的权利，面临裁判文书既判力与禁止重复诉讼规则的考验。理论与经验表明，任何法律制度设计的原则通常都存在例外，一事不再理原则也应当如此。[①] 大陆法系国家诉讼法理论与制度上，多将案件事实审言辞辩论终结时作为判决既判力的标准时，法院的判决是对既判力标准时之前权利义务关系的判断，故对该标准时之后出现的事实不具有排斥作用，不发生既判力效果。[②] 对此，《最高人民法院关于适用〈中华人民共和国民事诉讼法〉的解释》第248条规定：“裁判发生法律效力后，发生新的事实，当事人再次提起诉讼的，人民法院应当依法受理。”诉讼实务中也认为，一方当事人不履行生效裁判文书确定的给付义务致使合同目的不能实现的，另一方当事人可另诉

---

① 沈德咏主编：《最高人民法院民事诉讼法司法解释理解与适用》（上册），人民法院出版社2015年版，第636页。

② 张卫平：《民事诉讼法》（第四版），法律出版社2016年版，第432－433页。

解除合同。在以物抵债中，若债务人不履行调解书或确认裁定书确定的新给付，致使债权人合同目的不能实现的，可以认为是《最高人民法院关于适用〈中华人民共和国民事诉讼法〉的解释》第248条中“发生新的事实”的情况，债权人可再次提起诉讼。但与普通给付判决中另诉解除合同不同，在以物抵债中，因债权人可不经解除以物抵债协议而直接请求原定给付，故债权人可另诉直接请求原定给付。

根据《民事诉讼法》第93条之规定，法院必须在查明事实、分清是非基础上进行调解，法院出具以物抵债调解书的，应解为对基础债权债务关系进行了全面审理，当事人对原定给付请求权并无争议。从有利于债权实现的角度解释，能否认为调解书暗含了新给付不履行时可请求原定给付的意思，亦即新给付与原定给付均具有可强制执行性，债务人不履行新给付的，债权人无须就原定给付另行诉讼，而是可以在执行申请中一并提出。在法院调解中，并不要求事实查明达到如同作出判决时的精确程度，只要基本事实查清，哪怕在一些非根本性问题上存在争议，法院也可以进行调解。[①] 法院出具以物抵债调解书的，只能说明债权债务关系的真实有效性已水落石出，但原定给付具体数额并非清晰无疑。故债务人不履行以物抵债调解书的，因原定给付仍具有可争议性，债权人不能直接请求执行原定给付，只能另行起诉。当然，为尽快解决纠纷、实现债权，法院也可以在查清原定给付数额基础上，在当事人同意前提下，在调解书中直接载明“若债务人不履行以物抵债调解书，则债权人可以申请执行新给付或原定给付”等字句，从而赋予原定给付以强制执行效力。

（二）以物抵债和解协议与法律救济

1. 审判程序中的以物抵债和解协议与法律救济

一审程序中，双方当事人达成以物抵债和解协议后，申请法院制作调解书的，其性质已发生根本转化，债务不履行时应遵上述调解书之救济途径。达成和解协议后撤诉的，若债权人再次起诉请求原定给付，一种观点认为，可类推适用一事不再理原则，法院应驳回原告诉讼请求，但需要被告提出和解协议抗辩。若

① 李浩：《查明事实、分清是非原则重述》，载《法学研究》2011年第4期。

被告不履行和解协议并提出和解抗辩的，债权人可以解除和解协议，此时原告请求原定给付就获得了实体法和程序法上的正当性。[①] 本书认为，债权人撤诉的，如同自始未起诉，此时的以物抵债和解协议与普通以物抵债无殊，债务不履行之救济亦应作相同处理，亦即债权人应首先努力从新给付寻求受偿，债务人不履行新给付致使合同目的不能实现的，债权人可不经解除和解协议而直接请求原定给付，对此上文已作详细探讨，此处不赘。根据《最高人民法院关于适用〈中华人民共和国民事诉讼法〉的解释》第 214 条，债权人撤诉后就同一诉讼请求再次起诉的，不违反一事不再理原则，且当事人达成的私的和解协议不影响诉讼程序的进行，故法院应予受理。当然，在诉讼中，债务人可以就达成以物抵债和解协议的事实提出抗辩。

二审程序中，双方当事人达成以物抵债和解协议后申请制作调解书的，债务不履行时同样应遵上述调解书之救济途径。达成调解协议后撤诉的，尚需区分撤回上诉与撤回起诉之不同情形，分别讨论债务不履行之救济问题。

若撤回起诉的，根据《最高人民法院关于适用〈中华人民共和国民事诉讼法〉的解释》第 339 条，其法律后果为诉讼自始溯及消灭，法院应一并裁定撤销一审裁判，债权人就原争议事项再次起诉的，法院不予受理。作为理性人，除非诉讼形势朝着不利于自己的方向发展，债权人一般不会在二审程序中贸然撤回起诉，从而承受不利益之后果。债权人在达成和解协议后撤回起诉的，应认为在合理评估诉讼后果的基础上，放弃了请求原定给付的权利。债务人不履行和解协议中的新给付的，债权人只能依据和解协议提起诉讼。因履行和解协议发生的争议不属于原争议事项，由此提起的诉讼不属于重复诉讼，法院应予受理。

若撤回上诉的，二审程序终结，一审判决生效。[②] 此时，便形成了一审生效判决与和解协议并存的局面。一审判决虽然是法院行使公权力的结果，但法院判决所确定的仍然是民事之债，而非公法之债，仍然可以由当事人处分。[③] 当事人

---

① 赵秀举：《论民事和解协议的纠纷解决机制》，载《现代法学》2017 年第 1 期。

② 沈德咏主编：《最高人民法院民事诉讼法司法解释理解与适用》（下册），人民法院出版社 2015 年版，第 898 页；严仁群：《二审和解后的法理逻辑：评第一批指导案例之“吴梅案”》，载《中国法学》2012 年第 4 期；王亚新：《一审判决效力与二审中的诉讼外和解协议——最高人民法院公布的 2 号指导案例评析》，载《法学研究》2012 年第 4 期。

③ 严仁群：《二审和解后的法理逻辑：评第一批指导案例之“吴梅案”》，载《中国法学》2012 年第 4 期。

此后达成的以物抵债和解协议，既是履行生效判决的方式，也意味着对一审判决确定的债权作出了变更，故从实体法之意思自治角度看，应优先履行以物抵债和解协议。债务人不履行和解协议的，债权人可向法院起诉。虽然和解协议成立在先、一审判决生效在后，但和解协议是在一审言辞辩论终结后发生，属于既判力基准时后新发生的事实，为一审判决既判力所不及，且为履行和解协议发生的纠纷与原诉的诉讼标的、诉讼请求均有不同，故由此引发的诉讼不违反一事不再理原则。① 法院作出新的判决后，新判决的既判力即遮断原判决中的判断，新判决应该得到执行。

在普通以物抵债中，债务人不履行新给付只有达到类似于根本违约的程度，债权人才能请求原定给付之履行。与普通以物抵债可能负载当事人丰富安排与多元目的不同，诉讼以物抵债的唯一目的就是确保债权受偿，且在债权人已经获得执行名义后，债权实现更具现实紧迫性，故债务人一旦不履行新给付，债权人无须在新给付上迁延时日，可直接请求原定给付。此时，由于原定给付已经转化为一审判决确定的给付，故债务人不履行新给付的，债权人可直接申请执行一审判决。②

在诉讼法上，关于债权人申请执行原判决的时机问题，尚存在两种不同观点。第一种观点认为，债权人申请执行一审判决须以债务人不履行和解协议为前提。③ 第二种观点认为，债权人可随时申请强制执行一审判决，不受和解协议的

---

① 严仁群：《二审和解后的法理逻辑：评第一批指导案例之“吴梅案”》，载《中国法学》2012 年第 4 期；肖建华、廖浩：《既判力基准时后的“和解”——以吴梅案“和解协议”与执行和解为例》，载《国家检察官学院学报》2014 年第 6 期。

② 严格地讲，原生效判决支持的给付与原定给付可能不完全相同，例如债权人部分胜诉之情形。

③ 最高人民法院 2 号指导案例（吴梅案）在裁判要点中指出：民事案件二审期间，双方当事人达成和解协议，人民法院准许撤回上诉的，该和解协议未经法院依法制作调解书，属于诉讼外达成的协议。一方当事人不履行和解协议，另一方当事人申请执行一审判决的，人民法院应予支持。本指导案例将原《民事诉讼法》第 207 条（修改后的《民事诉讼法》第 230 条）列为相关法条。结合裁判要点表述并援引的相关法条，学界多认为本指导案例类推适用了不履行执行和解协议恢复执行的构成要件，即债权人申请执行一审判决应以债务人不履行和解协议为前提。王亚新教授对此持肯定态度，并提出“执行力替代说”，认为和解协议可以暂时性地替代或“冻结”判决的执行力，只要义务人实际履行和解协议，原生效判决可以视为得到替代性履行从而使其执行力归于消灭；如果义务人违反和解协议不履行，判决的执行力则自动恢复，权利人仍可请求法院强制执行。参见王亚新：《一审判决效力与二审中的诉讼外和解协议——最高人民法院公布的 2 号指导案例评析》，载《法学研究》2012 年第 4 期。

限制。[①] 笔者赞同第二种观点。第一，一审判决生效后即具有执行力，以物抵债和解协议为私法上的民事合同，不具有程序法上的效力，不能替代或冻结原生效判决的执行力。第二，从执行案件受理条件看，应严格执行《最高人民法院关于人民法院执行工作若干问题的规定（试行）》第18条、《最高人民法院关于适用〈中华人民共和国民事诉讼法〉的解释》第463条关于执行受理条件的规定，不能人为增设条件。若申请执行一审判决须以和解协议不履行为前提，实质上是为此类案件增设了受理条件，违反了实证法规定。况且法院在收到执行申请时，根本不知道当事人之间达成了和解协议，对案件受理强加和解协议不履行的条件，在实务中不具可操作性。第三，债务人是否履行和解协议本身可能就是当事人争议的事项，和解协议的内容、效力、是否履行涉及实体判断，有时还须经过复杂的举证、质证程序，应通过诉讼途径解决。执行法院应根据执行名义实施强制执行，以实现债权人之权利，但对于当事人间实体法之权利是否存在，不能审查认定。[②] 将和解协议履行情况作为执行案件受理条件交由执行部门审查，既不能对和解协议履行中的纠纷予以充分救济，还可能迟滞生效裁判的执行，不利于债权及时实现。第四，《民事诉讼法》第230条规定执行和解具有中止执行的效力以及恢复执行以债务人不履行和解协议为前提，此为执行和解之特别规定，属于公法规范，不能类推适用于诉讼外和解。执行和解的成立、履行均在执行法院的审查、监督之下，与诉讼外和解运作机制完全不同，故《民事诉讼法》第230条不具有类推适用的基础。总之，和解协议的达成并不能阻断一审生效判决的执行力，债权人可随时申请强制执行，甚至在债务人履行和解协议后，原告申请执行判决的，也应当允许继续执行。[③]

但是，若债权人置和解协议于不顾而申请执行一审判决，债务人基于和解协议而可欲的履行利益必将遭受不测之损害。特别是和解协议已经履行完毕的，强

① 吴泽勇：《“吴梅案”与判决后和解的处理机制——兼与王亚新教授商榷》，载《法学研究》2013年第1期；严仁群：《二审和解后的法理逻辑：评第一批指导案例之“吴梅案”》，载《中国法学》2012年第4期；肖建华、廖浩：《既判力基准时后的“和解”——以吴梅案“和解协议”与执行和解为例》，载《国家检察官学院学报》2014年第6期。

② 杨与龄：《强制执行法论》，中国政法大学出版社2002年版，第186页。

③ 吴泽勇：《“吴梅案”与判决后和解的处理机制——兼与王亚新教授商榷》，载《法学研究》2013年第1期。

制执行会使债务人因双重履行而遭受重大损失，此时债务人利益有救济的必要。对此，有两种可供选择的路径。一种观点主张，可仿德、日民事诉讼法之成例，引入执行异议之诉，通过法院裁判对一审判决执行力予以限制或排除。在我国诉讼法上没有规定执行异议之诉的背景下，[①] 债务人可根据判决执行以及和解协议履行情况，提起侵权损害赔偿或者不当得利之诉。[②] 由于和解协议是在一审判决基准时之后发生，不为一审判决既判力覆盖，因履行和解协议发生的纠纷就有可争议性，故提起诉讼的途径是可行的。[③] 然而，这种主张并不为我国立法所认可，司法实务中多通过参照《民事诉讼法》第 225 条规定的执行异议制度对此种情况下的债务人提供救济。《最高人民法院关于人民法院办理执行异议和复议案件若干问题的规定》第 7 条第 2 款规定："被执行人以债权消灭、丧失强制执行效力等执行依据生效之后的实体事由提出排除执行异议的，人民法院应当参照民事诉讼法第二百二十五条规定进行审查。"最高人民法院出台的《最高人民法院关于执行和解若干问题的规定》继续维持了执行异议之救济途径，于第 19 条规定，被执行人根据当事人自行达成但未提交人民法院的和解协议，或者一方当事人提交人民法院但其他当事人不予认可的和解协议，依照《民事诉讼法》第 225 条提出异议的，人民法院按照下列情形分别处理：（一）和解协议履行完毕的，裁定终结原生效法律文书的执行；（二）和解协议约定的履行期限尚未届至或者履行条件尚未成就的，裁定中止执行；（三）被执行人一方正在按照和解协议约定履行义务的，裁定中止执行；（四）被执行人不履行和解协议的，裁定驳回异议；（五）和解协议不成立、未生效或者无效的，裁定驳回异议。

---

① 根据《最高人民法院关于人民法院办理执行异议和复议案件若干问题的规定》第 16 条第 2 款、第 26 条第 4 款之规定，我国《民事诉讼法》第 227 条是关于执行异议之诉的规定。《民事诉讼法》第 227 条规定："执行过程中，案外人对执行标的提出书面异议的，人民法院应当自收到书面异议之日起十五日内审查，理由成立的，裁定中止对该标的的执行；理由不成立的，裁定驳回。案外人、当事人对裁定不服，认为原判决、裁定错误的，依照审判监督程序办理；与原判决、裁定无关的，可以自裁定送达之日起十五日内向人民法院提起诉讼。"可见，《民事诉讼法》第 227 条之执行异议之诉系因案外人对执行标的主张权利引起，其效果在于排除对特定标的物的执行，而非否定生效裁判之执行力，与和解协议中旨在排除原生效判决执行力的执行异议之诉显有不同。但《民事诉讼法》第 227 条规定的执行异议之诉能否类推适用于和解协议，值得研究。

② 严仁群：《二审和解后的法理逻辑：评第一批指导案例之"吴梅案"》，载《中国法学》2012 年第 4 期；肖建华、廖浩：《既判力基准时后的"和解"——以吴梅案"和解协议"与执行和解为例》，载《国家检察官学院学报》2014 年第 6 期。

③ 张永泉：《执行前和解协议法律效力研究》，载《法学家》2011 年第 1 期。

应当说，两种救济途径各有千秋。执行异议之诉之救济途径对生效判决的既判力和执行力给予充分尊重，和解协议的履行以及由此提起的执行异议之诉不中止原生效判决的执行，有利于债权的及时实现；同时又对和解协议履行中的争议进行实体性审查，对债务人的救济不可谓不彻底，在理论上环环相扣、无可挑剔。但是，由于执行异议之诉不停止原判决执行，债务人在执行异议之诉中尚需根据判决执行情况不断变更诉讼请求，① 异议之诉裁判作出后原判决已执行完毕的，还可能发生二次执行以及执行利益的逆流动，在救济效率方面失之于曲折、绵长。难怪主张引入执行异议之诉的学者也认为，执行异议之诉是在彻底解决前次判决带来的“麻烦”时“没有办法的办法”。②

执行异议制度最大的好处就是能够短平快地为被执行人提供救济，且执行异议具有暂时冻结判决执行力之功效，能够实现和解协议履行与执行程序的顺畅衔接，最大限度地缓解了执行异议之诉下两个生效裁判的张力，有效避免了执行中“翻烧饼”现象的出现，是一种较为务实的制度选择。但执行异议之救济途径也因其固有的缺陷而饱受诟病。根据《民事诉讼法》第 225 条之规定，执行异议的适用条件是执行行为“违反法律规定”，而原判决的执行显然并无违反法律规定之情形；且执行异议多为程序性审查，需要在 15 天内作出裁定，而围绕和解协议的内容、效力和履行问题发生的争议为实体性争议，执行异议显然不能为债务人提供周全的程序保障。③ 因此，即便主张对《民事诉讼法》第 225 条之执行异议适用条件作出宽松解释的学者也认为，通过执行异议制度为债务人提供的救济充其量不过是一种“不充分”的救济。④

从《最高人民法院关于执行和解若干问题的规定》第 19 条之表述看，执行异议之救济途径并没有关闭债务人提起诉讼的救济大门。司法实务中应充分发挥诉讼与异议的制度优势，通过二者的优化组合和合理混搭，为债务人提供充分的

① 严仁群：《二审和解后的法理逻辑：评第一批指导案例之“吴梅案”》，载《中国法学》2012 年第 4 期。

② 肖建华、廖浩：《既判力基准时后的“和解”——以吴梅案“和解协议”与执行和解为例》，载《国家检察官学院学报》2014 年第 6 期。

③ 吴泽勇：《“吴梅案”与判决后和解的处理机制——兼与王亚新教授商榷》，载《法学研究》2013 年第 1 期。

④ 严仁群：《二审和解后的法理逻辑：评第一批指导案例之“吴梅案”》，载《中国法学》2012 年第 4 期。

制度救济。对此，有两种可供选择的路径：第一，允许债务人根据自身需要，结合执行程序进展程度、和解协议履行情况、争议的复杂程度，灵活选择相应的救济途径。债务人选择提出异议的，即丧失了再次提起诉讼的权利。选择诉讼途径的，为缓和将来两个生效裁判的冲突，债务人可凭借案件受理通知书申请法院暂时中止原判决执行。对于中止执行迟滞生效判决执行、影响债权及时实现的问题，也只能看作债权人在获得执行名义后又达成和解协议所必须付出的代价。第二，可仿《民事诉讼法》第227条模式，允许债务人提起诉讼，并将异议作为诉讼的前置条件，充分发挥执行异议制度的过滤功能，同时将诉讼作为最终的救济途径。对执行异议裁定不服后起诉的，因债务人已经受到异议制度的第一道救济，为防止过分迟延执行程序，提起诉讼可不影响执行程序的进行。

当事人在获得生效裁判后，在执行前自行达成的以物抵债和解协议，同属于诉讼外和解、执行外和解，与上述达成和解协议后撤回上诉之救济模式相同，在此不再赘述。[①]

2. 以物抵债执行和解协议与法律救济

有学者认为，与诉讼外和解不同，执行和解被赋予公法效力，我国法上的执行和解制度是生效判决执行力一般原理的一个例外。[②] 本书认为，这是对执行和解制度的误解。正如上文指出的，执行和解本质上仍为当事人之间的私法行为，此与诉讼外和解并无本质不同。执行和解协议并不直接发生阻断生效裁判执行力的效力，是否中止执行尚需执行法院作出判断，而恰恰是执行法院的中止执行裁定阻断了原生效裁判的执行力，对此不可不察。从《最高人民法院关于执行和解若干问题的规定》第2条看，当事人私下达成的诉讼外和解协议只要共同向法院提交，甚至一方提交另一方认可，均构成执行和解，从而贯通了执行外和解向执行和解的转化路径，大大拓展了《民事诉讼法》第230条之执行和解的范围。不仅如此，根据《最高人民法院关于执行和解若干问题的规定》第19条之规定，被执行人依据执行外和解对执行程序提出异议时，亦可同执行和解一样发生

---

① 相关论述参见张永泉：《执行前和解协议法律效力研究》，载《法学家》2011年第1期；吴泽勇：《“吴梅案”与判决后和解的处理机制——兼与王亚新教授商榷》，载《法学研究》2013年第1期。

② 吴泽勇：《“吴梅案”与判决后和解的处理机制——兼与王亚新教授商榷》，载《法学研究》2013年第1期。

中止或终结执行程序之效果，由此导致执行和解与执行外和解的界限更趋模糊。

对执行和解性质的模糊认识，必然导致救济途径构建上出现偏差。比如，我国诉讼法理论长期认为，与一般程序外的实体协议不同，执行和解属于程序上的协议，因此不具有可诉性。[①] 对此，《民事诉讼法》第230条第2款、《最高人民法院关于适用〈中华人民共和国民事诉讼法〉的解释》第467条均规定，当事人不履行和解协议的，另一方当事人可申请恢复原生效法律文书的执行，并未言明当事人诉讼的权利。但亦有学者基于执行和解之私法性质，主张赋予当事人在对方不履行和解协议时提起诉讼的权利。[②] 最高人民法院司法实务中亦认可执行和解协议的可诉性。[③] 从既判力角度分析，由于达成和解协议系在确定前诉判决既判力时间范围的标准时之后，能够产生既判力的遮断效果，法院受理执行和解协议纠纷之诉并不违反既判力理论和一事不再理原则。[④]《最高人民法院关于执行和解若干问题的规定》对此作出回应，于第9条规定："被执行人一方不履行执行和解协议的，申请执行人可以申请恢复执行原生效法律文书，也可以就履行执行和解协议向执行法院提起诉讼。"不唯如此，根据第15条之规定，申请执行人因被执行人迟延履行、瑕疵履行遭受损害的，亦可以向执行法院另行提起诉讼。如此，不仅执行和解协议之私法性质得以彻底勘定，亦为债权人在债务人不履行和解协议时提供了可供选择的救济路径。

须再次重申的是，执行和解协议以实现债权为唯一目的，为避免执行程序过于迁延，确保债权尽快实现，债权人于债务人不履行和解协议时可直接申请恢复执行原生效裁判，无须附加债务人根本违约之情事，亦无须以对和解协议诉讼未果为前提，此与普通以物抵债协议显有不同。对此，《民事诉讼法》第230条、《最高人民法院关于适用〈中华人民共和国民事诉讼法〉的解释》第467条、

---

① 江伟主编：《民事诉讼法》（第五版），高等教育出版社2016年版，第401页；张卫平：《民事诉讼法》（第四版），法律出版社2016年版，第496页。

② 肖建国主编：《民事执行法》，中国人民大学出版社2014年版，第192页；董少谋：《民事强制执行法学》（第二版），法律出版社2016年版，第136页。

③ 黄金龙：《不履行执行中的和解协议的救济程序——另行起诉与恢复执行原生效法律文书》，载《人民司法·应用》2005年第11期；朱婧、何东宁：《执行和解协议对原裁判文书未涉及或不能恢复执行的部分具有可诉性》，载《人民司法·案例》2012年第8期。

④ 杨国香、尹颖舜、张娜：《执行和解协议纠纷解决机制探析》，载《人民司法·应用》2011年第2期。

《最高人民法院关于执行和解若干问题的规定》第 9 条的立场是一贯的，《最高人民法院关于执行和解若干问题的规定》第 9 条更是对债权人申请恢复执行和就和解协议提起诉讼的选择权作出了明确规定。但毫无疑问，选择权的行使亦应遵循诚实信用原则，一次选择、权利用尽，不得反复行使。《最高人民法院关于执行和解若干问题的规定》第 13 条、第 14 条对此作出了规定：恢复执行后，对申请执行人就履行执行和解协议提起的诉讼，法院不予受理；提起诉讼的，法院可以裁定终结原生效法律文书的执行。

须讨论的是，为确保债权及时实现，能否由此更进一步，赋予债权人以反悔权，亦即债权人可随时违反执行和解协议而申请恢复执行？对此存在不同看法。反对的观点基于和解协议的合同性质，主张对于执行和解中出现的原告反悔，应予禁止。① 亦有学者基于实证法的立场，认为《民事诉讼法》第 230 条第 2 款对申请执行人的反悔权作出了限制性规定。② 但亦有学者主张应赋予债权人以反悔权，债权人可以随时反悔并申请恢复执行原执行依据。③ 理由是：首先，从《民事诉讼法》第 230 条第 2 款的文义解释来看，债权人同样可以不履行或者不全面履行执行和解协议而申请恢复执行。其次，在执行和解程序中，债务人不履行或者不全面履行执行和解协议，其实就是反悔，而且这种反悔随时都可能发生，债权人和民事执行机关无法控制。如果不允许债权人反悔，显然就会造成当事人之间的不平等。最后，赋予债权人反悔权，有利于促使债务人与债权人达成期限较短的执行和解协议，从而充分发挥执行和解在提高执行效益方面的功能。④

本书认为，执行和解协议为私法上的协议，在当事人之间有拘束力，任何一方当事人均不得反悔，以上主张赋予债权人反悔权的理由不能成立。第一，《民事诉讼法》第 230 条第 2 款规定："申请执行人因受欺诈、胁迫与被执行人达成和解协议，或者当事人不履行和解协议的，人民法院可以根据当事人的申请，恢

---

① 沈德咏主编：《最高人民法院民事诉讼法司法解释理解与适用》（上册），人民法院出版社 2015 年版，第 1251 页；吴泽勇：《"吴梅案"与判决后和解的处理机制——兼与王亚新教授商榷》，载《法学研究》2013 年第 1 期；张永泉：《执行前和解协议法律效力研究》，载《法学家》2011 年第 1 期。

② 董少谋：《民事强制执行法学》（第二版），法律出版社 2016 年版，第 136 页。

③ 江伟主编：《民事诉讼法》（第五版），高等教育出版社 2016 年版，第 401 页；谭秋桂：《民事执行法学》（第三版），北京大学出版社 2015 年版，第 202 页。

④ 谭秋桂：《民事执行法学》（第三版），北京大学出版社 2015 年版，第 202 页。

复对原生效法律文书的执行。”从文义看，《民事诉讼法》第230条第2款后半段使用了“当事人”的表述，确有含混不清之处，但不能望文生义地认为所有当事人均可申请恢复执行，否则会得出有欺诈、胁迫行为的被执行人亦可以申请恢复执行的荒谬结论。从立法目的看，《民事诉讼法》第230条第2款表达了两层意思，对此应分别予以解释。（1）申请执行人因受欺诈、胁迫与被执行人达成和解协议的，申请执行人可选择请求继续履行和解协议，也可以选择申请恢复执行，但被执行人无此选择权。申请执行人申请恢复执行的，类似于撤销了有瑕疵的和解协议，而非在行使反悔权。（2）一方当事人不履行和解协议的，另一方当事人可申请恢复执行，反悔的一方不得申请恢复执行。立法者为了节省笔墨将两层意思合在一起表述，造成理解上的歧义，应予修正。第二，从《民事诉讼法》第230条第2款的后半段表述看，无论债权人还是债务人申请恢复执行均须以对方当事人不履行和解协议为前提，很显然没有赋予债务人以反悔权。根据《最高人民法院关于执行和解若干问题的规定》第9条，债务人不履行和解协议的，债权人可以提起诉讼，并依据生效裁判强制执行，债务人的反悔权更无从谈起。在债务人无反悔权的前提下，不允许债权人反悔不违反公平原则。第三，若债权人可以随意反悔，则使债务人基于和解协议的履行利益处于不安定状态，债务人一般不会接受没有任何拘束力的和解协议，故若赋予债权人反悔权反不利于和解协议的达成，更遑论执行和解在提高执行效益方面的功能。总之，既然承认执行和解为“协议”，则应赋予其最起码的拘束力，当事人不得肆意反悔。对此，《最高人民法院关于执行和解若干问题的规定》第7条规定，债权人拒绝受领的，债务人可以申请提存；第16条规定，当事人认为执行和解协议无效或者应予撤销的，可以向执行法院提起诉讼，执行和解协议被确认无效或者撤销的，申请执行人方可以据此申请恢复执行。这些规定实际上剥夺了债权人的反悔权。

在债务人的救济方面，根据《最高人民法院关于执行和解若干问题的规定》第7条的规定，债权人无故拒绝受领的，债务人可以申请提存，实质上达到了诉讼并强制执行的效果。债权人不履行和解协议的，债务人能否申请恢复原生效裁判文书执行，现行规定存在暧昧之处。根据《民事诉讼法》第230条第2款以及《最高人民法院关于适用〈中华人民共和国民事诉讼法〉的解释》第467条，一方当事人不履行和解协议的，对方当事人均可申请恢复执行。但《最高人民法院关于执行和解若干问题的规定》第9条将申请恢复执行的主体限制为申请执行人，对此，应理解为本条是对选择权主体的框定，亦即只有申请执行人在被执行人不履行和解协议时才享有在恢复执行和提起诉讼之间进行选择的权利，被执行人（债务人）无此选择权，仅享有申请恢复执行的权利。故此，债权人不履行和解协议的，债务人亦可以申请恢复执行原生效法律文书。另，根据《最高人民法院关于执行和解若干问题的规定》第12条，债务人认为恢复执行或不予恢复执行之裁定违反法律规定的，可依据《民事诉讼法》第225条之规定提出执行异议。毫无疑问，这里的执行异议审查主要也是实体性审查。

（三）以物抵债执行裁定书与法律救济

根据《最高人民法院关于人民法院民事执行中拍卖、变卖财产的规定》第30条之规定，法院作出以物抵债执行裁定的，应于裁定送达后15日内将抵债物移交债权人，被执行人或第三人占有抵债物拒不移交的，强制执行。债权人自收到抵债裁定时起取得抵债物所有权，可凭借裁定书申请办理产权变更登记，登记机关不予办理的，债权人可申请法院出具协助执行通知书，对此毋庸详述。另，依本书观点，债权人因以物抵债裁定取得抵债物所有权的，虽然债务人的处分意思受到限制，但以物抵债裁定仍属给付裁判，债权人是从债务人处继受取得抵债财产。抵债物存在瑕疵的，债务人仍可依《合同法》债务不履行之规定另行起诉，寻求相应的救济。

裁定以物抵债属以公权力导致的物权变动，涉及债务人财产处分权和重大财产利益，故应当为债务人提供充分的程序保障和法律救济。根据《最高人民法院关于适用〈中华人民共和国民事诉讼法〉的解释》第491条规定，法院不经拍卖、变卖直接裁定以物抵债的，须经申请人和被执行人同意。未经被执行人同意裁定以物抵债的，属错误执行，给被执行人造成损失的，应承担国家赔偿责任。[①] 根据《最高人民法院关于人民法院民事执行中拍卖、变卖财产的规定》第19条第1款及《最高人民法院关于适用〈中华人民共和国民事诉讼法〉的解释》第491条、第492条之规定，裁定以物抵债的，应由法院作价，或按流拍时的保

① 参见最高人民法院（2017）最高法委赔监134号赔偿决定书。

留价确定抵债物价值。抵债财产流拍的，说明保留价高于市场价格或者市场预期，以此价格抵债应不会损害债务人利益。另，根据《最高人民法院关于人民法院民事执行中拍卖、变卖财产的规定》第19条第2款、第23条之规定，债权额低于抵债财产价额的，债权人应在指定期间内补交差额，在补交差额前不得送达裁定书，确保抵债物所有权移转时“钱货两清”。根据《最高人民法院关于人民法院办理执行异议和复议案件若干问题的规定》第7条之规定，债务人认为法院以物抵债违法而提出执行行为异议的，执行法院应当按照《民事诉讼法》第225条规定进行审查；债务人以债权消灭、丧失强制执行效力等执行依据生效之后的实体事由提出排除执行异议的，执行法院应参照《民事诉讼法》第225条规定进行审查。当然，债务人若以执行依据生效前的实体事由提出排除执行异议的，实质上属于对原生效裁判文书既判力的质疑，故执行法院不能依异议程序审查，只能由当事人申请再审。

（四）第三人（案外人）之法律保护

市场经济条件下，资源的稀缺性和市场主体的逐利性使得物尽其用、物畅其通成为必然，由此导致物上权利群富集、物的权属与占有不一致成为常态，再加上登记错误、恶意串通等非市场因素影响，以物抵债引发物上权利冲突、损害其他权利人利益的情况不可避免。为此，有必要为利害关系人提供必要的救济渠道。

从实体权利类型角度看，诉讼中以物抵债与各种财产权类型均有可能发生冲突。在债权方面，如以物抵债和解协议构成以明显不合理低价转让财产的，其他债权人可根据《合同法》第74条提起撤销之诉。根据债权平等原则，法院裁定以执行标的物抵债的，其他债权人原则上不得提出异议。但是，对已经支付了全部或大部分价款并对取得抵债物所有权具有合理期待的买受人而言，若标的物被法院执行，难免遭受重大损害。为妥善平衡当事人利益，结合我国实际情况，《最高人民法院关于人民法院办理执行异议和复议案件若干问题的规定》第28条、第29条对特定情形下的买受人予以优先保护，法院对买卖标的物不得执行，当然也不得裁定以物抵债。[①] 另，根据买卖不击破租赁的原则，诉讼以物抵债不得影响承租人利益。对此，《最高人民法院关于人民法院办理执行异议和复议案件若干问题的规定》第 31 条规定，承租人请求在租赁期内阻止向受让人移交占有的被执行人的不动产，在法院查封之前已签订书面租赁合同并占有使用的，法院应予支持。此规定当然亦适用于以物抵债情形。

在此需要一并讨论的是，签订了以物抵债协议和买卖型担保协议的债权人能否主张《最高人民法院关于人民法院办理执行异议和复议案件若干问题的规定》第 28 条对抗人民法院对抵债物的强制执行？有观点认为，《最高人民法院关于人民法院办理执行异议和复议案件若干问题的规定》第 28 条所要保护的权益均是买受人基于购买不动产之目的而成立的合法有效的买卖关系所形成的针对该不动产交付及权属变动的债权。而以物抵债协议以消灭协议当事人之间存在的金钱债务为目的，不动产的交付仅系以物抵债的履行方式，并不能改变所谓的买受人在本质上系出卖人的普通金钱债权人地位。这与以购买不动产为目的签订的买卖合同在当事人之间形成买受人对出卖人的物之交付及权属变动这一非金钱债权迥然不同。基于以物抵债而拟受让不动产的买受人，在完成不动产权属转移登记之前，仅凭以物抵债协议并不足以形成优先于一般债权的权益。而如果认为此种情况下的所谓买受人可以排除出卖人的其他金钱债权人对抵债物的强制执行，则无异于该买受人通过以物抵债的方式即获得了优先于出卖人的其他普通金钱债权的法律地位，使得本应处于平等受偿地位的普通债权仅因以物抵债协议的签订就产生了优先与劣后之别。这一方面将导致对普通金钱债权领域下债权平等基本原则的严重冲击，另一方面，也无疑会在某种程度上暗示普通债权人通过这种方式获得优先受偿的地位，在一定程度上会助长对抗强制执行的不诚信乃至违法行为。因此，通过以物抵债或以不动产买卖合同为借款担保，实际上是为了实现或担保

---

① 《最高人民法院关于人民法院办理执行异议和复议案件若干问题的规定》第 28 条规定："金钱债权执行中，买受人对登记在被执行人名下的不动产提出异议，符合下列情形且其权利能够排除执行的，人民法院应予支持：（一）在人民法院查封之前已签订合法有效的书面买卖合同；（二）在人民法院查封之前已合法占有该不动产；（三）已支付全部价款，或者已按照合同约定支付部分价款且将剩余价款按照人民法院的要求交付执行；（四）非因买受人自身原因未办理过户登记。"第 29 条规定："金钱债权执行中，买受人对登记在被执行的房地产开发企业名下的商品房提出异议，符合下列情形且其权利能够排除执行的，人民法院应予支持：（一）在人民法院查封之前已签订合法有效的书面买卖合同；（二）所购商品房系用于居住且买受人名下无其他用于居住的房屋；（三）已支付的价款超过合同约定总价款的百分之五十。"

实现买受人的金钱债权，与《最高人民法院关于人民法院办理执行异议和复议案件若干问题的规定》第28条的立法目的并不相符，因而不具有参照适用该条规定的前提条件。[①] 考虑到现行房地产开发、登记制度不完善导致部分买受人取得法律意义上的不动产所有权的时间常滞后于债权合意时间的状况，《最高人民法院关于人民法院办理执行异议和复议案件若干问题的规定》第28条之目的在于使得买房人对房屋的登记、交付请求权一定程度上优先于其他普通债权，从而保障买房人生存利益，增强人民群众对法律公平的信心。而以物抵债中，债权人取得抵债的房屋并非以居住为目的，并无适用房屋消费者物权期待权之空间，因此，应对不动产物权期待权的适用范围予以限缩，不将抵债物受让人列入物权期待权保护范围。[②] 本书认为，当事人在债务履行期届满前达成的买卖型担保，债权人的真实目的并非取得买卖标的物所有权，债权人往往没有实际占有抵债的不动产，在债务履行期届满前，亦不能认为债权人已经支付了“价款”，故不符合《最高人民法院关于人民法院办理执行异议和复议案件若干问题的规定》第28条的构成要件，债权人当然对抵债的不动产不享有物权期待权。但对于债务履行期届满后达成的以物抵债协议，尤其是当事人在债务履行期届满后达成的“名为买卖、实为抵债”的买卖合同而言，可以认为当事人将欠款转化为购房款且已经实际履行，[③] 债权人的金钱债权也已经转化为针对抵债不动产的交付及权属变动的债权，至于债权人取得抵债物所有权是否以居住为目的实难判定，此时若债权人已经实际占有抵债的不动产且因意志以外的原因不能办理不动产过户登记的，符合《最高人民法院关于人民法院办理执行异议和复议案件若干问题的规定》第28条之构成要件，此种情况下排除《最高人民法院关于人民法院办理执行异议和复议案件若干问题的规定》第28条之适用，似非妥适。[④]

---

① 司伟、王小青：《执行异议之诉中不动产买受人排除强制执行的要件审查》，载《人民司法·案例》2019年第23期。

② 林型茂、何姣：《以物抵债购房合同不能排除强制执行》，载《人民司法·案例》2019年第23期。

③ 在相关裁判中，最高人民法院认为以抵账方式进行的房屋交易中，可以认定买受人已经向出卖人给付房屋全部购房款。参见最高人民法院（2019）最高法民申1560号民事裁定书。

④ 在相关裁判中，最高人民法院认为，以房抵债案件符合《最高人民法院关于人民法院办理执行异议和复议案件若干问题的规定》第28条规定的四个条件的，可以排除法院的强制执行。参见最高人民法院（2017）最高法民申2484号民事裁定书、（2018）最高法民申1382号民事裁定书、（2019）最高法民申1560号民事裁定书。

在物权方面，根据成立在先、权利在先原则，以物抵债应不得侵害在先物权人利益。抵债物所有权归他人所有的，以物抵债构成对他人所有权的侵害，自为法律所禁止。但在实务中，借名登记、错误登记等情况下抵债物所有权并非一望而知，由此引起的纠纷应依据相应的确权规则和程序确定抵债物权属，在此前提下才能确定以物抵债效力问题。抵债物上存在用益物权的，抵债物所有权转移不得对用益物权造成不良影响。《最高人民法院关于人民法院民事执行中拍卖、变卖财产的规定》第 31 条规定，拍卖财产上原有的租赁权及其他用益物权，不因拍卖而消灭。拍卖财产流拍后法院裁定以物抵债的，也应作出相同的解释。抵债物上存在担保物权或法定优先权的，以物抵债亦不得影响在先担保物权人和优先权人的利益。比如，以设立抵押的财产抵债的，实为转让抵押物的行为。传统民法上，抵押权具有追及效力，不论抵押物辗转流入何人之手，抵押权人均可追及抵押物所在行使抵押权。在这种立法模式下，以抵押物抵债自不会损害抵押权人利益。我国《物权法》第 191 条之抵押物转让规则采取较为严格的物上代位主义，抵押人转让抵押物的，应当将转让所得的价款向抵押权人提前清偿债务或者提存；未经抵押权人同意，不得转让抵押财产。在以抵押物抵债的情况下，抵押权人多数情况下“无物可代”，当然也就不会同意以物抵债。从理论上讲，有人认为，抵押权设定后，抵押人不丧失抵押物所有权，应当可以处分抵押物，包括将抵押物抵债。为妥善平衡各方当事人利益，《民法典》关于抵押物转让规则的设计应放弃单纯的物上代位主义模式，代之以追及效力和物上代位效力合理配置为主线的规制格局。在以物抵债的情况下，尤其应当赋予抵押权人以追及权，确保抵押权不因以物抵债受到影响。[①]

诉讼中以物抵债形态不同，抵债物上的权利类型不同，以物抵债对第三人利益影响程度以及相应的救济途径也不尽相同。以物抵债和解协议中因没有公权力参与，由以物抵债引发的物权、债权纠纷较为常见，第三人权利受到侵害的，可以通过诉讼途径维护合法权益。相较而言，以物抵债调解书、司法确认裁定书系在公权力主导下发生，或经过了司法审查，一般不会发生侵害第三人利益情况，

① 关于抵押物转让规则的详细论述，参见景光强：《论抵押物转让规则之重构——以追及效力和物上代位效力的合理配置为主线》，载麻昌华主编：《私法研究》第二十三卷，法律出版社 2018 年版，第 34－52 页。

但亦不排除因抵债物权属问题发生纠纷。因此时的以物抵债已为生效裁判文书所固化，第三人权利救济问题亦围绕否定生效裁判文书效力而展开。根据我国实在法规定，对已经生效的以物抵债调解书、司法确认裁定书，案外人认为损害其民事权益的，可依照《民事诉讼法》第 56 条第 3 款提起撤销之诉，亦可以根据《民事诉讼法》第 227 条、《最高人民法院关于适用〈中华人民共和国民事诉讼法〉的解释》第 423 条申请再审。申请再审的，应当以提出执行异议为前置条件。[①] 根据最高人民法院观点，案外人只能就撤销之诉与申请再审择一而行，不能重复选择。[②] 若第三人对执行标的提出执行异议与原生效裁判文书无关，对异议裁定不服的，还可以根据《民事诉讼法》第 227 条、《最高人民法院关于人民法院办理执行异议和复议案件若干问题的规定》第 16 条、第 27 条之规定，提起执行异议之诉。

在执行程序中，若案外人认为执行法院以物抵债措施违法侵害其对执行标的的优先购买权，或者以物抵债措施有其他违法行为，根据《最高人民法院关于人民法院办理执行异议和复议案件若干问题的规定》第 5 条、第 7 条第 1 款之规定，可以提出执行行为异议，执行法院应当依照《民事诉讼法》第 225 条之规定进行审查。若针对执行法院的以物抵债行为，对执行标的提出排除执行异议的，根据《最高人民法院关于人民法院办理执行异议和复议案件若干问题的规定》第 26 条之规定，执行法院应当根据《民事诉讼法》第 227 条进行审查，对执行法院作出的裁定不服的，可以提起执行异议之诉。需要讨论的是，执行法院作出以物抵债裁定书后，案外人还能否提出执行异议？《最高人民法院关于适用〈中华人民共和国民事诉讼法〉的解释》第 464 条规定："根据民事诉讼法第二百二十七条规定，案外人对执行标的提出异议的，应当在该执行标的的执行程序终结前提出。"《最高人民法院关于人民法院办理执行异议和复议案件若干问题的规定》第 6 条第 2 款规定："案外人依照民事诉讼法第二百二十七条规定提出异

---

① 根据最高人民法院《审判监督程序司法解释》第 5 条之规定，案外人对生效裁判的执行标的物主张权利，可以直接申请再审，无须以提出执行异议为前置程序。《最高人民法院关于适用〈中华人民共和国民事诉讼法〉的解释》第 423 条对此作出修正，规定申请再审须以提起执行异议为前置条件，从而与《民事诉讼法》第 227 条保持了一致。

② 沈德咏主编：《最高人民法院民事诉讼法司法解释理解与适用》（下册），人民法院出版社 2015 年版，第 1124 页。

议的，应当在异议指向的执行标的执行终结之前提出；执行标的由当事人受让的，应当在执行程序终结之前提出。”一种观点认为，执行异议旨在阻止执行标的物所有权移转，而以物抵债裁定已导致物权变动，执行程序已经终结，故案外人不得再提出执行异议。按照这种解释，因执行异议之诉以提起执行异议为前置条件，案外人不得提出执行异议，当然也就无法启动执行异议之诉。即使允许案外人另行提起损害赔偿或不当得利之诉，案外人亦仅仅能获得债权保障，其对抵债物的物权无法恢复。从债权人角度看，如果执行标的确属案外人所有，则债权人其实得到了本不应得之利益，此时不允许案外人异议严重缺乏合理性。[①] 为切实保护真实权利人权利，对执行程序终结应作宽松解释，即执行标的执行程序终结不仅意味着权属的转移，而且要求已完成权属变更登记且相关价款已经分配完毕。[②] 因此，法院作出以物抵债裁定的，在完成权属变更登记前，案外人仍然有权提出执行异议，对异议裁定不服的，仍可以提起执行异议之诉。如此解释，在最大限度上保护了真实权利人利益的同时，也能倒逼执行法院在作出以物抵债裁定后，及时办理物权变更登记，反向提升执行效率。[③]

---

① 沈德咏主编：《最高人民法院民事诉讼法司法解释理解与适用》（下册），人民法院出版社 2015 年版，第 1241 页。

② 沈德咏主编：《最高人民法院民事诉讼法司法解释理解与适用》（下册），人民法院出版社 2015 年版，第 1241 页。

③ 胡永康：《执行标的物权变更登记前仍可提起执行异议》，载《人民司法·案例》2016 年第 20 期。

参考文献

（一）专著类

1. 曹士兵：《中国担保制度与担保方法》（第三版），中国法制出版社 2015 年版。

2. 常鹏翱：《物权法的基础与进阶》，中国社会科学出版社 2016 年版。

3. 陈华彬：《物权法研究》（修订版），法律出版社 2009 年版。

4. 陈华彬：《债法总论》，中国法制出版社 2012 年版。

5. 陈华彬：《民法总则》，中国政法大学出版社 2017 年版。

6. 陈甦主编：《民法总则评注》（上下册），法律出版社 2017 年版。

7. 陈自强：《无因债权契约论》，中国政法大学出版社 2002 年版。

8. 陈自强：《整合中之契约法》，北京大学出版社 2012 年版。

9. 陈自强：《债权法之现代化》，北京大学出版社 2013 年版。

10. 程啸：《担保物权研究》，中国人民大学出版社 2017 年版。

11. 崔建远：《债法总论》，法律出版社 2013 年版。

12. 崔建远：《物权法》（第三版），中国人民大学出版社 2014 年版。

13. 崔建远：《债权：借鉴与发展》（修订版），中国人民大学出版社 2014 年版。

14. 崔建远：《合同法学》，法律出版社 2015 年版。

15. 董少谋：《民事强制执行法学》（第二版），法律出版社 2016 年版。

16. 杜景林：《德国债法总则新论》，法律出版社 2011 年版。

17. 杜景林、卢谌：《德国民法典全条文注释》（上下册），中国政法大学出版社 2015 年版。

18. 杜万华主编：《最高人民法院民间借贷司法解释理解与适用》，人民法院出版社 2015 年版。

19. 杜万华主编：《最高人民法院物权法司法解释（一）理解与适用》，人民法院出版社 2016 年版。

20. 范健、王建文：《商法基础理论专题研究》，高等教育出版社 2005 年版。

21. 韩世远：《合同法总论》（第四版），法律出版社 2018 年版。

22. 何宝玉：《英国合同法》，中国政法大学出版社 1999 年版。

23. 胡康生主编：《中华人民共和国合同法释义》，法律出版社 1999 年版。

24. 胡康生主编：《中华人民共和国物权法释义》，法律出版社 2007 年版。

25. 黄立：《民法债编总论》，中国政法大学出版社 2002 年版。

26. 江伟主编：《民事诉讼法》（第五版），高等教育出版社 2016 年版。

27. 李世刚：《法国担保法改革》，法律出版社 2011 年版。

28. 李适时主编：《中华人民共和国民法总则释义》，法律出版社 2017 年版。

29. 梁慧星主编：《中国民法典草案建议稿附理由・物权编》，法律出版社 2013 年版。

30. 梁慧星：《民法总论》（第五版），法律出版社 2017 年版。

31. 梁慧星：《裁判的方法》（第三版），法律出版社 2017 年版。

32. 梁慧星、陈华彬：《物权法》（第五版），法律出版社 2010 年版。

33. 林诚二：《民法债编总论——体系化解说》，中国人民大学出版社 2003 年版。

34. 林诚二：《民法债编各论》（上册），中国人民大学出版社 2007 年版。

35. 刘保玉：《物权体系论——中国物权法上的物权类型设计》，人民法院出版社 2004 年版。

36. 刘保玉：《物权法学》，中国法制出版社 2007 年版。

37. 邱聪智：《新订民法债编通则》（新订一版，上下册），中国人民大学出版社 2004 年版。

38. 邱聪智：《新订债法各论》（上册），中国人民大学出版社 2006 年版。

39. 沈德咏主编：《最高人民法院民事诉讼法司法解释理解与适用》（上下册），人民法院出版社 2015 年版。

40. 沈德咏主编：《〈中华人民共和国民法总则〉条文理解与适用》（上下册），人民法院出版社 2017 年版。

41. 史尚宽：《民法总论》，中国政法大学出版社 2000 年版。

42. 史尚宽：《债法总论》，中国政法大学出版社 2000 年版。

43. 史尚宽：《物权法论》，中国政法大学出版社 2000 年版。

44. 孙鹏、王勤劳、范雪飞：《担保物权法原理》，中国人民大学出版社2009年版。

45. 孙森焱：《民法债编总论》（下册），法律出版社2006年版。

46. 孙宪忠：《中国物权法总论》（第四版），法律出版社2018年版。

47. 谭秋桂：《民事执行法学》（第三版），北京大学出版社2015年版。

48. 王闯：《让与担保法律制度研究》，法律出版社2000年版。

49. 王洪亮：《债法总论》，北京大学出版社2016年版。

50. 王家福主编：《民法债权》，中国社会科学出版社2015年版。

51. 王利明：《法律解释学导论：以民法为视角》，法律出版社2009年版。

52. 王利明：《民法总则研究》（第二版），中国人民大学出版社2012年版。

53. 王利明：《债法总则研究》，中国人民大学出版社2015年版。

54. 王利明：《合同法研究》（第三版，第一卷），中国人民大学出版社2015年版。

55. 王利明：《合同法研究》（第二版，第三卷），中国人民大学出版社2015年版。

56. 王利明：《物权法研究》（第四版，上下卷），中国人民大学出版社2016年版。

57. 王利明：《合同法研究》（第二版，第四卷），中国人民大学出版社2017年版。

58. 王利明、房绍坤、王轶：《合同法》，中国人民大学出版社2007年版。

59. 王利明、尹飞、程啸：《中国物权法教程》，人民法院出版社2007年版。

60. 王泽鉴：《民法总则》，北京大学出版社2009年版。

61. 王泽鉴：《民法物权》（第二版），北京大学出版社2010年版。

62. 王泽鉴：《债法原理》（第二版），北京大学出版社2013年版。

63. 王泽鉴：《不当得利》（第二版），北京大学出版社2015年版。

64. 王泽鉴：《民法学说与判例研究》（重排合订本），北京大学出版社2015年版。

65. 肖建国主编：《民事执行法》，中国人民大学出版社2014年版。

66. 谢在全：《民法物权论》（修订五版，上中下册），中国政法大学出版社

2011 年版。

67. 杨立新:《债法总论》,法律出版社 2011 年版。

68. 杨与龄:《强制执行法论》,中国政法大学出版社 2002 年版。

69. 姚瑞光:《民法物权论》,中国政法大学出版社 2011 年版。

70. 尹田:《法国现代合同法:契约自由与社会公正的冲突与平衡》,法律出版社 2009 年版。

71. 尹田:《物权法》(第二版),北京大学出版社 2017 年版。

72. 张卫平:《民事诉讼法》(第四版),法律出版社 2016 年版。

73. 郑玉波:《民法债编总论》(修订二版),陈荣隆修订,中国政法大学出版社 2004 年版。

74. 周枏:《罗马法原论》(下册),商务印书馆 2014 年版。

75. 朱广新:《合同法总则研究》(上下册),中国人民大学出版社 2018 年版。

76. 朱庆育:《民法总论》(第二版),北京大学出版社 2016 年版。

77. 最高人民法院执行局主编:《人民法院办理执行案件规范》,人民法院出版社 2017 年版。

78. [古罗马] 查士丁尼:《法学总论》,张企泰译,商务印书馆 1989 年版。

79. [古罗马] 盖尤斯:《法学阶梯》,黄风译,中国政法大学出版社 2008 年版。

80. 欧洲民法典研究组、欧盟现行私法研究组:《欧洲示范民法典草案:欧洲私法的原则、定义和示范规则》,高圣平译,中国人民大学出版社 2012 年版。

81. [德] 鲍尔、施蒂尔纳:《德国物权法》(下册),申卫星、王洪亮译,法律出版社 2006 年版。

82. [德] 本德·吕特斯、阿斯特丽德·施塔德勒:《德国民法总论》(第十八版),于馨淼、张姝译,法律出版社 2017 年版。

83. [德] 迪尔克·罗歇尔德斯:《德国债法总论》(第七版),沈小军、张金海译,中国人民大学出版社 2014 年版。

84. [德] 迪特尔·梅迪库斯:《德国债法分论》,杜景林、卢谌译,法律出版社 2007 年版。

85. ［德］迪特尔·梅迪库斯：《请求权基础》，陈卫佐、田士永、王洪亮、张双根译，法律出版社 2012 年版。

86. ［德］迪特尔·梅迪库斯：《德国民法总论》，邵建东译，法律出版社 2013 年版。

87. ［德］卡尔·拉伦茨：《法学方法论》，陈爱娥译，商务印书馆 2003 年版。

88. ［德］卡尔·拉伦茨：《德国民法通论》（上册），王晓晔、邵建东、程建英、徐国建、谢怀栻译，法律出版社 2013 年版。

89. ［德］卡尔·拉伦茨：《法律行为解释之方法——兼论意思表示理论》，范雪飞、吴训祥译，邵建东校，法律出版社 2018 年版。

90. ［德］马克斯·卡泽尔、罗尔夫·克努特尔：《罗马私法》，田士永译，法律出版社 2018 年版。

91. ［德］齐佩利乌斯：《法学方法论》，金振豹译，法律出版社 2009 年版。

92. ［德］维尔纳·弗卢梅：《法律行为论》，迟颖译，法律出版社 2013 年版。

93. ［法］弗朗索瓦·泰雷等：《法国债法·契约篇》（上下册），罗结珍译，中国法制出版社 2018 年版。

94. ［法］让·文森、塞尔日·金沙尔：《法国民事诉讼法要义》（上册），罗结珍译，中国法制出版社 2001 年版。

95. ［意］彼德罗·彭梵得：《罗马法教科书》（2005 年修订版），黄风译，中国政法大学出版社 2005 年版。

96. ［日］大村敦志：《民法总论》，江溯、张立艳译，王轶校，北京大学出版社 2004 年版。

97. ［日］近江幸治：《民法总则》（第六版补订），渠涛等译，渠涛校，北京大学出版社 2015 年版。

98. ［日］近江幸治：《担保物权法》，祝娅、王卫军、房兆融译，法律出版社 2000 年版。

99. ［日］我妻荣：《新订债权总论》，王燚译，中国法制出版社 2008 年版。

100. ［日］我妻荣：《债权各论》（上卷），徐慧译，中国法制出版社 2008

年版。

101. ［日］我妻荣：《债权各论》（中卷一），徐进、李又又译，中国法制出版社 2008 年版。

102. ［日］我妻荣：《债权各论》（中卷二），周江洪译，中国法制出版社 2008 年版。

103. ［日］我妻荣：《新订担保物权法》，申政武、封涛、郑芙蓉译，中国法制出版社 2008 年版。

104. ［英］梅因：《古代法》，沈景一译，商务印书馆 2015 年版。

105. ［美］E. 艾伦·范斯沃思：《美国合同法》，葛云松、丁春艳译，中国政法大学出版社 2004 年版。

（二）论文类

1. 贲寒：《动产抵押制度的再思考——兼评我国民法（草案）对动产抵押与让与担保制度之规定》，载《中国法学》2003 年第 2 期。

2. 陈本寒：《新类型担保的法律定位》，载《清华法学》2014 年第 2 期。

3. 陈信勇、徐继响：《论动产让与担保与动产抵押之雷同——兼评我国民法（草案）对动产让与担保与动产抵押的规定》，载《法学论坛》2004 年第 4 期。

4. 陈永强：《以物抵债之处分行为论》，载《法学》2014 年第 11 期。

5. 陈永强：《以买卖合同担保借贷的解释路径与法效果》，载《中国法学》2018 年第 2 期。

6. 程啸：《论抵押权的实现程序》，载《中外法学》2012 年第 6 期。

7. 程啸：《因法律文书导致的物权变动》，载《法学》2013 年第 1 期。

8. 崔建远：《代物清偿与保证的联立分析》，载《东方法学》2011 年第 5 期。

9. 崔建远：《以物抵债的理论与实践》，载《河北法学》2012 年第 3 期。

10. 崔建远：《以物抵债效力的司法裁判规则》，载《人民法治》2015 年第 9 期。

11. 崔军：《代物清偿的基本规则及实务应用》，载《法律适用》2006 年第 7 期。

12. 董学立：《也论“后让与担保”——与杨立新教授商榷》，载《中国法学》2014 年第 3 期。

13. 房绍坤：《论新债清偿》，载《广东社会科学》2014 年第 5 期。

14. 房绍坤：《导致物权变动之法院判决类型》，载《法学研究》2015 年第 1 期。

15. 房绍坤：《法院判决外之法律文书的物权变动效力问题研究》，载《法商研究》2015 年第 3 期。

16. 房绍坤、纪力玮：《论以租抵债》，载《山东警察学院学报》2018 年第 1 期。

17. 房绍坤、严聪：《以物抵债协议的法律适用与性质判断——最高人民法院（2016）最高法民终字第 484 号判决评释》，载《求是学刊》2018 年第 5 期。

18. 冯永强：《论以物抵债行为的性质与效力》，载《新疆社会科学》2015 年第 3 期。

19. 高圣平：《动产让与担保的立法论》，载《中外法学》2017 年第 5 期。

20. 高圣平：《论流质契约的相对禁止》，载《政法论丛》2018 年第 1 期。

21. 高圣平、曹明哲：《股权让与担保效力的解释论——基于裁判的分析与展开》，载《人民司法·应用》2018 年第 28 期。

22. 高治：《代物清偿预约研究——简论流担保制度的立法选择》，载《法律适用》2008 年第 8 期。

23. 高治：《担保型买卖合同纠纷的法理辨析与裁判对策》，载《人民司法·应用》2014 年第 23 期。

24. 耿启幸：《买卖型担保法律性质研究——从朱某芳案谈起》，载《东南大学学报》（哲学社会科学版）2018 年第 20 卷增刊。

25. 关涛：《作为动产担保方式之一的让与担保》，载《政法论丛》2008 年第 2 期。

26. 韩俊英：《以房抵债的理论争点与效力探讨》，载《安徽大学学报》（哲学社会科学版）2018 年第 4 期。

27. 何姣：《买受人物权期待权认定及阻却执行的条件》，载《人民司法·案例》2018 年第 11 期。

28. 胡永康：《执行标的物权变更登记前仍可提起执行异议》，载《人民司法·案例》2016 年第 20 期。

29. 黄金龙：《不履行执行中的和解协议的救济程序——另行起诉与恢复执行原生效法律文书》，载《人民司法·应用》2005 年第 11 期。

30. 黄奕新、张学文：《后让与担保的司法保护》，载《海峡法学》2017 年第 4 期。

31. 季秀平：《物权法确认让与担保制度的几个疑难问题》，载《烟台大学学报》（哲学社会科学版）2002 年第 3 期。

32. 蒋军洲：《要物合同的类型演进与其界定：罗马法的经验与启示》，载《东方法学》2015 年第 6 期。

33. 蒋军洲：《罗马法上要物合同范畴的厘定：渊源与启示》，载《北方法学》2015 年第 3 期。

34. 雷彤：《司法拍卖不动产的交付问题研究》，载《人民司法·应用》2019 年第 13 期。

35. 李科：《论执行和解协议之执行力》，载《政治与法律》2008 年第11 期。

36. 李磊、刘保玉：《让与担保存废论——基于实证考察的分析》，载《人民司法·应用》2018 年第 28 期。

37. 李世寅：《当事人不履行执行和解协议的司法救济》，载《人民司法·案例》2018 年第 17 期。

38. 李永军：《论债因在合同法中的作用》，载《当代法学》2018 年第 2 期。

39. 梁曙明、刘牧晗：《借贷关系中签订房屋买卖合同并备案登记属于让与担保》，载《人民司法·案例》2014 年第 16 期。

40. 林型茂、何姣：《以物抵债购房合同不能排除强制执行》，载《人民司法·案例》2019 年第 23 期。

41. 刘保玉：《完善我国质权制度的建议》，载《现代法学》2017 年第 6 期。

42. 刘保玉：《附物权担保债权人的执行选择权问题探讨》，载《法学家》2017 年第 4 期。

43. 刘保玉：《担保物权制度：理解适用与规则完善（上）》，载《山东法官培训学院学报》2017 年第 3 期。

44. 刘保玉：《担保物权制度：理解适用与规则完善（下）》，载《山东法官培训学院学报》2017 年第 4 期。

45. 刘保玉：《第三人担保的共通规则梳理与立法规定的完善》，载《江西社会科学》2018 年第 10 期。

46. 刘惠明、闫鹏佳：《以房抵债协议的法律性质辨析》，载《江苏警官学院学报》2018 年第 6 期。

47. 刘家安：《“要物合同”概念之探究》，载《比较法研究》2011 年第 4 期。

48. 刘琨：《以物抵债协议不宜认定为流质契约》，载《人民司法 · 案例》2014 年第 2 期。

49. 刘敏：《新债与旧债的关系：以物抵债适用规则研究》，载《华南理工大学学报》（社会科学版）2018 年第 3 期。

50. 龙俊：《民法典物权编中让与担保制度的进路》，载《法学》2019 年第 1 期。

51. 卢文兵：《第三人代物清偿的司法认定和责任承担》，载《人民司法 · 案例》2013 年第 18 期。

52. 陆青：《以房抵债协议的法理分析——〈最高人民法院公报〉载“朱某芳案”评释》，载《法学研究》2015 年第 3 期。

53. 麻锦亮：《以物抵债协议的性质与效力》，载贺小荣主编：《最高人民法院民事审判第二庭法官会议纪要》，人民法院出版社 2018 年版。

54. 梅瑞琦：《让与担保制度法律构成初探——从权利公示的视角出发》，载《浙江工商大学学报》2009 年第 3 期。

55. 孟强：《〈民法物权编〉应允许流质流抵》，载《当代法学》2018 年第 4 期。

56. 其木提：《代物清偿协议的效力——最高人民法院（2011）民提字第 210 号民事判决评释》，载《交大法学》2013 年第 3 期。

57. 钱玉林：《民法与商法适用关系的方法论诠释——以〈公司法〉司法解释（三）第 24、25 条为例》，载《法学》2017 年第 2 期。

58. 乔宇：《合意抵债瑕疵问题刍议》，载《法律适用》2011 年第 9 期。

59. 秦伟：《法律文书：迳行导致物权变动之研判——以代物清偿为切入

点》，载《法学论坛》2016年第5期。

60. 阙梓冰：《解释的难题：买卖合同何以担保民间借贷合同》，载《南海法学》2017年第1期。

61. 施建辉：《以物抵债契约研究》，载《南京大学学报》（哲学·人文科学·社会科学版）2014年第6期。

62. 石少红：《当事人利用法律文书规避执行问题的司法应对——以物抵债民事调解书能否直接引起不动产物权变动》，载《山东审判》2012年第1期。

63. 司伟：《债务清偿期届满后的以物抵债纠纷裁判若干疑难问题思考》，载《法律适用》2017年第17期。

64. 司伟：《债务清偿期届满后以物抵债协议的性质与履行》，载《人民司法·案例》2018年第2期。

65. 司伟、王小青：《执行异议之诉中不动产买受人排除强制执行的要件审查》，载《人民司法·案例》2019年第23期。

66. 睢晓鹏：《通谋虚伪意思表示的司法规制》，载《人民司法·案例》2014年第10期。

67. 孙超：《预约与本约的关系探讨》，载《人民司法·应用》2017年第26期。

68. 孙鹏、王勤劳：《流质条款效力论》，载《法学》2008年第1期。

69. 孙思嘉：《以房屋买卖合同担保借款合同的解释和效力：基于裁判分歧的展开》，载《西南交通大学学报》（社会科学版）2019年第1期。

70. 谭筱清：《执行裁定导致物权变动的法律适用》，载《人民司法·应用》2007年第21期。

71. 汪志刚：《如何理解物权法第28条中的“法律文书”》，载《西部法学评论》2011年第3期。

72. 王伯文、李家兴：《以房抵债裁判规则再思考——从实证分析和比较法角度切入》，载《判解研究》2018年第3期。

73. 王洪亮：《以物抵债的解释与构建》，载《陕西师范大学学报》（哲学社会科学版）2016年第6期。

74. 王洪亮：《代物清偿制度的发现与构建》，载《浙江工商大学学报》

2018 年第 2 期。

75. 王静、刘海全：《法院不能就执行和解协议出具以物抵债裁定》，载《人民司法·案例》2019 年第 20 期。

76. 王明华：《论〈物权法〉第 28 条中的“法律文书”的涵义与类型》，载《法学论坛》2012 年第 5 期。

77. 王卫国、王坤：《让与担保在我国物权法中的地位》，载《现代法学》2004 年第 5 期。

78. 王亚新：《一审判决效力与二审中的诉讼外和解协议——最高人民法院公布的 2 号指导案例评析》，载《法学研究》2012 年第 4 期。

79. 邬砚、张伟：《以物抵债的成立要件与效力判定》，载《人民司法·案例》2017 年第 17 期。

80. 吴光荣：《也谈依法律文书发生的物权变动——兼评〈物权法司法解释一〉第 7 条》，载《法律适用》2016 年第 5 期。

81. 吴泽勇：《“吴梅案”与判决后和解的处理机制——兼与王亚新教授商榷》，载《法学研究》2013 年第 1 期。

82. 武钦殿、王德成：《民事强制执行中以房抵债若干问题》，载《人民司法·案例》2014 年第 23 期。

83. 夏正芳、马燕：《让与担保的法律属性与价值衡量——民法典分则编纂背景下让与担保的司法审视》，载《人民司法·应用》2018 年第 28 期。

84. 夏正芳、潘军锋：《以物抵债的性质及法律规制》，载《人民司法·应用》2013 年第 21 期。

85. 肖建华、廖浩：《既判力基准时后的“和解”——以吴梅案“和解协议”与执行和解为例》，载《国家检察官学院学报》2014 年第 6 期。

86. 肖俊：《代物清偿中的合意基础与清偿效果研究》，载《中外法学》2015 年第 1 期。

87. 谢哲胜：《流质（押）契约自由与限制》，载《台湾本土法学》2005 年第 8 期。

88. 徐冰：《担保性买卖的理论与实践》，载《人民司法·应用》2018 年第 19 期。

89. 严仁群：《二审和解后的法理逻辑：评第一批指导案例之“吴梅案”》，载《中国法学》2012 年第 4 期。

90. 严之：《代物清偿法律问题研究》，载《当代法学》2015 年第 1 期。

91. 杨代雄：《抵押合同作为负担行为的双重效果》，载《中外法学》2019 年第 3 期。

92. 杨国香、尹颖舜、张娜：《执行和解协议纠纷解决机制探析》，载《人民司法·应用》2011 年第 2 期。

93. 杨立新：《后让与担保：一个正在形成的习惯法担保物权》，载《中国法学》2013 年第 3 期。

94. 杨立新、李怡雯：《让与担保的权利受让人对受让权利支配的限制》，载《中国应用法学》2018 年第 4 期。

95. 杨志仁：《论实践合同的发展趋势》，载《湖南社会科学》2014 年第 4 期。

96. 杨卓黎：《我国让与担保纠纷司法裁判规则之思考》，载《湘潭大学学报》（哲学社会科学版）2018 年第 1 期。

97. 姚辉、刘生亮：《让与担保规制模式的立法论阐释》，载《法学家》2006 年第 6 期。

98. 袁士增、马艳华：《后让与担保权人不能直接以物抵债》，载《人民司法·案例》2014 年第 16 期。

99. 翟云岭、于靖文：《代物清偿理论剖析》，载《大连海事大学学报》（社会科学版）2012 年第 1 期。

100. 张金海：《论要物合同的废止与改造》，载《中外法学》2014 年第 4 期。

101. 张力：《实践性合同的诺成化变迁及其解释》，载《学术论坛》2007 年第 9 期。

102. 张凇纶：《物权公示的经济学分析——强制性公示之反思》，载《法商研究》2017 年第 6 期。

103. 张伟：《买卖合同担保民间借贷合同的解释论——以法释〔2015〕18 号第 24 条为中心》，载《法学评论》2016 年第 2 期。

104. 张卫平：《执行和解制度的再认识》，载《法学论坛》2016 年第 4 期。

105. 张翔：《物权法典规定让与担保的可行性分析——从让与担保的交易机制出发》，载《法商研究》2006 年第 2 期。

106. 张永泉：《执行前和解协议法律效力研究》，载《法学家》2011 年第 1 期。

107. 章诗迪：《买卖抑或借款担保——洪秀凤与昆明安钡佳房地产开发有限公司房屋买卖合同纠纷案评析》，载《法律适用》2019 年第 2 期。

108. 赵秀举：《论民事和解协议的纠纷解决机制》，载《现代法学》2017 年第 1 期。

109. 郑永宽：《要物合同之存在现状及其价值反思》，载《现代法学》2009 年第 1 期。

110. 周江洪：《债权人代位权与未现实受领之“代物清偿”——“武侯国土局与招商局公司、成都港招公司、海南民丰公司债权人代位权纠纷案”评释》，载《交大法学》2013 年第 1 期。

111. 朱婧、何东宁：《执行和解协议对原裁判文书未涉及或不能恢复执行的部分具有可诉性》，载《人民司法·案例》2012 年第 8 期。

112. 庄晨曦：《买卖型担保的性质和效力研究》，载《西部法学评论》2018 年第 4 期。

113. 庄加园：《“买卖型担保”与流押条款的效力——〈民间借贷规定〉第 24 条的解读》，载《清华法学》2016 年第 3 期。

（三）外文类

1. Barry Nicholas, Unjustified enrichment in the civil law and Louisiana law, Tulane Law Review, Vol. XXXVI, June1962, No. 4.

2. David V Snyder, “The Case of Natural Obligations”, 56 La. L. Rev. 423, 1995.

3. Geoffrey Samuel, Law of Obligations and Legal Remedies, 2nd. Cavendish Publishing Ltd, 2001.

4. James Gordley. The Moral Foundations of Private Law, 47 Am. J. Juris. 1. 2002.

5. Martin Josef Schermaier, Performance - Based and Non - performance Enrichment Claims: The German Pattern, European Review of Private Law, Vol. 14 No. 3 - 2006.

6. Nancy R. Furnari. Comment: Are Traditional Agency Principles Effective for Internet.

7. Reiner Schulze, New Features in Contract Law, Seller European Law pubulishers, 2007.

8. Reinhard Zimmerman, The Law of Obligations—Roman Foundations of the Civilian Tradition, Oxford University Press, 1990.

9. Transactions, Given the Lack of Personal Interaction? 63 Alb. L. Rev. 1999.

10. Treitel, G. H. and Edwin Peel, The Law of Contract, 12th ed. London: Sweet & Maxwell, 2007.

图书在版编目（CIP）数据

以物抵债疑难法律问题精释/景光强著．—北京：中国法制出版社，2020.5

（法律人核心素养丛书）

ISBN 978－7－5216－1045－1

Ⅰ.①以…　Ⅱ.①景…　Ⅲ.①债权法—研究—中国
Ⅳ.①D923.34

中国版本图书馆 CIP 数据核字（2020）第 075619 号

策划编辑　陈兴（cx_legal@163.com）
责任编辑　陈兴　孙静　　封面设计　蒋怡

以物抵债疑难法律问题精释
YIWU DIZHAI YINAN FALÜ WENTI JINGSHI

著者/景光强
经销/新华书店
印刷/三河市紫恒印装有限公司
开本/730 毫米×1030 毫米　16 开　　印张/21　字数/316 千
版次/2020 年 5 月第 1 版　　2020 年 5 月第 1 次印刷

中国法制出版社出版
书号 ISBN 978－7－5216－1045－1　　定价：86.00 元

北京西单横二条 2 号
邮政编码 100031　　传真：010－66031119
网址：http：//www.zgfzs.com　　**编辑部电话：010－66070046**
市场营销部电话：010－66033393　　**邮购部电话：010－66033288**

（如有印装质量问题，请与本社印务部联系调换。电话：010－66032926）